广视角 · 全方位 · 多品种

U0816840

权威 · 前沿 · 原创

皮书系列为

“十二五”国家重点图书出版规划项目

世界经济黄皮书

YELLOW BOOK OF WORLD ECONOMY

2013年世界经济形势分析与预测

WORLD ECONOMY ANALYSIS AND FORECAST (2013)

主　编／王洛林　张宇燕
副主编／孙　杰

社会科学文献出版社
SOCIAL SCIENCES ACADEMIC PRESS (CHINA)

图书在版编目(CIP)数据

2013年世界经济形势分析与预测/王洛林，张宇燕主编．—北京：社会科学文献出版社，2013.1
(世界经济黄皮书)
ISBN 978-7-5097-4058-3

Ⅰ.①2… Ⅱ.①王… ②张… Ⅲ.①世界经济形势-分析-2012 ②世界经济形势-经济预测-2013 Ⅳ.①F113.4

中国版本图书馆CIP数据核字（2012）第297296号

世界经济黄皮书
2013年世界经济形势分析与预测

主　　编／王洛林　张宇燕
副 主 编／孙　杰

出 版 人／谢寿光
出 版 者／社会科学文献出版社
地　　址／北京市西城区北三环中路甲29号院3号楼华龙大厦
邮政编码／100029

责任部门／皮书出版中心（010）59367127　　责任编辑／任文武
电子信箱／pishubu@ssap.cn　　责任校对／丁立华　刘玉清
项目统筹／邓泳红　　责任印制／岳　阳
经　　销／社会科学文献出版社市场营销中心（010）59367081　59367089
读者服务／读者服务中心（010）59367028

印　　装／北京季蜂印刷有限公司
开　　本／787mm×1092mm　1/16　　印　　张／25.75
版　　次／2013年1月第1版　　字　　数／416千字
印　　次／2013年1月第1次印刷
书　　号／ISBN 978-7-5097-4058-3
定　　价／59.00元

世界经济黄皮书编委会

主　　编　王洛林　张宇燕

副 主 编　孙　杰

编 审 组　王洛林　张宇燕　孙　杰　何　帆　宋　泓　姚枝仲　高海红　张　斌　王　新　郗艳菊

主要编撰者简介

王洛林 男，1938年6月出生，湖北武昌人，1960年毕业于北京大学经济系，曾任厦门大学副校长、中国社会科学院常务副院长；现任中国社会科学院特邀顾问，中国社会科学院研究生院教授、博士生导师。研究领域包括国际贸易、国际投资、世界经济、宏观经济和金融等。代表性作品有《世界经济形势分析与预测》（主编）、《关于国有外贸企业转换经营机制的几个问题》（1995）、《日元贬值及其对亚洲经济的影响》（1999）、《日本的通货紧缩性经济危机》（2000）、《日本金融考察报告》（2001）、《未来50年——中国西部大开发战略》（2002）、《后发地区的发展路径选择》（2002）、《中国西部大开发政策》（2003）等。

张宇燕 男，经济学博士，中国社会科学院世界经济与政治研究所研究员、所长。中国世界经济学会会长，中国国际关系学会副会长，中华美国学会副会长。曾先后就读于北京大学和中国社科院研究生院。主要研究领域包括国际政治经济学、制度经济学等。著有《经济发展与制度选择》（1992）、《国际经济政治学》（2008）、《美国经济论集》（2008）等。

孙　杰 男，中国社会科学院世界经济与政治研究所研究员。中国世界经济学会常务理事。主要研究领域包括国际金融、公司融资和货币经济学。著有《货币和金融：金融制度的国际比较》（1998）、《汇率与国际收支》（1999）和《资本结构、治理结构和代理成本：理论、经验和启示》（2006）等。

社长致辞

我们是图书出版者，更是人文社会科学内容资源供应商；

我们背靠中国社会科学院，面向中国与世界人文社会科学界，坚持为人文社会科学的繁荣与发展服务；

我们精心打造权威信息资源整合平台，坚持为中国经济与社会的繁荣与发展提供决策咨询服务；

我们以读者定位自身，立志让爱书人读到好书，让求知者获得知识；

我们精心编辑、设计每一本好书以形成品牌张力，以优秀的品牌形象服务读者，开拓市场；

我们始终坚持“创社科经典，出传世文献”的经营理念，坚持“权威、前沿、原创”的产品特色；

我们“以人为本”，提倡阳光下创业，员工与企业共享发展之成果；

我们立足于现实，认真对待我们的优势、劣势，我们更着眼于未来，以不断的学习与创新适应不断变化的世界，以不断的努力提升自己的实力；

我们愿与社会各界友好合作，共享人文社会科学发展之成果，共同推动中国学术出版乃至内容产业的繁荣与发展。

社会科学文献出版社社长

中国社会学会秘书长

2013 年 1 月

“皮书”起源于十七、十八世纪的英国，主要指官方或社会组织正式发表的重要文件或报告，多以“白皮书”命名。在中国，“皮书”这一概念被社会广泛接受，并被成功运作、发展成为一种全新的出版形态，则源于中国社会科学院社会科学文献出版社。

皮书是对中国与世界发展状况和热点问题进行年度监测，以专家和学术的视角，针对某一领域或区域现状与发展态势展开分析和预测，具备权威性、前沿性、原创性、实证性、时效性等特点的连续性公开出版物，由一系列权威研究报告组成。皮书系列是社会科学文献出版社编辑出版的蓝皮书、绿皮书、黄皮书等的统称。

皮书系列的作者以中国社会科学院、著名高校、地方社会科学院的研究人员为主，多为国内一流研究机构的权威专家学者，他们的看法和观点代表了学界对中国与世界的现实和未来最高水平的解读与分析。

自 20 世纪 90 年代末推出以经济蓝皮书为开端的皮书系列以来，至今已出版皮书近 800 部，内容涵盖经济、社会、政法、文化传媒、行业、地方发展、国际形势等领域。皮书系列已成为社会科学文献出版社的著名图书品牌和中国社会科学院的知名学术品牌。

皮书系列在数字出版和国际出版方面成就斐然。皮书数据库被评为“2008~2009 年度数字出版知名品牌”；经济蓝皮书、社会蓝皮书等十几种皮书每年还由国外知名学术出版机构出版英文版、俄文版、韩文版和日文版，面向全球发行。

2011 年，皮书系列正式列入“十二五”国家重点出版规划项目，一年一度的皮书年会升格由中国社会科学院主办；2012 年，部分重点皮书列入中国社会科学院承担的国家哲学社会科学创新工程项目。

经　济　类

经济类皮书涵盖宏观经济、城市经济、大区域经济，
提供权威、前沿的分析与预测

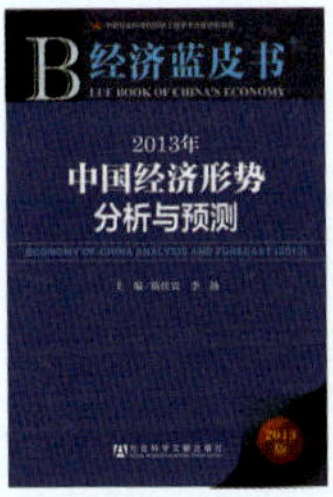

经济蓝皮书

2013 年中国经济形势分析与预测（赠阅读卡）

陈佳贵　李　扬 / 主编　　2012 年 12 月出版　　估价 :59.00 元

◆　本书课题为“总理基金项目”，由著名经济学家陈佳贵、李扬领衔，联合数十家科研机构、国家部委和高等院校的专家共同撰写，其内容涉及宏观决策、财政金融、证券投资、工业调整、就业分配、对外贸易等一系列热点问题。本报告权威把脉中国经济 2012 年运行特征及 2013 年发展趋势。

世界经济黄皮书

2013 年世界经济形势分析与预测（赠阅读卡）

王洛林　张宇燕 / 主编　　2013 年 1 月出版　　估价 :59.00 元

◆　2012 年全球经济复苏步伐明显放缓，发达国家复苏动力不足，主权债务危机的升级以及长期的低利率也大大压缩了财政与货币政策调控的空间。本书围绕因此而来的国际金融市场震荡频发、国际贸易与投资增长乏力等经济问题对世界经济进行了分析展望。

国家竞争力蓝皮书

中国国家竞争力报告 No.2（赠阅读卡）

倪鹏飞 / 主编　　2013 年 4 月出版　　估价 :69.00 元

◆　本书运用有关竞争力的最新经济学理论，选取全球 100 个主要国家，在理论研究和计量分析的基础上，对全球国家竞争力进行了比较分析，并以这 100 个国家为参照系，指明了中国的位置和竞争环境，为研究中国的国家竞争力地位、制定全球竞争战略提供参考。

城市竞争力蓝皮书

中国城市竞争力报告 No.11（赠阅读卡）

倪鹏飞 / 主编　　2013 年 5 月出版　　估价 :69.00 元

◆　本书由中国社会科学院城市与竞争力中心主任倪鹏飞主持编写，汇集了众多研究城市经济问题的专家学者关于城市竞争力研究的最新成果。本报告构建了一套科学的城市竞争力评价指标体系，采用第一手数据材料，对国内重点城市年度竞争力格局变化进行客观分析和综合比较、排名，对研究城市经济及城市竞争力极具参考价值。

城市蓝皮书

中国城市发展报告 No.6（赠阅读卡）

潘家华　魏后凯 / 主编　　2013 年 8 月出版　　估价 :59.00 元

◆　本书由中国社会科学院城市发展与环境研究所主编，以聚焦新时期中国城市发展中的民生问题为主题，紧密联系现阶段中国城镇化发展的客观要求，回顾总结中国城镇化进程中城市民生改善的主要成效，并对城市发展中的各种民生问题进行全面剖析，在此基础上提出了民生优先的城市发展思路，以及改善城市民生的对策建议。

农村绿皮书

中国农村经济形势分析与预测 (2012~2013)（赠阅读卡）

中国社会科学院农村发展研究所　国家统计局农村社会经济调查司 / 著

2013 年 4 月出版　　估价 ：59.00 元

◆　本书对 2012 年中国农业和农村经济运行情况进行了系统的分析和评价，对 2013 年中国农业和农村经济发展趋势进行了预测，并提出相应的政策建议，专题部分将围绕某个重大的理论和现实问题进行多维、深入、细致的分析和探讨。

西部蓝皮书

中国西部经济发展报告 (2013)（赠阅读卡）

姚慧琴　徐璋勇 / 主编　　2013 年 7 月出版　　估价 :69.00 元

◆　本书由西北大学中国西部经济发展研究中心主编，汇集了源自西部本土以及国内研究西部问题的权威专家的第一手资料，对国家实施西部大开发战略进行年度动态跟踪，并对 2013 年西部经济、社会发展态势进行预测和展望。

宏观经济蓝皮书

中国经济增长报告(2012~2013)(赠阅读卡)

张　平　刘霞辉 / 主编　　2013 年 7 月出版　　估价 :69.00 元

◆　本书由中国社会科学院经济研究所组织编写，独创了中国各省(区、市)发展前景评价体系，通过产出效率、经济结构、经济稳定、产出消耗、增长潜力等近 60 个指标对中国各省(区、市)发展前景进行客观评价，并就“十二五”时期中国经济面临的主要问题进行全面分析。

经济蓝皮书春季号

中国经济前景分析——2013 年春季报告(赠阅读卡)

陈佳贵　李　扬 / 主编　　2013 年 5 月出版　　估价：59.00 元

◆　本书是经济蓝皮书的姊妹篇，是中国社会科学院“中国经济形势分析与预测”课题组推出的又一重磅作品，在模型模拟与实证分析的基础上，从我国面临的国内外环境入手，对 2013 年春季及全年经济全局及工业、农业、财政、金融、外贸、就业等热点问题进行多角度考察与研究，并提出政策建议，具有较强的实用性、科学性和前瞻性。

就业蓝皮书

2013 年中国大学生就业报告(赠阅读卡)

麦可思研究院 / 主编　王伯庆 / 主审　2013 年 6 月出版　估价 :98.00 元

◆　大学生就业是社会关注的热点和难点，本书是在麦可思研究院“中国 2010 届大学毕业生求职与工作能力调查”数据的基础上，由麦可思公司与西南财经大学共同完成的 2013 年度大学毕业生就业及重点产业人才分析报告。

国际城市蓝皮书

国际城市发展报告(2013)(赠阅读卡)

屠启宇 / 主编　　2013 年 1 月出版　　估价 :69.00 元

◆　国际城市蓝皮书是由上海社会科学院城市与区域研究中心主办、世界经济研究所国际政治经济学研究室协办的关于国际城市发展动态的年度报告，力求为中国城市发展的决策者、操作者、研究者和关注者把握与借鉴国际城市发展动态、规律和实践，提供及时、全面、权威的解读。

社会政法类

社会政法类皮书聚焦社会发展领域的热点、难点问题，
提供权威、原创的资讯与视点

社会蓝皮书

2013 年中国社会形势分析与预测（赠阅读卡）

汝　信　陆学艺　李培林 / 主编　2012 年 12 月出版　估价：59.00 元

◆　本书为中国社会科学院核心学术品牌之一，荟萃中国社会科学院等众多学术单位的原创成果。本年度报告结合中共“十八大”会议精神，深入探讨中国迈向更加公平、公正的全面小康社会的路径。

法治蓝皮书

中国法治发展报告 No.11(2013)（赠阅读卡）

李　林 / 主编　　2013 年 3 月出版　　估价 :85.00 元

◆　本书是中国社会科学院法学研究所精心打造的年度报告。在多篇法治国情调研报告中，着力分析中国在立法、依法行政、预防与惩治腐败等方面的进展，并提出原创性箴言。

教育蓝皮书

中国教育发展报告 (2013)（赠阅读卡）

杨东平 / 主编　　2013 年 3 月出版　　估价：59.00 元

◆　本书由著名教育学家杨东平担任主编，直面当前教育改革中出现的教育公平、高校教育结构调整、义务教育均衡发展、学校布局调整与校车系统建设等热点、难点问题，提供极具价值的学者建言。

社会建设蓝皮书

2013 年北京社会建设分析报告（赠阅读卡）

陆学艺　唐　军　张　荆 / 主编　2013 年 5 月出版　估价 :69.00 元

◆　本书由著名社会学家陆学艺领衔主编，依据社会学理论框架和分析方法，对北京市的人口、就业、分配、社会阶层以及城乡关系等社会学基本问题进行了广泛调研与分析，对广受社会关注的住房、教育、医疗、养老、交通等社会热点问题做了深刻了解与剖析，对日益显现的征地搬迁、外籍人口管理、群体性心理障碍等进行了有益探讨。

政治参与蓝皮书

中国政治参与报告 (2013)（赠阅读卡）

房　宁 / 主编　2013 年 7 月出版　估价：58.00 元

◆　本书是国内第一本运用社会科学数据对"中国公民政策参考"进行持续研究的年度报告，依据全国性问卷调查数据，对中国公民的政策参与客观状况和政策参与主观状况作了总体说明，并对不同性别、不同年龄、不同学历、不同政治面貌、不同职业、不同区域、不同收入的公民群体的政策参与客观状况和主观状况作了具体说明。

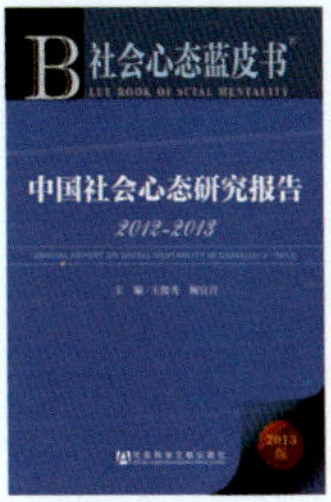

社会心态蓝皮书

中国社会心态研究报告（2012~2013）（赠阅读卡）

王俊秀　杨宜音 / 主编　2012 年 12 月出版　估价 :59.00 元

◆　本书由中国社会科学院社会学研究所社会心理研究中心编撰，从社会感受、价值观念、行为倾向等方面对于生活压力感、社会支持感、经济变动感受、微博使用行为、心理危机干预等问题，用社会心理学、社会学、经济学、传播学等多种学科的方法角度进行了调查和研究，深入揭示了我国社会心态状况。

城乡统筹蓝皮书

中国城乡统筹发展报告（2013）（赠阅读卡）

程志强　潘晨光 / 主编　2013 年 3 月出版　估价 :59.00 元

◆　全书客观地总结了各地城乡统筹发展进程中的经验，详细论述了统筹城乡经济社会发展的理论基础，从多个角度对新时期加快我国城乡统筹发展进程进行了深入的研究与探讨。

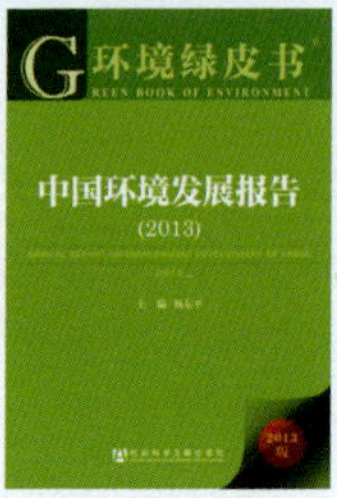

环境绿皮书

中国环境发展报告(2013)（赠阅读卡）

杨东平 / 主编　　2013 年 4 月出版　　估价 :69.00 元

◆　本书由民间环保组织“自然之友”组织编写，由特别关注、生态保护、宜居城市、可持续消费以及政策与治理等版块构成，以公共利益的视角记录、审视和思考中国环境状况，呈现2013年中国环境与可持续发展领域的全局态势，用深刻的思考、科学的数据分析 2012 年的环境热点事件。

环境竞争力绿皮书

中国省域环境竞争力发展报告(2010 ~ 2012)（赠阅读卡）

李建平　李闽榕　王金南 / 主编　　2013 年 3 月出版　　估价 :148.00 元

◆　本报告融马克思主义经济学、环境科学、生态学、统计学、计量经济学和人文地理学等理论和方法为一体，充分运用数理分析、空间分析以及规范分析与实证分析相结合的方法，构建了比较科学完善、符合中国国情的环境竞争力指标评价体系，对中国内地 31 个省级区域的环境竞争力进行全面、深入的比较分析和评价。

反腐倡廉蓝皮书

中国反腐倡廉建设报告 No.3（赠阅读卡）

李秋芳 / 主编　　2013 年 8 月出版　　估价：59.00 元

◆　本书从“惩治与专项治理、多主体综合监督、公共权力规制、公共资金资源资产监管、公职人员诚信管理、社会廉洁文化建设”六个方面对全国反腐倡廉建设进程与效果进行了综述，结合实地调研和问卷调查，反映了社会公众关注的难点焦点问题，并从理念和举措上提出建议。

行业报告类

行业报告类皮书立足重点行业、新兴行业领域，
提供及时、前瞻的数据与信息

金融蓝皮书

中国金融发展报告（2013）（赠阅读卡）

李　扬　王国刚 / 主编　2012 年 12 月出版　　估价：59.00 元

◆　本书由中国社会科学院金融研究所主编，对 2012 年中国金融业总体发展状况进行回顾和分析，聚焦国际及国内金融形势的新变化，解析中国货币政策、银行业、保险业和证券期货业的发展状况，预测中国金融发展的最新动态，包括投资基金、保险业发展和金融监管等。

房地产蓝皮书

中国房地产发展报告 No.10（赠阅读卡）

潘家华　李景国 / 主编　　2013 年 5 月出版　　估价 :69.00 元

◆　本书由中国社会科学院城市发展与环境研究所组织编写，秉承客观公正、科学中立的原则，深度解析 2012 年中国房地产发展的形势和存在的主要矛盾，并预测 2013 年中国房价走势及房地产市场发展大势。观点精辟，数据翔实，对关注房地产市场的各阶层人士极具参考价值。

住房绿皮书

中国住房发展报告（2012~2013）（赠阅读卡）

倪鹏飞 / 主编　　2012 年 12 月出版　　估价 :69.00 元

◆　本书从宏观背景、市场体系和公共政策等方面，对中国住房市场作全面系统的分析、预测与评价。在评述 2012 年住房市场走势的基础上，预测 2013 年中国住房市场的发展变化；通过构建中国住房指数体系，量化评估住房市场各关键领域的发展状况；剖析中国住房市场发展所面临的主要问题与挑战，并给出政策建议。

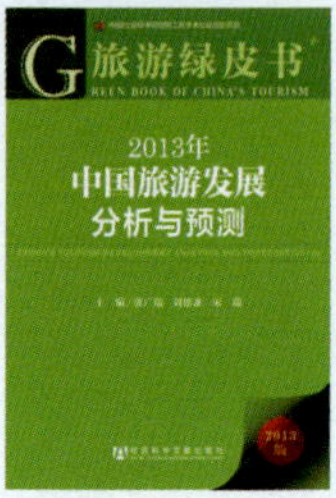

旅游绿皮书

2013 年中国旅游发展分析与预测（赠阅读卡）

张广瑞　刘德谦　宋　瑞 / 主编　2013 年 5 月出版　估价 :69.00 元

◆　本书由中国社会科学院旅游研究中心组织编写，从 2012 年国内外发展环境入手，深度剖析 20112 年我国旅游业的跌宕起伏以及背后错综复杂的影响因素，聚焦旅游相关行业的运行特征以及相关政策实施，对旅游发展的热点问题给出颇具见地的分析，并提出促进我国旅游业发展的对策建议。

产业蓝皮书

中国产业竞争力报告（2013）No.3（赠阅读卡）

张其仔 / 主编　2013 年 12 月出版　估价 :79.00 元

◆　本书对中国产业竞争力的最新变化进行了系统分析，对 2012 年中国产业竞争力的走势进行了展望，对各省、56 个地区和 44 个园区的产业国际竞争力进行了评估，是了解中国产业竞争力、各地产业竞争力最新变化的支撑平台。

能源蓝皮书

中国能源发展报告 (2013)（赠阅读卡）

崔民选 / 主编　2013 年 7 月出版　估价 :79.00 元

◆　本书结合中国经济面临转型的新形势，着眼于构建安全稳定、经济清洁的现代能源产业体系，盘点 2012 年中国能源行业的运行和发展走势，对 2012 年我国能源产业和各行业的运行特征、热点问题进行了深度剖析，并提出了未来趋势预测和对策建议。

文化传媒类

文化传媒类皮书透视文化领域、文化产业，
探索文化大繁荣、大发展的路径

文化蓝皮书

中国文化产业发展报告(2012~2013)（赠阅读卡）

张晓明　胡惠林　章建刚 / 主编　2013 年 1 月出版　估价 :59.00 元

◆　本书是由中国社会科学院文化研究中心和文化部、上海交通大学共同编写的第 10 本中国文化产业年度报告。 内容涵盖了我国文化产业分析及政策分析，既有对 2012 年文化产业发展形势的评估，又有对 2013 年发展趋势的预测；既有对全国文化产业宏观形势的评估，又有对文化产业内各行业的权威年度报告。

传媒蓝皮书

2013 年：中国传媒产业发展报告（赠阅读卡）

崔保国 / 主编　2013 年 4 月出版　估价 :69.00 元

◆　本书云集了清华大学、人民大学等众多权威机构的知名学者，对 2012 年中国传媒产业发展进行全面分析。剖析传统媒体转型过程中，中国传媒界的思索与实践；立足全球传媒产业发展现状，探索我国传媒产业向支柱产业发展面临的路径；并为提升国际传播能力提供前瞻性研究与观点。

新媒体蓝皮书

中国新媒体发展报告(2013)No.4（赠阅读卡）

尹韵公 / 主编　2013 年 5 月出版　估价 :69.00 元

◆　本书由中国社会科学院新闻与传播研究所和上海大学合作编写，在构建新媒体发展研究基本框架的基础上，全面梳理 2012 年中国新媒体发展现状，发表最前沿的网络媒体深度调查数据和研究成果，并对新媒体发展的未来趋势做出预测。

国别与地区类

国别与地区类皮书关注全球重点国家与地区，
提供全面、独特的解读与研究

国际形势黄皮书

全球政治与安全报告 (2013)（赠阅读卡）

李慎明　张宇燕 / 主编　　2012 年 12 月出版　　估价 :59.00 元

◆　本书是由中国社会科学院世界经济与政治研究所精心打造的又一品牌皮书，关注时下国际关系发展动向里隐藏的中长期趋势，剖析全球政治与安全格局下的国际形势最新动向以及国际关系发展的热点问题，并对 2013 年国际社会重大动态作出前瞻性的分析与预测。

美国蓝皮书

美国问题研究报告 (2013)（赠阅读卡）

黄　平　倪　峰 / 主编　　2013 年 6 月出版　　估价 :69.00 元

◆　本书由中华美国学会和中国社会科学院美国研究所组织编写，从美国内政、外交、中美关系等角度系统论述 2013 年美国政治经济发展情况，既有对美国当今实力、地位的宏观分析，也有对美国近年来内政、外交政策的微观考察，对观察和研究美国及中美关系具有较强的参考作用。

欧洲蓝皮书

欧洲发展报告 (2012~2013)（赠阅读卡）

周　弘 / 主编　　2013 年 3 月出版　　估价 :79.00 元

◆　欧洲长期积累的财政和债务问题，终于在世界金融危机的冲击下转变成主权债务危机。在采取紧急应对危机举措的同时，欧盟还提出一系列经济治理方案。正当欧盟内部为保卫欧元而苦苦奋战之时，欧盟却在对外战线上成功地完成对利比亚的一场战争。关注欧洲蓝皮书，关注欧盟局势。

地方发展类

地方发展类皮书关注大陆各省份、经济区域，
提供科学、多元的预判与咨政信息

北京蓝皮书

北京经济发展报告（2012~2013）（赠阅读卡）

赵　弘 / 主编　　2013 年 5 月出版　估价：59.00 元

◆　本书是北京市社会科学院紧紧围绕北京市年度经济社会发展的目标，突出对北京市经济社会发展带全局性、战略性、倾向性的重点、热点、难点问题进行分析和预测的综合研究成果。

北京蓝皮书

北京社会发展报告（2012~2013）（赠阅读卡）

戴建中 / 主编　　2013 年 6 月出版　估价：59.00 元

◆　本书研创团队以北京市社会科学院研究人员为主，同时邀请北京市党政机关和大学的专家学者参加。本书为北京市政策制定和执行提供了依据和思路，为了解中国首都的社会现状贡献了丰富的资料和解说，具有一定的影响力，因关注热点社会问题在社会上引起人们的关注。

上海蓝皮书

上海经济发展报告（2013）（赠阅读卡）

沈开艳 / 主编　　2013 年 1 月出版　　估价 :59.00 元

◆　本书围绕上海如何实现经济转型问题展开，通过对复苏缓慢的国际经济大环境、趋于紧缩的国内宏观经济背景的深入分析，认为上海迫切需要解决而又密切相关的现实问题是“增长动力转型”与“产业发展转型”两大核心。

上海蓝皮书

上海社会发展报告（2013）（赠阅读卡）

卢汉龙　周海旺 / 主编　2013 年 1 月出版　估价：59.00 元

◆　本书是上海蓝皮书系列之一种，围绕机制创新、社会政策、社会组织等方面，对上海近年来的社会热点问题进行了调研，在总结现有状况及成因的基础上，提出了一些建议与对策，关注了上海的主要社会问题，可为决策层制订相关政策提供借鉴。

河南蓝皮书

河南经济发展报告（2013）（赠阅读卡）

喻新安 / 主编　2013 年 1 月出版　估价：59.00 元

◆　本书由河南省社会科学院主持编撰，以中原经济区“三化”协调科学发展为主题，深入全面地分析了当前河南经济发展的主要特点以及 2012 年的走势，全方位、多角度研究和探讨了河南探索“三化”协调发展的举措及成效，并对河南积极构建中原经济区建设提出了对策建议。

甘肃蓝皮书

甘肃省经济发展分析与预测（2013）（赠阅读卡）

朱智文　罗　哲 / 主编　2012 年 12 月出版　估价：69.00 元

◆　本书是近年来甘肃经济社会发展的年度综合性研究成果之一，是对不同时期甘肃省实现区域创新和改革开放的年度总结。全书以特有的方式将经济运行情况、预测分析、政策建议三者结合起来，在科学分析经济发展形势的基础上为甘肃未来经济发展做出了科学预测及提出政策建议。

经济类

城市竞争力蓝皮书
中国城市竞争力报告No.11
著(编)者:倪鹏飞 2013年5月出版 / 估价:69.00元

城市蓝皮书
中国城市发展报告NO.6
著(编)者:潘家华 魏后凯 2013年8月出版 / 估价:59.00元

城乡统筹蓝皮书
中国城乡统筹发展报告(2013)
著(编)者:程志强、潘晨光 2013年3月出版 / 估价:59.00元

城乡一体化蓝皮书
中国城乡一体化发展报告（2013）
著(编)者:汝 信 付崇兰 2013年8月出版 / 估价:59.00元

低碳发展蓝皮书
中国低碳发展报告（2012~2013）
著(编)者:齐 晔 2013年7月出版 / 估价:69.00元

低碳经济蓝皮书
中国低碳经济发展报告(2013)
著(编)者:薛进军 赵忠秀 2013年7月出版 / 估价:98.00元

东北蓝皮书
中国东北地区发展报告（2013）
著(编)者:张新颖 2013年8月出版 / 估价:79.00元

发展和改革蓝皮书
中国经济发展和体制改革报告No.6
著(编)者:邹东涛 2013年7月出版 / 估价:75.00元

国际城市蓝皮书
国际城市发展报告（2013）
著(编)者:屠启宇 2013年1月出版 / 估价:69.00元

国家竞争力蓝皮书
中国国家竞争力报告No.2
著(编)者:倪鹏飞 2013年4月出版 / 估价:69.00元

宏观经济蓝皮书
中国经济增长报告（2012~2013）
著(编)者:张 平 刘霞辉 2013年7月出版 / 估价:69.00元

减贫蓝皮书
中国减贫与社会发展报告
著(编)者:黄承伟 2013年7月出版 / 估价:59.00元

金融蓝皮书
中国金融发展报告（2013）
著(编)者:李 扬 王国刚 2012年12月出版 / 估价:59.00元

经济蓝皮书
2013年中国经济形势分析与预测
著(编)者:陈佳贵 李 扬 2012年12月出版 / 估价:59.00元

经济蓝皮书春季号
中国经济前景分析——2013年春季报告
著(编)者:陈佳贵 李 扬 2013年5月出版 / 估价:59.00元

经济信息绿皮书
中国与世界经济发展报告（2013）
著(编)者:王长胜 2012年12月出版 / 估价:69.00元

就业蓝皮书
2013年中国大学生就业报告
著(编)者:麦可思研究院 王伯庆 2013年6月出版 / 估价:98.00元

民营经济蓝皮书
中国民营经济发展报告No.10（2012～2013）
著(编)者:黄孟复 2013年9月出版 / 估价:69.00元

农村绿皮书
中国农村经济形势分析与预测（2012~2013）
著(编)者:中国社会科学院农村发展研究所
国家统计局农村社会经济调查司
2013年4月出版 / 估价:59.00元

企业公民蓝皮书
中国企业公民报告NO.3
著(编)者:邹东涛 2013年7月出版 / 估价:59.00元

企业社会责任蓝皮书
中国企业社会责任研究报告（2013）
著(编)者:陈佳贵 黄群慧 彭华岗 钟宏武
2012年11月出版 / 估价:59.00元

区域蓝皮书
中国区域经济发展报告(2012~2013)
著(编)者:戚本超 景体华 2013年4月出版 / 估价:69.00元

人口与劳动绿皮书
中国人口与劳动问题报告No.14
著(编)者:蔡 昉 2013年6月出版 / 估价:69.00元

生态城市绿皮书
中国生态城市建设发展报告（2013）
著(编)者:李景源 孙伟平 刘举科 2013年3月出版 / 估价:128.00元

西北蓝皮书
中国西北发展报告（2013）
著(编)者:杨尚勤 石 英 王建康 2013年3月出版 / 估价:65.00元

西部蓝皮书
中国西部发展报告（2013）
著(编)者:姚慧琴 徐璋勇 2013年7月出版 / 估价:69.00元

长三角蓝皮书
全球格局变化中的长三角
著(编)者:王 战 2013年6月出版 / 估价:69.00元

中部竞争力蓝皮书
中国中部经济社会竞争力报告（2013）
著(编)者:教育部人文社会科学重点研究基地
南昌大学中国中部经济社会发展研究中心
2013年10月出版 / 估价:59.00元

中部蓝皮书
中国中部地区发展报告（2013~2014）
著(编)者:喻新安 2013年10月出版 / 估价:59.00元

中国省域竞争力蓝皮书
中国省域经济综合竞争力发展报告（2012~2013）
著(编)者:李建平　李闽榕　高燕京
2013年3月出版 / 估价:198.00元

中小城市绿皮书
中国中小城市发展报告（2013）
著(编)者:中国城市经济学会中小城市经济发展委员会
《中国中小城市发展报告》编纂委员会
2013年8月出版 / 估价:98.00元

珠三角流通蓝皮书
珠三角流通业发展报告(2013)
著(编)者:王先庆　林至颖　2013年8月出版 / 估价:69.00元

社会政法类

殡葬绿皮书
中国殡葬事业发展报告（2013）
著(编)者:朱　勇　李伯森　2013年3月出版 / 估价: 59.00元

城市生活质量蓝皮书
中国城市生活质量指数报告（2013）
著(编)者:张　平　2013年7月出版 / 估价:59.00元

创新蓝皮书
创新型国家建设报告（2012~2013）
著(编)者:詹正茂 2013年7月出版 / 估价: 69.00元

慈善蓝皮书
中国慈善发展报告（2013）
著(编)者:杨　团　2013年7月出版 / 估价:69.00元

法治蓝皮书
中国法治发展报告No.11（2013）
著(编)者:李　林　2013年3月出版 / 估价:85.00元

反腐倡廉蓝皮书
中国反腐倡廉建设报告No.3
著(编)者:李秋芳　2013年8月出版 / 估价:59.00元

非传统安全蓝皮书
中国非传统安全研究报告（2012~2013）
著(编)者:余潇枫　2013年7月出版 / 估价:69.00元

妇女发展蓝皮书
福建省妇女发展报告（2013）
著(编)者:刘群英　2013年10月出版 / 估价:58.00元

妇女发展蓝皮书
中国妇女发展报告No.5
著(编)者:王金玲　高小贤　2013年5月出版 / 估价:65.00元

妇女教育蓝皮书
中国妇女教育发展报告No.3
著(编)者:张李玺　2013年10月出版 / 估价:69.00元

公共服务蓝皮书
中国城市基本公共服务力评价（2012~2013）
著(编)者:侯惠勤　辛向阳　易定宏　出版 / 估价:55.00元

公益蓝皮书
中国公益发展报告（2013）
著(编)者:朱健刚　2013年5月出版 / 估价:78.00元

国际人才蓝皮书
中国海归创业发展报告（2013）No.2
著(编)者:王辉耀　路江涌　2013年6月出版 / 估价:69.00元

国际人才蓝皮书
中国留学发展报告（2013） No.2
著(编)者:王辉耀　2013年8月出版 / 估价:59.00元

行政改革蓝皮书
中国行政体制改革报告(2013)No.3
著(编)者:魏礼群　2013年3月出版 / 估价:69.00元

华侨华人蓝皮书
华侨华人研究报告(2013)
著(编)者:丘　进　2013年5月出版 / 估价:128.00元

环境竞争力绿皮书
中国省域环境竞争力发展报告（2011～2012）
著(编)者:李建平　李闽榕　王金南
2013年3月出版 / 估价:148.00元

环境绿皮书
中国环境发展报告（2013）
著(编)者:杨东平　2013年4月出版 / 估价:69.00元

教师蓝皮书
中国中小学教师发展报告（2013）
著(编)者:曾晓东　2013年3月出版 / 估价:59.00元

教育蓝皮书
中国教育发展报告（2013）
著(编)者:杨东平　2013年2月出版 / 估价:59.00元

金融监管蓝皮书
中国金融监管报告2013
著(编)者:胡　滨　2013年5月出版 / 估价:59.00元

科普蓝皮书
中国科普基础设施发展报告（2013）
著(编)者:任福君　2013年4月出版 / 估价:79.00元

口腔健康蓝皮书
中国口腔健康发展报告（2013）
著(编)者:胡德渝　2013年12月出版 / 估价:59.00元

老龄蓝皮书
中国老龄事业发展报告（2013）
著(编)者:吴玉韶　2013年4月出版 / 估价:59.00元

民间组织蓝皮书
中国民间组织报告(2012~2013)
著(编)者:黄晓勇　2013年4月出版 / 估价:69.00元

民族蓝皮书
中国民族区域自治发展报告(2013)
著(编)者:郝时远　2013年7月出版 / 估价:98.00元

女性生活蓝皮书
中国女性生活状况报告No.7（2013）
著(编)者:韩湘景　2013年10月出版 / 估价:78.00元

气候变化绿皮书
应对气候变化报告（2013）
著(编)者:王伟光　郑国光　2013年11月出版 / 估价:59.00元

汽车社会蓝皮书
中国汽车社会发展报告（2013）
著(编)者:王俊秀　2013年6月出版 / 估价:59.00元

青少年蓝皮书
中国未成年人新媒体运用报告（2012~2013）
著(编)者:李文革　沈　杰　季为民
2013年7月出版 / 估价:69.00元

人才竞争力蓝皮书
中国区域人才竞争力报告（2013）
著(编)者:桂昭明　王辉耀　2013年2月出版 / 估价:69.00元

人才蓝皮书
中国人才发展报告（2013）
著(编)者:潘晨光　2013年8月出版 / 估价:79.00元

人权蓝皮书
中国人权事业发展报告No.3（2013）
著(编)者:李君如　2013年11月出版 / 估价:98.00元

社会保障绿皮书
中国社会保障发展报告（2013）No.6
著(编)者:王延中　2013年4月出版 / 估价:69.00元

社会工作蓝皮书
中国社会工作发展报告（2012~2013）
著(编)者:蒋昆生　戚学森　2013年7月出版 / 估价:59.00元

社会管理蓝皮书
中国社会管理创新报告No.2
著(编)者:连玉明　2013年9月出版 / 估价:79.00元

社会建设蓝皮书
2013年北京社会建设分析报告
著(编)者:陆学艺　唐　军　张　荆
2013年5月出版 / 估价:69.00元

社会科学蓝皮书
中国社会科学学术前沿（2012~2013）
著(编)者:高　翔　2013年9月出版 / 估价:69.00元

社会蓝皮书
2013年中国社会形势分析与预测
著(编)者:汝　信　陆学艺　李培林
2012年12月出版 / 估价:59.00元

社会心态蓝皮书
中国社会心态研究报告（2012~2013）
著(编)者:王俊秀　杨宜音　2012年12出版 / 估价:59.00元

生态文明绿皮书
中国省域生态文明建设评价报告（2013）
著(编)者:严　耕　2013年10月出版 / 估价:98.00元

食品药品蓝皮书
食品药品安全与监管政策研究报告（2013）
著(编)者:唐民皓　2013年6月出版 / 估价:69.00元

世界创新竞争力黄皮书
世界创新竞争力发展报告（2012~2013）
著(编)者:李建平　李闽榕　赵新力
2013年11月出版 / 估价:79.00元

世界社会主义黄皮书
世界社会主义跟踪研究报告（2012~2013）
著(编)者:李慎明　2013年3月出版 / 估价:99.00元

危机管理蓝皮书
中国危机管理报告（2013）
著(编)者:文学国　范正青　2013年12月出版 / 估价:79.00元

小康蓝皮书
中国全面建设小康社会监测报告（2013）
著(编)者:潘　璠　2013年11月出版 / 估价:59.00元

形象危机应对蓝皮书
形象危机应对研究报告（2013）
著(编)者:唐　钧　2013年9月出版 / 估价:118.00元

舆情蓝皮书
中国社会舆情与危机管理报告（2013）
著(编)者:谢耘耕　2013年8月出版 / 估价:78.00元

政治参与蓝皮书
中国政治参与报告（2013）
著(编)者:房　宁　2013年7月出版 / 估价:58.00元

宗教蓝皮书
中国宗教报告（2013）
著(编)者:金　泽　邱永辉　2013年7月出版 / 估价:59.00元

行业报告类

保健蓝皮书
中国保健服务产业发展报告No.2
著(编)者:中国保健协会　中共中央党校
2013年7月出版 / 估价:198.00元

保健蓝皮书
中国保健食品产业发展报告No.2
著(编)者:中国保健协会
　　　　中国社会科学院食品药品产业发展与监管研究中心
2013年3月出版 / 估价:198.00元

保健蓝皮书
中国保健用品产业发展报告No.2
著(编)者:中国保健协会　2013年3月出版 / 估价:198.00元

保险蓝皮书
中国保险业竞争力报告（2013）
著(编)者:罗忠敏　2013年7月出版 / 估价:89.00元

餐饮产业蓝皮书
中国餐饮产业发展报告（2013）
著(编)者:中国烹饪协会　中国社会科学院财经战略研究院
2013年5月出版 / 估价:60.00元

测绘地理信息蓝皮书
中国地理信息产业发展报告（2013）
著(编)者:徐德明　2013年12月出版 / 估价:98.00元

茶业蓝皮书
中国茶产业发展报告 (2013)
著(编)者:李闽榕　杨江帆　2013年11月出版 / 估价:79.00元

产权市场蓝皮书
中国产权市场发展报告（2012~2013）
著(编)者:曹和平　2013年12月出版 / 估价:69.00元

产业安全蓝皮书
中国保险产业安全报告(2013)
著(编)者:李孟刚　2013年10月出版 / 估价:59.00元

产业安全蓝皮书
中国产业外资控制报告(2012~2013)
著(编)者:李孟刚　2013年10月出版 / 估价:69.00元

产业安全蓝皮书
中国金融产业安全报告（2013）
著(编)者:李孟刚　2013年10月出版 / 估价:69.00元

产业安全蓝皮书
中国轻工业发展与安全报告（2013）
著(编)者:李孟刚　2013年10月出版 / 估价:69.00元

产业安全蓝皮书
中国私募股权产业安全与发展报告（2013）
著(编)者:李孟刚　2013年10月出版 / 估价:59.00元

产业安全蓝皮书
中国新能源产业发展与安全报告2013
著(编)者:北京交通大学中国产业安全研究中心
2013年3月出版 / 估价:69.00元

产业安全蓝皮书
中国能源产业安全报告2013
著(编)者:北京交通大学中国产业安全研究中心
2013年3月出版 / 估价:69.00元

产业安全蓝皮书
中国海洋产业安全报告2012-2013
著(编)者:北京交通大学中国产业安全研究中心
2013年3月出版 / 估价:59.00元

产业蓝皮书
中国产业竞争力报告（2013） NO.3
著(编)者:张其仔　2013年12月出版 / 估价:79.00元

电子商务蓝皮书
中国城市电子商务影响力报告（2013）
著(编)者:荆林波　2013年5月出版 / 估价:69.00元

电子政务蓝皮书
中国电子政务发展报告(2013)
著(编)者:洪　毅　王长胜　2013年9月出版 / 估价:59.00元

杜仲产业绿皮书
中国杜仲种植与产业发展报告(2013)
著(编)者:胡文臻　杜红岩　2013年8月出版 / 估价:78.00元

房地产蓝皮书
中国房地产发展报告No.10
著(编)者:魏后凯　李景国　2013年5月出版 / 估价:69.00元

服务外包蓝皮书
中国服务外包发展报告(2012~2013)
著(编)者:王　力　刘春生　黄育华
2013年9月出版 / 估价:89.00元

工业设计蓝皮书
中国工业设计发展报告（2013）
著(编)者:王晓红　2013年7月出版 / 估价: 69.00元

会展经济蓝皮书
中国会展经济发展报告（2013）
著(编)者:过聚荣　2013年4月出版 / 估价:65.00元

会展蓝皮书
中外会展业动态评估年度报告（2013）
著(编)者:张　敏　2013年8月出版 / 估价:68.00元

基金会蓝皮书
中国基金会发展报告（2013）
著(编)者:刘忠祥　2013年7月出版 / 估价:79.00元

基金会绿皮书
中国基金会发展独立研究报告（2013 ）
著(编)者:基金会中心网　2013年11月出版 / 估价:49.00元

交通运输蓝皮书
中国交通运输业发展报告(2013)
著(编)者:崔民选　王军生　2013年6月出版 / 估价:69.00元

金融蓝皮书
中国金融发展报告(2013)
著(编)者:李　扬　王国刚　2012年12月出版 / 估价:59.00元

金融蓝皮书
中国金融中心发展报告(2012~2013)
著(编)者:王　力　黄育华　2013年10出版 / 估价:59.00元

金融蓝皮书
中国商业银行竞争力报告（2013）
著(编)者:王松奇　2013年10月出版 / 估价:79.00元

金融监管蓝皮书
中国金融监管发展报告（2013）
著(编)者:胡　滨　2013年5月出版 / 估价:59.00元

科学传播蓝皮书
中国科学传播报告（2013）
著(编)者:詹正茂　2013年6月出版 / 估价:69.00元

口岸生态绿皮书
中国口岸地区生态文化发展报告No.1（2013）
著(编)者:胡文臻　刘　静　2013年8月出版 / 估价:78.00元

“老字号”蓝皮书
中国“老字号”企业发展报告No.3（2013）
著(编)者:张继焦　丁惠敏　黄忠彩
2013年10月出版 / 估价:69.00元

“两化”融合蓝皮书
中国“两化”融合发展报告（2013）
著(编)者:曹淑敏　工业和信息化部电信研究院
2013年8月出版 / 估价:98.00元

流通蓝皮书
湖南省商贸流通产业发展报告No.2
著(编)者:柳思维　2013年10月出版 / 估价:75.00元

流通蓝皮书
中国商业发展报告（2012~2013）
著(编)者:荆林波　2013年4月出版 / 估价:89.00元

旅游安全蓝皮书
中国旅游安全报告（2013）
著(编)者:郑向敏　谢朝武　2013年5月出版 / 估价:78.00元

旅游绿皮书
2013年中国旅游发展分析与预测
著(编)者:张广瑞　刘德谦　宋　瑞
2013年5月出版 / 估价:69.00元

贸易蓝皮书
中国贸易发展报告（2013）
著(编)者:荆林波　2013年5月出版 / 估价:49.00元

煤炭蓝皮书
中国煤炭工业发展报告No.5（2013）
著(编)者:岳福斌　2012年12月出版 / 估价:69.00元

煤炭市场蓝皮书
中国煤炭市场发展报告（2013）
著(编)者:曲剑午　2013年8月出版 / 估价:79.00元

民营医院蓝皮书
中国民营医院发展报告（2013）
著(编)者:陈绍福　王培舟　2013年9月出版 / 估价:89.00元

闽商蓝皮书
闽商发展报告（2013）
著(编)者:李闽榕　王日根　林　琛
2013年3月出版 / 估价:69.00元

能源蓝皮书
中国能源发展报告（2013）
著(编)者:崔民选　2013年7月出版 / 估价:79.00元

农产品流通蓝皮书
中国农产品流通产业发展报告(2013)
著(编)者:贾敬敦　王炳南　张玉玺　张鹏毅　陈丽华
2013年7月出版 / 估价:98.00元

期货蓝皮书
中国期货市场发展报告（2013）
著(编)者:荆林波　2013年7月出版 / 估价:69.00元

企业蓝皮书
中国企业竞争力报告（2013）
著(编)者:金　碚　2013年11月出版 / 估价:79.00元

汽车蓝皮书
中国汽车产业发展报告（2013）
著(编)者:国务院发展研究中心产业经济研究部
中国汽车工程学会　大众汽车集团（中国）
2013年7月出版 / 估价:79.00元

人力资源蓝皮书
中国人力资源发展报告（2012~2013）
著(编)者:吴　江　田小宝　2013年6月出版 / 估价:69.00元

软件和信息服务业蓝皮书
中国软件和信息服务业发展报告（2013）
著(编)者:洪京一　工业和信息化部电子科学技术情报研究所
2013年6月出版 / 估价:98.00元

商会蓝皮书
中国商会发展报告 No.5 （2013）
著(编)者:黄孟复　2013年8月出版 / 估价:59.00元

商品市场蓝皮书
中国商品市场发展报告（2013）
著(编)者:荆林波　2013年7月出版 / 估价:59.00元

私募市场蓝皮书
中国私募股权市场发展报告（2013）
著(编)者:曹和平　2013年10月出版 / 估价:69.00元

体育蓝皮书
中国体育产业发展报告（2012~2013）
著(编)者:江和平　张海潮　2013年5月出版 / 估价:69.00元

投资蓝皮书
中国投资发展报告（2013）
著(编)者:杨庆蔚　2013年3月出版 / 估价:79.00元

物联网蓝皮书
中国物联网发展报告（2013）
著(编)者:黄桂田　张全升　2013年10月出版 / 估价:80.00元

西部工业蓝皮书
中国西部工业发展报告（2013）
著(编)者:方行明　刘方健　姜　凌 等
2013年7月出版 / 估价:69.00元

西部金融蓝皮书
中国西部金融发展报告（2013）
著(编)者:李忠民　2013年10月出版 / 估价:69.00元

信息化蓝皮书
中国信息化形势分析与预测（2013）
著(编)者:周宏仁　2013年7月出版 / 估价:98.00元

休闲绿皮书
2013年中国休闲发展报告
著(编)者:刘德谦　唐　兵　宋　瑞
2013年5月出版 / 估价:59.00元

中国林业竞争力蓝皮书
中国省域林业竞争力发展报告No.3（2012~2013）（上下册）
著(编)者:郑传芳　李闽榕　张春霞　张会儒
2013年8月出版 / 估价:139.00元

中国农业竞争力蓝皮书
中国省域农业竞争力发展报告No.2（2010~2012）（上下册）
著(编)者:郑传芳　宋洪远　李闽榕　张春霞
2013年7月出版 / 估价:128.00元

中国总部经济蓝皮书
中国总部经济发展报告（2013~2014）
著(编)者:赵　弘　2013年9月出版 / 估价:69.00元

住房绿皮书
中国住房发展报告（2012~2013）
著(编)者:倪鹏飞　2012年12月出版 / 估价:69.00元

资本市场蓝皮书
中国场外交易市场发展报告(2012~2013)
著(编)者:高　峦　2013年2月出版 / 估价:79.00元

文化传媒类

传媒蓝皮书
2013年：中国传媒产业发展报告
著(编)者:崔保国　2013年4月出版 / 估价:69.00元

创意城市蓝皮书
北京文化创意产业发展报告（2013）
著(编)者:张京成 王国华　2013年3月出版 / 估价:69.00元

创意城市蓝皮书
青岛文化创意产业发展报告（2013）
著(编)者:马　达　2013年5月出版 / 估价:69.00元

动漫蓝皮书
中国动漫产业发展报告（2013）
著(编)者:卢　斌　郑玉明　牛兴侦
2013年4月出版 / 估价:69.00元

广电蓝皮书
中国广播电影电视发展报告（2013）
著(编)者:庞井君　2013年6月出版 / 估价:88.00元

广告主蓝皮书
中国广告主营销传播趋势报告N0.8
著(编)者:中国传媒大学广告主研究所
中国广告主营销传播创新研究课题组
黄升民　杜国清　邵华冬
2013年11月出版 / 估价:98.00元

纪录片蓝皮书
中国纪录片发展报告（2013）
著(编)者:何苏六　2013年10月出版 / 估价:78.00元

两岸文化蓝皮书
两岸文化产业合作发展报告（2013）
著(编)者:胡惠林 肖夏勇 2013年7月出版 / 估价:59.00元

全球传媒蓝皮书
全球传媒产业发展报告（2013）
著(编)者:胡正荣 2013年1月出版 / 估价:79.00元

视听新媒体蓝皮书
中国视听新媒体发展报告（2013）
著(编)者:庞井君 2013年6月出版 / 估价:69.00元

文化创新蓝皮书
中国文化创新报告（2013）No.4
著(编)者:于 平 傅才武
2013年7月出版 / 估价:79.00元

文化蓝皮书
中国文化产业发展报告（2012~2013）
著(编)者:张晓明 胡惠林 章建刚
2013年1月出版 / 估价:59.00元

文化蓝皮书
中国城镇文化消费需求景气评价报告（2013）
著(编)者:王亚南 2013年5月出版 / 估价:79.00元

文化蓝皮书
中国公共文化服务发展报告（2013）
著(编)者:于 群 李国新 2013年10月出版 / 估价:98.00元

文化蓝皮书
中国文化消费需求景气评价报告（2013）
著(编)者:王亚南 2013年6月出版 / 估价:79.00元

文化蓝皮书
中国乡村文化消费需求景气评价报告（2013）
著(编)者:王亚南 2013年6月出版 / 估价:79.00元

文化蓝皮书
中国中心城市文化消费需求景气评价报告（2013）
著(编)者:王亚南 2013年5月出版 / 估价:79.00元

文化品牌蓝皮书
中国文化品牌发展报告(2013)
著(编)者:欧阳友权 2013年6月出版 / 估价:75.00元

文化软实力蓝皮书
中国文化软实力研究报告（2013）
著(编)者:张国祚 2013年7月出版 / 估价:79.00元

文化遗产蓝皮书
中国文化遗产事业发展报告（2013）
著(编)者:刘世锦 2013年9月出版 / 估价:79.00元

文学蓝皮书
中国文情报告（2012~2013）
著(编)者:白 烨 2013年1月出版 / 估价:59.00元

新媒体蓝皮书
中国新媒体发展报告No.4（2013）
著(编)者:尹韵公 2013年5月出版 / 估价:69.00元

移动互联网蓝皮书
中国移动互联网发展报告（2013）
著(编)者:官建文 2013年4月出版 / 估价:79.00元

国别与地区类

G20国家创新竞争力黄皮书
二十国集团（G20）国家创新竞争力发展报告（2013）
著(编)者:李建平 李闽榕 赵新力
2013年12月出版 / 估价:118.00元

澳门蓝皮书
澳门经济社会发展报告（2012~2013）
著(编)者:郝雨凡 吴志良 2013年4月出版 / 估价:69.00元

德国蓝皮书
德国发展报告（2013）
著(编)者:李乐曾 郑春荣 2013年5月出版 / 估价:69.00元

东南亚蓝皮书
东南亚地区发展报告（2013）
著(编)者:王 勤 2013年11月出版 / 估价:59.00元

东盟蓝皮书
东盟发展报告（2013）
著(编)者:黄兴球 庄国土 2013年11月出版 / 估价:59.00元

俄罗斯黄皮书
俄罗斯发展报告（2013）
著(编)者:李永全 2013年9月出版 / 估价:69.00元

非洲黄皮书
非洲发展报告No.15(2012~2013)
著(编)者:张宏明 2013年7月出版 / 估价:79.00元

港澳珠三角蓝皮书
粤港澳区域合作与发展报告（2012~2013）
著(编)者:梁庆寅 陈广汉 2013年8月出版 / 估价:59.00元

国际形势黄皮书
全球政治与安全报告（2013）
著(编)者:李慎明 张宇燕 2012年12月出版 / 估价:59.00元

韩国蓝皮书
韩国发展报告（2013）
著(编)者:牛林杰 刘宝全 2013年6月出版 / 估价:69.00元

拉美黄皮书
拉丁美洲和加勒比发展报告（2012~2013）
著(编)者:吴白乙　2013年5月出版 / 估价:79.00元

美国蓝皮书
美国问题研究报告（2013）
著(编)者:黄　平　倪　峰　2013年6月出版 / 估价:69.00元

欧亚大陆桥发展蓝皮书
欧亚大陆桥发展报告（2012~2013）
著(编)者:李忠民　2013年10月出版 / 估价:59.00元

欧洲蓝皮书
欧洲发展报告（2012~2013）
著(编)者:周　弘　2013年3月出版 / 估价:79.00元

日本经济蓝皮书
日本经济与中日经贸关系发展报告（2013）
著(编)者:王洛林　张季风　2013年5月出版 / 估价:79.00元

日本蓝皮书
日本发展报告（2013）
著(编)者:李　薇　2013年5月出版 / 估价:59.00元

上海合作组织黄皮书
上海合作组织发展报告（2013）
著(编)者:李进峰　吴宏伟　2013年7月出版 / 估价:79.00元

世界经济黄皮书
2013年世界经济形势分析与预测
著(编)者:王洛林　张宇燕　2013年1月出版 / 估价:59.00元

香港蓝皮书
香港发展报告（2013）
著(编)者:薛凤旋　2013年6月出版 / 估价:49.00元

新兴经济体蓝皮书
金砖国家发展报告（2013）——合作与崛起
著(编)者:林跃勤　周　文　2013年3月出版 / 估价:69.00元

亚太蓝皮书
亚太地区发展报告（2013）
著(编)者:李向阳　2013年1月出版 / 估价:59.00元

印度蓝皮书
印度国情报告（2012~2013）
著(编)者:吕昭义　2013年9月出版 / 估价:59.00元

越南蓝皮书
越南国情报告(2013)
著(编)者:吕余生　2013年7月出版 / 估价:65.00元

中亚黄皮书
中亚国家发展报告（2013）
著(编)者:孙　力　2013年6月出版 / 估价:79.00元

地方发展类

北部湾蓝皮书
泛北部湾合作发展报告（2013）
著(编)者:吕余生　2013年7月出版 / 估价:79.00元

北京蓝皮书
北京公共服务发展报告（2012~2013）
著(编)者:张耘　2013年3月出版 / 估价:65.00元

北京蓝皮书
北京经济发展报告（2012~2013）
著(编)者:赵弘　2013年5月出版 / 估价:59.00元

北京蓝皮书
北京社会发展报告（2012~2013）
著(编)者:戴建中　2013年6月出版 / 估价:59.00元

北京蓝皮书
北京文化发展报告（2012~2013）
著(编)者:李建盛　2013年4月出版 / 估价:69.00元

北京蓝皮书
中国社区发展报告（2013）
著(编)者:于燕燕　2013年6月出版 / 估价:59.00元

北京旅游绿皮书
北京旅游发展报告（2013）
著(编)者:鲁　勇 2013年10月出版 / 估价:98.00元

北京律师蓝皮书
北京律师发展报告NO.3（2013）
著(编)者:王隽 周塞军　2013年9月出版 / 估价:70.00元

北京人才蓝皮书
北京人才发展报告（2012~2013）
著(编)者:张志伟　2013年5月出版 / 估价:69.00元

城乡一体化蓝皮书
中国城乡一体化发展报告·北京卷（2012~2013）
著(编)者:张宝秀　黄序　2012年7月出版 / 估价:59.00元

大湄公河次区域蓝皮书
大湄公河次区域合作发展报告(2012~2013)
著(编)者:刘　稚　2013年4月出版 / 估价:69.00元

甘肃蓝皮书
甘肃省经济发展分析与预测（2013）
著(编)者:朱智文　罗　哲　2012年12月出版 / 估价:69.00元

甘肃蓝皮书
甘肃省社会发展分析与预测（2013）
著(编)者:安文华　包晓霞　2012年12月出版 / 估价:69.00元

甘肃蓝皮书
甘肃省舆情发展分析与预测（2013）
著(编)者:陈双梅　郝树声　2012年12月出版 / 估价:69.00元

甘肃蓝皮书
甘肃省县域社会发展分析与预测（2013）
著(编)者:魏胜文　柳　民　曲　玮
2012年12月出版 / 估价:69.00元

甘肃蓝皮书
甘肃省文化发展分析与预测（2013）
著(编)者:刘进军　周晓华　2012年12月出版 / 估价:69.00元

关中天水经济区蓝皮书
中国关中—天水经济区发展报告(2013)
著(编)者:李忠民　2013年7月出版 / 估价:59.00元

广东外经贸蓝皮书
广东对外经济贸易发展研究报告（2012～2013）
著(编)者:陈万灵　2013年3月出版 / 估价:65.00元

广西北部湾经济区蓝皮书
广西北部湾经济区开放开发报告（2013）
著(编)者:广西北部湾经济区规划建设管理委员会办公室
广西社会科学院 广西北部湾发展研究院
2013年7月出版 / 估价:69.00元

广州蓝皮书
2013年中国广州经济形势分析与预测
著(编)者:庾建设　郭志勇　沈　奎
2013年6月出版 / 估价:69.00元

广州蓝皮书
2013年中国广州社会形势分析与预测
著(编)者:易佐永　杨　秦　顾涧清
2013年7月出版 / 估价:69.00元

广州蓝皮书
广州城市国际化发展报告（2013）
著(编)者:朱名宏　2013年4月出版 / 估价:59.00元

广州蓝皮书
广州创新型城市发展报告（2013）
著(编)者:李江涛　2013年4月出版 / 估价:59.00元

广州蓝皮书
广州经济发展报告（2013）
著(编)者:李江涛　刘江华　2013年4月出版 / 估价:69.00元

广州蓝皮书
广州农村发展报告（2013）
著(编)者:李江涛　汤锦华　2013年4月出版 / 估价:59.00元

广州蓝皮书
广州汽车产业发展报告（2013）
著(编)者:李江涛　杨再高　2013年4月出版 / 估价:59.00元

广州蓝皮书
广州商贸业发展报告（2013）
著(编)者:陈家成　王旭东　荀振英
2013年4月出版 / 估价:69.00元

广州蓝皮书
广州文化创意产业发展报告（2013）
著(编)者:甘　新　2013年3月出版 / 估价:59.00元

广州蓝皮书
中国广州城市建设发展报告（2013）
著(编)者:董　皞　冼伟雄　李俊夫
2013年8月出版 / 估价:69.00元

广州蓝皮书
中国广州科技与信息化发展报告（2013）
著(编)者:庾建设　谢学宁　2013年8月出版 / 估价:59.00元

广州蓝皮书
中国广州文化创意产业发展报告（2013）
著(编)者:王晓玲　2013年8月出版 / 估价:59.00元

广州蓝皮书
中国广州文化发展报告（2013）
著(编)者:徐俊忠　汤应武　陆志强
2013年8月出版 / 估价:69.00元

贵州蓝皮书
贵州法治发展报告（2013）
著(编)者:吴大华　2013年4月出版 / 估价:69.00元

贵州蓝皮书
贵州社会发展报告（2013）
著(编)者:王兴骥　2013年4月出版 / 估价:59.00元

海峡经济区蓝皮书
海峡经济区发展报告（2013）
著(编)者:李闽榕 王秉安 谢明辉（台湾）
2013年10月出版 / 估价:78.00元

海峡西岸蓝皮书
海峡西岸经济区发展报告（2013）
著(编)者:福建省人民政府发展研究中心
2013年7月出版 / 估价:85.00元

杭州都市圈蓝皮书
杭州都市圈经济社会发展报告（2013）
著(编)者:辛　薇　2013年7月出版 / 估价:59.00元

河南经济蓝皮书
2013年河南经济形势分析与预测
著(编)者:刘永奇　2013年2月出版 / 估价:65.00元

河南蓝皮书
2013年河南社会形势分析与预测
著(编)者:刘道兴　牛苏林　2013年1月出版 / 估价:59.00元

河南蓝皮书
河南城市发展报告（2013）
著(编)者:谷建全　王建国　2013年1月出版 / 估价:69.00元

河南蓝皮书
河南经济发展报告（2013）
著(编)者:喻新安　2013年2月出版 / 估价:59.00元

河南蓝皮书
河南文化发展报告（2013）
著(编)者:谷建全　卫绍生　2013年3月出版 / 估价:69.00元

黑龙江产业蓝皮书
黑龙江产业发展报告（2013）
著(编)者:于　渤　2013年5月出版 / 估价:69.00元

黑龙江蓝皮书
黑龙江经济发展报告（2013）
著(编)者:曲　伟　2013年5月出版 / 估价:69.00元

黑龙江蓝皮书
黑龙江社会发展报告（2013）
著(编)者:艾书琴　2013年1月出版 / 估价:65.00元

湖南城市蓝皮书
城市社会管理
著(编)者:罗海藩　2013年5月出版 / 估价:59.00元

湖南蓝皮书
2013年湖南产业发展报告
著(编)者:梁志峰　2013年5月出版 / 估价:89.00元

湖南蓝皮书
2013年湖南法治发展报告
著(编)者:梁志峰　2013年5月出版 / 估价:79.00元

湖南蓝皮书
2013年湖南经济展望
著(编)者:梁志峰　2013年5月出版 / 估价:79.00元

湖南蓝皮书
2013年湖南两型社会发展报告
著(编)者:梁志峰　2013年5月出版 / 估价:79.00元

湖南县域绿皮书
湖南县域发展报告No.2
著(编)者:朱有志 袁 准 周小毛
2013年7月出版 / 估价:69.00元

江苏法治蓝皮书
江苏法治发展报告No.2（2013）
著(编)者:李　力　龚廷泰　严海良
2013年7月出版 / 估价:88.00元

京津冀蓝皮书
京津冀区域一体化发展报告（2013）
著(编)者:文　魁　祝尔娟　2013年3月出版 / 估价:89.00元

经济特区蓝皮书
中国经济特区发展报告（2013）
著(编)者:陶一桃　钟　坚　2013年3月出版 / 估价:89.00元

辽宁蓝皮书
2013年辽宁经济社会形势分析与预测
著(编)者:曹晓峰　张　晶　张卓民
2013年1月出版 / 估价:69.00元

内蒙古蓝皮书
内蒙古经济发展蓝皮书(2012~2013)
著(编)者:黄育华　2013年7月出版 / 估价: 69.00元

浦东新区蓝皮书
上海浦东经济发展报告(2013)
著(编)者:左学金　陆沪根　2012年12月出版 / 估价:59.00元

青海蓝皮书
2013年青海经济社会形势分析与预测
著(编)者:赵宗福　2013年3月出版 / 估价:69.00元

人口与健康蓝皮书
深圳人口与健康发展报告（2013）
著(编)者:陆杰华　江捍平　2013年10月出版 / 估价:98.00元

山西蓝皮书
山西资源型经济转型发展报告（2013）
著(编)者:李志强　容和平　2013年3月出版 / 估价:79.00元

陕西蓝皮书
陕西经济发展报告（2013）
著(编)者:杨尚勤　石　英　裴成荣
2013年3月出版 / 估价:65.00元

陕西蓝皮书
陕西社会发展报告（2013）
著(编)者:杨尚勤　石　英　江　波
2013年3月出版 / 估价:65.00元

陕西蓝皮书
陕西文化发展报告（2013）
著(编)者:杨尚勤　石　英　王长寿
2013年3月出版 / 估价:59.00元

上海蓝皮书
上海传媒发展报告（2013）
著(编)者:强　荧　焦雨虹　2013年1月出版 / 估价:59.00元

上海蓝皮书
上海法治发展报告（2013）
著(编)者:潘世伟　叶　青　2012年12月出版 / 定价:69.00元

上海蓝皮书
上海经济发展报告（2013）
著(编)者:沈开艳　2013年1月出版 / 估价:59.00元

上海蓝皮书
上海社会发展报告（2013）
著(编)者:卢汉龙　周海旺　2013年1月出版 / 估价:59.00元

上海蓝皮书
上海文化发展报告(2013)
著(编)者:蒯大申　2013年1月出版 / 估价:59.00元

上海蓝皮书
上海文学发展报告（2013）
著(编)者:陈圣来　2013年1月出版 / 估价:59.00元

上海蓝皮书
上海资源环境发展报告（2013）
著(编)者:张仲礼　周冯琦　2013年1月出版 / 估价:59.00元

上海社会保障绿皮书
上海社会保障改革与发展报告（2012~2013）
著(编)者:汪　泓　2013年1月出版 / 估价:65.00元

深圳蓝皮书
深圳经济发展报告（2013）
著(编)者:吴　忠　2013年5月出版 / 估价:69.00元

深圳蓝皮书
深圳劳动关系发展报告（2013）
著(编)者:汤庭芬　2013年5月出版 / 估价:69.00元

深圳蓝皮书
深圳社会发展报告（2013）
著(编)者:吴　忠　余智晟　2013年11月出版 / 估价:69.00元

温州蓝皮书
2013年温州经济社会形势分析与预测
著(编)者:胡瑞怀　王春光　2013年1月出版 / 估价:69.00元

武汉城市圈蓝皮书
武汉城市圈经济社会发展报告（2012~2013）
著(编)者:肖安民　2013年5月出版 / 估价:59.00元

武汉蓝皮书
武汉经济社会发展报告（2013）
著(编)者:刘志辉　2013年5月出版 / 估价:59.00元

扬州蓝皮书
扬州经济社会发展报告（2013）
著(编)者:张爱军　2013年1月出版 / 估价:78.00元

长株潭城市群蓝皮书
长株潭城市群发展报告（2013）
著(编)者:张　萍　2013年6月出版 / 估价:69.00元

浙江蓝皮书
浙江金融业发展报告（2013）
著(编)者:刘仁伍　2013年4月出版 / 估价:69.00元

浙江蓝皮书
浙江民营经济发展报告（2013）
著(编)者:刘仁伍　2013年4月出版 / 估价:59.00元

浙江蓝皮书
浙江区域金融中心发展报告（2013）
著(编)者:刘仁伍　2013年4月出版 / 估价:79.00元

浙江蓝皮书
浙江市场经济发展报告（2013）
著(编)者:刘仁伍　2013年4月出版 / 估价:79.00元

郑州蓝皮书
2012~2013年郑州文化发展报告
著(编)者:王　哲　2013年5月出版 / 估价:69.00元

中国省会经济圈蓝皮书
合肥经济圈经济社会发展报告No.5(2012~2013)
著(编)者:董昭礼　2013年7月出版 / 估价:79.00元

中原蓝皮书
中原经济区发展报告（2013）
著(编)者:刘怀廉　2013年3月出版 / 估价:68.00元

社会科学文献出版社
SOCIAL SCIENCES ACADEMIC PRESS (CHINA)

社会科学文献出版社成立于1985年，是直属于中国社会科学院的人文社会科学专业学术出版机构。

成立以来，特别是1998年实施第二次创业以来，依托于中国社会科学院丰厚的学术出版和专家学者两大资源，坚持“创社科经典，出传世文献”的出版理念和“权威、前沿、原创”的产品定位，走学术产品的系列化、规模化、数字化、国际化、市场化经营道路，社会科学文献出版社先后策划出版了著名的图书品牌和学术品牌“皮书”系列、《列国志》、“社科文献精品译库”、“全球化译丛”、“气候变化与人类发展译丛”、“近世中国”等一大批既有学术影响又有市场价值的图书。

在国内原创著作、国外名家经典著作大量出版的同时，社会科学文献出版社长期致力于中国学术出版走出去，先后与荷兰博睿出版社合作面向海外推出了《经济蓝皮书》、《社会蓝皮书》等十余种皮书的英文版；此外，《从苦行者社会到消费者社会》、《二十世纪中国史纲》、《中华人民共和国法制史》等11种著作入选新闻出版总署“经典中国国际出版工程”。

面对数字化浪潮的冲击，社会科学文献出版社力图从内容资源和数字平台两个方面实现传统出版的再造，并先后推出了皮书数据库、列国志数据库、中国田野调查数据库等一系列数字产品。

在新的发展时期，社会科学文献出版社结合社会的需求、自身的条件以及行业的发展，提出了新的创业目标：精心打造人文社会科学成果推广平台，发展成为一家集图书、期刊、声像电子和数字出版物为一体，面向海内外高端读者和客户，具备独特竞争力的人文社会科学内容资源经营商和海内外知名的专业学术出版机构。

摘 要

世界经济增长速度在2012年整体放缓。发达经济体面临高失业和高债务等严重的经济和社会问题，传统宏观货币和财政政策空间几乎用尽，再加上人口老龄化和“二战”后婴儿潮大批进入退休年龄的影响，美国和日本经济低速增长，欧元区经济则出现负增长。受外需急剧下降以及国内经济调整的影响，一些新兴市场与发展中经济体放缓了经济增长步伐。全球贸易增速明显放缓和争端日益频繁，大宗商品价格逐步走低，股市受非常规政策影响非自然上涨，全球治理和区域一体化有亮点但进展缓慢。展望2013年世界经济，美国“财政悬崖”、欧洲债务危机久拖不决、流动性过剩、贸易保护主义和地区安全等诸多因素值得关注，全球经济的中低速增长将成为新的常态。

Abstract

The world economy slowed in 2012. The advanced economies are experiencing serious economic and social problems such as high unemployment, high-level debt, little room for traditional fiscal and monetary policies. The increasing retiree of baby boomer will further deteriorating the aging problem. The recovering of the U. S. and Japanese economy becomes slower, and the Euro Zone is suffering a negative growth. Due to a sharp decline of external demand and painful domestic economic adjustment, some major emerging markets and developing economies also experienced economic slowdown. The further of global economy is also complicated by the sluggish world trade, mounting protectionism, and volatile commodity prices, unconventional monetary policies helped to boost the stock markets but increased its potential risks. There are limited progresses on the reform of global governance, as well as regional economic integration. In 2013, the outlook of world economy is shadowed by risk factors like the "fiscal cliff" in the U. S. The worsening of Europe debt crisis, excessive liquidity, trade protectionism as well as regional tensions on security issues. The moderate and slow growth of the global economy will become a new normal.

目录

Ⅰ 总论

Ⅱ 国别与地区

Ⅲ 专题篇

ⅣY Ⅳ 热点篇

Y Ⅴ 世界经济统计与预测

皮书数据库阅读使用指南

CONTENTS

Y I Overview

Y II Country/Region Study

Ⅲ Special Reports

Ⅳ Hot Topics

Ⅴ Statistics of the World Economy

总　论

Overview

Y.1
2012～2013年世界经济形势分析与展望

张宇燕　徐秀军*

摘　要：

2012年是世界经济增长整体放缓的一年。在发达经济体中，美国和日本经济低速增长，欧元区则陷入衰退。与此同时，发达经济体还面临失业率高企、债台高筑等严重经济和社会问题，传统货币政策功能几近穷尽，财政政策调整空间日益狭窄，“日本化征候”日趋明显。在新兴市场与发展中经济体中，由于受外需急剧下降以及国内经济调整的影响，一些国家放缓了经济增长步伐。伴随而来的是全球贸易增速明显放缓和争端日益频繁，大宗商品价格逐步走低，股市受非常规政策影响非自然上涨，全球治理和区域一体化有亮点但进展缓慢。2012年还是许多重要国家大选年，选举政治对经济的影响显著。展望2013年世界经济，美国“财政悬崖”、欧洲债务危机久拖不决、全球流动性过剩、贸易保护主义和地区安

* 张宇燕，中国社会科学院世界经济与政治研究所研究员；徐秀军，中国社会科学院世界经济与政治研究所。在写作过程中，本报告参考和引用了本书相关分报告。

全等诸多因素值得关注，全球经济将继续中低速增长。

关键词：

增长放缓　债务危机　量化宽松　财政悬崖

一　对上年度预测与判断的评析

在2011年10月撰写的上一年度报告中，我们对2012年世界经济增长的预测是，按购买力平价（PPP）计算的增长率为3.8%、按市场汇率计算的增长率为3.0%。这一水平远低于世界银行在2011年6月预测的按PPP计算4.4%、按市场汇率计算3.6%以及经合组织（OECD）于2011年5月预测的按PPP计算4.6%的经济增速，略低于国际货币基金组织（IMF）于2011年9月预测的按PPP计算4.0%、按市场汇率计算3.2%。

据截至2012年10月的世界经济形势来看，2012年世界经济将比2011年按PPP计算3.8%、按市场汇率计算2.8%的增长水平出现一定幅度下滑。[①] 2012年10月IMF公布的《世界经济展望》预计，2012年世界经济增长率按PPP计算为3.3%、按市场汇率计算为2.6%，比该组织在2011年9月的预测数据分别下调了0.7个和0.6个百分点，而与上年度本报告预测数据相比，分别低0.5个和0.4个百分点。

总体而言，在对2012年全球经济增长的判断上，放缓趋势符合本报告在上年度的预测，即我们对世界经济增长的判断相对于世界银行、IMF和OECD等国际经济机构同年度的预测要悲观些，但与实际情况更为接近。当然，在具体数字上，2012年世界经济增速实际上将低于本报告上年的预期。根据一年来世界经济的发展态势可以看出，上年度报告预测偏差的原因主要有以下几个方面。

① 如无特别说明，本报告中数据均来自2012年10月IMF出版的《世界经济展望》及其数据库。根据2011年9月IMF公布的《世界经济展望》估计，2011年世界经济增长速度按PPP计算为4.0%、按市场汇率计算为3.0%，2012年10月公布的2011年世界经济增长率均比这一预测数据下调0.2个百分点。

其一，欧洲经济下行态势比预期的更为严重。由于欧洲主权债务危机的升级，欧洲经济增长速度自2011年第四季度起开始出现急速收缩，并呈现衰退迹象。根据欧洲央行（ECB）2012年9月公布的数据，2011年第四季度至2012年第二季度，欧盟按年率计算的实际GDP环比增长率分别为－0.3%、0.0%和－0.1%，欧元区按年率计算的实际GDP环比增长率分别为－0.3%、0.0%和－0.2%。根据2012年10月IMF预测数据，2012年欧盟与欧元区GDP增长率分别为－0.2%和－0.4%，均比2011年GDP增长率下调1.8个百分点。

其二，新兴与发展中经济体经济增速放缓超出预期。根据2012年10月IMF预测数据，2012年新兴市场与发展中经济体的经济增速为5.3%，比该组织2011年9月预测数据下调了高达1.5个百分点。[①] 新兴与发展中经济体经济增速放缓的主要原因在于外部需求萎缩加剧，造成经济增长的外贸因素进一步恶化，同时主要新兴经济体经济结构变革的难度加大，经济增长比预期放缓步伐要快。这从一个侧面反映出，经济全球化或全球经济一体化进程仍在继续。

其三，从行业来看，全球制造业出现较大幅度的下滑。摩根大通和金融信息服务公司Markit报告显示，2012年前三季度全球制造业部门活力呈显著下降态势，全球制造业采购经理人指数（PMI）分别为51.2、50.4和48.5，全球制造业在第三季度整体萎缩。由于全球制造业不景气，前三季度全球主要经济体的对外贸易增速也有显著下降。全球制造业的低迷成为拖累GDP表现的重要因素之一。

此外，在上年度报告中，我们预测2012年原油价格低于2011年的104美元/桶，波动区间为70～100美元/桶。[②] 但从截至目前的世界原油市场发展形势来看，2012年原油价格与上年基本持平或略有上升的可能性较大。也就是说，2012年原油价格略高于上年度本报告的预期。究其原因，主要是因为一些超出预期的新因素影响了2012年世界原油价格的走向。例如，美国以及其

---

① 如无特别说明，本报告中世界与国家群体的GDP增长率均指按PPP计算得出的实际增长率。

② 油价为英国布伦特轻质原油、迪拜中质原油和西得克萨斯中间基（WTI）重质原油价格的简单平均值。

他发达国家相继推出的量化宽松政策等非常规货币政策带来的流动性增加，中东的紧张局势更加充满不确定性等。

二　2012年世界经济总体形势回顾

2012年是世界经济整体放缓的一年。这表明全球经济彻底摆脱金融危机影响仍有待时日。为了较为全面地反映2012年世界经济总体发展状况，下面我们将从增长、就业、物价、贸易、债务和股市六个方面一一加以述评。

（一）增长：全球经济复苏步履蹒跚

全球经济复苏至今已达三年，但复苏步伐依然沉重，经济增长速度仍显低迷。2012年世界经济未能扭转上一年的经济下行趋势，多数机构随之纷纷下调早先对世界经济增长的预期。2012年10月IMF预测数据显示，2012年世界经济增速为3.3%，比上年下降0.5个百分点。其中发达经济体经济增速为1.3%，比上年下降0.3个百分点；新兴市场与发展中经济体经济增速为5.3%，比上年下降0.9个百分点。

在发达经济体中，增长趋势出现分化。美日经济低速增长，但以欧元区为代表的大多数发达经济体增长状况令人担忧。根据IMF预测数据，2012年美国经济增长率为2.2%，比上年提高0.4个百分点；日本经济增长率为2.2%，比上年提高3.0个百分点。但值得关注的是，一些重要的欧洲经济体的经济增速大幅放缓，甚至呈现衰退迹象，拖累了世界经济的增长表现。根据IMF预测，2012年欧盟经济增长率为－0.2%，比上年下降1.6个百分点；欧元区经济增长率为－0.4%，比上年下降1.5个百分点。欧洲央行（ECB）数据显示，2012年第二季度，欧盟27国中有13个国家按年率计算的GDP季度环比增长率为负。① 其中包括深陷主权债务危机泥潭的意大利、西班牙、葡萄牙和希腊等国以及英国等欧元区外国家。截至2012年第二季度，意大利连续四个季度出现经济萎缩，GDP季度环比增速分别为－0.2%、－0.7%、－0.8%与

---

① 希腊、爱尔兰、卢森堡2012年第二季度数据不详。

-0.8%；葡萄牙连续七个季度出现经济萎缩；英国和西班牙连续三个季度出现负增长。此外，法国连续三个季度处于零增长，反映出法国经济正逐渐陷入困境。2012 年以来欧洲经济出现急速萎缩，究其原因，主要源于高度不确定的市场环境，包括全球需求增速降低、债务危机导致消费者信心和商业信心下降、金融市场不景气、主要国家财政紧缩政策导致内部需求下降以及部分国家政局不稳等因素。欧洲经济的萎缩不仅对世界经济增长产生负面影响，欧洲经济下行风险在全球的扩散也成为其他经济体经济复苏的负面因素。

在新兴市场与发展中经济体中，由于受外需急剧下降以及国内经济调整的影响，一些国家放缓了经济增长的步伐。从地区来看，中东欧、拉美与加勒比地区以及亚洲新兴与发展中经济体经济下行表现显著。根据 IMF 预测数据，2012 年中东欧、拉美与加勒比地区以及亚洲新兴与发展中经济体 GDP 增长率分别为 2.0%、3.2% 和 6.7%，分别比上年下降 3.3 个、1.3 个和 1.1 个百分点。从国别来看，以金砖国家为代表的主要新兴经济体经济均出现不同程度下滑。2012 年巴西、俄罗斯、印度、中国和南非预计分别增长 1.5%、3.7%、4.9%、7.8% 和 2.6%，较上年分别下降 1.2 个、0.6 个、1.9 个、1.4 个和 0.5 个百分点。

（二）就业：发达国家失业率仍处高位

由于经济不景气和深层次的结构问题，发达经济体失业居高不下，失业问题仍是 2012 年摆在西方发达经济体政府面前的重要课题之一。在美国，就业市场改进缓慢，劳动参与率创历史新低。2012 年以来，美国失业率始终在 8.1% ~8.3% 之间徘徊。美国劳工部数据显示，2012 年 8 月美国失业率为 8.1%，比此次金融危机后的最高点下降 2 个百分点。但事实上，失业率的下降并非完全源于就业增加，其部分原因是较多的人选择离开就业市场。8 月美国有 36.8 万个劳动者放弃寻找工作，劳动参与率仅为 63.5%，创下 1981 年 9 月以来的最低水平。9 月美国失业率一举跌破 8.0% 回落至 7.8%，创 2009 年 1 月以来最低。根据一些分析家（Weisenthal，2012）的计算，如果剔除 2012 年以来就业参与率的下降因素，9 月美国的失业率将继续维持在 8.35%。此外，大选年的竞选通常都会使用大量兼职工和人口统计员，大选年的用工需求使得就业人口增加，但大选结束之后就业市场能否继续维持这一水平值得关注。

在欧洲，经济衰退严重影响到劳动力市场，失业率居高不下。根据欧洲央行数据，2012 年前 7 个月，欧盟和欧元区的平均失业率分别为 10.3% 和 11.1%。其中，2012 年 7 月欧元区的失业率达到 11.3%，创下 1995 年欧洲央行开始该数据统计以来月度失业率最高纪录。从国别来看，2012 年前 7 个月欧洲有 15 个国家的平均失业率超过 10%。其中，西班牙的失业情况最严重，失业率达到 24.4%；其次为希腊，失业率 22.6%。此外，葡萄牙、塞浦路斯、意大利的失业率也有较大幅度的提高，分别达到 15.3%、10.4% 和 10.4%。

与欧美相比，日本的失业率长期以来处于较低水平，但相比以往，其就业形势依然严峻，青年失业问题尤为突出。日本内阁府数据显示，2012 年 7 月完全失业率为 4.3%，其中 15～24 岁青年人的完全失业率达到了 8.2%，比上月上升 0.8 个百分点。日本厚生劳动省调查数据显示，2012 年 7 月日本全职劳动者人数较上年同期下降 0.1%；入职率为 1.73%，比上年同期下降 0.06 个百分点；离职率为 1.80%，比上年同期上升了 0.17 个百分点。

（三）物价：通货膨胀总体水平低迷

总体来看，2012 年全球通货膨胀水平较上年明显回落，发达经济体和新兴与发展中经济体的通胀水平同步走低。2012 年前三季度总体维持下降趋势，第四季度由于受部分国家经济政策调整影响，通胀水平很可能出现反弹，但不会改变全年通胀率较上年出现下降的总体态势。

经济合作与发展组织（OECD）数据显示，2012 年前三个季度 OECD 国家的消费者物价指数（CPI）分别同比上涨 2.8%、2.2% 和 2.1%，分别较上一季度下降 0.2 个、0.6 个和 0.1 个百分点。其中，能源价格由 2011 年第四季度同比上涨 10.7% 显著下降到 2012 年第三季度的 3.1%，下降 7.6 个百分点；同期食品价格下降 2.0 个百分点至 2.2%。OCED 国家第三季度除食品与能源价格外的 CPI 同比上涨 1.7%，较上年第四季度下降 0.3 个百分点。就国别而言，截至 2012 年 9 月，英国 CPI 同比上涨由 1 月的 3.6% 降至 9 月的 2.2%，下降 1.4 个百分点；美国由 2.9% 降至 2.0%；加拿大由 2.5% 降至 1.2%；日本由 0.1% 降至 -0.3%；法国由 2.3% 降至 1.9%，德国由 2.1% 降至 2.0%。

同期，意大利维持在3.2%，但西班牙和匈牙利等国CPI有所上扬。2012年10月IMF预测，2012年发达经济体CPI上涨1.9%，比上年回落0.8个百分点。其中，美国CPI上涨2.0%，比上年回落1.1个百分点；欧盟CPI上涨2.5%，比上年回落0.6个百分点。

2012年新兴市场与发展中经济体的通胀水平总体上高于发达经济体，其中多数国家通胀压力有所缓解，但亦有部分国家通胀压力加大。IMF数据显示，2012年新兴市场与发展中经济体CPI上涨6.1%，比上年下降1.1个百分点。分地区看，除中东和北非地区外，其他地区CPI增长均有不同程度的下降。其中，独联体国家（CIS）① CPI较上年大幅回落3.3个百分点至6.8%；发展中亚洲比上年下降1.5个百分点至5.0%。就国别来看，OECD数据显示，2012年9月，巴西、中国和南非的CPI同比上涨分别降至5.3%、1.8%和5.6%，分别较上年12月下降1.2个、2.3个和0.8个百分点；而同期印度、印度尼西亚、俄罗斯的CPI同比上涨分别为9.1%、4.3%和6.6%，分别较上年12月上升2.7个、0.5个和0.5个百分点。

（四）贸易：增速明显放缓，争端频繁

与世界经济增速放缓趋势一致，2012年全球贸易增长明显下降。2012年9月，世界贸易组织（WTO）报告预测，2012年全球贸易增速为2.5%，低于此前20年平均水平的一半，与此前预期的3.7%相比，下调了1.2个百分点。其中，发达经济体出口增速为1.5%，下调0.5个百分点；新兴经济体出口增速为3.5%，下调2.1个百分点。值得注意的是，2012年全球贸易量的增长低于全球经济增长步伐，这表明全球贸易面临的下行风险超过增长风险。长期以来，全球贸易一直主要依赖欧洲、美国及日本三大市场。但目前三大经济体经济状况都欠佳，尤其是欧洲经济陷入衰退，对全球出口造成较大影响。在东亚地区，韩国、印度尼西亚、中国香港等经济体出口下降十分显著。2012年6月，印度尼西亚出口额同比下降16.4%，创近3年最大跌幅；中国香港出口负增长4.8%。7月，韩国出口额同比下降8.8%，为2009年9月以来降幅最

① 在统计上包括格鲁吉亚和蒙古两国。

大的一次。此外，巴西、印度、俄罗斯的出口也都受到一定遏制。由于欧债危机阴霾不散，美国经济低速缓行，全球贸易下降实乃预料之中。

贸易增速的显著下滑与日益盛行的贸易保护主义不无相关。根据 OECD 和联合国贸易与发展组织（UNCTAD）2012 年 5 月发布的报告，2011 年 11 月至 2012 年 5 月期间，二十国集团（G20）所采取的保护主义措施达 124 件，平均每月发生 17.7 件，同时贸易保护措施更加隐蔽，并趋于长期化。在采取的保护主义措施中，出口限制、出口补贴、进口限制、技术性贸易壁垒（TBT）、动植物检疫措施（SPS）、延迟通关手续等非关税措施日益增多。2008 年 10 月至 2012 年 5 月期间，非关税措施占到贸易保护措施的 45.1%。为此，WTO 在 2012 年 7 月发布的《2012 年世界贸易报告》明确指出，制造业和农产品监管标准等非关税措施，给世界贸易带来了新的挑战，呼吁各国共同努力减少非关税措施中的贸易保护主义因素。贸易保护主义的盛行，不仅对世界贸易产生抑制作用，也导致大国之间的贸易争端频发。以中国为例，2012 年上半年中国共遭遇 18 个国家和地区发起的贸易救济调查，反倾销、反补贴、特保等贸易救济调查事件 40 起，同比增长了 38%；涉案金额 37 亿美元，同比增长了 76%。

（五）债务：发达经济体债台高筑

近年来，总体上发达经济体的财政平衡状况有所改善，财政赤字占 GDP 比例逐步收窄。2012 年 10 月 IMF 数据显示，2011 年发达经济体财政赤字占 GDP 比例为 6.5%，比上年下降 1.2 个百分点，预计 2012 年发达经济体财政赤字占 GDP 比例将继续下降 0.6 个百分点至 5.9%。其中，2011 年欧盟与欧元区财政赤字占 GDP 比例分别为 4.5% 和 4.1%，分别比上年下降 2.0 个和 1.2 个百分点，预计 2012 年欧盟财政赤字占 GDP 比例将继续下降 0.6 个百分点至 3.9%，欧元区财政赤字占 GDP 比例将继续下降 0.8 个百分点至 3.3%；2011 年美国财政赤字占 GDP 比例为 10.1%，比上年下降 1.1 个百分点，预计 2012 年美国财政赤字占 GDP 比例将继续下降 1.4 个百分点至 8.7%。但 2011 年日本财政赤字占 GDP 比例比上年上升 0.4 个百分点至 9.8%，预计 2012 年日本财政赤字占 GDP 比例将轻幅上升 0.2 个百分点至 10.0%。

但是，发达经济体政府债务占 GDP 的比例逐年上升。2012 年 10 月 IMF 数据显示，2010 年发达经济体政府债务占 GDP 比例为 100.6%，2011 年升至 104.7%，预计 2012 年为 109.9%，较上年上升 5.2 个百分点，再度向二战高峰期的水平靠近。其中，2010 年欧盟政府债务占 GDP 比例为 79.3%，2011 年升至 82.1%，预计 2012 年为 87.2%，较上年上升 5.1 个百分点；2010 年欧元区政府债务占 GDP 比例为 85.4%，2011 年升至 88.0%，预计 2012 年为 93.6%，较上年上升 5.6 个百分点。与欧债危机显著恶化相比，当前美国和日本则仍充当着主要避风港的作用，其融资能力暂时稳定，但其偿债能力亦在沿着不可持续的道路发展。2010 年美国政府债务占 GDP 比例为 98.6%，2011 年升至 102.9%，预计 2012 年为 107.2%，较上年上升 4.3 个百分点；2010 年日本政府债务占 GDP 比例为 215.3%，2011 年升至 229.6%，预计 2012 年为 236.6%，较上年上升 7.0 个百分点。缓慢的经济增长、持续的预算赤字以及人口老龄化和金融部门风险犹存所带来的高额负债，极大地侵蚀了公共财政的可持续性。发达经济体由此面临维持短期经济增长以及通过彻底的经济、财政与金融的结构性改革挤出债务泡沫的两难境地。

相对于发达经济体，新兴市场经济体的财政状况要好得多。2012 年 10 月 IMF 数据显示，2011 年新兴市场与发展中经济体财政赤字占 GDP 比例为 1.2%，比上年下降 1.4 个百分点，2012 年将为 1.4%。其中，2011 年巴西、印度、俄罗斯和南非财政平衡占 GDP 比例分别为 -2.6%、-9.0%、1.6% 和 -4.6%；预计 2012 年分别为 -2.1%、-9.5%、0.5% 和 -5.0%。2011 年新兴市场与发展中经济体政府债务占 GDP 比例为 36.3%，比上年下降 3.2 个百分点，2012 年将继续下降 1.9 个百分点至 34.4%，远低于发达经济体的债务负担水平。其中，2011 年巴西、中国、印度、俄罗斯和南非政府债务占 GDP 比例分别为 64.9%、25.8%、67.0%、12.0% 和 38.8%，预计 2012 年将分别为 64.1%、22.2%、67.6%、11.0% 和 41.2%。

（六）股市：非常规政策使股市上扬

在 2012 年的全球金融市场中，股市表现成为最大亮点，除中国外的全球主要股票市场呈现普遍上扬态势，其中德国和印度表现尤为突出。万得（Wind）资讯数据显示，截至2012年9月，德国股市涨幅高达22.3%，位列全球首位；其次为印度，涨幅为21.4%。美国、印度尼西亚和南非股市也均实现了10%以上较高涨幅。此外，深陷债务危机且尚未返回中长期国债市场的希腊，股市涨幅也达到了8.6%。2012年全球股市的普涨行情，除了得益于一定基本面的支撑之外，对比历史数据可以发现，各国尤其是主要发达国家非常规的货币政策或是股市上涨的主因。此外，国际资本的安全港效应也是推高股市的重要因素。

2011年底以来，欧美等发达国家轮番推出非常规宽松货币政策，充足的流动性使某些国家股票市场受到投资者热捧。欧央行从2011年底至2012年2月份实施的两轮LTRO释放出1万亿欧元的流动性，导致2012年第一季度全球股市迅速上涨，且涨幅显著超过第二季度。2012年9月13日，美国推出第三轮量化宽松政策（QE3），第二天全球主要股市就普遍上扬。英国、法国和德国等欧盟成员国的股指均创14个月来的新高，英国FT100指数、法国巴黎CAC指数和德国法兰克福DAX指数单日分别上涨1.64%、2.27%和1.39%；俄罗斯RTS指数单日上涨4.9%。

在一些新兴市场国家，股市的良好表现也与推行新政策，并因此产生的国际资本流入密切相关。2012年1月，印度政府宣布一改此前只有合格的机构投资者才能投资印度证券市场的政策，宣布允许符合资质的海外个人投资者直接对印度股市进行投资。这一举措迅速扭转了2011年印度股市以24.6%的跌幅位居全球倒数第一的局面，截至2012年9月，印度股市涨幅排名飙升至全球第二。2012年南非通过一系列政策吸引海外投资者参与南非股市，导致股市表现甚佳，截至2012年9月，南非股市上涨13.68%。

三　2012年世界经济运行的特点或变化

回顾2012年以来世界经济的总体形势，可以看出2012年世界经济呈现诸多新的特点和变化。归纳起来，主要有以下九个方面。

（一）欧、美、日央行进一步释放流动性

2012年2月，欧央行实施了第二轮LTRO，与第一轮一起，共计向欧元区银行提供了1.02万亿欧元的1%低息贷款。9月6日，欧洲央行推出了没有规模和时间限制的新的欧洲版量化宽松策略OMT。OMT是一种无限冲销购债计划，即欧洲央行可以决定开始、持续或者停止购买债券，对购入债券没有数量限制，但是会将购入的债券全部冲销掉。9月13日，美联储出台QE3，其主要内容是每月购买400亿美元的抵押贷款支持证券（MBS），并且没有操作时间和总额限制。同时，继续延长扭曲操作至2012年底，这样一来在2012年扭曲操作到期之间，美联储合计将每月增持850亿美元的长期债券。此外，美联储同时宣布，将超低水平的联邦基金利率（0至0.25%）至少延至2015年中期。9月19日，日本央行宣布将资产购买规模增加10万亿日元，其中增持日本国债5万亿日元，新增贴现国库券5万亿日元，日本央行累积资产购买规模达到80万亿日元。短期来看，欧、美、日央行进一步释放流动性的措施缓解了金融市场和政府债务危机，并提振了投资者信心。但释放出的大量流动性可能会导致国际资本的大规模流动、汇市和股市的震荡以及包括能源在内的全球大宗商品价格的非自然上涨，并对世界经济的稳定与复苏带来不利影响。

（二）欧债危机加重的过程亦是欧洲一体化进程深化的过程

在欧元区，部分国家的主权债务和银行体系债务相互作用使欧元区债务危机进入了恶性循环，债务危机不断加剧和升级。希腊政治危机引发的退欧风波，直接影响了整个欧元区银行业，欧债危机从欧元区边缘国家蔓延至西班牙和意大利等核心国家，其中西班牙同时爆发银行业危机和国债危机。2012年是欧元区重债国的偿债高峰期，欧元区全年到期债务总额约1万亿欧元。其中，深陷债务危机的意大利全年到期债务高达3371亿欧元，西班牙全年到期债务有1479亿欧元，葡萄牙、爱尔兰和希腊共需再融资约1654亿欧元，五国约占欧元区到期债务总额的2/3。由于部分欧元区国家债务问题的恶化，欧洲央行分别于2011年12月和2012年2月启动两轮长期再融资操作（LTRO）。2012年9月，为了遏制欧债危机蔓延，欧央行宣布实施直接货币交易计划

（OMT）。欧央行两度入市干预，暂时消除了银行业流动性风险并稳定了重债国的国债市场，但债务规模仍然庞大，欧债危机的解决呈现长期化和复杂化，并可能引发货币危机。

尽管欧债危机给欧洲经济蒙上了阴影，但也为欧元区一体化进程的推进提供了契机。2012 年，欧元区在财政、金融一体化方面取得了重要进展。2012 年 1 月，除英国和捷克以外的欧盟 25 国通过了旨在加强财政纪律的“财政契约”草案。3 月，25 国正式签署草案，并启动批准程序。“财政契约”的签订，为欧元区加强财政监督与财政政策协调提供了制度保障。此外，欧洲金融一体化也得到实质性推进。7 月，欧元区各国财长正式签署建立欧洲稳定机制（ESM）的协议，为请求救助的欧元区成员国提供金融援助。9 月，欧盟委员会拟定了欧洲银行业联合监管体系的路线图。该提案已正式提交欧洲议会审议，有望在 12 月中旬的欧盟峰会上获得通过。10 月，欧盟峰会就银行业单一监管机制问题达成一致，欧盟各国领导人同意 2013 年 1 月 1 日前完成银行业单一监管机制的法律框架，以便这一机制能在 2013 年逐渐得以操作。银行业联盟的建立，有望打破主权债务风险与银行风险之间的负向反馈机制，从而避免主权债务危机与银行危机的彼此扩散。值得注意的是，LTRO 和 OMT 等干预措施的出台使欧洲央行朝着职能多样化和功能强化的道路迈进了一大步。

（三）发达国家“日本化征候”日趋明显

近年来，日本经济社会发展呈现诸多问题，概括起来，主要包括以下四个方面：一是政府债务占 GDP 比重不断攀升，并且在中短期内难以显著下降；二是传统货币政策用尽，利率降至零或接近零利率时经济仍不见明显起色；三是人口老龄化趋势加强；四是政治上国内不同党派严重对立，在新政策的形成上难以达成共识。这四个方面问题并存，即是所谓的“日本化（Japanization）征候”。欧洲的情况与日本过去 20 年的状况极为相似；美国除了人口老龄化一项外，其他三项“指标”与“日本化征候”相去不远，即便是人口年龄相对于欧洲和日本较轻，但随着“婴儿潮”一代大量进入退休年龄段，目前每天进入退休年龄的人口达到 1 万人，这样的规模在相当程度上对美国社会和经济政策产生深远影响。这一现象表明发达世界所面临的问题与困境具有一定的内在同一性，“日本化征候”或许将成为经济体制、经济结构和生产消费方式相近社会的系统性问题。这同时也在某种程度上预示着美、欧、日等主要发达经济体进入了一个中长期低速增长通道。

（四）亚洲经济一体化新路线图显露但受到政治掣肘

在亚洲经济一体化方面，除了“东盟 +3”、跨太平洋伙伴关系协议（TPP）等原有进程外，还出现了一些新的合作动向。这主要表现在以下两个方面：其一，地区财金合作取得重大进展。2012 年 5 月，东盟与中日韩（10 +3）财长和央行行长会议在菲律宾马尼拉举行，这是东盟与中日韩财长会议扩大为东盟与中日韩财长和央行行长会议后的首次会议，会议就加强清迈倡议多边化危机应对能力达成共识：清迈倡议多边化资金规模扩大一倍至 2400 亿美元，且各方出资份额不变；与 IMF 贷款规划的脱钩比例从 20% 提高到 30%，并延长救助资金使用期限；将现有危机解决机制命名为“清迈倡议多边化稳定基金”。其二，地区经贸合作迈出新的步伐。2012 年 5 月 13 日，中日韩三国正式签署《关于促进、便利和保护投资的协定》，这是第一个促进和保护三国间投资行为的法律文件和制度安排，为中日韩自贸区建设提供了重要基础。同日，三国领导人一致同意年内正式启动中日韩自由贸易区谈判。8 月 30 日，在第 15 次东盟与中日韩经贸部长会议上，三国经贸部长就 11 月份启动中日韩自由贸易区谈判达成一致，进一步推动了中日韩自由贸易区的建设进程。此外，中日韩自由贸易区建设路线图得到东盟国家的支持。东盟国家表示，中日韩自由贸易区是东亚区域经济一体化的一条新路径。中日韩自由贸易区谈判时间表的确定为东亚一体化进程确立了新的目标和路径，同时也表明继欧盟和北美自由贸易区之后，亚洲地区将建立经济规模庞大的自由贸易区。但是，日韩、中日以及中国与部分东盟国家的政治与外交关系由于领土争端迅速降温，并对地区经济一体化的深入发展构成挑战。9 月以来，日本和韩国竹岛领土争端、中国和日本钓鱼岛领土争端再次显现出来，并不断升级，导致中日和韩日政治关系陷入僵局，给自由贸易区谈判的顺利进行蒙上阴影。

（五）贸易不平衡程度减弱

一个时期以来，关于全球贸易不平衡问题的讨论较为关注的是美国的贸易逆差和中国的贸易顺差。2006 年美国的经常账户逆差达到了 GDP 的 6.0%，而中国的顺差在 2007 年达到 GDP 的 10.1%。贸易不平衡问题的凸显使人民币汇率成为双方争论的焦点。此后，中国的经常账户顺差占 GDP 比例逐年下降。IMF 数据显示，2011 年中国经常账户顺差占 GDP 比例为 2.8%，预计 2012 年这一比例进一步下降至 2.3%。一般认为，当一国的经常账户顺差或逆差占 GDP 比例不超过 3% 时，该国的汇率就达到了“基本均衡汇率”。与此同时，美国的经常账户逆差也保持改善势头。2012 年 9 月美国商务部数据显示，2012 年第一季度美国经常项目逆差为 1336 亿美元，占 GDP 比例为 3.5%；第二季度经常项目逆差为 1174 亿美元，比上一季度下降 12.1%，占 GDP 的比例下降 0.5 个百分点至 3.0%，预计全年经常项目逆差占 GDP 的比例为 3.1%。中美两大贸易失衡国失衡程度的减弱使得对汇率问题的关注度下降。2012 年 7 月，IMF 完成与中国 2012 年“第四条款磋商”，并对中国汇率制度改革和人民币升值的努力予以肯定。由于中国的经常账户顺差显著下降，人民币由“显著低估”转为“适度低估”（Moderately Undervalued）。当然，这并不排除个别大国的政治家仍拿人民币汇率说事的可能。

（六）大宗商品价格结束本轮增长

2012 年全球大宗商品价格受到经济增速放缓等因素的抑制，相比上年出现明显下降。从 2012 上半年全球大宗商品市场发展情况来看，价格总体呈现先扬后抑态势，第一季度全球大宗商品价格维持上涨势头，但从第二季度起显著下跌。仅仅 5 月一个月内，美国西得克萨斯轻质原油（WTI）价格从 4 月末的 105 美元下跌至 5 月末的 86 美元，跌幅达到 18.1%。同期，农产品和金属价格普遍走低，其中大豆、玉米、棉花和铜的价格分别下跌 8.7%、4%、24% 和 13%。与历史数据相比，如此短时间内大宗商品出现大幅下降非常少见。进入下半年，全球大宗商品价格形势依然是持续走低。UNCTAD 数据显示，截至 2012 年 8 月，按现价美元计算的大宗商品价格指数同比下降 8.3%，按特别提款权（SDR）计算的大宗商品价格指数同比下降 2.6%。分类来看，8 月除原油价格和所有食品价格同比分别上涨 4.8% 和 1.3% 外，农业原料价格同比下降 30.2%，金属与金属矿价格同比下降 16.3%。欧洲经济出现衰退、美日经济增速低缓以及新兴经济体增速下滑等成为下半年大宗商品价格未出现全面反弹的重要因素。

（七）能源技术得到突破并大规模应用

科技的进步带来了能源供应革命，先进的地震技术和复杂的钻探方法开启了以前不为人知或无法获取的矿藏，最初应用于页岩气开发的水平钻井和水力压裂技术的进步，使页岩油田和类似岩层开发成为可能，这不仅将大大增加全球可开采能源储量，还将重塑全球能源市场格局。在天然气方面，得益于非常规天然气尤其是页岩气开发技术的突破，一些国家的可开采储量和产量迅速增加。如今美国的天然气可开采储量可以维持供应 100 年，继 2009 年美国以 6240 亿立方米的天然气产量首次超过俄罗斯，成为世界第一大天然气生产国后，IEA 预计 2012 年天然气产量将达到 7000 亿立方米。其中页岩气的比重不断增加，2010 年页岩气占美国天然气产量比例为 27%，2011 年上升到 34%，预计 2015 年将达到 43%，到 2035 年将升至 60%。中国国土资源部保守估计中国拥有 25 万亿立方米可利用的页岩气，大约占世界总量的 1/5，略高于美国。在石油方面，美国、加拿大、巴西以及墨西哥的产量预计都将大幅增长。2012 年国际能源署报告称，不计欧佩克成员国和前苏联加盟共和国，过去 3 年全球石油产量的净增长全部来自美国。尽管美国依然维持世界最大的石油进口国地位，但其当前的年进口量只占年需求量的 45%，比 2005 年下降 15 个百分点。全球能源储量和产量的变化，势必对未来世界能源格局产生重要影响：石油输出国组织（OPEC）特别是中东产油国在石油政治中的核心地位受到挑战；俄罗斯及委内瑞拉等其他油气输出国在全球的影响力也将减弱。特别值得一提的是，美国的能源政策亦相应地开始了调整，即走上一条高效油气等传统能源之路，同时降低对替代能源的重视程度。此外，美国能源独立的趋势必然拓展其能源政策的灵活性。

（八）全球治理进展不显著但有亮点

相比国际金融危机初期的全球经济政策协调与全球治理变革，2012 年全球治理领域未取得明显进展。作为全球治理的首要平台，G20 峰会以及财长与央行行长会议讨论了世界经济形势、完善国际金融体系、促进就业、可持续发展、贸易等诸多议题，但会议又一次被欧债危机所“绑架”，因而未能给当前世界经济面临的主要问题找到有效的解决方案，全球货币金融体系改革进展十分缓慢。值得关注的是，2012 年全球治理仍呈现两大亮点。一是 WTO 扩员并在服务贸易自由化、政府采购和信息技术协定等具体领域取得新进展。2012 年 3 月，WTO 政府采购委员会正式采纳修订后的政府采购协议，目前协议所覆盖的政府采购额将在原有基础上扩大 800 亿～1000 亿美元；2012 年 8 月，作为世界上国土面积最大、人口超过 1.4 亿以及 GDP 总量位列全球前十的国家，俄罗斯正式成为 WTO 第 158 个成员国，WTO 的全球代表性得到进一步提升；中国在加入 WTO《政府采购协议》（GPA）道路上迈出新的步伐，截至 2012 年 9 月，中国已提交了 3 份出价，涵盖范围已扩大到了地方政府。二是金砖国家探讨全球治理的新途径。2012 年 3 月金砖国家领导人在印度峰会上明确提出全球治理改革的诉求，呼吁建立更具代表性的国际金融架构，提高发展中国家的发言权和代表性，同时建立并完善一个符合各国利益、支持新兴市场和发展中经济体发展的、公正的国际货币体系，提出在 2012 年国际货币基金组织/世界银行年会前如期落实 2010 年治理和份额改革方案的要求。此外，金砖国家共同签署了两项旨在扩大本币结算和贷款业务规模的协议，并考虑共同成立一家开发银行的可能性。

（九）主要国家领导层换届引发政策变化

在 2012 年的世界大事中，选举是最重要的主题之一。据初步统计，2012 年全球举行政府换届选举的国家和地区有 50 余个，约占世界国家和地区总数的 1/4，举行选举的国家和地区 2011 年按购买力平价（PPP）计算的 GDP 总和超过世界经济总量的 50%。在联合国安理会 5 个常任理事国中，美国、法国和俄罗斯均进行大选，中国也进行了领导人换届。在发达国家深陷债务危机和面临财政紧缩、社会压力加剧，新兴经济体增速总体下滑、复苏乏力的背景下，选举政治对经济政策的影响表现得日益突出。美国总统奥巴马连任后，面对当前国内经济形势，尽管短期内将继续实施刺激政策以促进经济增长，但长期来看，将逐步转变为通过削减开支并上调针对富人的税率来削减政府赤字。法国总统奥朗德上台后，对内推出了涉及经济和社会等多个领域的经济改革计划，包括推进税制改革，通过税收调整实现财政平衡；增加就业岗位，保障和改善民生；振兴工业，扶持中小企业；严格监管金融行业；调整能源结构，促进可再生能源的开发利用；等等。对欧政策重点在于促进经济增长，提出对“财政契约”起补充作用的“增长契约”，这对德国一贯主张的加强财政纪律提出了挑战。俄罗斯总统普京当选后确定了保持经济增长、加强基础设施建设等优先发展议题，出台了一系列新的措施推进经济结构调整，全面打造多元“新经济”。中国的新领导人确立了推进经济结构战略性调整的长远目标，经济发展路径日益清晰。这些大国领导层换届引发的政策变化将对未来世界经济的走势产生重要影响。

四　影响2013年世界经济走势的因素

展望2013年的世界经济走势，有以下八个方面的因素值得关注。

其一，美国的国债上限、“财政悬崖”问题对世界经济的影响不可忽视。按照当前美国政府债务上升速度，2013年1月之前就将达到债务上限。这可能引发美国主权债务信用评级的进一步下调，从而引起金融市场的大幅震荡。同时，如果2013年美国坠入“财政悬崖”，将使美国的公共支出减少GDP的4%，这足以使美国经济再次陷入全面衰退，也会给世界经济的下行造成巨大风险。不过，从目前来看，美国仍存在规避“财政悬崖”的可能性。

其二，美欧日等发达经济体释放流动性的强度、速度和波及面都会对整体世界经济产生影响。资本在世界各国的加速流动将导致汇率的波动，并引发全球范围内股市价格的震荡。相应地，其他国家将采取类似保护性措施防范这些风险，从而加剧全球流动性泛滥。由此引发的其他国家通胀率的上升和货币政策的因应调整都会在某种程度上影响世界经济的平稳运行。如果美国能够避开

“财政悬崖”，这就意味着美国的财政赤字将连续5年超过1万亿美元，其结果很可能是美国进一步推出非常规货币政策。

其三，欧洲债务危机是一个重要的不确定因素。总体上，尽管从2012年欧洲债务危机的发展情况看，各种解决进程稳步推进，债务危机在整体上维持在可控水平，但不排除个别重债国债务危机的恶化，由此产生的政治分歧很可能引发新一轮的政治、社会问题，从而拖累整个欧元区经济。

其四，贸易保护主义仍将是制约贸易大幅度增长的重要因素。在整体上，世界贸易争端和贸易保护主义仍将维持在较高水平，贸易不平衡问题特别是与所谓的“竞争中立”相关的贸易保护，很可能会催生新一轮的贸易保护主义，从而掣肘全球贸易增长。贸易保护主义也因此将成为各国政府关注的焦点之一。

其五，大宗商品市场不确定性增加。从供给方面看，美国页岩气产出增长量以及伊朗核危机的发展趋势将对全球能源市场造成冲击；从需求方面看，由于世界经济的中低速增长，需求基本面总体上不会变化太大；从价格方面看，宽松货币政策带来的充裕流动性将可能成为推升大宗商品价格的主要因素。总体来看，2013年油价维持在80~100美元/桶的可能性较大。

其六，全球治理和区域合作将取得值得期待的进步。2013年俄罗斯G20峰会或许在推进国际货币金融体系改革以及在应对财政、粮食、能源、气候等全球性威胁和挑战方面形成新的突破；2013年金砖国家首脑会议将完善协调机制，不断推进与发达经济体之间的关系，并在建立新的金融机构方面取得重要进展。此外，欧洲、亚洲和拉美地区一体化能够取得多大进展，中日韩自由贸易区谈判能否摆脱干扰、得到推进都值得期待。

其七，地区安全危机可能对世界经济产生负面影响。叙利亚和伊朗等中东主要国家局势变化以及其他地区部分国家国内政治与社会形势的变化，不仅会对全球原油市场带来冲击，也会诱发诸多区域和全球范围内的不稳定因素，从而影响世界经济的稳定发展。

其八，美国总统奥巴马连任后的政策调整以及2013年德国等大国的大选值得关注。面对美国主权债务危机等一些棘手的经济问题，奥巴马第二任期将采取何种化解途径将对世界经济产生深远影响，此外德国新领导人上台后的政策变化也会不同程度地影响全球或区域经济一体化的走向。

五 2013年世界经济形势展望

2012年10月IMF预测数据显示，2013年按PPP计算的世界经济增长率为3.6%。发达经济体整体增长1.5%，其中，美国2.1%，日本1.2%，欧元区0.2%；新兴市场和发展中经济体整体增长5.6%，其中，中国8.2%，印度6.0%，巴西4.0%，俄罗斯3.8%，南非3.0%。按市场汇率计算，2013年世界经济增长2.9%。2012年6月，世界银行预测2013年按PPP和市场汇率计算的世界经济增长率分别为3.9%和3.0%；2012年10月，世界银行将后者下调0.4个百分点至2.6%。2012年6月，联合国预测2013年按PPP和市场汇率计算的世界经济增长率分别为4.0%和3.1%，均较2012年1月预测数据下调0.1个百分点。

鉴于目前世界经济的基本状况以及发展趋势所呈现的种种迹象，并基于2012年世界经济整体运行的描述与分析，本报告认为，未来几年世界经济的中低速增长将成为新的常态，2013年世界经济增速与2012年相比不会出现太大波动，大体持平或轻幅上扬的可能性较大，即按PPP计算的增长率为3.5%，按市场汇率计算的增长率为2.8%。

参考文献

Altman, Roger (2012), "OPEC's Coming Demise Is Cause for Celebration", *Financial Times*, 24 May.

IMF (2012a), *World Economic Outlook: Growth Resuming, Dangers Remain*, April.

IMF (2012b), *World Economic Outlook: Coping with High Debt and Sluggish Growth*, October.

UNCTAD (2012), *Trade and Development Report 2012: Policies for Inclusive and Balanced Growth*, September.

Weisenthal, Joe (2012), "And Now... Here's the REAL Reason the Unemployment Rate Has Fallen So Much This Year", *Business Insider*, October 5.

Wind Economic Database (2012).

World Bank (2012), *Global Financial Development Report* 2013: *Rethinking the Role of the State in Finance*, September 17.

WTO (2012), *World Trade Report 2012*: *Trade and Public Policies*, *A Closer Look at Non-tariff Measures in the 21st Century*.

张斌等:《全球宏观经济季度报告》, 2012 年 10 月 11 日。

Analysis and Forecast of the World Economy in 2012 –2013

Zhang Yuyan   Xu Xiujun

Abstract: The world economy remains sluggish in 2012. While the United States and Japan contributed to slow economic growth, most other developed economies, especially the euro-zone, are more serious causes for concern. At the same time, they faced serious economic and social problems such as unemployment, high debt, and very little room for conventional monetary policy and fiscal policy. It becomes evident that the major developed economies will slide into Japanese-style stagnation. Due to a sharp decline of external demand and domestic economic adjustment, some big emerging markets and developing economies also experienced economic slow down. The situation was accompanied by slow global trade growth and frequent trade disputes, gradually decreased commodity prices, unnatural rise of the stock market caused by unconventional policies, and limited progress in global governance and regional integration. The year 2012 is also characterized by general election politics which had great impacts on the global economy. In 2013, the world economy will be influenced by the factors such as the US "fiscal cliff", the unsolved European sovereign debt crisis, excess liquidity, trade protectionism, regional security, and other uncertainties. Therefore, the moderate and slow growth of the global economy will become a new normal state.

Key Words: Sluggish Growth; Debt Crisis; Quantitative Easing; Fiscal Cliff

国别与地区

Country / Region Study

Y.2

美国经济：复苏与挑战

孙 杰*

摘 要：

在经历了2011年下半年的波动以后，美国经济复苏在2012年上半年呈现减速的趋势。尽管通货膨胀和就业形势呈现改善的信号，但是实体经济部门出现了停滞。全球经济增长放缓、欧债危机和美国自身“财政悬崖”的潜在冲击增加了美国经济的不确定性，也抑制了居民和企业的支出，经济增长的下行压力明显。不过，QE3的提前推出为稳定复苏提供了保证。预计2012~2013年，美国经济增长将逐渐向长期潜在增长水平靠拢。

关键词：

QE3 财政悬崖 通货膨胀 复苏

2011年美国经济的实际增长率为1.8%，达到了我们在2011年9月提出

* 孙杰，中国社会科学院世界经济与政治研究所研究员，主要研究领域为金融学。

的预测区间上限水平。进入2012年以来，尽管受到欧洲主权债务危机的冲击，美国经济增长出现了一些乏力的迹象，但是由于QE3的出台，预计全年经济增长仍然可能达到2.2%～2.4%，大体维持我们在2011年秋天做出的判断，2013年进一步回升到2.5%左右。

一　宏观经济在波动中复苏

按照美国经济研究局的数据，美国经济在2009年底达到了危机后反弹的高点，在2010年大体维持了稳定的增长局面，四个季度的季调年化环比实际经济增长率分别为2.3%、2.2%、2.6%和2.4%，全年的经济增长率为2.4%。然而在2011年，受到国际大宗商品价格上涨和日本地震，以及美国国内消费信贷下降等因素的影响，美国经济呈现比较剧烈的波动。四个季度的实际经济增长率分别为0.1%、2.5%、1.3%和4.1%。到2012年上半年，又逐渐从第一季度的2%放缓到第二季度的1.3%。预计随着QE3的出台，全年的经济增长不会出现大的波动。

1. 季度经济增长因素分析

2011年下半年的美国经济形势总体来说要比上半年好一些。2011年上半年美国经济增长减速，创下了危机反弹以后的最低纪录。IMF公布的全球初级产品价格指数从2010年第四季度的166.2猛增到2011年第一季度的190.4，在2011年第二季度进一步推高到201.6的高位，结果，经过短暂的时滞，美国私人消费的增长最终受到了抑制。但是，由于国内私人投资对经济增长的贡献从-0.68个百分点逆转为1.4个百分点，政府开支从拖累经济增长1.49个百分点急剧减轻到拖累0.16个百分点，加之净出口的贡献从0.03个百分点上升到0.54个百分点，因此2011年第二季度的季调年化环比实际经济增长率上升到2.5%。

显然，2011年上半年美国经济的增长表现出了复苏的脆弱性，依靠消费支持增长的内生稳定性下降。

表1的数据显示，到了2011年第三季度，尽管由于全球大宗商品价格指数停止上涨并略有回落，使得国内私人消费对经济增长的贡献从0.7个百分点

上升到 1.18 个百分点，但是在前期美国经济复苏的背景下，美国的进口出现了较大幅度的增长，使得净出口对经济增长的贡献从 2011 年第二季度的 0.54 个百分点下降到 0.02 个百分点，同时国内私人投资的贡献也从 1.4 个百分点下降到 0.68 个百分点，而在 2011 年 8 月美国政府与国会之间爆发国债上限危机之后，政府消费和投资对经济增长的拖累也从 0.16 个百分点上升到 0.6 个百分点。综合上述因素的作用，美国经济在 2011 年第三季度的季调年化环比实际增长率下降到了 1.3%（见表 1）。

表 1　总需求各部分对 GDP 的贡献度

单位：%

	2010Q3	2010Q4	2011Q1	2011Q2	2011Q3	2011Q4	2012Q1	2012Q2
GDP 增长率	2.6	2.4	0.1	2.5	1.3	4.1	2	1.3
个人消费支出	1.75	2.84	2.22	0.7	1.18	1.45	1.72	1.06
商品	0.86	1.78	1.27	-0.22	0.33	1.29	1.11	0.08
耐用品	0.52	1.07	0.53	-0.17	0.4	1	0.85	-0.02
非耐用品	0.35	0.71	0.73	-0.05	-0.06	0.29	0.26	0.1
服务	0.88	1.06	0.95	0.92	0.85	0.16	0.61	0.99
私人国内投资	1.87	-0.75	-0.68	1.4	0.68	3.72	0.78	0.09
固定投资	-0.1	0.87	-0.14	1.39	1.75	1.19	1.18	0.56
非住宅	0.7	0.83	-0.11	1.3	1.71	0.93	0.74	0.36
住宅	-0.8	0.03	-0.03	0.09	0.03	0.26	0.43	0.19
存货	1.97	-1.61	-0.54	0.01	-1.07	2.53	-0.39	-0.46
净出口	-0.95	1.24	0.03	0.54	0.02	-0.64	0.06	0.23
出口	1.18	1.24	0.75	0.56	0.83	0.21	0.6	0.72
进口	-2.13	-0.01	-0.72	-0.02	-0.81	-0.85	-0.54	-0.49
政府消费和投资	-0.06	-0.94	-1.49	-0.16	-0.6	-0.43	-0.6	-0.14
联邦政府	0.31	-0.35	-0.89	0.23	-0.36	-0.35	-0.34	-0.02
州和地方政府	-0.37	-0.59	-0.6	-0.39	-0.24	-0.08	-0.26	-0.12

注：以 2005 年不变价格，按年率计算，经过季节调整的环比季度数据。
资料来源：美国经济分析局。

2011 年第四季度，美国经济出现了出人意料的强劲增长，季调年化环比实际增长率达到了 4.1%。然而，从推动经济增长的主要因素来看，我们发现私人国内投资，特别是存货的增长贡献最大，达到了2.53个百分点。造成存货迅速增长的原因主要有两个：一是在日本地震以后，全球供应链受到冲击，因此在2011年第四季度生产得到恢复以后出现了补充库存的需求；二是在此之前的4个季度中的去库存化，存货对经济增长的贡献分别是-1.61个、-0.54个、0.01个和-1.07个百分点。而相比第三季度，固定投资对经济增长的贡献却从1.75个百分点下降到1.19个百分点。结果，整个投资对经济增长的贡献高达3.72个百分点，几乎成为支撑第四季度经济增长的唯一支柱。同期，其他因素虽然也有所变化，但是保持了相对稳定的趋势。其中，伴随国际大宗商品价格指数从2011年第三季度的195.2微弱下降到184.3，国内私人消费对经济增长的贡献也相应从1.18个百分点上升到1.45个百分点；政府开支对经济增长的拖累从0.6个百分点略微下降到0.43个百分点。此外，日本大地震对全球供应链的影响在这个时候也最终影响到了美国的出口，出口对经济增长的贡献从0.83个百分点下降到0.21个百分点，在进口大体维持不变的情况下，净出口对经济增长的贡献沿袭了第三季度的下降势头，从0.02个百分点变为-0.64个百分点。

美国经济在2011年第四季度主要依靠增加存货来推动经济增长显然是难以持续的，果然不出所料，到了2012年第一季度，经济增长率又回到了2%的水平，而且主要的拖累因素也依然是投资对经济增长的贡献从3.72个百分点大幅度下降到0.78个百分点，而存货对经济增长的贡献更是从2.53个百分点推动变成了-0.39个百分点拖累。在持续财政紧固的压力下，政府开支对经济增长的拖累从2011年第四季度0.43个百分点恢复到了0.6个百分点，与2011年第三季度处于相同的水平。相比之下，由于全球大宗商品价格指数企稳，国内私人消费对经济增长的贡献从1.45个百分点微量上升到1.72个百分点，而出口也出现了反弹，对经济增长的贡献从2011年第四季度的0.21个百分点上升到0.6个百分点，进口的拖累也从0.85个百分点下降到0.54个百分点，因而净进口对经济增长的贡献也从-0.64个百分点转变为0.06个百分点。但是，消费和净出口的好转不足以抵消投资的拖累，因而在2012年第一季度，美国的经济增长出现了较大幅度的下滑。

2012年第二季度，美国经济增长进一步下滑到1.3%，显示出疲弱的增长势态。但是依然维持在目前美国的长期潜在增长水平附近。从推动美国经济增长的具体因素来分析，国内个人消费下滑得比较厉害，对经济增长的贡献比第一季度下降了0.66个百分点，成为第二季度经济增长下滑的主要因素。此外，投资的贡献也从0.78个百分点进一步下滑到0.09个百分点，而且值得注意的是，投资贡献的下滑主要是由于固定投资下滑造成固定投资对经济增长的贡献从1.18个百分点下滑到0.56个百分点。净出口对经济增长的贡献从0.06个百分点略微上升到0.23个百分点。另外，由于对经济下滑的担心以及预期年底布什政府减税政策到期可能减轻财政压力，因此压缩政府支出的力度有所放缓，对经济增长的拖累从0.6个百分点降低到0.14个百分点。正是由于净出口和政府开支的好转，才使得2012年第二季度美国经济增长没有出现大幅度下降的局面。

2. 影响美国经济复苏的主要因素

在过去的一年中，欧债危机始终是美国经济复苏的一个外部不确定因素，欧债危机的变化影响着金融市场投资者的情绪，造成资产价格的波动，风险补偿维持在高位。在经历了2011年底和2012年初意大利国债冲击之后，欧洲中央银行通过长期再融资（LTRO）为区内银行提供了流动性，从而一度稳定了局面。但是，到了2012年春天，希腊退出欧元区的风险再度上升，引起了金融市场的波动，直到2012年8月，欧洲中央银行推出了无限量购买欧元区成员国主权债务的直接货币交易计划（OMT）才最终稳定了市场。

资本市场的价格波动一方面通过财富效应影响私人消费，另一方面也通过增加未来复苏进程的不确定性影响公司的投资决策和私人信贷信心，并最终影响美国经济的复苏进程。

持续的高失业率以及一直在低位徘徊的家庭净财富（主要是由于房价和股票价格持续低迷和进一步下跌）是造成美国消费者信心指数无法反弹，从而抑制美国私人消费增长的主要原因。值得注意的是，除了在2008~2009年金融危机时期私人储蓄率被强制提高之外，自2011年开始，美国私人储蓄率又开始下降，但是这主要表现为进口需求，并没有推动国内私人消费。由于消费在美国GDP中占据了将近90%的份额，因此消费乏力就成了拖累美国经济复苏的主要因素。

在2011年下半年，美国在设备和软件方面的公司实际开支折合年率的增长速度达到了11%这样一个非常高的水平，因此在2012年第一季度就回落到3.5%的水平。这主要是由于2010～2011年美国出台提高折旧政策一度刺激了投资，但是随着政策到期，投资的增速随即出现回落。另外，在面临欧洲主权债务危机的潜在冲击、公司对未来经济走势难以乐观的情况下，如果不是因为企业在高技术设备投资方面还保持着一部分需求，投资增长可能更慢。但是目前采购经理人指数持续高位背离消费者信心指数的局面也值得担心。在库存投资方面，在经历了日本大地震造成的供给冲击后，2011年第四季度库存得到了迅速补充，企业的存货销售比例一直维持在合理的水平上，因此难以成为支撑美国经济增长的支柱。

美国国会预算办公室预测联邦政府在2012年度财政赤字对名义GDP的比重为8.5%。尽管比2009、2010、2011财政年度有了一定程度的好转，但依然处于二战后的高水平上。随着美国经济的复苏，税收有所上升，同时危机时期的财政刺激支出也逐渐下降，但是毫无疑问，通过提高政府消费和投资来推动经济增长显然还没到时候，更何况美国每个季度的国防开支都随着全球形势的变化而漂浮不定，更增加了压缩非国防开支以降低财政赤字的压力。对于州和地方政府来说，尽管在2012年第一季度税收有所上升，但是预算状况依然吃紧，州政府债券和市政债发行上升，使得它们只能通过裁员来应对财政压力。

尽管新兴市场经济增长相对乐观，但是在2012年第一季度，美国货物和服务贸易出口增长率同比下降。在进口方面，伴随着美国经济的缓慢复苏，进口还维持着正增长。因此，净出口并没有成为支撑美国经济增长的主要因素。

3. 对2012年经济增长展望

长期以来，国际学术界普遍认为美国经济的潜在增长率为3%。从1967～1996年这30年的历史数据看，美国年平均实际增长率也的确是3.06%。而从新经济泡沫崩溃到金融危机前，美国年平均实际增长率降低到2.37%。经过金融危机冲击以后，美国经济的长期潜在增长率在最乐观的情况下也将下降到2.4%左右的水平。

从当前美国的各类经济指标，特别是货币增长率和银行信贷增长率来看，美国经济正处于稳定的复苏阶段。但是考虑到美国主权债务威胁和欧元区主权债务危机的潜在影响，2012 年美国经济增长率应该略低于其长期潜在增长率。考虑美国经济在 2012 年上半年的表现以及美联储推出 QE3 的影响，如果美国的“财政悬崖”和欧元区的主权债务维持有惊无险的局面，那么 2012 年美国经济增长可能呈现前低后高的局面，全年经济增长率可能处于 1.9% ~2.2% 的区间内。如果不出现大的意外，2013 年美国经济的表现可能略强于 2012 年，达到 2.4% 的潜在增长率。

二　货币政策强调支持更强劲的复苏和改善就业

在上年度的黄皮书中，我们对美国货币政策目标的判断是开始偏离传统的价格稳定目标，而以维持零利率为主要目标。我们在那时就已经指出，由于长期宽松的货币政策一定会造成通货膨胀（当时的通货膨胀率已经接近 4%），因此美国的货币政策应该适度收缩。但是美国继续执行宽松货币政策的主要目的实际上已经变成了维持低利率以减轻国债的利息负担，防止出现偿付困难而导致债务危机。这依然是美国在 2012 年推出 QE3 的一个重要动机，同时也强调支持经济的更强劲复苏和改善就业。

1. 通货膨胀的变动和美联储货币政策指标的变化

我们对美国货币政策决策的分析还是首先从传统的通货膨胀指标开始。

从 2011 年下半年到 2012 年上半年，美国标题 CPI 进入明显的下行通道，从 2011 年 9 月 3.9% 的高点一路下行到 2012 年 7 月 1.4% 的低点。这个走势也大致与全球大宗商品价格指数的走势一致，目前处于 2000 年以来（除金融危机时期之外）的低位水平上。这个位置不能说为美联储出台 QE3 提供了充足的理由，但是为货币政策的宽松提供了空间。

不过，从美联储在制定货币政策时更看中的核心 CPI 变化来看，QE3 的推出时机就不那么合乎情理了。对比 2010 年 11 月美联储推出 QE2 时候的水平，至少我们可以看到那时推出 QE2 的理由，即核心 CPI 正处于持续下降的最低点。然而，在 QE2 之后，核心 CPI 一路走高，并且在 2012 年 1 月达到 2.3% 的高点，并在此后一直维持在这个高位水平附近，只是到了 2012 年 7 月才微弱下降到 2.1%，但是依然处于美联储实行货币紧缩的传统默认水平上。因此，从核心 CPI 的近期走势上，我们找不到美联储推出 QE3 的充分理由。

更引起我们注意的是，美联储公开市场委员会在 2012 年 1 月 25 日议息会后发表的声明中指出："由于长期通货膨胀主要是由货币政策决定的，因此联邦公开市场委员会必须明确一个长期通货膨胀的目标。我们认为以个人消费支出价格指数（PCE）年度变动 2% 作为通货膨胀目标与联邦储备法定管理的长期实践是最一致的。"这段文字应该是美联储第一次明确公布其货币政策的通货膨胀目标，而且还传递出两个明确的信息：一是美联储清楚地知道长期宽松的货币政策一定会导致通货膨胀，因此不会单纯为了刺激经济增长而无限度地执行包括量化宽松手段在内的宽松货币政策；二是货币政策宽松和紧缩的分水岭是以个人消费支出价格指数度量的 2% 的通货膨胀水平。如果说第一点是美联储要表明它依然要恪守中央银行稳定物价水平的公认行为准则，以便稳定金融市场信心和美元币值的话，那么第二点则显得寓意深远，留下了足够的想象空间。

长期以来，市场对美联储货币政策决策依据的默认指标始终以 2% 的核心 CPI 为分界。如果按照这个思维定式，且依据中央银行的首要职责在于物价稳定，那么在 2012 年 1 月，当美国的核心 CPI 已经达到了 2. 3% 的时候，不管经济增长率是否稳定，也不管美国的失业率水平如何，美联储都应该收紧货币政策了。当然收紧的幅度可以相机抉择，但是货币政策变动的方向应该是基本肯定的了。然而，正是在这个时候，美联储出人意料的声明背后所暴露出来的动机就比较微妙了。

CPI 是由美国劳工部统计局使用一篮子消费品价格变动指数编制的，用以反映常用消费品价格变动情况，篮子中各种商品及其权重一般是 5 年为一个基期调整一次，因而是相对固定的。PCE 价格指数则是美国经济分析局从国民经济核算的角度编制的，用来衡量在按照支出法计算 GDP 时个人消费支出价格水平的变动及其影响。因此，在计算 PCE 价格指数时各种商品的权重会随着实际支出的比重不断进行调整。由于在消费中存在替代效应，当某种商品价格上升（下降）时，居民花费在这种商品上的消费支出会下降（上升），结果在计算 PCE 价格指数时这种商品所占的权重就会自动下降（上升），从而导致价格的波动效应在一定程度上被权重的变化所抵消。相反，在计算 CPI 时，由于权重是在基期就已经确定了，因此消费者在消费品价格变化时通过消费替代来降低价格上涨对消费效应的影响就无法得到体现，因此会高估价格变动对消费者实际消费的影响。

应该说，使用 CPI 还是使用 PCE 作为衡量通货膨胀的指标，各有利弊。从衡量价格变动对消费者实际生活质量影响的角度看，使用 PCE 的确比使用 CPI 更准确一些。但是在 CPI 作为世界各国衡量通货膨胀的指标已经成为惯例的情况下，突然宣布改弦更张必然有其背后的原因。从图 1 中我们可以发现，不论是在标题水平上还是在核心水平上，PCE 的波动幅度总是小于 CPI 的波动幅度。而在 2012 年 1 月 CPI 处于相对高点的位置时，PCE 价格指数的水平就明显低于 CPI 的水平，即当核心 CPI 为 2.3% 的时候，核心 PCE 就只有 1.9%，处于美联储自己认定的警戒线以下，因而就没有理由实行货币紧缩了。

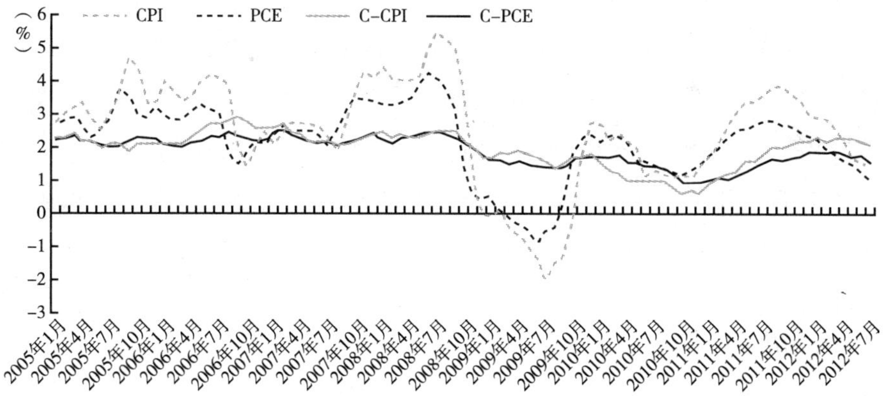

图 1　美国通货膨胀水平的变化

资料来源：美国劳工部和美国经济研究局网站。

从这个背景看，美联储的声明颇有一些通过改变通货膨胀测量尺度和货币政策规则来为继续实行宽松的货币政策寻找依据的味道了。

2. 美国的实体经济正缓慢复苏，对 QE3 的需求不是很大

我们在前面对美国经济的增长分析中已经发现，进入 2012 年以来，美国经济增长显示出一种在波动中走稳，并且逐渐向长期潜在增长率收敛的趋势。

事实上，在金融危机发生之后的 4 年中，美国经济自身正在逐渐开始呈现复苏的势头。

从图 2 中我们可以清楚地看到美国前两次量化宽松前后 M1、M2 以及商业银行在美联储超额储备的变化。第一次量化宽松以后，M1 出现了增长，但是宽松货币政策增加的货币供给只是部分被公司和居民的活期存款所吸收。随后不久，随着 M1 和 M2 增长速度的放缓，宽松货币政策增加的货币供给就无法进一步被 M1 和 M2 的增长所吸收，而同时商业银行在美联储的超额储备急剧增加。也就是说，这时公司和居民由于对未来经济形势不看好，对银行的贷款开始持谨慎态度。而对于金融机构来说，为了应付有毒资产未来可能造成的损失，也有必要将他们所获得的流动性以超额储备的形式存入美联储。但是，到 2009 年底和 2010 年初第一次量化宽松的货币政策力度开始下降以后，不论是 M1 还是 M2 的增长率随即都出现了明显的下降趋势，这显示一旦失去货币政策的刺激，金融危机造成的衰退压力依然存在。不过这种情况并没有持续太久，从 2010 年中开始，M1 出现了比较明显的增长，而 M2 也表现出了增长的趋势，意味着美国经济出现了自主复苏的苗头。而在没有货币政策的支持下，M1 和 M2 的增长主要来源于商业银行体系在美联储超额储备的下降。

如果仅从这个角度看，2010 年底出台的 QE2 本身就已经显得不是那么必

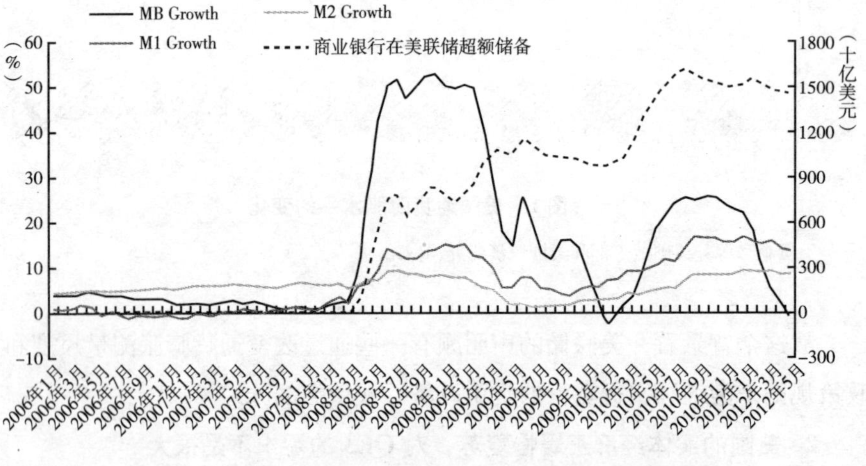

图 2　美国货币供给与商业银行在美联储的超额储备

资料来源：美联储网站。

需了。事实上，在 QE2 出台将近半年以后，M1 和 M2 的增长也出现了微弱的加速上扬趋势，不过这个短暂的上扬并没有打破此前 M1 和 M2 缓慢增长的斜率，而且与 M1 和 M2 的滞后增长不同，伴随 QE2 的出台，美国商业银行系统在美联储的超额储备几乎出现了同步上升，说明此时市场的流动性已经是相对充裕的了。当然退一步说，我们也可以认为正是 QE2 的出台，使得此前 M1 和 M2 的增长势头在欧债冲击的情况下维持了稳定。但是值得注意的是，与 QE1 结束时的情况不同，在 2012 年初当 QE2 逐渐退出以后，M1 和 M2 的增长并没有出现明显的下滑，而大体维持在原有的水平上，商业银行体系在美联储的超额储备又出现了下降，暗示着此时美国经济复苏的自主性已经有了明显的提高。

如果我们换一个角度，把商业银行的贷款作为预测经济形势的一个先导指标，则我们也可以发现，美国经济复苏的自主性同样在增强，QE3 的出台并不是必需的。

从图 3 中我们可以发现，工商贷款已经得到了明显的改善，正在接近危机前的水平，说明公司部门对未来的经济增长看好；消费贷款在经历了 2010 年的爆发之后又逐渐开始恢复；而即使是这次危机的源头，房地产贷款也在 2012 年初恢复了正增长。总之，一切情况看起来都正在得到改善，并且有望

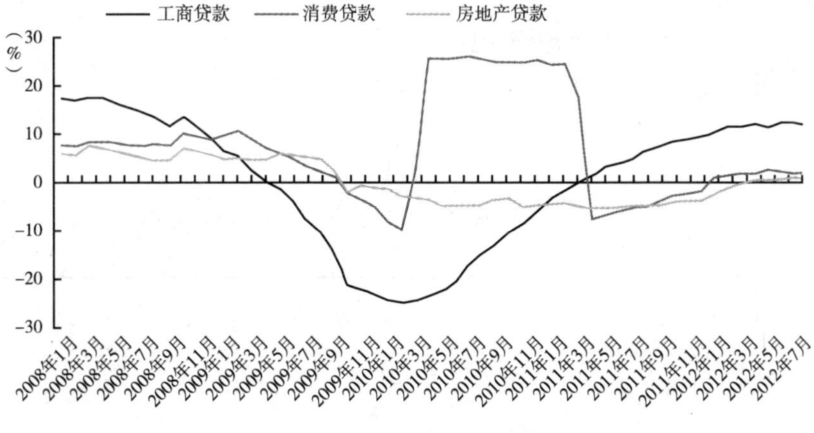

图 3　美国银行贷款的增长

资料来源：美联储网站。

持续这种趋势。从这一点看，QE3 的推出也的确有些多余。

3. 美国总统大选以及失业率高企的影响

从我们对通货膨胀以及经济复苏进行的分析可知，QE3 可能反映了美联储货币政策目标的变化。这里，我们从失业率和美国总统大选的角度来解释美国推出 QE3 的可能原因。

2012 年是美国的总统大选年，为了争取选民，民主党和共和党都要为了取悦于选民而有所表现。作为在任总统，奥巴马自然就要在政策上做出一些实际举动来应对共和党的抨击和质疑。尽管从失业率的统计数据上看，目前美国的就业状况在逐渐好转，但是不论是美国媒体还是学术界都表示出对失业率指标统计失真的质疑。在这种情况下，推出 QE3 来进一步推动复苏，以改善就业状况就合情合理了。

事实上，美国的货币政策决策在实践中逐渐偏离通货膨胀目标而表现出向失业率盯住目标制的演变趋势已经有所时日，只是近来表现得更加明显了。在美联储公开市场委员会多次的公告中，改善就业一直是与物价稳定并列的目标，而且排位在物价稳定之前。

尽管经济学家一直在理论上肯定通货膨胀目标制的货币政策，美国在 2012 年初还明确公布了通货膨胀的目标和测度指标，而且从图 4 中的历史数

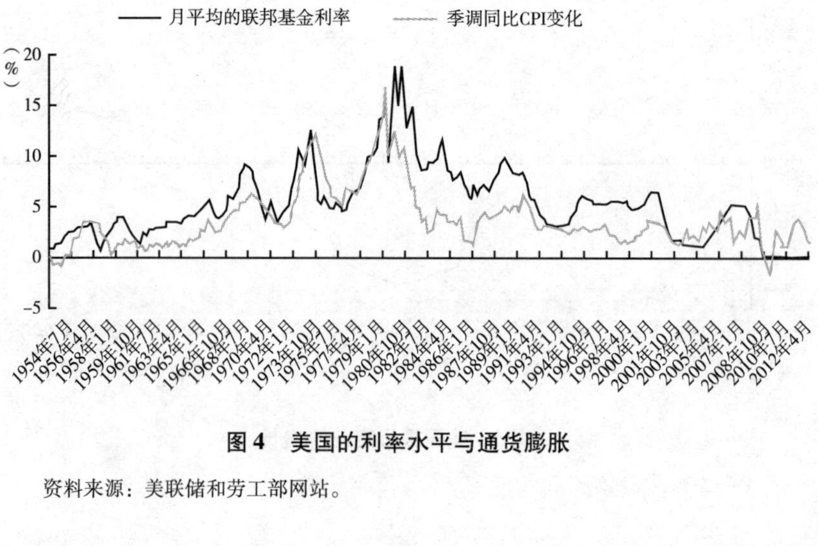

图 4　美国的利率水平与通货膨胀

资料来源：美联储和劳工部网站。

据中可以看出，货币政策与通货膨胀水平也的确表现出高度的相关性。但是，随着金融市场的发展，这种相关性从 20 世纪 80 年代以来就逐渐失去了以往严格的对应关系，但仍然大体保持同方向的变动，而到了 2000 年后，利率变动相对放缓，与通货膨胀的联动性下降。表明货币政策决策与通货膨胀的联系开始出现松散的趋势。2008 年秋天以后，这种联动性几乎就彻底不存在了。

也恰恰是从 20 世纪 70 年代以后，特别是 90 年代以来，美国货币政策决策与失业率的关系开始变得逐渐紧密起来。从图 5 中我们可以清楚地发现，每当失业率开始上升的时候，标志美国货币政策走向变化的联邦基金利率水平几乎立即在同期出现下降，只有当失业率下降一段时间以后，联邦基金利率才会出现缓慢上升。也就是说，当经济出现衰退迹象的时候，美联储的货币政策决策不仅对失业率的变化趋势判断很准，而且反应很快，很灵敏。而当经济出现复苏以后，美联储的货币政策决策又变得非常谨慎。

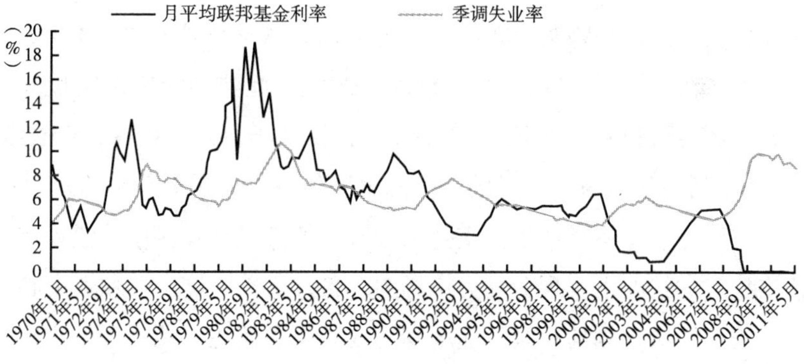

图 5　失业率与联邦基金利率

资料来源：美国劳工部和美联储网站。

从美国失业率和联邦基金利率的月度数据中我们可以发现，在 1973 ~ 1974 年经济衰退时，失业率达到 9% 并掉头下行后的 22 个月中美联储依然维持降息的政策，上调利率时失业率水平为 7.4%；在 1979 ~ 1980 年衰退时，失业率在达到 10.8% 的高点之后美联储又维持了 27 个月的降息政策，升息时失业率水平为 7%；在 1990 ~ 1992 年衰退时，最高失业率达到了 7.6% 之后美联储又维持了15个月的降息，而升息前失业率水平为6.5%；在2000~2003年的经济衰退中，在失业率达到6.3%的高点以后，美联储继续维持了11个月的降息，升息时失业率水平为5.6%。

从上述数据中我们可以发现，在本次经济衰退达到最高失业率以后，截至2012年8月，降息（准确地说是维持零利率的时间，因为名义利率已经降无可降）持续的时间已经长达34个月，远远超过了过去的持续时间。但是从升息时的失业率水平看，在过去4次案例中是不断下降的，且距离目前的失业率水平还有很大的差距。因此我们可以断定，美联储退出QE3的时间还很遥远。也正是这个原因，美联储在2012年9月将6月刚刚宣布其维持零利率水平到2014年底的决定又更改为延长到2015年中，而在2011年QE2结束时说的则是维持零利率水平到2013年中。

4. 对QE3具体内容的简要解读

2012年9月13日，美国公开市场委员会发表公告，指出为了支持经济的更强劲复苏并保证将通货膨胀控制在适当水平，决定推出进一步的量化宽松政策。具体包括：①每月购买400亿美元的抵押贷款支持债券（MBS）；②继续执行在2012年6月决定延期的扭转操作；③维持此前到期机构债和抵押贷款债券本金和利息再投资的政策（这几项措施相当于每月要购买850亿美元的资产）；④密切关注未来几个月的经济和金融信息，如果劳动力市场没有得到持续改善，则美联储将继续抵押支持债券和其他资产，并使用其他政策工具在保证价格稳定的情况下实现劳动力市场的改善；⑤美联储会兼顾效率和成本的原则决定资产购买计划的规模、速度和构成。美联储还强调，为了改善就业并保持价格稳定，其将在相当长一段时间内在货币政策上保持最大程度的包容立场，直到经济出现强劲复苏。因此，美联储依然将联邦基金利率的目标水平定在0~0.25%之间，并且预计这个超低的联邦基金利率水平至少要延续到2015年中。

这里，值得引起我们注意的有两点：①QE1和QE2都包括购买国债的内容，因而也就都相当于货币投放，而这次的QE3则只涉及资产抵押债券的购买，因而指向更加明确，即直接推动房地产的复苏，而在前面我们已经知道，在所有银行贷款中，房地产贷款所占份额最大，但增长恢复得最慢，因而成了目前拖累美国经济复苏的重要因素。这可能也间接证明了美国国债市场的需求相对旺盛，美联储对维持美国国债的低价具有信心。②与QE1、QE2 和扭转操作不同的是，QE3 决议只提出了每月的操作指标而没有确定总期限和总购买额，因此与欧洲中央银行在此前不久推出的 OMT 一样，可能意味着美联储对 QE3 的效果和未来经济走势没有一个明确的判断和信心。

从 2010 年 12 月推出 QE2 以后，在美联储公开市场委员会的公告中，每每提及的是，“为了支持经济的更强劲复苏并保证将通货膨胀控制在适当水平”，改变了此前复苏和就业继续放缓的用词。这种变化看上去有些蹊跷：既然经济已经复苏，为什么货币政策还要刺激更强劲的复苏呢？难道货币政策不再是反衰退而变成了经济增长的助推器？难道一定要等到出现经济过热再戛然而止吗？这可能暗示着美联储货币政策目标的重大转变。

三　财政状况的希望和挑战

尽管没有发生类似 2011 年美国政府与国会之间的政府债务上限危机，财政问题依然是 2012 年美国经济的一个热点话题。一方面，随着美国经济的逐渐复苏，美国的财政状况出现了好转的迹象；另一方面，“财政悬崖”的出现仍让人对美国财政赤字、主权债务危机和经济衰退问题担忧。

1. 2011 财政年度的状况继续缓慢好转

尽管在 2011 年 8 月发生了政府债务上限危机，但是从 2011 财政年度的决算情况看，相比 2010 年政府债务有了进一步的改善，财政赤字占 GDP 的比例从 9% 下降到 8. 7% 。这个降幅虽然不能与 2009 年和 2010 年从 10. 1% 到 9% 的降幅相比，从财政收支的结构上看却已经出现了重大的变化。

相比 2009 年，2010 年美国的财政收入仅从 21050 亿美元小幅度增长到 21627 亿美元，而财政支出从 35177 亿美元下降到 34562 亿美元。因此，2010 年美国财政状况的好转主要还是 2009 年巨额财政刺激之后出现的一种正常回落。而在 2011 财政年度，美国的财政支出从 2010 年的 34562 亿美元上升到了 36031 亿美元，但更重要的是财政收入从 2010 年的 21627 亿美元增长到了23035亿美元。如果从财政收支占GDP的比重来看，则这种变化趋势更加明显。与2010财政年度相比，2011财政年度美国的财政支出占GDP的比重保持在24.1%的水平上没有发生变化，而财政收入占GDP的比重却从15.1%上升到了15.4%。因此2011财政年度中财政赤字占GDP比例下降的0.3个百分点全部是由财政收入增加贡献的，体现了伴随着经济持续复苏，美国财政的自身修复功能。直接促成美国财政收入在2011年出现增长的主要因素是个人所得税的提高，从2010财政年度的8985亿美元上升到了10915亿美元，其在财政收入中所占比重也从41.5%大幅度上升到47.4%。

尽管2012年美国的财政年度已经于9月30日结束，但是白宫预算管理办公室还没有公布决算数据。不过从现在的预测数据看，2012财政年度的财政收入会进一步增加到24886亿美元，相当于GDP的比例也上升到15.8%。同时，由于预期多项减税政策和刺激政策即将到期，2012年的财政状况可能有根本性的改善。财政支出增加到37955亿美元，相当于GDP的24.3%，比2011年预计上涨0.2个百分点。因此，最终财政赤字对GDP的占比进一步下降到8.5%。图6显示出白宫预算办公室对美国财政状况的预测。

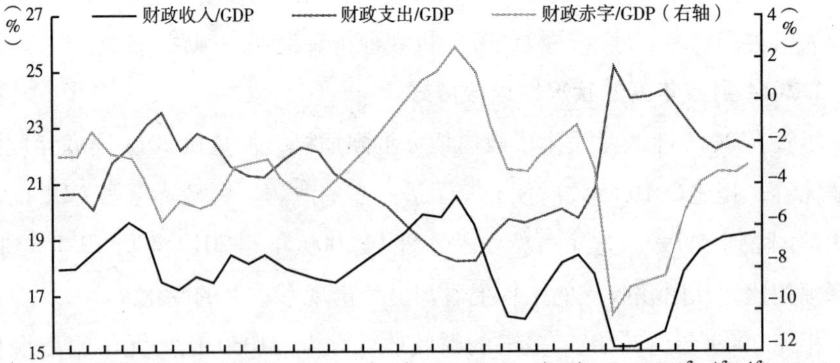

图6　美国财政状况

资料来源：白宫预算办公室网站。

2. 2013 年“财政悬崖”的挑战：总统大选与政策走向

在 2013 年 1 月 1 日，美国政府多项减税政策和刺激政策即将到期，将使美国财政赤字水平呈现断崖式下跌，将出现财政支出大幅减少、税收收入大幅增加的现象。按照美国政府预算管理办公室的预测，2013 年美国财政收入对 GDP 的占比将从 2012 年的 15.8% 大幅上升到 17.8%，而财政支出对 GDP 的占比也将从 2012 年的 24.3% 下降到 23.3%。收入的上升和支出的下降将使美国 2013 年的财政赤字对 GDP 的占比从 2012 年的 8.5% 大幅度下降到 5.5%。这种急剧的变化可能导致经济增速放缓，甚至是陷入二次衰退。因此美联储主席伯南克在 2012 年 2 月底的国会证词中首先使用“财政悬崖”一词来说明美国应该处理好削减长期财政赤字与不伤及短期内经济增长之间的关系。

小布什政府在 2001 年 1 月颁布了《经济增长与税收减免协调法案》，将最高所得税税率从 39.6% 降到 35%，在 2003 年又将资本利得税税率从 20% 降到 15%，股息征收的个人所得税税率从 35% 降到 15%，减税期为 10 年，即应于 2011 年底结束。但是为了刺激经济复苏，奥巴马政府又将减税时间延长了两年，还将工资税从 6.2% 下调至 4.2%，并出台失业救助金计划。所有这些政策都将于 2013 年 1 月到期。另外，在 2011 年 8 月美国政府与国会的债务上限危机中，虽然最终两党就提高债务上限达成了协议，但是两党减赤“超级委员会”未能就今后 10 年的减赤方案达成一致，因此国会设定了自动触发机制，规定如果不能在 2013 年之前达成共识，自动减赤机制将于 2013 年 1 月启动，计划在 10 年内削减国防等安全开支和国内其他项目开支共约 1.2 万亿美元。

尽管美国政府可以延续减税政策，但是由于国会两党制和国会对政府财政预算的制约，且美国政府债务预计 2012 年 11 月末或 12 月初可能再次达到 16.394 万亿美元的债务上限，因此减赤就成了美国政府必须做出的姿态。而一旦这些政策得到实施，2013 财年美国联邦政府财政赤字将大幅度减少，对美国经济复苏构成严重威胁，甚至重回衰退。

本来，市场普遍预期当“财政悬崖”真的到来的时候，美联储可能会使出 QE3 这个刺激经济的最后一个政策选项，然而 QE3 却在欧洲中央银行推出OMT这个变相量化宽松的措施后于2012年9月出人意料的提前推出了。

不论如何，决策者们将面临艰难的取舍：如果继续延期现有减税政策，美国的财政压力难以持续；如果执行削减开支和增税政策，本就脆弱的经济复苏将受到拖累。因此，需要中长期政策相结合，财政政策不宜立即从紧，但美国也需要一份逐步降低债务的明确时间表。

3. 长期问题的影响和对策

从长期角度看，美国财政面临的最大挑战就是人口老龄化和经济增长给政府决策带来的压力。人口老龄化给美国财政带来的直接压力就是用于社会保障和医疗的开支增加。按照美国国会预算办公室的估计，如果维持目前的法律制度，医疗开支占GDP的比重将从2012年的5%上升到2037年的10%，相当于在今天增加8500亿美元的财政支出，也就是2012年美国财政支出的22.4%。我们可以设想一下，如果在目前要从财政支出中节省出22.4%将是一个何等困难的任务？

当然，问题的严重性还不仅仅在于人口老龄化带来财政支出的增加。事实上，财政赤字的上升和债务负担的增加必然进一步降低本来就已经低得可怜的美国储蓄，推高利率水平，举借更多的外债，降低国内投资，从而进一步降低美国的经济增长率。这些结果又会导致政府债务利息负担的上升，而当政府发现进行国债滚动融资的成本太高的时候，就可能会突然发生财政危机和主权债务危机。即使不出现债务危机，当面临经济下行或其他不利的外部冲击时，财政负担的加重无疑也会大大限制政府使用财政政策进行宏观调节的能力。

面对美国长期的财政压力挑战，政府必须现在就以适度的速度降低当前的财政赤字，以便为以后财政支出的上升留出空间。尽管我们分析的是美国财政的长期压力，但是这在未来10～25年就将显现并达到峰值。这样，美国政府在财政调整上就会面临着一个两难抉择：在一方面，减少支出和增加税收的速度如果太慢可能来不及应对老龄化即将带来的压力，而在另一方面，如果减少支出和增加税收的速度太快又会拖累当前微弱的经济复苏。

因此，尽管2011、2012财年美国财政状况尚好，但是面临2013年可能出现的“财政悬崖”以及未来10年后日益严重的人口老龄化压力，要避免或应对美国财政所面临的挑战，不仅需要决心，更需要技巧和节奏，还需要议会政治的配合。而这显然难度重重。

四　美国的行业复苏状况与就业压力

在2011～2012年间，虽然美国经济复苏在波动中逐渐走稳，但财政政策面临挑战和不确定性，货币政策又出现了突然的变化。在这一系列扑朔迷离的背景下，美国的行业经济走势也变得越来越难以琢磨。

1. 公司融资状况好转，但是盈利增长进入平台波动

直到2011年，美国经济出现了一种宏观经济形势与微观经济形势相背离的走势。相比艰难复苏，并且不断出现波动的宏观经济指标，美国公司部门的销售和盈利不断好转。到2011年第二季度，制造业的销售基本达到了危机前的水平，而不论是税前利润还是税后利润都创出新高，相当于危机前的150%，显示出非常强的调整能力。这种情况一方面让我们困惑，另一方面则减少了我们对美国宏观经济形势的担心，毕竟只要作为推动经济增长的微观基础是健康的，那么宏观经济面临的诸多挑战都有希望得到逐步缓解。但是，这种情况从2011年第三季度以来出现了转变。

从表2中我们可以发现，从2011年第三季度开始，美国制造业部门的销售和利润都出现了一定程度的下降和波动，尽管在2012年第二季度又出现了微弱的上升，但是在过去一年中总体上看进入了平台区。值得注意的是，相比非耐用品的销售和盈利而言，耐用品的销售和盈利表现得要好一些。事实上，直到2012年第二季度，非耐用品的销售和盈利都没有超过2011年第二季度创造的高点，而耐用品的销售虽然在2011年第二季度以后增长速度出现了下降，但是还维持着缓慢的增长，只是盈利在经过波动以后，在2012年第二季度重新达到了2011年第二季度的水平。这显示出在这段时期，美国经济的增长主要是依靠资本品来维持，反过来也印证了我们在此前做出的“企业在高技术设备投资方面还保持着一部分热情”的判断。

表 2　美国制造业的销售和盈利

单位：十亿美元

季度	制造业			耐用品			非耐用品		
	销售	税前利润	税后利润	销售	税前利润	税后利润	销售	税前利润	税后利润
2008Q2	1693.9	143.3	110.8	770.9	49.4	32.9	922.9	93.9	77.8
2008Q3	1658.1	165.5	123.6	745.7	54.6	35.9	912.3	110.9	87.6
2008Q4	1394.5	-66.9	-81.1	682.6	-58.9	-65.1	711.9	-7.9	-16.1
2009Q1	1242.8	57.9	40.6	608.9	-0.4	-5.8	633.9	58.4	46.4
2009Q2	1234.9	81.4	59.9	586.7	12.3	3.6	648.3	69.1	56.4
2009Q3	1291.8	117.6	94.3	605.7	37.4	28.8	686.1	80.2	65.5
2009Q4	1348.3	110.8	94.6	630.3	38.5	29.1	717.9	72.3	65.5
2010Q1	1406.1	138.7	108.3	657.8	59.3	45.7	748.3	79.4	62.6
2010Q2	1430.3	152.1	127.5	677.6	81.2	65.4	752.7	70.8	62.1
2010Q3	1447.2	154.1	125.9	683.7	75.2	60.6	763.5	78.9	65.3
2010Q4	1490.9	148.3	127.2	698.4	72.4	60.9	784.2	78.7	66.2
2011Q1	1596.7	177.3	144.5	735.9	83.2	67.5	860.8	94.1	77.1
2011Q2	1657.4	202.1	163.9	732.7	91.4	75.5	924.7	110.6	88.5
2011Q3	1650.8	186.5	151.9	743.3	87.2	71.7	908.4	99.3	80.2
2011Q4	1643.6	156.7	137.2	756.7	75.2	72.1	888.6	81.5	65.1
2012Q1	1648.1	181.3	145.1	755.3	86.2	68.6	892.8	95.1	76.7
2012Q2	1691.8	198.2	159.8	793.7	95.8	75.6	898.1	102.4	84.2

资料来源：美国人口普查局。

不过，从大公司的情况，特别是标普 500 指数公司的每股收益来看，在 2011 年第三季度依然维持了 10% 的增长，并且在第四季度依然维持了这个增长趋势。不过在 2012 年第一季度，这些公司每股收益的增长下降到了 7% 左右，并且主要是金融公司的贡献。与美国制造业从 2011 年第三季度开始利润增长下滑的形势相对应，标普 500 指数中的非金融公司每股收益的增长在 2012 年也出现了停顿，不过依然处于最近 20 年来的高点。这些公司的盈利状况也增强了贷款质量。从资产负债表看，非金融公司流动资产对总资产的比例在第三季度出现了下降，但是依然维持在非常高的水平上。与此同时，公司的财务杠杆也很低。公司财务报表的健康状况使得公司的信贷评级上升，公司现金流中用于支付利息的比例很低，债券违约率也很低，使得公司可以通过短期债务的滚动来降低成本，商业银行的工商贷款违约率也维持在 1.5% 左右的历史低水平上。因此，不论是这类公司的借款和投资级别债券的发行都维持了强劲的势头，甚至由于债券利差的波动使得非金融公司也开始用银行信贷替换债券融资。由于美国大公司信贷质量的提高，商业银行也开始通过适当降低贷款标准来争取那些因为欧洲债务危机而脱离欧洲银行体系的客户。特别是进入2012年以后，一方面欧洲商业银行在美国的分支机构减少了他们在美国的工商企业贷款，另一方面美国商业银行迅速弥补了这个空缺。然而对于小公司来说，银行贷款尽管有所好转，但是依然比较困难。

2. 美国房地产业和相关金融市场依然低迷

在大公司工商信贷状况好转的同时，商业抵押贷款依然低迷，但是也出现了好转的信号：银行在2007年以来第一次提高了最大贷款规模，降低了商业房地产贷款的利率水平，寿险公司也开始提高它们持有的商业房地产贷款。不过尽管商业房地产的违约率在下降，却依然保持在高位，因此寿险公司持有的商业房地产贷款总体来说还不多。

商业抵押贷款支持证券的市场状况出现了一定程度的恶化。造成这种状况的根本原因在于美国房地产市场在经过2007～2008年的打击以后，依然没有根本性的好转。从图7中我们可以发现，不论是私人住房开工数还是新房销售量都还没有明显走出危机后的谷底，甚至低于20世纪80年代末到90

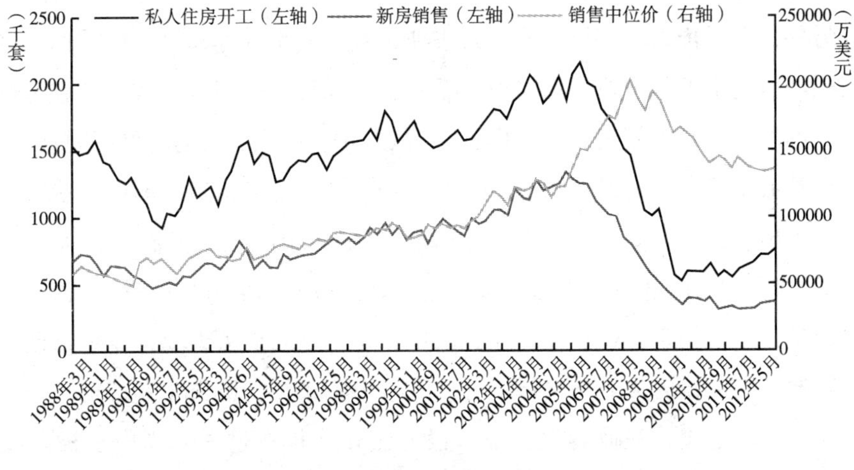

图7　美国房地产市场状况

资料来源：美国人口普查局。

年代初美国储贷业危机以后的水平，住房销售价格也看不到丝毫触底反弹的迹象。

金融危机发生以后，尽管房价和利率水平出现大幅度的下跌，从理论上说购买力应该得到有效的释放，但是在现实中，潜在购房者或者因为缺乏首付，或者其信用历史不能满足房贷要求，或者由于对未来收入和就业的担心，甚至预期房价依然存在下跌可能而推迟购房。即使对于那些信用记录可以满足房贷要求的潜在购房者来说，由于当前“两房”自身的困境使得他们难以从银行获得抵押贷款，以前针对优良住房抵押贷款而没有经过“两房”打包的证券化市场事实上也关闭了。最后，剩余的那些需求也转向了大量空置的、价格相对便宜的二手房，从而抑制了新房建设。2012 年以来，尽管新房销售出现了微弱的回升势头，但是大量空置住房的存在依然压低了房价，抑制了房地产市场的转暖。相比之下，私人住房开工出现了上升，但是在近期还不足以构成推动经济进一步复苏的动力。

3. 就业市场有所好转，但形势依然严峻

从美国劳工部统计局公布的经过季节调整的数据看，美国当前的失业状况非常严重。从 2009 年 2 月到 2012 年 8 月，美国失业率已经连续 40 个月维持在 8% 以上的高水平，超过了 1981 年 11 月到 1984 年 1 月连续 27 个月维持在 8% 以上高失业的持续时间，创下了自 1948 年 1 月有失业率统计以来的最长纪录。另外，在平均失业持续时间以及失业人数方面也远远超过了此前的历史纪录。长期居高不下的失业率已经成了金融危机以后与美国货币政策和政府债务负担并列的三大经济问题之一，而且是影响 2012 年总统大选的重要因素。

但是值得注意的是，伴随着美国经济的不稳定复苏，美国的就业状况在过去一年中出现了逐渐好转的迹象。2012 年 8 月与 2011 年 8 月相比，失业率水平从 9.1% 下降到了 8.1%，这也成了奥巴马回应罗姆尼挑战的重要依据。

但是，不论在学界还是在市场分析中，都有观点认为失业率这个指标本身是偏颇的，因为作为失业率分母的劳动人口中不包括自愿失业者。按照美国劳工部统计局的定义，失业者仅指那些没有工作，且在过去 4 周内积极寻找工作，并且愿意接受工作的人。反过来说，如果在过去 4 周内没有积极寻找工作，或者对可以得到的工作有所挑选，则不会被纳入劳动人口统计中而被当成自愿失业者。显然，要求一个空调修理工从事清洁工作是不现实的，而在就业状况极其严重的时期，让失业者连续40周愈挫愈勇，坚持不懈地积极寻找工作也不是常人可以做到的。事实上，从劳动参与率（即包括就业者和失业者的经济活动人口占劳动年龄人口的比率）的统计看也的确如此。在本轮金融危机爆发以前的2007年1月，美国的劳动参与率为66.4%，而到了2012年8月仅为63.5%。由于从美国的人口统计中无法直接得到16~60岁劳动适龄人口的准确数据，我们通过劳动参与率和劳动人口计算出劳动适龄人口的推算数据，然后再计算失业人口在劳动适龄人口中的比例，结果发现这个比例在2009年10月失业率达到10%最高点时也达到了最高值6.52%，而在2012年8月失业率达到最低点8.1%时这个比例也达到了5.15%的最低值。如果将2009年10月的最高值与2012年8月的最低值相比，失业率下降了23.5%，而失业人口在劳动适龄人口中的比例则下降了24.6%。两者之间有差距，但是差距不大。

从失业人口下降看，2012年8月与2011年8月相比下降了137.6万人，远远超过了2010年8月到2011年8月间下降的81.5万人；从增加的就业人数看，从2010年8月到2011年8月，就业增加了41.8万人，而从2011年8月到2012年8月，就业人数的增加高达234.7万人；从失业的平均持续时间看，从2010年8月到2011年8月，平均失业时间从33.6周上升到了40.3周，而从2011年8月到2012年8月，平均失业时间则从40.3周下降到了39.2周。事实上，平均失业时间是在2011年11月达到40.9周的最高点以后才开始下降的，也就是说在9个月中从40.9周下降到了39.2周。因此，从失业率、失业和就业人口的变化以及失业平均持续时间这三个指标看，美国失业问题虽然依然非常严重，但是肯定出现了好转的趋势。

判断美国失业状况的另一个方面是当前美国失业问题究竟是周期性的还是结构性的。如果是周期性的，那么美联储连续推出量化宽松政策就是合理的，但是如果是结构性的，则连续的量化宽松政策意义就不大，因为在这种情况下，改善美国就业状况的关键就在于提高美国劳动力供给结构适应经济结构变化的灵活程度，加强劳动培训和教育转型等。

尽管美国不少人认为当前的失业主要还是周期性的，但是我们认为当前美国的失业问题表现出明显的结构性特征。美国当前的复苏属于无就业的复苏，而按照传统的经济周期理论，经济复苏一定会带来就业的增长。从美国经济在2009年底反弹到高点以后已经维持了将近三年的正增长，但是失业率一直维持高位，说明当前的经济增长出现了结构变化，原来的劳动力已经不能满足新的要求，才造成了有复苏无就业的局面。事实上，在美国存在大量失业的情况下，美国非农部门的岗位空缺却从2009年7月的218.6万个上升到2012年6月的372.2万个。大量失业与岗位空缺同时并存说明当前劳动力供给与需求在结构上出现的错配。另外，从失业持续时间的结构看，在以往的危机中都遵循失业持续时间越长比重越低的规律，即使在1981~1984年的衰退中也不例外。但是在这一次，失业中比重最高的是持续时间27周以上的长期失业，而且在2009年底经济反弹达到高点以后失业持续时间超过27周的比重才开始达到40%并且一直维持至今，这不仅说明长期失业本身与经济复苏无关，而且说明正是因为经济结构转型造成的复苏，长期失业才越来越严重。

五　外部经济因素对美国经济增长的影响

美国作为全球最重要的经济体，在过去相当长的一段时间内，其开放经济部门的状况往往取决于美国国内的经济形势和政策影响，因此在那时我们对美国开放经济部门的分析主要是看美国经济对全球经济的影响。不过近来，欧洲债务危机、大宗商品价格和资本流动等因素对美国经济也产生了一些影响，在一定程度上变成了影响美国经济走势的外生变量而应该纳入我们的分析视野。

1. 出口增长速度下降，但是国际收支得到改善

从2011年第四季度开始，美国的国际贸易形势出现了比较明显的变化。按照美国经济研究局公布的数据，自2011年11月开始，月度出口从持续了22个月的两位数增长放缓到了个位数的增长，到2012年7月更进一步下降到2.69%。进口方面的放慢略早于出口，同样始于2010年1月，持续了24个月的两位数增长在2012年1月下降到个位数，但是衰减更快，到2012年7月更下降到只有0.6%。这种差异似乎意味着变化首先是由外部因素引起的，然后才传导到美国。

从国际货币基金组织的贸易方向统计中我们发现，造成美国出口下降的主要原因来自对发达国家，特别是对欧洲的出口。对美国出口稳定起到支撑作用的国家主要是加拿大和墨西哥，对美国出口起到稳定作用的商品主要是服务（美国一直以来具有显性比较优势）、汽车、计算机和飞机，而美国消费品的出口则出现了下降。进口变化的情况也类似，暗示着美国经济可能将出现减速。美国进口的主要产品，包括服务、汽车和计算机增长比较快，而原油、飞机和消费品的进口出现下降。尽管美国的进口在国别分布上比较均衡，但是日本和墨西哥的地位比较突出。

与2008年金融危机发生以后美国国际收支由于进口下降比出口下降更快而得到改善类似，这次波动尽管是出口下降在先，但是由于随后进口的下降更显著，因此在2012年前两个季度中，美国的国际收支逆差状况也出现了一定的改善，因而净出口对美国经济增长起到了微弱的支撑作用。

出口的下降给美国的国家出口倡议带来了挑战。2012年7月，美国的出口额（1832亿美元）又接近了2011年9月的水平（1803亿美元）。如果说在2011年我们还对奥巴马政府的出口倍增计划感到乐观的话，那么目前我们则多了一分担心。美国的贸易政策，特别是出口政策将会出现什么转变，以及美国的再工业化进程等值得我们密切关注。

2. 国际大宗商品价格维持高位增加了美国经济复苏的压力

尽管从历史数据看，美元有效汇率的变化在很大程度上影响着全球大宗商品价格，而且由于美国经济走势在很大程度上决定了世界经济形势，因此，国际大宗商品价格的变化常常可以被看做是美国经济的因变量。但是在过去一年中，美国经济的走势又开始反过来受到全球大宗商品价格的影响。造成这种变化的原因主要包括两个方面：首先，国际政治形势的变化导致了石油价格的波动，使得石油价格成了影响美国经济形势的外部冲击；其次，尽管美联储考虑到新经济以后美国经济结构的变化，在过去一段时间内一直强调核心CPI在货币政策决策中的地位，但是在当前美国居民可支配收入增长有限的情况下，消费支出对价格变动更加敏感，因而石油等大宗商品价格的波动对美国经济的影响程度开始上升。

由于中东和北非的动荡局面，以及在2012年逐渐恶化的叙利亚和伊朗局势，国际大宗商品价格在2011年下半年到2012年上半年一直维持在高位，相比2010年上半年大约上涨了25%。其间由于局势一度出现缓和而在2012年6月出现回调，但是随后又呈现上扬的走势。在这种情况下，相比2010年下半年到2011年上半年，国内居民消费对经济增长的推动作用相对下降，也在一定程度上造成了2011年下半年到2012年上半年美国经济增长的波动和缓慢复苏的局面。

3. 经常项目和金融项目下的资本流动

在2011年下半年到2012年上半年，美国国际收支经常项目逆差而资本项目顺差的总体趋势没有发生变化，但是整个国际收支逆差呈现“低—高—低—高”的波动趋势。

从经常项目余额看，不论是美国在海外的直接投资收入、私人投资收入、政府收入、雇员工资收入，还是美国的劳务出口，也不论是外国在美国获得并转出的上述项目，都表现比较稳定。唯一出现较大波动的是货物贸易。美国的货物出口在这四个季度大体表现出逐渐上升的趋势，而货物进口则随全球大宗商品价格的波动呈现两边高中间低的趋势。经常项目余额的变化趋势也大体与货物进口的变化趋势一致。

金融项目的变动则显得相对复杂一点，但是其规律性的趋势也相当明显，只是出现了几个相关项目同时变化的特征。另外，由于美国金融项目差额的变动幅度比较大，呈现比经常项目差额明显多的“高—低—高—低”的波动趋势，但是，由于美国经常项目逆差相对稳定，且数额高于资本项目顺差，因而最终使得美国整个国际收支逆差呈现“低—高—低—高”的波动趋势。

2011年第三季度，美国的金融项目处于正常的状态，美国在海外的投资总额为流出，主要的流出项目为美国的私人海外投资，而外国在美国的投资为流入，主要为私人资本的流入。

但是到了2011年第四季度，受到欧洲债务危机，特别是意大利局势恶化的影响，美国在海外的私人资产开始从海外撤回美国避险，从2011年第三季度985亿美元的流出逆转为1042亿美元的流入，从而带动2012年第四季度美国在海外资产的净回流。与此同时，外国在美国的投资（主要是外国官方购买的美国国债）也出现了撤资回国、应对危机的趋势，导致外国在美国的投资流入额大幅度下降，从而资本项目顺差大幅度下降。

在2012年第一季度和第二季度，美国官方和私人的海外投资都出现了大幅度回流，而且回流额度不断上升，使得美国在海外的投资回流不断增加。而随着LTRO和OMT的推出，欧洲债务危机出现了缓解的迹象，但是此时外国在美国的官方投资和私人投资似乎出现了分歧，外国官方投资回流美国，而外国私人投资则继续呈现流出美国的趋势。

六 对美国经济的展望

从截至2012年上半年的经济增长走势看，美国经济呈现在波动中逐渐企稳的趋势，并逐渐向长期潜在增长率靠拢。如果不出现意外情况，这种趋势可能在2013年得到延续。预计2012年美国的经济增长率可能处于2.2%～2.4%之间，2013年进一步回升到2.5%左右。

目前美国经济增长面临的威胁主要有两个：一是欧洲主权债务危机的演化，二是美国的“财政悬崖”。我们的基本判断是，经过LTRO和OMT两轮稳定措施，加之欧元区国家大选逐渐落定，欧洲的债务危机尽管还会延续一段时间，但是给世界经济和市场带来的冲击会逐渐下降。美国的经济政策也会从总统竞选时的极端倾向走向现实，加之QE3的提前推出，因此“财政悬崖”最终造成严重经济衰退的可能性不大。

参考文献

U. S. Census Bureau (2012), *Second Quarter 2012 Data from the Quarterly Financial Report: U. S. Manufacturing, Mining, Wholesale Trade and Selected Service Industries*, September 10, 2012.

Board of Governors of the Federal Reserve System (2012), *Monetary Policy Report to the Congress*, July 17, 2012.

Congressional Budget Office (2012), *The 2012 Long-Term Budget Outlook*, June 5, 2012.

Office of Management and Budget (2012), *Analytical Perspectives: Budget of the U. S. Government, Fiscal Year 2013*.

US Economy: Recovery and Challenges

Sun Jie

Abstract: The pace of the U. S. economic recovery appears to slow down in the first half of 2012 after volatized in the second half of 2011. Consumer Price Inflation and unemployment rate were improved, but the recovery of the real economic sector was slowed. A number of factors will likely restrain growth in period ahead, including weak economic growth abroad, European crisis and the incoming fiscal cliff that became less accommodative. Uncertainty about these factors may also restrain household and business spending, poses significant downside risk to the outlook. However, the QE3 will help the U. S. economy grow at only a modest pace in 2012 to 2013, and gradually converging towards its potential growth rate in the long run.

Key Words: QE3; Fiscal Cliff; Inflation; Recovery

Y.3
欧洲经济：逐渐走出衰退阴影

东　艳*

摘　要：

2011年下半年以来，欧洲债务危机愈加严重。危机通过贸易与金融渠道，从欧元区外围国家向中心国家、欧元区内的邻国，以及欧元区外其他欧洲国家不断扩散。欧洲经济在2011年第四季度开始出现负增长。随着陷入危机国家的内部财政金融改革等措施的实行、欧盟对成员国财政政策的协调和监管机制的不断完善，以及外部需求的增长等因素推动，预计2013年欧洲经济将缓慢调整，经济增长率由负转正，逐渐走出衰退阴影。

关键词：

欧洲经济　主权债务危机　经济前景

随着欧洲主权债务危机的升级，欧洲经济增长速度在2011年下半年出现急速下滑，并在2011年第四季度开始出现衰退迹象，预计2012年欧盟及欧元区经济将出现负增长。我们在2011～2012年度黄皮书的报告中认为：2012年欧洲经济存在较高的不确定性，各国面临经济增长速度显著放缓的风险。这一看法与欧洲经济发展事实基本一致。欧洲债务危机的深化与扩散是当前全球经济增长中最大的风险因素。欧洲中央银行预测，2012年欧元区GDP增长率为-0.6%至-0.2%，2013年为-0.4%至1.4%。[①] 我们预计，2012年欧盟、欧元区增长率分别为-0.2%、-0.4%。2013年欧盟、欧元区GDP增长率分别为0.5%、0.2%。

---

* 东艳，经济学博士，中国社会科学院世界经济与政治研究所副研究员，主要研究领域为国际贸易。感谢许冰清同学在数据整理方面的工作。

① 数据来自ECB, *Monthly Bulletin*, September, 2012。

一　2011～2012 年总体经济状况

2011 年，受全球经济增长速度下降和欧洲主权债务危机的影响，欧洲经济增长速度放缓。2011 年欧盟 GDP 增长率为 1.5%，欧元区为 1.4%。2011 年第四季度以来，欧洲经济开始呈现急速下滑趋势，2011 年第三季度至 2012 年第二季度，欧盟按年率计算的实际 GDP 环比增长率分别为 0.2%、-0.3%、0 和 0.2%。欧洲中央银行、欧盟统计局、IMF 等机构均预测 2012 年欧元区 GDP 增长率将出现负增长，这将是欧元区成立以来，在 2009 年 GDP 增长率达 -4.4% 后，欧元区第二次出现负增长。

2011 年第四季度以来，欧洲经济的急速收缩主要源于高度不确定的市场环境，主要包括以下几个方面：第一，全球需求增速降低；第二，债务危机升级使消费者信心和商业信心下降；第三，金融市场情况不乐观，危机通过以银行为主的金融渠道向区域内的其他国家传导；第四，欧洲主要国家财政紧缩政策的实施使内部需求下降；第五，金融和非金融部分平衡表处于调整阶段；第六，欧洲一些国家的政局不稳定。

新兴国家的持续增长、较低的短期利率水平、欧元区政府采取的各项对金融市场支持的政策等因素虽然在一定程度上对欧洲经济增长有促进作用，但并未能阻挡住欧洲经济持续下滑趋势。总体上看，欧洲经济在 2012 年将处于下降通道。

2011 年第三季度至 2012 年第二季度，欧洲各国经济形势仍呈现一定的差异，欧元区债务危机对欧洲各国的影响程度加深，危机通过贸易、信贷安排及信心等渠道传播，使欧债危机的扩散呈现从欧元区外围国家向中心国家扩散、向欧元区内的邻国扩散、向欧元区外的欧洲国家扩散的趋势。

深陷主权债务危机的意大利、西班牙、葡萄牙和希腊等国家经济持续出现负增长，欧洲南部大部分地区陷入经济衰退。意大利在 2011 年第三季度以来连续四个季度出现经济萎缩，GDP 季度环比增速分别为 -0.2%、-0.7%、-0.8% 及 -0.8%。2011 年意大利政府债务占 GDP 的比重为 120.0%，财政赤字占 GDP 的比重为 3.8%。沉重的债务负担使意大利陷入困境。2011 年底，意大利开始进行结构改革，推进财政巩固政策，这些措施虽然有助于恢复市场信心，但也在短期内影响了经济增长，使意大利经济陷入衰退。葡萄牙自 2010 年第四季度以来，已经连续 7 个季度出现经济萎缩，严格的财政巩固政策、银行业的去杠杆化，及低迷的外部需求，使葡萄牙经济增长前景暗淡。西班牙经济增长乏力，居民消费和政府支出下降，其欧元区贸易伙伴的需求不振，在银行危机、债务压力等多重压力下，西班牙 2011 年第四季度以来连续三个季度出现负增长。希腊经济持续衰退，2011 年 GDP 增长率为 -0.7%，2012 年第一、二季度未经季节性调整的 GDP 季度同比增速分别为 -6.5%、-6.3%，截至 2012 年第二季度，经济收缩已持续 14 个季度，导致失业率节节攀升，为了取得援助而实施严格的财政紧缩政策、出口需求疲软等因素使希腊经济呈现持续衰退。希腊债务危机已经蔓延至邻国塞浦路斯，希腊的主权债务减记使塞浦路斯银行业陷入危机，目前损失已经超过 30 亿欧元，受此影响，塞浦路斯自 2011 年第三季度以来一直处于负增长状态。

欧洲第一大经济体德国 2011 年 GDP 增长率为 3%，为同期欧元区经济增长率的两倍。2011 年第四季度，受欧元区经济萎缩及全球需求下降影响，德国经济复苏出现短期逆转，该季度 GDP 环比增长率为 -0.1%。2012 年上半年，德国经济恢复低速增长态势，第一季度 GDP 环比增长率为 0.5%，第二季度为 0.3%。德国经济的回升主要依赖强劲的出口，净出口和消费需求的增长在一定程度上弥补了投资，特别是设备投资下降带来的影响。德国的劳动力市场状况良好，就业率上升，薪资的增长带动居民收入增加、储蓄率下降，预计德国国内需求对经济复苏的贡献将逐渐加大。

法国从 2011 年第四季度起，经济出现零增长，经济增长受到阻碍。财政紧缩政策以及食品和能源价格上涨的压力抑制了国内需求，但随着 OMT 的实施，消费者信心指数环比下滑幅度逐步收窄，法国经济将有望企稳。

欧元区内奥地利、斯洛伐克、爱沙尼亚的增长较为稳定，而荷兰、比利时、芬兰、爱尔兰、斯洛文尼亚、卢森堡、马耳他等国经济形势居中，并有一定的波动性。

在欧元区外的发达国家中，英国、捷克、丹麦的经济形势较差，出现负增长。而瑞典、瑞士、冰岛的经济形势处于波动中。挪威经济在煤油气等行业的固定资产投资拉动下，实现稳健增长，2012 年第一季度和第二季度，GDP 环比增长率分别为 1.5% 和 1.2%（见表 1）。

与发达国家的普遍低迷不同，新兴经济体的经济增长存在较大的差异性。土耳其、保加利亚、立陶宛、拉脱维亚持续增长。欧洲危机影响了欧元区外的一些新兴经济体国家。欧洲的新兴经济体对欧元区出口快速下降。如以旅游业为重要产业的克罗地亚、对外贸易占较大比重的匈牙利等国因受欧债危机影响而出现负增长。

表 1　欧洲国家 GDP 环比增长速度

单位：%

	2010 年		2011 年				2012 年	
	第三季度	第四季度	第一季度	第二季度	第三季度	第四季度	第一季度	第二季度
欧盟(27 国)	0.5	0.3	0.6	0.3	0.2	-0.3	0.0	-0.2
发达国家								
欧元区(17 国)	0.4	0.3	0.6	0.2	0.1	-0.3	0.0	-0.2
德国	0.7	0.6	1.2	0.5	0.4	-0.1	0.5	0.3
法国	0.4	0.4	0.9	0.1	0.2	0.0	0.0	-0.1
意大利	0.5	0.2	0.1	0.3	-0.1	-0.7	-0.8	-0.7
西班牙	-0.1	0.1	0.3	0.2	0.0	-0.5	-0.4	-0.4
荷兰	0.3	0.9	0.5	-0.1	-0.2	-0.7	0.1	0.1
比利时	0.5	0.5	0.8	0.2	0.0	-0.1	0.2	-0.5
奥地利	1.5	1.1	0.6	0.4	0.0	0.2	0.5	0.1
希腊*	-1.6	-2.8	0.2	-7.3	-5.0	-7.5	-6.5	-6.3
葡萄牙	0.2	-0.4	-0.7	-0.2	-0.6	-1.4	-0.1	-1.2
芬兰	-0.8	2.2	-0.2	0.6	1.0	-0.7	0.9	-1.1
爱尔兰	0.5	-1.4	0.7	2.0	-0.5	0.6	-0.7	0.0
斯洛伐克	0.9	0.8	0.9	0.9	0.7	0.8	0.7	0.7
斯洛文尼亚	0.4	0.9	-0.2	0.6	-0.2	-1.1	0.0	-1.0
卢森堡	1.2	0.7	0.1	-0.3	0.7	-0.4	0.1	0.4
爱沙尼亚	1.2	3.0	2.6	1.4	1.4	0.7	0.2	0.5
塞浦路斯	0.6	0.2	0.5	0.0	-1.0	-0.3	-0.4	-0.7
马耳他	0.7	2.2	0.3	-0.6	0.6	-0.7	-0.3	1.3

续表

	2010年		2011年				2012年	
	第三季度	第四季度	第一季度	第二季度	第三季度	第四季度	第一季度	第二季度
英国	0.6	-0.4	0.5	-0.1	0.6	-0.4	-0.3	-0.5
瑞典	1.5	1.8	0.5	0.9	1.0	-1.1	0.7	0.7
瑞士	0.7	1.0	0.2	0.5	-0.2	0.4	0.5	-0.1
捷克共和国	0.7	0.6	0.5	0.3	0.0	-0.2	-0.6	-0.2
挪威	-1.3	2.3	-0.8	0.6	1.5	0.5	1.5	1.2
丹麦	1.3	-0.6	0.1	0.7	-0.3	-0.3	0.3	-0.5
冰岛	0.8	3.6	0.2	-4.6	4.3	3.6	0.3	-6.5
新兴国家								
土耳其	1.1	3.6	1.4	1.3	1.7	0.6	0.4	1.8
波兰	1.3	0.9	1.1	1.3	0.7	0.8	0.6	0.4
罗马尼亚	-0.8	0.9	1.2	0.0	1.1	-0.1	0.1	0.5
匈牙利	0.4	0.2	1.4	-0.3	0.0	0.1	-1.0	-0.2
保加利亚	0.8	0.6	0.4	0.3	0.1	0.1	0.0	0.3
塞尔维亚	1.7	-1.0	2.2	-0.1	-0.9	-0.8	-0.2	
克罗地亚	0.1	0.0	0.1	0.0	-0.3	-0.5	-0.6	-0.7
立陶宛	1.0	2.2	1.6	1.5	1.2	0.8	0.3	0.5
拉脱维亚	0.7	1.0	1.5	2.0	1.4	0.8	1.1	1.2

*希腊的数据在2011年第一季度之后无法获得，表中为未经季节性调整的GDP季度同比数据。

注：按年率计算环比的季度数据，经过季节调整。

资料来源：ECB，*Monthly Bulletin*，September 2012，Eurostat，Turkish Statistical Institute，Statistical Office of the Republic of Serbia。

欧元区GDP总额占欧盟GDP总额的74%，占欧洲经济总量的65%，欧元区的债务危机及经济走势对整个欧洲经济表现起主导作用。下文将重点对欧元区经济增长因素进行分解，以判断欧洲经济增长的特点和发展趋势。

从支出构成来看，居民消费约占欧元区GDP总额的60%，不断下滑的私人消费是引发欧元区经济萎缩的重要原因。环比指标显示，2011年第三季度，欧元区居民消费季度环比增长率为0.2%，而2011年第四季度至2012年第二季度，居民消费支出持续下降，环比增长率分别为-0.5%、-0.2%、-0.2%。从具体项目来看，零售商品消费和新车消费减少，而服务消费有所增加。居民消费的变动也反映在消费者信心指数上，该指数在2009年第一季度达到最低点（-33）后逐渐回升。2010年和2011年分别回升至-14.2和

-14.5，而2011年第四季度以来，又下跌至-20的水平。居民消费受总体经济形势、失业率、家庭财政状况及储蓄意愿影响。深陷债务危机使欧元区经济前景不乐观，居民的储蓄率提高，财政政策紧缩，就业率下滑，同时居民金融资产和住宅等财富在危机中缩水，加之通货膨胀的影响，使居民实际可支配收入下降。

欧元区政府消费支出增长率处于较低水平，2011年第三季度至2012年第二季度，环比增长率分别为-0.2%、0、0.2%、0.1%。欧元区一些国家正在实施的财政紧缩政策削弱了政府消费对国内需求的推动作用，政府消费对GDP的贡献率在报告期内的四个季度均为零。

欧元区的固定资本形成总额在2010年和2011年第一季度处于恢复性增长阶段，自2011年第二季度起，这一趋势停止并发生反转，2011年第三季度至2012年第二季度，固定资本形成总额的环比变动率分别为-0.4%、-0.5%、-1.3%、-0.8%，固定资本形成总额持续下降，对经济增长的贡献由正转负。建筑和非建筑业投资均下降。非建筑业投资受欧元区总体经济形势不佳影响，利润率低，投资风险增加。建筑业投资收缩，源于企业信心低迷、房地产市场恶化以及信贷紧缩。2011年下半年以来，存货变动率急剧下滑，对经济增长的负贡献显著，2011年第三季度至2012年第二季度，存货变动对季度GDP的贡献率分别为-0.34个、-0.46个、-0.09个和-0.15个百分点（见图1）。按截至2012年8月的制造业PMI数据，库存目前基本处于低位，去库存势头环比渐趋稳定。

在欧元区国内需求持续低迷的情况下，欧元区的对外贸易一直保持稳定增长，2011年第三季度至2012年第二季度，对外贸易对GDP增长的贡献分别为0.43个、0.51个、0.4个和0.23个百分点。欧元区内及欧元区对欧洲其他国家的出口下降，但欧元区对欧洲外的国家出口增加较快，这反映了外部需求增强，特别是拉美和中东的旺盛需求，同时，出口增长源于欧元贬值带来的价格竞争力增强。

如上所述，居民消费、投资和存货的下降使欧元区经济收缩，对外贸易的稳定增长对欧元区经济增长有一定的拉动作用，而在财政巩固背景下，政府消费不再发挥对经济增长的促进作用。

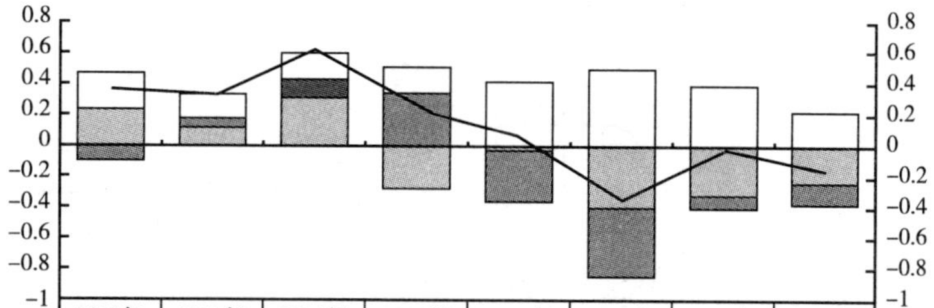

	2010年第3季度	2010年第4季度	2011年第1季度	2011年第2季度	2011年第3季度	2011年第4季度	2012年第1季度	2012年第2季度
净出口	0.23	0.16	0.18	0.17	0.43	0.51	−0.40	0.23
存贷变化	−0.10	0.06	0.12	0.35	−0.34	−0.46	−0.09	−0.15
国内需求（不含存贷变化）	0.25	0.12	0.32	−0.28	−0.02	−0.40	−0.32	−0.24
GDP增长率	0.38	0.34	0.63	0.25	0.07	−0.35	−0.02	−0.17

图 1　欧元区需求各部分对 GDP 的贡献度

注：按年率计算环比的季度数据，经过季节调整。
资料来源：根据 ECB 相关数据绘制。

从增加值的角度看，自 2011 年第一季度起，各部门增速下降，而从 2011 年第四季度起，各部门均呈现负增长状态。采掘、制造及能源供应业在 2011 年第四季度经历大幅度下滑后，在 2012 年上半年有所回调，采购经理人指数表明该行业在 2012 年下半年仍无增长动力。建筑业增长处于收缩状态，报告期内，建筑业对总增长值的贡献率一直为负。欧元区的服务业自 2009 年第三季度欧元区经济复苏起，经历了连续 10 个季度的正增长，这一时期季度平均增长率为 0.3%。但此后在欧元区整体经济形势低迷的状态下，服务业也逐渐下滑，2012 年第一季度起，服务业出现负增长。2011 年第四季度至 2012 年第二季度，服务业对 GDP 的贡献较弱，分别为 0.03 个、－0.02 个、－0.01 个百分点（见图 2）。

2010 年底至 2011 年第二季度，能源价格上涨和间接税提高等因素使欧元区消费者调和物价指数（HICP）一直处于上升趋势。2011 年第三季度以来，受经济增长速度下滑影响，欧元区的通货膨胀压力下降，但仍处于欧洲央行确定的中期通货膨胀率 2% 的警戒线之上。2011 年，欧元区 HICP 通货膨胀率为 2.7%，2012 年前 8 个月平均值为 2.57%。受以欧元计价的能源价格上涨，以

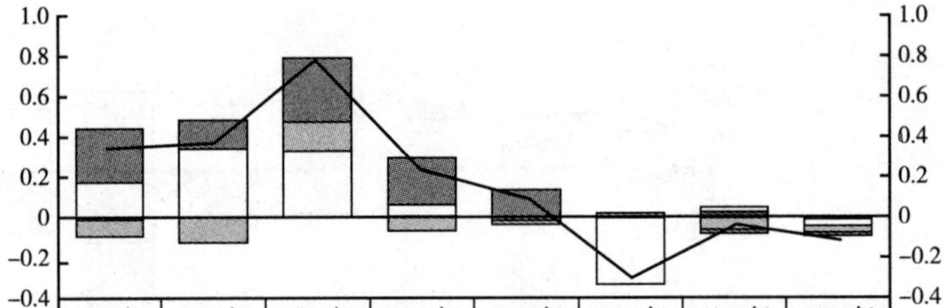

	2010年第3季度	2010年第4季度	2011年第1季度	2011年第2季度	2011年第3季度	2011年第4季度	2012年第1季度	2012年第2季度
服务业	0.27	0.16	0.32	0.24	0.13	0.03	-0.02	-0.01
建筑业	-0.08	-0.12	0.14	-0.07	-0.04	-0.01	-0.06	-0.04
采掘、制造及能源供应业	0.17	0.31	0.32	0.06	0.00	-0.31	0.02	-0.05
农林牧渔业	-0.01	0.02	0.01	0.01	0.01	0.00	0.03	-0.01
总增加值变动率	0.35	0.37	0.79	0.24	0.10	-0.29	-0.03	-0.11

图 2 欧元区分行业增加值对总增加值变动的贡献度

注：按年率计算环比的季度数据，经过季节调整。

资料来源：根据 ECB 相关数据绘制。

及欧元区一些国家间接税的影响，欧元区通货膨胀率在 2012 年出现过短期上涨趋势。

从具体项目分析看，能源和食品类商品占欧元区 HICP 篮子的 30%，对 HICP 有较强的影响。如图 3 所示，2011 年 HICP 中能源类商品价格变动率为 11.9%，2012 年，能源类商品的价格增速有所下降，但仍保持较高的水平。2012 年前 8 个月，能源类商品价格年均速度为 7.96%。造成能源价格较快增长的因素包括：原油价格的上涨，一些国家对能源类商品征收较高的税收，欧元贬值引发的进口商品价格上涨。在食品类中，非加工食品的增长速度较快，2011 年 HICP 中非加工食品部分的价格变动率为 1.83%，而 2012 年前 8 个月的平均值提高到 2.43%，2012 年 8 月为 3.5%。不包括能源和食品的 HICP 通货膨胀率变动较为平稳，这部分价格主要受欧元区内部因素影响，如工资水平、利润率、间接税等。但是欧元区一些国家增值税的提高对工业品和服务业价格变动有一定的影响。

欧元区的工业生产价格指数在 2009 年 8 月达到 -8.44% 的最低点后（见图 4），持续增加，在 2011 年 3 月达到 6.81%，反映了全球对原材料需求的增加。之后转为快速下降趋势，2011 年工业生产价格指数为 5.93%，2012 年前

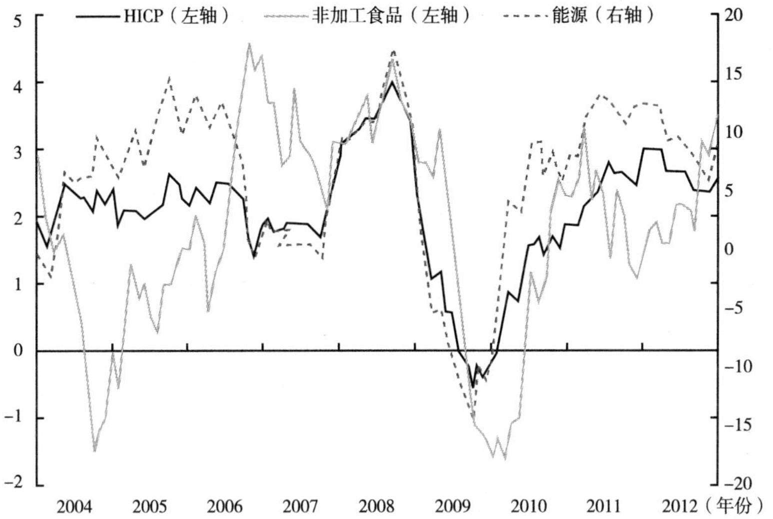

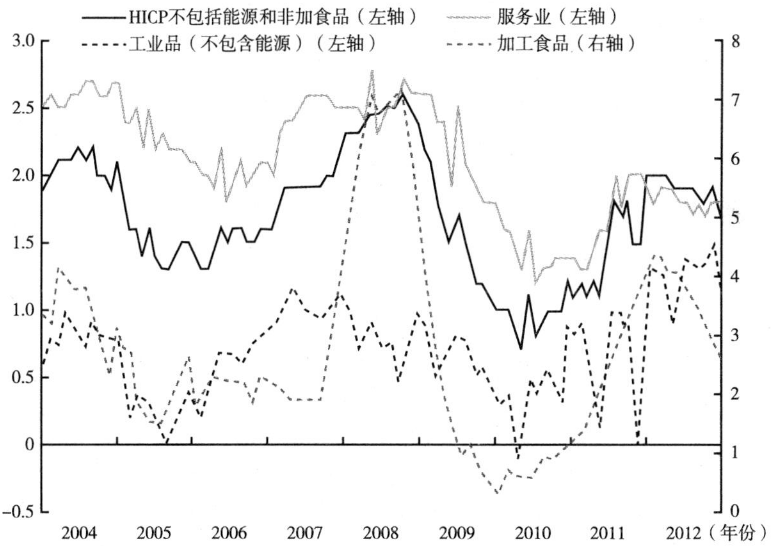

图 3　欧元区消费价格指数及其主要组成部分

注：数据为年变动率，月度数据，期限为 2004 年 1 月至 2012 年 8 月。
资料来源：根据 ECB 相关数据绘制。

8 个月的平均值下降为 2.77%，这一变动反映了大宗商品价格变动的趋势。欧债危机使欧元区经济陷入衰退，但通胀压力仍存在。欧元区价格上行的风险因素包括：财政巩固计划中增加间接税引发价格上涨，OMT 等非常规数量宽松货币政策，以及国际大宗商品价格上涨的传递效应。下行的压力主要来自于欧元区经济增长趋缓。

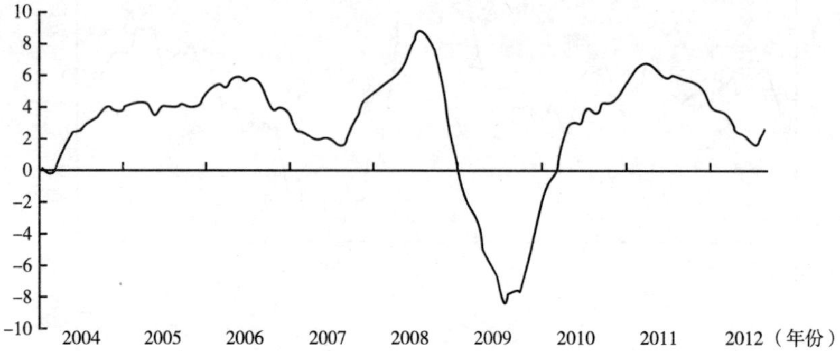

图4　欧元区工业生产价格指数

注：数据为年变动率，月度数据，期限为2004年1月至2012年8月。
资料来源：根据ECB相关数据绘制。

欧洲各国的通货膨胀率有较大差异，欧元区内，意大利的通货膨胀率增加较快，2011年为2.9%，而根据月度数据，按算术平均值计算，2012年前8个月平均通货膨胀率为3.5%（见表2）。2011年9月意大利增值税上调了1个百分点，而2012年再次上调2个百分点。受经济衰退影响，西班牙、葡萄、希腊的通货膨胀率快速下降。希腊的通货膨胀率2011年为3.1%，2012年前8个月平均值下降为1.3%。爱尔兰处于缓慢复苏期，通货膨胀率由2011年的1.2%提高到2012年前8个月平均1.9%的水平。欧元区外的国家中，英国2011年通货膨胀率高达4.5%，2012年逐渐回落，2012年前8个月平均值已下降至3.0%，通货膨胀压力的缓解为英国央行采用扩大量化宽松等刺激经济的措施提供了政策空间。冰岛的通货膨胀率增加较快，由2011年的4.2%提高到2012年前8个月平均值6.3%的水平，增加的原因包括工资较大幅度的增加、货币贬值及大宗商品价格上涨。新兴经济体中，土耳其的通货膨胀率较高，2011年为6.4%，高于政府当年5.5%的目标值，而2012年以来，通货膨胀率继续快速增加，前8个月平均值为9.8%，增加的原因包括食品价格上涨和汇率的传递效应等。

欧元区的经济衰退影响了欧洲的劳动力市场，导致失业率高企，2011年欧盟和欧元区的失业率分别为9.7%和10.1%。2012年，欧洲的失业状况加

表 2　欧洲国家的物价水平（HICP）

单位：%

	2011 年	2012 年 1 ~8 月平均值		2011 年	2012 年 1 ~8 月平均值
欧元区国家			非欧元区成员的发达国家		
德　国	2.5	2.2	英　国	4.5	3.0
法　国	2.3	2.4	瑞　典	1.4	0.9
意大利	2.9	3.5	瑞　士	0.1	-1.0
西班牙	3.1	2.0	捷克共和国	2.1	3.8
荷　兰	2.5	2.7	挪　威	1.3	0.2
比利时	3.5	2.8	丹　麦	2.7	2.4
奥地利	3.5	2.4	冰　岛	4.2	6.3
希　腊	3.1	1.3			
葡萄牙	3.6	3.1	新兴国家		
芬　兰	3.3	3.0	土耳其	6.4	9.8
爱尔兰	1.2	1.9	波　兰	3.9	4.0
斯洛伐克	4.1	3.8	罗马尼亚	5.9	2.7
斯洛文尼亚	2.1	2.6	匈牙利	3.9	5.7
卢森堡	3.7	2.9	保加利亚	3.4	2.1
爱沙尼亚	5.1	4.4	克罗地亚	2.2	2.8
塞浦路斯	3.5	3.5	立陶宛	4.1	3.2
马耳他	2.5	3.3	拉脱维亚	4.2	2.6
欧元区	2.7	2.6			
欧　盟	3.1	2.7			

资料来源：Eurostat。

重，欧盟和欧元区 2012 年前 7 个月平均失业率分别为 10.3% 和 11.1%。2012 年 7 月，欧元区的失业率达到 11.3%，这是自 1995 年以来欧洲中央银行有该数据统计后，月度失业率所达到的最高水平。图 5 列出了在 2012 年前 7 个月平均失业率超过 10% 的 15 个国家的劳动力就业状况。其中西班牙和希腊情况最严重，失业率分别为 24.2% 和 24.3%，葡萄牙、塞浦路斯、意大利的失业率也有较大幅度的提高，2012 年前 7 个月平均失业率分别为 16%、10.4% 和 10%。就业形势的日益恶化降低了居民可支配收入，影响居民消费，同时也加重了社会福利负担和财政补贴压力。德国就业状况在 2011 年第四季度以来持续好转，2012 年前 7 个月平均失业率仅为 6.8%，在欧元区内最低。

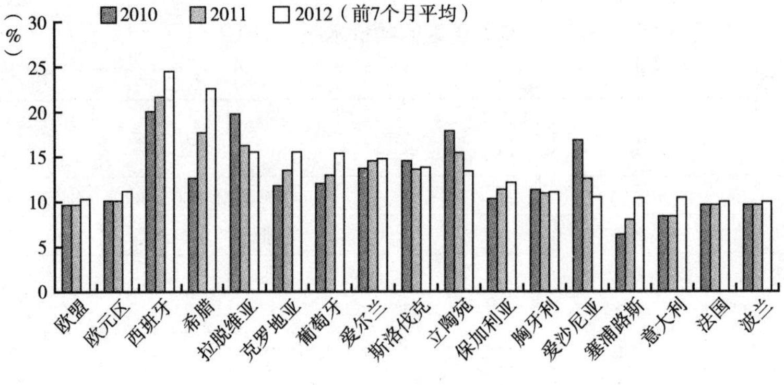

图 5　欧洲国家失业率

资料来源：Eurostats。

二　货币与金融状况

2011 年 4 月和 7 月，为应对通货膨胀的压力，欧洲央行曾经两次上调欧元区利率。2011 年下半年，欧洲主权债务危机的深化使欧元区经济面临再陷衰退的威胁，反映在市场利率水平的隔夜平均指数（EONIA）上，则是自 2011 年 11 月份以来，EONIA 持续位于主导利率之下，欧洲经济的下行压力使欧洲央行停止了 2011 年 4 月以来的加息进程，并于 2011 年 11 月 9 日、2011 年 12 月 14 日和 2012 年 7 月 11 日三次下调了主导利率、隔夜存款利率和隔夜贷款利率，每次下调 25 个基点，第三次下调后，欧元区主导利率为 0.75%，隔夜贷款利率为 1.50%，隔夜存款利率为 0.00%，这一利率水平已经是欧元区成立后的最低水平（见图 6）。

经过三次欧元区利率下调后，市场仍有较充足的流动性，EONIA 和其他短期市场利率仍低于主导利率，2012 年 8 月 EONIA 为 0.11%，比欧元区主导利率低 64 个基点，欧元区利率仍有下调的压力，但目前欧元区利率已经达到较低水平，其中隔夜存款利率已经为零，利率下调空间有限。

2011 年底以来，欧洲央行采取了一系列非常规措施来刺激经济，包括进行两轮长期再融资操作（LTRO）、放宽抵押品要求以缓和银行业的压力、将商业银行存款准备金率从 2% 下调至 1% 等。2012 年 9 月，欧洲中央银行宣布

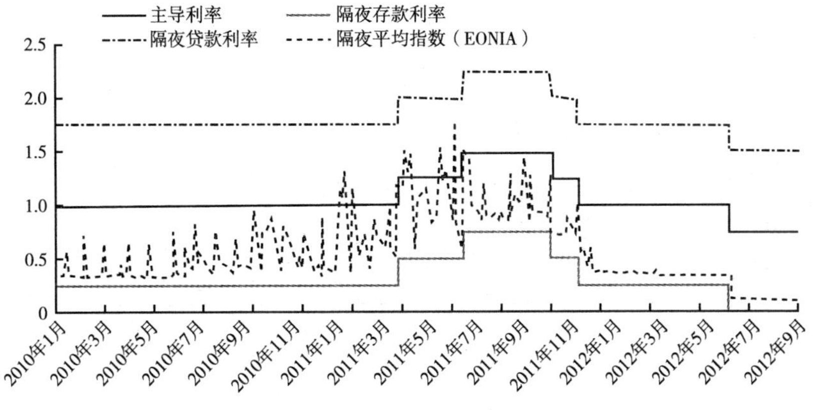

图6　欧元区央行利率及隔夜平均指数

资料来源：根据 ECB 及 Euribor-EBF 数据绘制。

将推出直接货币交易计划，在欧元区二级主权债券市场无限量购买欧元区成员国主权债券，此项政策有助于成员国降低借贷成本，减轻市场动荡，提升市场信心，降低经济急剧下滑的风险。但这一政策并未从根本上改善欧元区金融环境，对欧元区经济走出衰退的促进作用还有待于观察。2012 年 10 月的欧盟峰会中，欧盟各国就欧元区建立银行业单一监管机制（SSM，Single Supervisory Mechanism）达成一致意见，该机制确定将赋予欧洲央行监管欧元区所有银行的权力，欧洲央行将可以直接向处于困境的银行注入流动性。这一机制将有助于阻止银行业的风险蔓延。

欧元区货币供应量（M3）同比增长率总体上保持了缓慢增加趋势（见图7），2011 年第三季度为 2.5%，2011 年第四季度有一定幅度的下调，为 1.8%，2012 年又继续增加，第一、二季度均为 3.0%。货币供给的增加较为稳定，从历史值看，目前货币供应量增长速度仍处于较低水平。货币供给变动主要源于在欧元区低利率、市场环境高不确定性情况下，货币持有部门的流动性偏好。

从 M3 的各组成部分来看，M1（包括流通中货币和隔夜存款）的增长较快，2012 年第一季度年增长率为 2.3%，第二季度年增长率为 2.8%，2012 年 8 月为 5.1%。

表 3 显示了欧洲其他主要国家的货币供给情况。土耳其的货币供给在

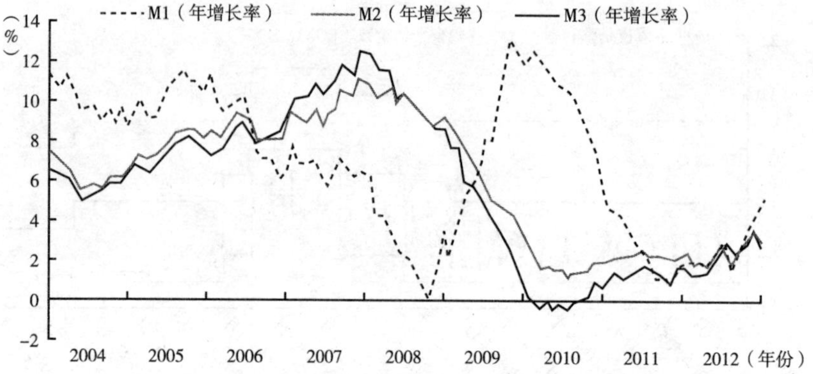

图7　欧元区货币供给的同比增长率

资料来源：根据 Eurostat 数据绘制，季节调整后的数据。

2010 年和 2011 年增加较快，2012 年货币供给增速出现下滑，土耳其的货币政策主要目标是控制通货膨胀，同时保持本国企业的竞争性。为了提升经济，英国在 2009 年以来采取了量化宽松政策，英国的货币供给在 2011 年开始处于小幅收缩状态，2011 年 11 月以来，英国央行三次扩大了量化宽松的规模。2011 年 11 月、2012 年 2 月、2012 年 7 月分别扩大了 750 亿英镑、500 亿英镑、500 亿英镑，量化宽松总规模达到3750 亿英镑，通过购买政府债券等资产，向本

表3　欧洲国家的货币供给

	2009 年	2010 年	2011 年	2011 年				2012 年	
				第一季度	第二季度	第三季度	第四季度	第一季度	第二季度
捷　克	139. 66	145. 33	150. 12	147. 27	148. 53	150. 91	153. 78	156. 43	157. 99
丹　麦	158. 00	162. 71	150. 81	152. 72	148. 73	149. 36	152. 41	169. 64	175. 86
匈牙利	152. 72	157. 03	160. 78	157. 37	158. 13	161. 29	166. 33	160. 78	158. 48
冰　岛	265. 92	252. 20	245. 31	240. 73	242. 64	246. 95	250. 91	253. 15	252. 29
波　兰	147. 32	151. 80	162. 04	158. 34	161. 06	162. 84	165. 92	167. 90	168. 80
挪　威	170. 93	183. 43	200. 44	192. 18	197. 13	201. 98	210. 46	215. 92	218. 05
瑞　典	150. 62	153. 28	160. 91	156. 95	158. 27	162. 37	166. 05	167. 27	168. 72
瑞　士	112. 92	120. 08	128. 34	124. 79	126. 51	129. 77	132. 30	133. 28	134. 91
土耳其	210. 16	241. 77	291. 44	272. 21	286. 80	301. 40	305. 34	305. 66	314. 40
英　国	161. 35	175. 54	172. 68	173. 23	173. 64	173. 06	170. 79	169. 27	168. 95

注：广义 M3，2005 年 =100。

资料来源：OECD。

国经济注入流动性，增加名义需求。

欧元区政府债券收益的波动较大。欧元区 AAA 级政府债券的收益率处于下降通道，如图 8 所示，由 2011 年 4 月的 3.75% 下降到 2012 年 9 月的 1.9%，收益处于历史较低水平。

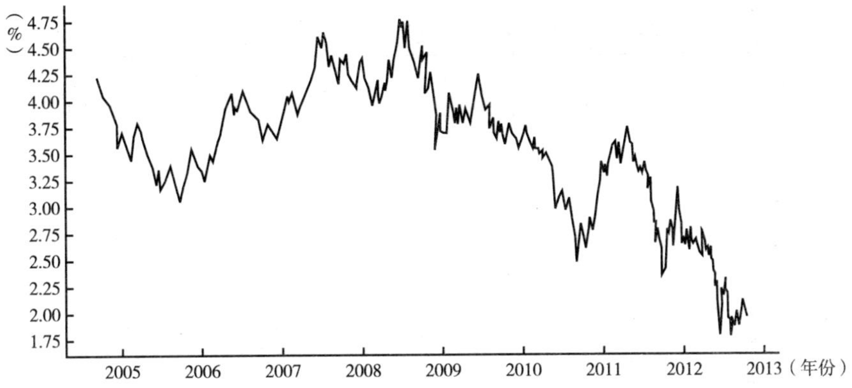

图 8　欧元区 AAA 级政府长期债券收益

资料来源：ECB 网站。

2011 年，欧元区一些国家的主权债券利差（相对于德国）继续增大。如图 9 所示，从十年期政府债券利差来看，2011 年 11 月，一些国家的利差达到峰值，之后向下调整，葡萄牙、爱尔兰、比利时和法国的十年期政府债券利差 2012 年以来处于向下调整时期，但希腊、葡萄牙、塞浦路斯、西班牙、意大利的政府债券利差在仍处于较高水平，利差的变动反映了市场对这些国家主权债务风险和不确定性仍然较大。

2011 年初至 2012 年 9 月，欧元区股市波动性较大，2011 年 9 月，道琼斯 EURO STOXX 价格指数达到低点后逐渐回升，2012 年第一季度，欧元区股票价格在欧元区和美国的股票市场上均大幅度上涨（见图 10）。欧元区债务危机好于预期，股票市场的不确定性降低。但是到 2012 年第二季度，受短期经济前景的影响，欧元区股票价格下降了 17%，特别是金融部门的股票价格下降较快。2012 年第三季度，欧元区股票市场又上涨了 13%，金融稳定政策的推行、政府关于解决危机的承诺等利好因素推动股价上涨。欧元区金融部门股票的表现优于非金融部门。欧元区股价与日本股市日经指数的波动趋势类似。美国的标准普尔

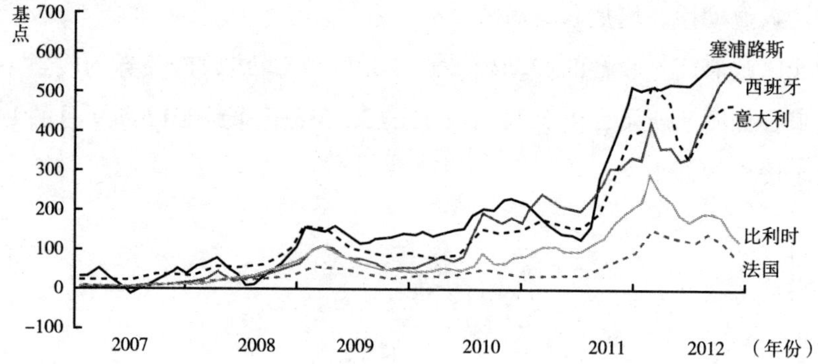

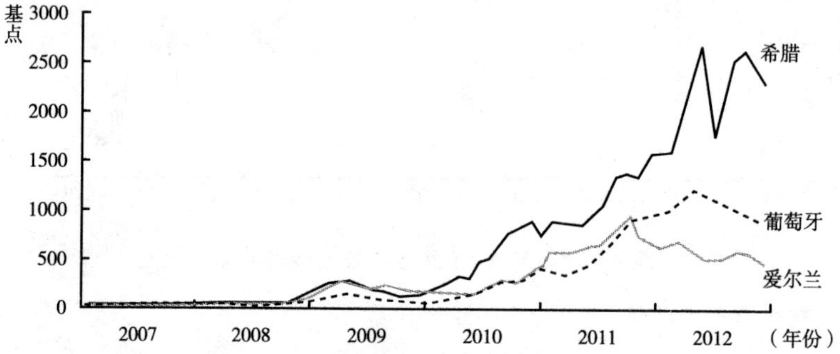

图 9　十年期政府债券利差（相对于德国）

注：数据期限为 2007 年 1 月至 2012 年 9 月。

资料来源：根据 ECB 相关数据绘制。

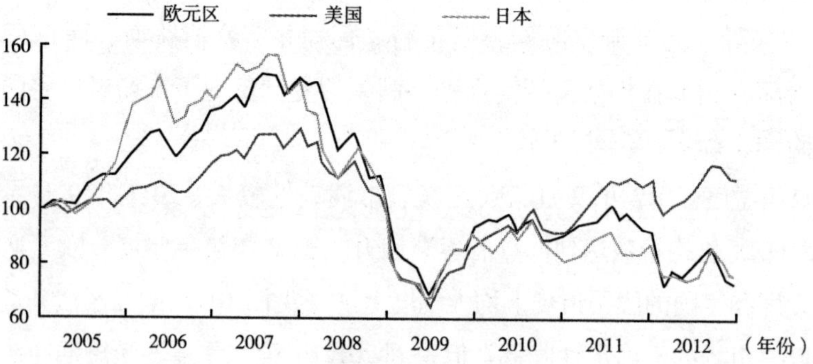

图 10　股票价格指数

注：数据期限为 2005 年 1 月至 2012 年 9 月，2005 年 1 月 = 100。

欧元区数据为道琼斯 EURO STOXX 价格指数，美国数据为标准普尔 500 指数，日本数据为日经 225 指数。

资料来源：根据 ECB 相关数据绘制。

500 指数在报告期也经历了两次波动，但整体上处于上升趋势。而欧元区股市走出的 W 形整理态势显示出市场对欧洲债务危机及全球经济复苏前景的担忧。

三　财政状况

2011～2012 年，欧洲各国总体上采取财政紧缩政策，财政巩固政策全面推进。从财政赤字占 GDP 比重和政府债务占 GDP 比重等数据来看，欧元区的财政状况有所改善，但仍不稳定。欧元区财政赤字占 GDP 比重从 2010 年的 6.3% 下降到 2011 年的 4.1%（见图 11）。2011 年财政收入占 GDP 比重比 2010 年略有增加，财政支出占 GDP 的比重下降，大部分财政状况调整是通过降低财政支出来实现的。欧元区各国的财政状况有较大的差距，除塞浦路斯的财政赤字占 GDP 比重由 2010 年的 5.3% 上升到 2011 年的 6.3% 外，其他国家财政赤字占 GDP 比重均有所下降，但爱尔兰、希腊、西班牙、英国、塞浦路斯财政赤字占 GDP 比重仍处于较高水平，这些国家财政紧缩政策力度较大，但国内经济状况较弱，财政形势仍不乐观。

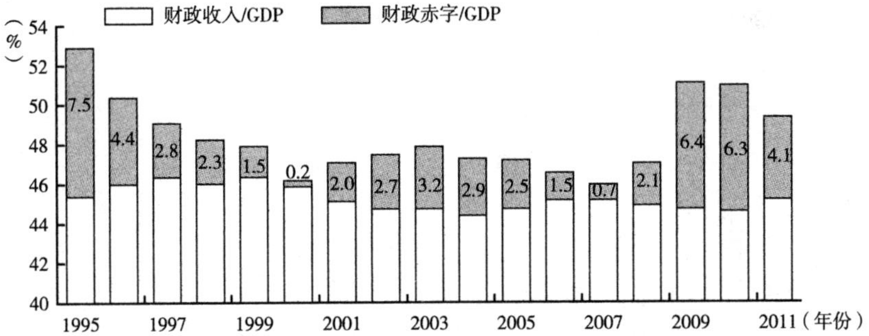

图 11　1995～2011 年欧元区财政收支和余额

注：柱线总高度代表财政支出占 GDP 的比重。
资料来源：根据 ECB 相关数据绘制。

欧元区公共债务余额占 GDP 比重仍处于较高水平[①]（见表 4）。国债余额

① 数据来自于欧盟统计局，此处的“公共债务”指按马斯特里赫特条约的规定，各级政府每年末尚未偿还的各项债务的名义值之和。

占GDP比重由2010年的85.3%攀升至2011年的87.2%（见图12）。希腊、意大利、爱尔兰、葡萄牙、冰岛、比利时的政府债务占GDP比重依然较大，2011年希腊、意大利、爱尔兰的政府债务占GDP比重分别为165.3%、120.1%、108.2%。

表4　欧洲部分国家财政状况

国家	财政收支余额/GDP(%)					公共债务余额/GDP(%)				
	2007	2008	2009	2010	2011	2007	2008	2009	2010	2011
欧盟	-0.9	-2.4	-6.9	-6.5	-4.5	59.0	62.5	74.8	80.0	82.5
欧元区	-0.7	-2.1	-6.4	-6.3	-4.1	66.3	70.1	79.9	85.3	87.2
爱尔兰	0.1	-7.3	-13.9	-31.0	-12.8	24.8	44.2	65.1	92.5	108.2
希腊	-6.8	-9.9	-15.6	-10.5	-9.2	107.4	113.0	129.4	145.0	165.3
西班牙	1.9	-4.5	-11.2	-9.3	-8.5	36.3	40.2	53.9	61.2	68.5
英国	-2.7	-5.0	-11.4	-10.2	-8.2	44.4	54.8	69.6	79.6	85.7
塞浦路斯	3.5	1.0	-6.1	-5.3	-6.3	58.8	48.9	58.5	61.5	71.6
法国	-2.7	-3.4	-7.6	-7.1	-5.2	64.2	68.2	79.2	82.3	85.8
波兰	-1.9	-3.7	-7.3	-7.9	-5.1	45.0	47.1	50.9	54.8	56.3
冰岛	5.4	-13.5	-10.0	-10.1	-4.4	28.5	70.3	87.9	93.1	98.8
葡萄牙	-3.3	-3.7	-10.2	-9.9	-4.2	68.3	71.6	83.1	93.3	107.8
比利时	-0.1	-1.0	-5.6	-3.9	-3.9	84.1	89.3	95.8	96.0	98.0

资料来源：Eurostat。

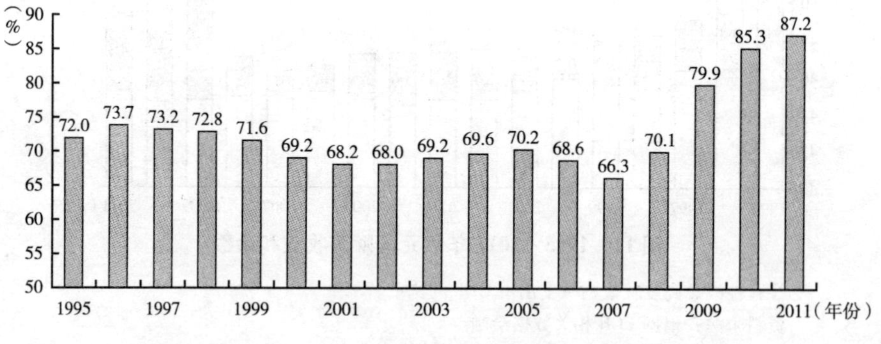

图12　1995～2011年欧元区政府债务占GDP比重

资料来源：根据ECB相关数据绘制。

欧洲主权债务危机显示了一些国家国内政策的缺陷，同时反映出欧元区机制和制度设计方面的问题，特别是在财政监管方面的问题。但是欧元区各国采取了一系列财政巩固和结构调整政策，欧元区整体的财政监管措施在2011年至2012年上半年也取得了一些新进展。

财政巩固计划包括减少财政支出、维护财政纪律和促进竞争等。通过一系列管理措施，来促进稳定增长计划的实施，加强预算监管，防止宏观不平衡的加剧。2011年9月，欧洲议会通过六项规则，并于2011年12月开始实施。这些规则用于对欧盟稳定增长公约中没有详细规定的部分进行补充，改善欧元区的经济管理与预算纪律，使欧盟机构具更多的权限，以监管成员国国内财政与经济，遏制欧洲债务危机。2011年9月，欧盟提出针对欧元区的强加预算监管的两项规则，计划在2012年秋季实施。两项规则规定欧盟委员会应加强对各国事前的预算监管，如果某些国家的预算不符合稳定增长公约的要求，则需要修改。同时，欧盟委员会将对赤字成员国的预算执行情况进行实时监控。

2012年3月，除英国和捷克外的欧盟国家签署了《欧洲经济货币联盟稳定、协调和治理条约》（Treaty on Stability, Coordination and Governance in the Economic and Monetary Union），其中欧盟财政契约要求加入成员国遵守平衡预算规则和采取纠正行动的自动机制。在不危及中期财政平衡的前提下，要求成员国结构赤字不超过以市场价格计算的国内生产总值的0.5%。要求成员国将“平衡预算规则”纳入国内法，并受欧洲联盟法院管辖。条约还对不遵守财政纪律和实施调整机制的成员国规定了惩罚措施。欧盟相关报告也提出了建立欧元区中央预算等实现财政一体化的方案，按原来预期，这一方案有望在2012年10月的欧盟峰会上提交各国讨论，但此次会议并没有在这一问题上取得进展。

各国财政巩固计划与欧元区财政和经济管制框架已经对欧元区国家降低主权债务风险发挥了作用。各国应继续严格按照财政预算，实现在稳定和增长公约下的承诺。虽然从短期看，财政巩固计划影响了经济增长，但从长期看，财政巩固对经济稳定增长将发挥促进作用。目前一些国家已经采取了一系列政策，如劳动力和产品市场的结构改革等，以削弱财政巩固对增长的短期负面影响。

四 汇率、贸易与国际收支

2011年以来，欧盟经常项目余额占GDP比重逐渐增加。在2011年第四季度，欧盟经常项目由逆差转为顺差（见图 13、表 5），这是欧盟十多年来首次出现季度经常项目顺差。2012 年第二季度，欧盟经常项目顺差达到 46.3 亿欧元，而在 2011 年第二季度，欧盟的经常项目逆差为 370.5 亿元。欧盟经常项目变动源于货物贸易逆差逐渐下降，而服务贸易顺差平稳增长，欧盟的服务贸易仍保持顺差，并逐步提高，2012 年第一季度和第二季度，欧盟的服务贸易顺差分别为 310.6 亿欧元和 324.8 亿欧元，欧元区货物贸易和服务贸易顺差均呈现上升趋势。

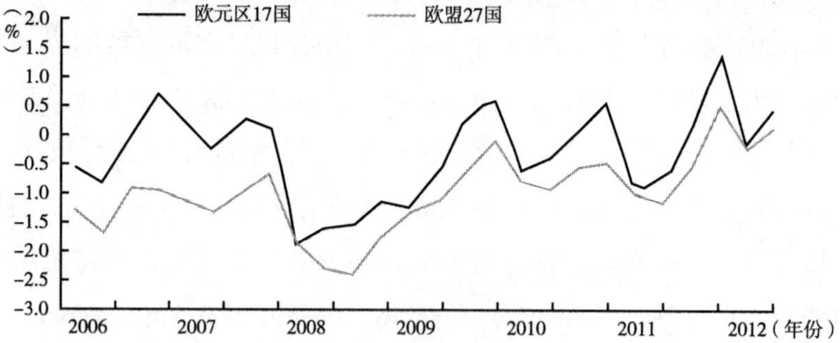

图 13　欧盟及欧元区经常项目余额占 GDP 比重

资料来源：ECB Monthly Bulletin, Sep, 2012。

表 5　欧盟及欧元区经常项目余额

单位：十亿欧元

	2011 年				2012 年	
	第一季度	第二季度	第三季度	第四季度	第一季度	第二季度
欧盟						
经常项目余额	-31.34	-37.05	-15.99	17.83	-4.07	4.63
货物贸易	-47.32	-40.97	-35.39	-17.01	-31.62	-12.20
服务贸易	20.37	28.19	28.20	36.20	31.06	32.48
收入	13.39	-12.47	7.15	21.64	14.39	-1.84
经常转移	-17.77	-11.80	-15.95	-22.99	-17.89	-13.81
经常项目余额/GDP	-1.02	-1.17	-0.51	0.55	-0.13	0.14
欧元区						
经常项目余额	-21.26	-18.61	2.72	34.86	-6.03	13.76
货物贸易	-10.12	-2.36	2.84	14.57	5.35	25.12
服务贸易	7.87	16.39	19.65	19.73	15.09	19.57
收入	14.87	-11.74	8.79	20.56	12.03	-6.52
经常转移	-33.88	-20.91	-28.55	-20.00	-38.50	-24.41
经常项目余额/GDP	-0.93	-0.79	0.12	1.44	-0.26	0.58

资料来源：Eurostat。

在货物贸易方面，2011年至2012年上半年，欧盟对外贸易稳定增长，出口额和进口额均保持增长态势。其中欧盟的货物出口增长速度较快，但货物进口的增长幅度明显下降。欧盟2011年月度平均出口同比增长速度为15.8%，2012年前7个月为10.4%。出口的增长一方面源于欧元实际汇率贬值，欧盟产品的价格竞争力提高，另一方面源于外部需求的增长，特别是大宗商品的生产地，如拉美、中东地区的需求旺盛，美国的需求也逐步回升。欧盟对亚洲的出口则出现下降趋势。受欧洲经济不景气影响，欧盟内部的出口仍然不振，欧元区对非欧元区国家的出口下降。货物进口方面，从2011年起，进口增长速度下降，欧盟2011年月度平均出口增长速度为12.8%，2012年前7个月为4.4%。这与欧盟的内需不足的趋势一致。出口增长速度快于进口增长速度，反映了欧盟与其他地区经济增长速度的差异。

欧元区经常项目的顺差对应着资本与金融账户的逆差。随着经常项目由逆差调整为顺差，欧元区也由资金净流入转为净流出。截至2012年6月，欧元区12个月的净流出资金为686亿欧元，而前些年度同期均为净资金流入，2011年同期净资金流入为3325亿欧元，2010年同期为1737亿欧元。这种变动主要由直接投资净流出的增加及组合投资净流入的减少产生。例如，在2012年6月，欧元区12个月的累计直接投资净流出资金为1097亿欧元，而2011年同期则为91亿欧元。与此同时，欧元区通过组合投资净流入的资金与上年同期相比明显下降。在2012年6月，欧元区12个月的累计组合投资净流入资金为410亿欧元，而在2011年同期为3416亿欧元。2012年第一季度欧元区国际投资净头寸为-10402亿欧元，较2011年同期-12234亿欧元和2010年同期-13360亿欧元有所增加，呈现好转态势。主要原因是直接投资头寸的增加，例如2012年第一季度直接投资头寸达到13506亿欧元，较2011年同期增长4028亿欧元，较2010年同期增长5014亿欧元。

欧洲主权债务危机是近年来影响欧元汇率波动的主要因素。从2012年3月至2012年7月，欧元对美元、日元、英镑、瑞士法郎和人民币等主要货币均出现了贬值。2012年5月，随着西班牙银行业坏账率升至18年以来最高位、资产规模第三大的银行可能面临国有化等消息披露，市场对西班牙银行业危机和主权债务危机的担忧上升，西班牙国债飙升，欧元汇率大幅下挫。7月

5 日，为应对危机，欧洲央行宣布将欧元区主导利率从 1% 下调 25 个基点至 0.75% 的历史最低水平，并首次将隔夜存款利率降到零，正式进入“零利率时代”。但此后，西班牙国债市场并未好转，欧元汇率延续下行趋势，直至 7 月 24 日，西班牙十年期国债收益率飙升至 7.621%，创历史新高，欧元名义汇率指数跌至谷底。

2012 年 7 月至 2012 年 9 月受欧洲央行连续利好政策的影响，欧元对主要货币出现小幅升值。7 月 26 日，欧洲央行行长表示，该行已“准备好不惜一切代价”维护欧元，欧元汇率反弹；8 月 2 日，欧洲央行批准同意向希腊发放不超过 40 亿欧元的应急贷款，暂时避免希腊破产，稳定欧元走势；9 月 6 日，欧洲央行宣布将启动“直接货币交易”（OMT）计划，在二级市场无限量购买成员国国债，以压低成员国融资成本，欧元对美元汇率快速大幅反弹。

从双边汇率来看，欧元对美元的汇率自 2011 年 4 月达到了 1.44 的高点后开始回落，到 2012 年 7 月为 1.23，其间欧元对美元汇率下降了 14.9%。2012 年 9 月欧元对美元汇率小幅回升至 1.29。影响欧元对美元汇率的主要因素是市场的不确定性和两个经济体之间的利差变动。欧元对日元的汇率自 2009 年 6 月达到 135.4 的高点后开始下滑，2012 年 7 月已经降至 97.07，下降幅度为 28.3%。2012 年 9 月，欧元对日元汇率低位回升至 100.49。欧元对英镑的汇率较为稳定，在 0.87 左右浮动。2012 年以来，欧元对英镑汇率稳中有降，2012 年 7 月降至 0.788，较上年平均水平下降 9.2%。2012 年 9 月欧元对英镑汇率向上调整至 0.798。欧元区汇率的上述变动反映了市场对欧元区财政状况和经济增长前景的判断。

五　对欧洲经济增长的展望

欧洲的各项经济指标显示，随着 2012 下半年欧洲债务危机的升级，债务危机通过贸易和金融等渠道由欧元区外围国家向欧洲其他国家扩展，欧洲经济增长速度急速下滑，并在 2011 年第四季度开始出现衰退迹象，但随着政策面诸多利好，欧洲债务危机可能正迎来转折点。2012 年第三季度，欧洲央行宣布下调基准利率至极低水平、尝试多种机制降低市场融资成本，欧盟拟建立具有统一金融稳定框架的银行业联盟等，都可能促进欧洲经济逐渐调整。但整体上看，2012 年，欧盟及欧元区经济将出现负增长。预计 2013 年欧洲经济将缓慢调整，增长率由负转正，但经济增长仍不稳定。

展望 2013 年，随着利好政策的实施，预计欧洲经济可能缓慢企稳，增长率由负转正，欧洲经济增长的有利因素包括：新兴经济体经济增长的恢复将拉动欧洲外部需求；财政紧缩计划力度可能趋向缓和，从而减弱对内部需求的抑制；欧盟对成员国财政政策的协调和监管机制的不断完善、重债国内部财政金融改革等都将有助于欧洲经济的调整；欧洲央行拟推行的 OMT 等量化宽松计划，预计能缓解融资压力，稳定国债市场，提升市场信心。

同时，2013 年欧洲经济存在诸多风险因素，居民的储蓄率提高，就业率下滑，居民金融资产和住宅等财富在危机中缩水，加之通货膨胀影响，居民实际可支配收入下降，居民消费将持续低迷。欧元区国家正在实施的财政紧缩政策削弱了政府消费对国内需求的拉动作用，固定资本形成总额持续下降，外部需求是带动欧元区经济增长的主要力量，但全球经济增长放缓的风险依然存在，这将影响欧元区出口增速。欧洲主权债务危机深化的风险仍存在，欧洲内部各国经济的紧密联系，使危机在欧洲范围内的溢出效应较为明显。金融市场的波动影响实体经济。欧洲各国经济形势有较大差异，欧洲经济和货币联盟的制度设计和政策实施等方面的不完善造成欧洲应对危机的政策出台较慢，效果不明显。同时油价上涨等因素也影响区内需求和增长。

参考文献

ECB（2012），*Monthly Bulletin*，September 2011.

IMF（2012a），*World Economic Outlook*：*Growth Resuming*，*Dangers Remain*，April 2012.

IMF（2012b），*Coping with High Debt and Sluggish Growth*，September 2011.

OECD（2012a），*OECD Economic Outlook*，May 2012.

OECD（2012b），"What Is the Near-Term Global Economic Outlook? —An Interim Assessment"，September 2012.

European Economy: from Recession to Recovery

Dong Yan

Abstract: European economy is in the process of sliding back to recession. From the fourth quarter of 2011, European economy turns to negative growth. Debt crises spill over from peripheral countries to other European countries. With the fiscal consolidation, fiscal discipline and supervisory mechanism having been improved, Europe will see a slow recovery in 2013.

Key Words: European Economy; Sovereign Debt Crisis; Economic Outlook

Y.4

日本经济：复苏停滞*

冯维江**

摘　要：

2012年初日本刚刚走出灾害，出现经济回暖，但是灾后重建景气消退以及世界经济下行的寒风随之而来，让升温未足的日本经济陷于停滞。日本政府在财政政策和货币政策上采取了诸多措施，但都只能治标而不能治本，无法解决人口老龄化、产业空洞化、青年就业意愿欠缺、企业劳动力不足等结构性的问题。预计日本经济在未来更长时间内将持续下行，2012年日本实际GDP增长率预计在2%左右，2013年将回落至1%左右。

关键词：

日元升值　税制改革　钓鱼岛冲击

2012年上半年，日本经济已经从2011年东日本大地震灾害冲击及泰国洪灾带来的供应链冲击中走出，经济出现复苏回暖的迹象，但2012年下半年，随着重建及内需动力的逐渐消散，在世界经济增长减速的影响之下，出口逐渐走弱，日本经济的整体回暖之势有中止之虞。预计2012年日本实际GDP增长率在2%左右，2013年将回落至1%左右。

一　2011～2012年总体经济情况

2011～2012年，日本经济走势呈现“低—高—低”的变化。日本经济

---

* 感谢孙杰研究员、张斌研究员的指正，感谢孙瑜在排版方面的帮助。当然文责自负。

** 冯维江，中国社会科学院世界经济与政治研究所副研究员，主要研究领域为国际政治经济学。

2011 年第四季度实际 GDP 环比季调折年率由第三季度的 6.9% 降为 0.3%，全年呈现略微的负增长。2011 年第四季度经济增长放缓，一是由于供应链受 2011 年 10 月以来泰国洪灾影响，日本企业工业活动放缓；二是受日元升值和全球经济放缓影响，日本出口下降。进入 2012 年，泰国洪水给日本造成的供应链冲击已经消退，国内重建需求发力，第一季度实际 GDP 季调环比折年率高达 5.3%（不折成年率则为季调环比增长 1.3%），第二季度初次公布的 GDP 季调环比折年率尽管有所回落，也在 1.4% 的差强人意的水平上，多数机构判断日本经济已经进入温和复苏通道。但修正后的实际 GDP 第二季度环比季调增速被拦腰折断，仅为 0.7%（见表 1），预计第三季度可能出现零增长。说明灾后重建带来的经济回暖面临停滞。OECD 在 9 月份发布的近期全球经济展望报告中甚至预计日本第三季度将出现负增长。①

表 1　实际 GDP 增长率及其各组成部分贡献率

	2011Q1	2011Q2	2011Q3	2011Q4	2012Q1	2012Q2
GDP 增长率	-7.9	-1.3	6.9	0.3	5.3	0.7
私人消费	-3.4	1.3	2.7	1.8	3	0.3
住宅	0.2	-0.3	0.5	0	-0.2	0.1
私人投资	0	-0.5	0.1	2.8	-0.9	0.7
私人库存	-3.1	0	0.8	-1.5	1.2	-0.6
政府消费	0.3	0.5	0.2	0.3	0.9	0.1
政府投资	-0.8	1.3	-0.2	-0.2	0.7	0.3
政府库存	0	0.1	0	0	0	0
净出口	-1	-3.6	2.7	-2.9	0.6	-0.3
出口	-0.2	-3.6	4.7	-2.3	2	0.7
进口	-0.8	0	-2	-0.6	-1.4	-1.1

注：表中为季调环比增长折年率。

资料来源：日本内阁府。

2011 年第三季度日本内需尤其是私人部门需求比较强劲，在当季季调环比增长折年率的 6.9% 中贡献了 4.1 个百分点，外需也不错，贡献了 2.7 个百分

① 该报告预计日本第三季度 GDP 季调环比增长折年率为 -2.3%。经济学人信息部预测日本第三季度 GDP 环比增长率为 -0.3%。彭博外来者资讯对日本第三季度 GDP 季调环比增长折年率的预测是 0.2%。

点。第四季度内需虽然尚可，但外需下降严重，贡献了 -2.9 个百分点，以致当季环比增长折年率仅为 0.3%。2012 年上半年支持日本经济进入温和复苏的主要因素是国内需求。在第一季度 GDP 环比增长的 5.3 个百分点中，国内需求贡献了 4.7 个百分点，外需或净出口只贡献了 0.6 个百分点。其中，私人部门需求贡献了 3.1 个百分点，公共部门支出贡献了 1.6 个百分点。从份额来看，公共部门支出对 GDP 的贡献小于私人部门，但从增长速度来看，公共部门支出尤其是公共部门固定资本形成对 GDP 增长的贡献很大。第一季度公共部门固定资本形成季调环比增长率 3.6%，比私人部门最终消费支出的 1.2% 高出 2 倍。

2012 年下半年日本经济复苏停滞有两个方面的原因。一方面，灾后重建及刺激消费拉动内需带来的增长动力正在消失。表现之一是消费走弱。季调后的消费综合指数 2012 年 7 月环比下降 1%，实际消费支出 7 月季调环比下降 1.3%。8 月消费综合指数有小幅上升，增长了 1.5%。从销售方面看，7 月日本零售业销售额季调环比下降 1.5%，而新车销售数量 7 月季调环比下降 4.3%，8 月下降 8.7%，9 月更是下降了 11.2%。2012 年 9 月日本政府对汽车行业的补贴到期，从以前的经验来看，第四季度汽车销量可能下滑 20% 左右。表现之二是投资也有所放缓。6 月资本品出售指数季调环比下降 3.5%，7 月继续下降 1.8%，8 月又进一步下降 3.6%。7 月新建住宅开工户数虽然季调环比上升了 4.0%，但这是因为 6 月明显下降 7.3% 的基数效应所致，与上年同期相比下降了 9.6%。8 月新建住宅开工户数季调环比小幅上升 2.1%，但与上年同期相比仍下降了 5.5%。只有公共工程合同金额 8 月仍有 19.2% 的环比涨势，但相对于上月 26.6% 的环比增幅亦有所下降。到 9 月，公共工程合同金额也出现了 1.9% 的环比下降（见图 1）。

另一方面，外需下降。2012 年第二季度外需对日本 GDP 的贡献为负，让日本 GDP 增长率下降了 0.3 个百分点。进入第三季度，受世界经济增长减速的影响，日本的出口明显走弱。2012 年 7 月日本出口季调环比下降 4.8%（见图 2），比此前的预估值 -1.7% 要低得多。这是自 5 月以来，连续第三个月环比增速为负，且降幅逐月增加。2012 年 7 月出口同比更是下降了 10.2%。8 月出口环比增长了 2.6%，但同比仍下降了 4.2%。分区域来看，日本对亚洲的出口增长趋势放缓，对美国出口增速持平，对欧盟出口有所减少。第四季

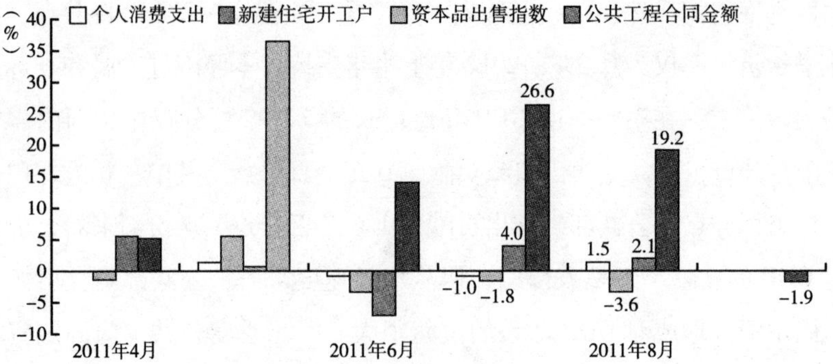

图 1　消费走弱、投资放缓

注：季调环比增长率。

资料来源：日本内阁府，世界经济预测与政策模拟实验室。

度，预计受钓鱼岛争端不断发酵的影响，日本外需恐难以借力其第一大出口目的地中国，日本 2012 年以来的温和复苏之势或因此遭遇更大挫折。由于国内需求疲软，日本进口近期也有所放缓。2012 年 6 月份环比下降 3.0%，7 月份在 6 月的基础上也只有 1.7% 的轻微增长，8 月份又环比下降了 1.7%。

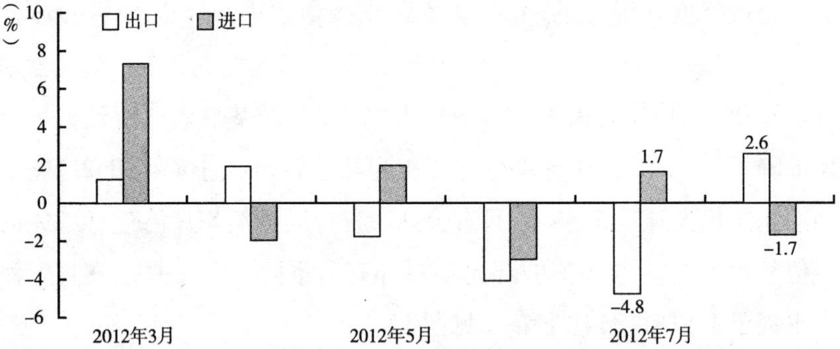

图 2　出口下降显示外需不足

注：季调环比增长率。

资料来源：日本内阁府，世界经济预测与政策模拟实验室。

二　财政政策

出于应对全球金融危机、日元升值、泰国洪灾等不利冲击以及支持灾后重建等目的，日本政府在2011年4月到2012年2月，已经依靠发行新债和调用结余资金等方式，出台了4批追加预算（见表2）。2012年8月，日本政府计划编制一份约2万亿日元规模的2012财政年度补充预算案来刺激国内经济。

表2　日本政府出台以及准备出台的补充预算

出台时间	资金规模	用　途	来　源
2011年5月	4万亿日元	灾后重建	调整原有资金用途、暂停若干财政支出项目等
2011年7月	2万亿日元	灾后重建、核电站事故补偿	2010财年结余资金
2011年10月	12万亿日元	灾后重建、应对日元升值	11.6万亿日元来自发行国债，其余通过削减政府支出
2012年2月	2.5万亿日元	补贴环保汽车销售、应对泰国洪灾及日元升值冲击	结余的国债付息费和税收增收部分
待　定	2万亿日元	应对强势日元、通货紧缩、刺激经济增长	2011财年结余资金，削减公职人员、政府背景的企业及教师薪资

资料来源：作者根据日本财务省公报、路透社及《华尔街日报》有关报道整理。

日本政府追加预算面临资金来源的约束。如果通过发行国债来为补充预算提供资金，将面临公共债务余额占GDP比重扩大的压力。根据日本财务省发布的数据，截至2012年6月30日，日本未清偿的国债、借款及短期债券总规模达到916.2万亿日元，是其2011年GDP的208.5%。这样的背景之下，继续发债融资的压力很大。因此除了2011年第3批补充预算采取了发行债券的方式外，其他几次的补充预算实际都是用结余或压缩财政支出包括削减公职人员、政府背景的企业及国立大学从业人员工资来融资，从消费的角度看，可能反倒会掣肘经济增长。

解决债务不可持续问题以及增加财政政策自由度的关键是增加政府收入。为此，日本民主党政府提议到2014年4月把消费税税率由当前的5%提升到的8%，并在2015年10月提升到10%。2012年6月26日，日本众议院以378票赞成、84票反对的绝对优势投票通过了民主党政府上述以消费税增税为核心的社保及税制整体改革相关法案。

这次增税的主要背景有二。一是日本政府财政状况持续恶化，债务水平高企。2011年中央政府债务与GDP之比突破200%，预计到2012年底日本政府总负债与GDP之比将达到239%。由于坚持“建设高质量福利社会”的国家总体战略，政府开支难以显著下降，财政的不可持续性越来越严重，只能寄希望于增税扩收来改善政府财政。但财政状况恶化由来已久，仅凭此事，不足以推动牵涉甚广的消费税改革。二是东日本大地震灾后重建需求拉动经济复苏为增税提供了契机。

巧合的是，上次消费税的调高也正是在1995年阪神地震之后的恢复性高增长期。1996年，乘着阪神震后重建拉动GDP显著增长的东风，时任首相桥本龙太郎为了谋求财政收支平衡，提出1997年把消费税率从3%提高到5%。短期来看，增税增收的效果立竿见影，1997年消费税较上年增长20.5%，1998年增长率更是高达43.9%。然而好景不长，增税的紧缩效应随之出现，1998年经济形势恶化，自民党参议会选举惨败，桥本龙太郎引咎辞职。1999年GDP继续负增长，消费税征收额也出现负增长，此后2001年和2002年两年又分别出现-2.4%和-2.6%的负增长。

反观当前，日本中央政府债务与GDP之比远高于1997年的70.5%，灾后重建又对政府开支提出更高的要求，日本政府确实迫切需要增加收入以维持财政可持续性。但这个时候增税未必是好的办法。欧洲主权债务危机带来的不确定性和冲击程度显然高于1997~1998年亚洲金融危机，当前的外需基础脆弱性也不亚于当年。日本经济纵使在灾后重建需求拉动下进入温和复苏，但无论是内需还是外需，其基础并不稳固。缺乏增长基础的增税，只会反过来进一步损害增长。刺激增长和改善财政的长久之计不是增税，而是降低个人和私人部门对政府的依赖，激活它们的自主生产能力，从而以扩大税基而非以提升税率的方式增加政府收入。而这样的政策在日本面临难以逾越的政治障碍，且耗时太久，远水不解近渴。[①]

短期来看，在2014年4月（以及2015年10月）新税率实施之前，日本可能出现爆发性的抢先消费，这对日本经济不啻注入一针“强心剂”。但欧洲债务危机的影响预计难以在两三年内平息，国际经济环境持续低迷的可能性依然很高。到那时，日本可能会面临短期兴奋之后更加持久和深重的经济“虚脱”。

---

① 感谢孙杰研究员指出这一点。

三　货币政策

对内克服通货紧缩、促进增长，对外防止日元大幅升值是日本银行制定和实施货币政策时面临的艰巨任务。长期以来，日本深受长期通缩的困扰。自1998年7月至2012年8月的169个月份中，72%的月份核心CPI小于0；只有不到20%的月份核心CPI大于0。为彰显对抗长期通缩的决心，2012年2月日本央行首次明确引入了通胀目标，即实现剔除生鲜食品后的核心CPI同比增长1%，为此分别在2月和4月两次扩大资产购买规模10万亿日元。

自2012年2月份起，核心CPI扭负为正。这是2011年7～9月核心CPI短暂为正之后第二次出现连续正值，此前日本经历了核心CPI连续28个月为负的长期通缩阶段。尽管如此，对抗通缩的任务仍然十分艰巨。4月份核心CPI同比增长与上月一样，仅为0.2%，与1%的通胀目标存在较大距离。CPI同比增长率甚至较上月有所下降。而且核心CPI在2012年2月至4月出现短暂的正值之后，自5月起又出现负值（见图3），且5月至7月逐月下降，分别为-0.1%、-0.2%和-0.3%，8月也是-0.3%。7月份CPI同比增长率也由上月的-0.2%进一步下降至-0.4%，8月维持-0.4%。物价的下行与日本经济复苏停滞的趋势比较一致，如果增长问题得不到解决，日本对抗通缩

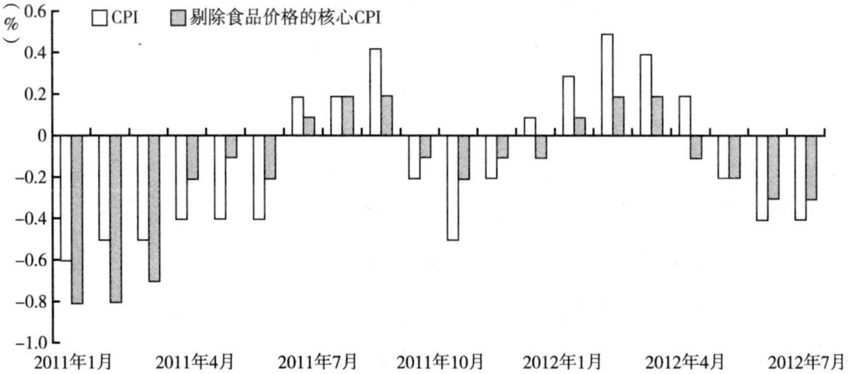

图3　通缩形势有所恶化

注：同比增长率。

资料来源：日本内阁府，世界经济预测与政策模拟实验室。

的任务将会更加艰巨。

日元升值压力也要求央行采取进一步宽松的货币政策。受美联储长期维持最低基准利率政策的影响，美国与日本之间的息差不断收窄，抑制了可能导致日元贬值的倾向。美国新一轮债券购买计划更是直接推高了日元汇率。2012 年 9 月 13 日，美国联邦储备委员会宣布了第三轮量化宽松货币政策（QE3），日元于当日应声触及 1 美元兑 77.13 日元的 7 个月来的高点。日本财务大臣安住淳随即表示，他将采取果断措施阻止日元升值。其后，日本央行向市场参与者进行了询价，而央行询价通常是干预之前的最后警告。实际上，自 2012 年 3 月以来，日元对美元就已经出现了明显的升值（见图 4），到 8 月升幅达到 4.8%。从 3 月到 8 月，日元实际有效汇率也升值 5.5%。日元走强将使日本产品的海外竞争力下降，让近来已经走弱的出口形势更加恶化，增加日本经济下行压力。

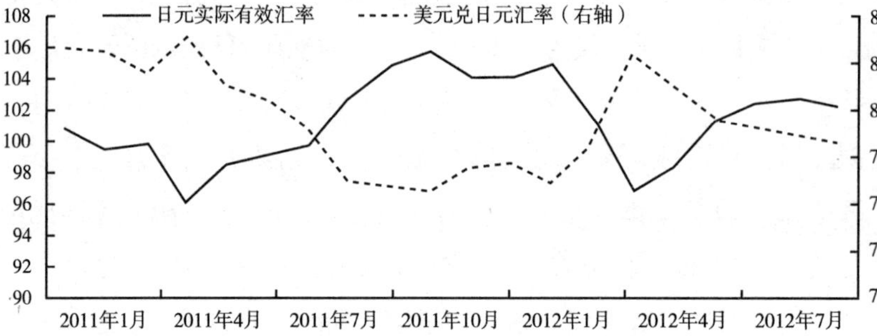

图 4　近期日元对美元出现明显升值

注：日元实际有效汇率以 2010 年为 100。

资料来源：CEIC，世界经济预测与政策模拟实验室。

由于日本的银行间无担保隔夜拆借利率一直维持在很低的水平，日本央行货币政策选择空间有限，很大程度上是靠进一步扩大资产购买计划来放松货币政策。2011 年以来日本央行不断通过这一手段来放松货币供应。2011 年，日本央行曾于 3 月、8 月和 10 月三次增加资金购买资产的规模。2012 年 2 月 14 日，日本央行突然宣布将资产购买规模扩大 10 万亿日元，至 65 万亿日元的规模，并且还设定了 1% 的通胀目标，这意味着日本央行将为摆脱通缩而采取更积极的货币政策。2012 年 4 月 27 日，日本央行宣布将用于资产购买和有抵押担保的市场操作资金规模扩大 5 万亿日元，至此资产购买规模扩大至 70 万亿日元，同时日本央行还宣布决定将资产购买和贷款计划的期限延长6个月至2013年6月，并采取进一步宽松措施。2012年9月19日，日本央行货币政策会议决定继续维持隔夜拆款利率在0～0.1%的超低水平不变，同时扩大资产购买规模，并延长了宽松到期时间。日本央行表示，将资产购买规模增加10万亿日元至80万亿日元，其中，增加日本国债购买规模5万亿日元，增加贴现国库券5万亿日元；取消在资产购买计划下购买日本国债时0.1%的最低收益率限制，同时将完成资产购买和贷款计划目标终止时间延长6个月至2013年12月。日本央行希望这些措施能够在提振经济的同时缓解日元升值压力，但能否如意，央行方面殊无把握。2012年9月26日，日本央行货币政策委员会委员佐藤健裕（Takehiro Sato）称，全球面临的不确定性或令经济陷入衰退，日本央行应准备好再次放松货币政策，尽管日前刚刚宣布了扩大刺激举措，但若有必要，或考虑新的举措，例如购买更多风险资产来进一步释放货币。

除了扩大资产购买外，向增长性行业提供特别贷款也是日本央行向市场投放流动性的重要手段。日本央行在2010年6月引入支持增长性行业贷款计划，旨在向私有银行提供利率为0.1%的一年期贷款，鼓励它们向可再生能源、环境、医疗以及护理等18个高增长行业放贷。企业可以用不动产，也可用家畜、机械设备等动产作为抵押向金融机构申请贷款。2011年4月和6月，日本央行分别设立了1万亿日元和0.5万亿日元的新贷款类别。不过，特别贷款的发放情况低于日本央行的预期。截至2011年9月份，该计划发放的贷款数量为4489亿日元，远低于最初设定的限额。为此，2011年10月，日本央行决定将特别贷款计划的申请时间延长至2012年3月底，延长时间为6个月。2012年3月，日本央行决定在支持成长性行业的贷款计划中新增美元贷款扩充功能，并将规模扩大2万亿日元至5.5万亿日元。同时将原定3月底的期限延长两年。此外决定将原定4月到期的面向东日本大地震灾区金融机构的低息贷款计划也延长一年。

虽然日本长期实行宽松货币政策，但经济增长乏力与通货紧缩的局面并没有根本改观。说明日本除了面临需求不足之外，在供给方面还可能存在未能克服的障碍，制约了产能扩张和经济发展。否则就难以解释实际发放的特别贷款远低于计划发放的限额。

四 企业与就业

日本以往的复苏政策强调需求拉动，尤其强调扩大内需。借灾后重建拉动投资需求，用鼓励性的政策刺激消费，短期内取得了比较明显的效果。但是，日本在供给方以及外需方面的提振措施比较有限，这制约了其应对产品国际竞争力下降风险的能力。在日元升值压力的背景之下，这一风险可能给日本经济带来更大的负面影响。日本大和总研对日、德、韩三国产业国际竞争力的研究表明，日本在原有优势领域，如电器机械行业的国际竞争力已经明显下降。日本企业应当采取供给方的措施有效应对日元升值，甚至利用日元升值来提升本国产品竞争力。具体来说，日本企业应当向德国学习如何打造品牌资产，向韩国企业学习如何加强市场营销。政府应当出台增强企业供给能力和国际竞争力的措施，同时从供给方与需求方、内需与外需等多个角度提振经济。

日本银行对全国企业短期行业景气状况判断的调查显示，总体来看，无论是中小企业还是大企业中的制造业企业，2011～2012 年感觉经济状况良好的企业都少于感觉状况恶化的企业，也即多数企业认为经济状况不佳。

日本国内就业形势仍然严峻，尤其是受到结构性失业问题的长期困扰。表现之一是青年失业问题比较突出，表现之二是企业面临劳动力不足。2012 年 7 月的完全失业率与上月持平，均为 4.3%（见图 5）。但青年失业问题更加严

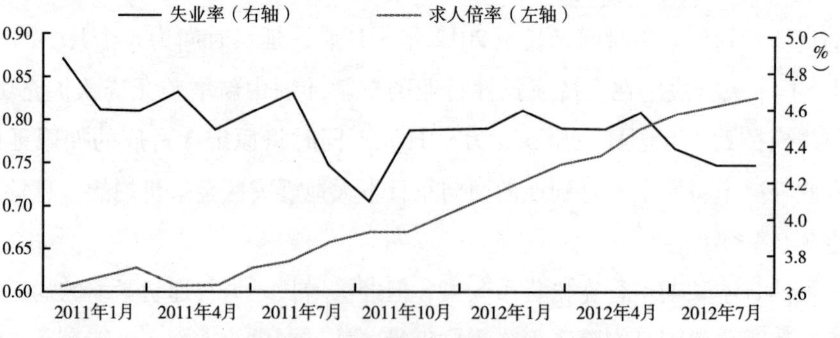

图 5 劳动力市场形势依然严峻

资料来源：日本内阁府，世界经济预测与政策模拟实验室。

重，7月15~24岁的完全失业率比上月上升0.8个百分点，达到了8.2%。从求人倍率来看，该指标由6月的0.82上升为7月的0.83，这意味着每100名求职者面临的工作机会，由6月的82个上升为7月的83个。该指标已经连续14个月保持上升趋势。

工作机会的增加并未带来就业人数的增多。根据日本厚生劳动省2012年9月18日发布的劳动统计调查，7月日本全职劳动者人数较上年同期下降了0.1%，当月入职率为1.73%，比上年同期下降了0.06个百分点，而离职率为1.80%，比上年上升了0.17个百分点。日本人口老龄化日益严重，近年就业人口逐年下降，企业面临劳动力不足的问题。日本厚生劳动省发布的2012年第三季度《劳动经济动向调查》显示，认为正式雇员不足的企业比认为雇员过剩的企业多出12%，这已经是连续5个季度出现认为正式雇员不足企业数多于认为正式雇员过剩企业数的现象。认为临时雇员不足的企业比认为其过剩的企业更是多出了16%，这一趋势也已经延续了12个季度。

五　国际收支

日本的国际收支数据显示，反映产品、服务、分红和利息等海外综合交易状况的经常项目收支各月的盈余自2010年以来总体呈明显的下降趋势。尤其是商品贸易项，自2011年1月出现近年少有的逆差以来，到2012年7月的19个月中，有12个月份都为逆差。2012年1月出现了一次规模达到了4556亿日元的逆差。

进入2012年以来，商品贸易逆差尤为严重，这主要是因为日本福岛核电站事故发生后，一度关闭了所有核电站，以致不得不大量进口燃料发电以满足电力需求。福岛核灾难发生后，原本计划到2020年将核电比例由2011年早期占全部电力1/4提升到1/2的打算被迫进行调整。日本对核电进行了反思，并逐渐关闭核电设施进行检查。到2012年5月5日，日本境内所有核电反应堆全部关闭。但是，核电约占日本全国发电量的30%，所有反应堆长期停转将导致日本经济社会陷入停滞。为了维持经济社会运行，日本政府一方面在6月16日决定重启关西电力公司大阪核电站3号、4号机组，以确保国民生活和工业生产稳定，另一方面大幅增加作为火力发电燃料的液化天然气（LNG）和原油等的进口，同时燃料价格的上涨也带来了影响，以致进口额明显扩大。而出口方面，2012年上半年与东日本大震灾造成供应链断裂的2011年相比虽然有所好转，但受欧洲债务危机的影响，对欧出口依然低迷。2012年上半年商品贸易逆差达到历史最高值。

由于服务项目多数时间处于逆差状态，日本经常项目的盈余主要靠海外收入尤其是证券投资收益来维持。但是，受利率下降影响，2012年1～7月日本国际证券投资收益较上年同期下降了2.4%，而同期旅游和运输等服务收支的逆差为12732亿日元，规模较上年同期扩大了50%。如果这一趋势延续下去，日本经常项目盈余缩水的压力会越来越大。

六　中日经贸投资关系

2012年1～8月，中国从日本进口总额为1200.9亿美元，同比下降6%，低于同期中国进口总额同比增速（为5.1%），远低于上年同期值（为14.6%）；对日本出口为986.1亿美元，同比增长4.8%，也明显低于同期中国对外出口总额同比增长速度（为7.1%）。

短期来看，汇率的变化对中日贸易具有一定的解释力。具体来说，日元对人民币汇率的变动可以比较好地解释日本对华出口增长率的升降，但不能很好地解释中国对日出口增长率的变动。2012年1月至3月，日元对人民币贬值了7.1%，日本对华出口季调环比增长率由-1.62%上升至-0.24%，同期中国对日出口季调环比增长率由0.79%下降至0.50%；3月至8月，日元对人民币升值了5.7%，日本对华出口季调环比增长率在3～5月间有一个短暂的滞后增长后，由5月的0.38%下降至8月的-0.06%，但中国对日出口增速不但没有上升，环比增长率反倒由3月的0.50%一路下滑至8月的-1.13%。

中日贸易额的变动受中日关系影响明显。关于中日关系通常有“政冷经热”的说法。但长期来看，如果“政冷”持续下去，“经热”难免会降温。“小泉冲击”初期，的确呈现了“政冷经热”的现象，但这个时候的“经热”

其实是在消耗小泉上台之前中日关系“良好”（关系分值在3～6之间）的政治遗产。整个“小泉冲击”期间，日本对华出口季调环比增长率2002年6月的最高值为5.2%，2005年2月到大规模反日游行的4月连续出现负增长。不仅日本对华出口受到影响，中国对日出口也受到中日关系较明显的影响，对日出口季调环比增长率也在2005年8～10月出现连续负增长。

小泉下台后，日本新内阁与中国领导人开展破冰、融冰、迎春之旅，中日关系回暖，两国贸易也止降回升，不过，其后受国际金融危机的影响，出现大跌。尽管如此，金融危机造成的贸易下降很快就触底回升，在此期间中日关系持续回暖。然而，当两国关系正要由“普通”进入“良好”阶段之际，2010年9月，撞船事件让中日关系急转直下，直到2011年底才略有好转迹象，在此期间，中日贸易也出现明显下行（见图6）。中国对日出口由2010年12月的环比增长3%下降至2011年11月的－0.1%；日本对华出口环比增长率由2010年11月的3%，下降至2011年4月的－1.3%。2011年3月发生东日本大地震，其带来的生产链冲击造成的日本对华出口下降的影响在2011年10月至2012年3月之间有所显现。

2012年9月，日本政府对钓鱼岛实施所谓“国有化”引发双方关系趋于

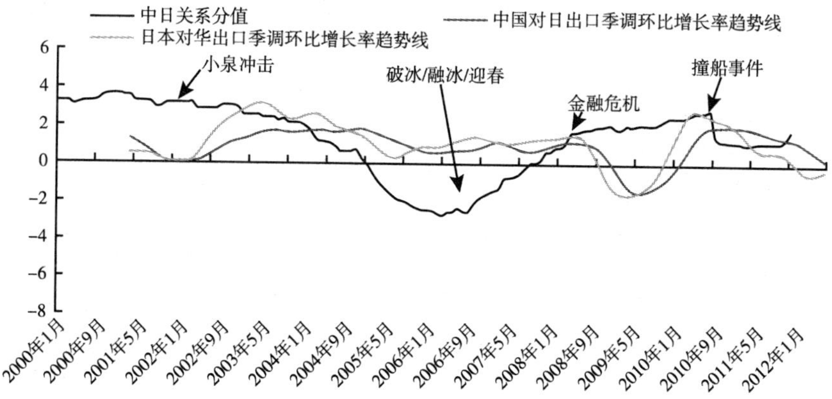

图6　中日关系对中日贸易存在影响

注：大国关系分值在（－9，－6），（－6，－3），（－3，0），（0，3），（3，6），（6，9）的含义是：对抗、紧张、不和、普通、良好、友好。

资料来源：清华大学IMIR“中国与大国关系数据库”，CEIC数据库，世界经济预测与政策模拟实验室。

紧张。我们认为，这次“钓鱼岛冲击”的强度不亚于“小泉冲击”，但持续时间不会那么长，大致与“撞船事件”相当。以此为基准情景，中国对日出口季调环比增长率由2012年8月的-1.1%，经过12个月下降3个百分点至2013年7月的-4.1%；同期，日本对中国出口季调环比增长率由-0.1%下降4.3个百分点至-4.4%。这样，到2013年7月，中国对日出口季调额约为91.7亿美元，日本对华出口季调额约为117.5亿美元，这个水平与2007年次贷危机之前的中日贸易水平相当。

乐观情景是“钓鱼岛冲击”是“小泉冲击”强度的50%，悲观情景是“钓鱼岛冲击”是“小泉冲击”强度的150%（见图7）。乐观情景下到2013年7月，中国对日出口和日本对华出口分别为100.6亿美元和134.1亿美元，悲观情景下则分别为83.5亿美元和102.8亿美元。乐观情景下的中日贸易额将回落至2008年中、国际金融危机之前的峰值水平，悲观情景下的结果与国际金融危机冲击带来的中日贸易下降情况接近。

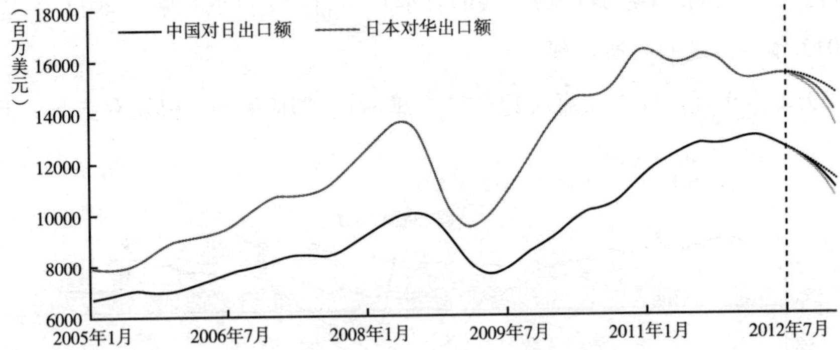

图7 “钓鱼岛冲击”影响中日贸易的情景模拟

资料来源：CEIC数据库，世界经济预测与政策模拟实验室。

日本对华直接投资同样明显受到中日关系的影响。与双边贸易变化类似，2005年日本对华直接投资季调环比增速迅速下滑，小泉卸任后有所恢复，国际金融危机冲击期间明显下跌但随后迅速反弹，直到“撞船事件”发生后又急转直下（见图8）。2011年3月东日本大地震之后，日本对华投资增速有一个小幅回升，可能与灾害刺激下的短期投资转移有关，其后又出现下降趋势，这与日本国内灾后重建投资需求增加有关。在本次“钓鱼岛冲击”发生之前，日本对华直接投资正处于下降趋势之中。因此，“钓鱼岛冲击”可能对日本对华投资产生非常不利的影响。

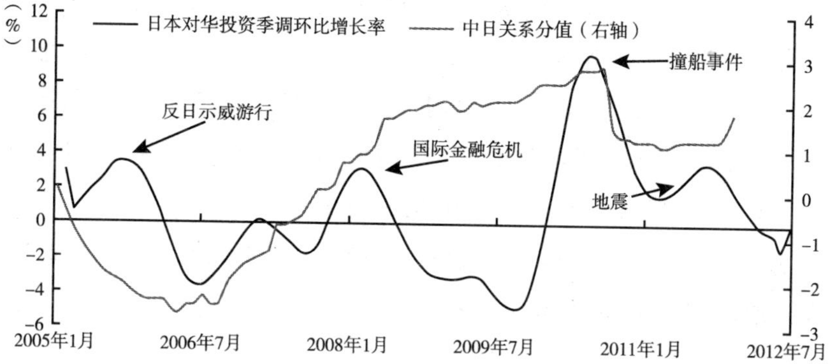

图 8　中日关系影响日本对华直接投资

资料来源：清华大学 IMIR“中国与大国关系数据库”，CEIC 数据库，世界经济预测与政策模拟实验室。

我们以“钓鱼岛冲击”对日本对华投资季调环比增长率的影响为“撞船事件”的强度的 150% 为基准情景，以两者强度相当为乐观情景，以前者为后者强度的 200% 为悲观情景。基准情景下，到 2013 年 7 月，日本对华直接投资季调额将下降至 403.1 亿日元。乐观情景下，也会下降至 537.0 亿日元。悲观情景下，则会下降至 299.8 亿日元，甚至会击穿国际金融危机期间的最低值（见图 9）。

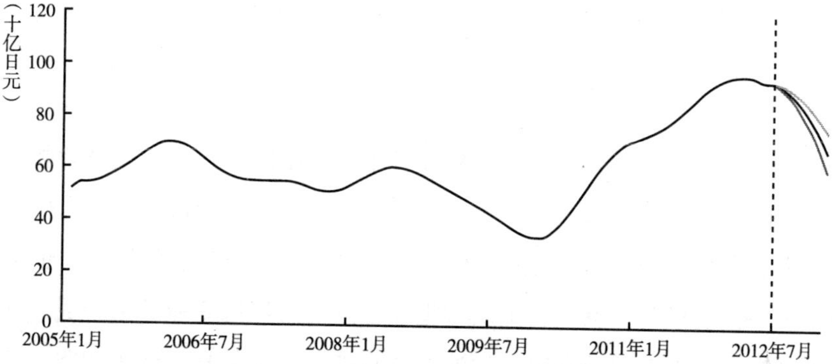

图 9　“钓鱼岛冲击”影响日本对华直接投资的情景模拟

资料来源：CEIC 数据库，世界经济预测与政策模拟实验室。

七　2013 年经济形势展望

不同机构对日本 2013 年经济增长的预测值不尽相同，但也有一些共同之处。首先，我们取为样本的 10 家机构都认为 2013 年日本实际 GDP 增长率会低于 2%（见图 10）；其次，所有机构都认为 2013 年比 2012 年增长率要明显更低一些。各方认为，2012 年日本实际 GDP 增长率在 1.8% ~2.7%之间，平均值为 2.3%；2013 年日本实际 GDP 增长率在 1.2% ~1.9%之间，平均值为 1.4%。这意味着这些机构都认为灾后重建带来的需求拉动效应会在 2012 年逐渐消失，到 2013 年日本经济仍然找不到新的增长点。

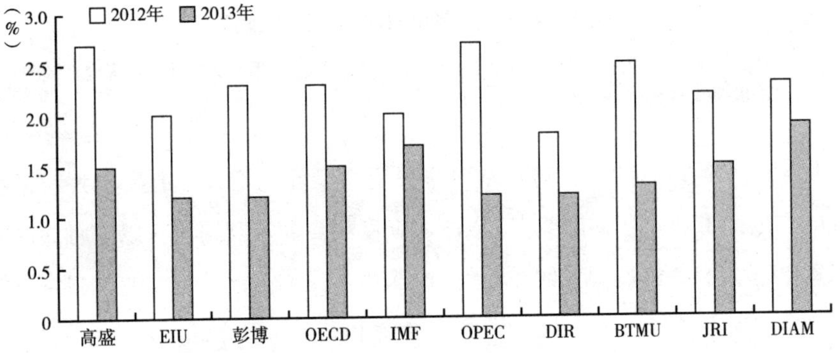

图 10　各机构对 2012 ~2013 年实际 GDP 增长率的估计及预测

注：EIU（经济学人信息部）；DIR（大和总研）；BTMU（三菱东京 UFJ 银行）；JRI（日本总研）；DIAM（达以安资产管理公司）。

资料来源：各机构近期研究报告。

除了通货紧缩及日元升值风险外，日本还面临欧元区主权债务危机恶化及企业产品国际竞争力下降的风险。2012 ~2013 年，欧洲主权债务危机及美国经济增长乏力将仍旧是日本面临的主要外部风险。2012 年 9 月，欧债危机面临进一步恶化的风险。欧央行最新数据显示欧洲边缘国企业的融资成本达到过去 5 年的最高水平。与此同时，穆迪在 9 月第一个交易日下调了欧盟的债务评级展望。一旦欧债危机恶化导致欧元区崩溃，则全球信贷紧缩就不可避免，日元也会因为替代货币的减少而被迫升值，日本央行干预日元升值的难度会大幅增加，日本出口企业面临的竞争环境将继续恶化。日本大和总研就欧债危机恶化对日本经济的影响进行了情景模拟。在最悲观的情形下，日本实际 GDP 受欧洲主权债务危机恶化的冲击而下降4.1%，即便是最乐观的情形，实际 GDP 也会下降 0.6%。考虑到大和总研预计的日本 2012 年实际 GDP 增长率只有1.8%左右，欧债危机恶化可能让日本重现1%以下的低增长乃至出现负增长。

由于欧洲和美国都采取了上不封顶的货币宽松政策，日元面临的升值压力居高不下，日本央行也会继续跟进宽松货币政策。但是，人口老龄化、青年失业问题、企业劳动力不足等结构性的问题都不是放松货币就能够解决的，而增税等措施也只能在政策施行的很短一段时间（大概在 2013 年底至 2014 年初，以及 2015 年中附近）内发挥增加财政收入的效果，中长期看，反倒可能损害宏观经济增长的微观基础。此外，日本对外贸易由顺差转为逆差折射出“产业空洞化”的情况日趋严重，企业从日本本土“出走”，也可能从供给与需求两个方向上同时侵蚀日本经济增速的微观基础。

基于这些基本面的情况以及难以预测的地缘政治风险带来的能源价格冲击（日本经济体系对这样的冲击高度敏感），我们赞同各大机构对日本 2012～2013 年乃至更长时间内将继续下行的判断。但是，这些机构对 2012～2013 年日本实际 GDP 增长进行估算和预测时，并未将“钓鱼岛争端”的影响考虑在内。如果这一事件未得到有效管控以致不断发酵，较长地影响了中日经贸关系乃至经贸投资环境，日本的经济表现会比前述预测的平均值更低。基于以上分析，我们判断2012 年日本实际 GDP 增长率在 2%左右，2013 年将回落至 1%左右。

参考文献

李众敏：《日本经济：震灾后的增长反弹》，参见《2012 年世界经济形势分析与预测》，社会科学文献出版社，2012。

日本内阁府：《统计情报·调查结果》，2012。

大和总研、日本总研、三菱东京 UFJ 银行、达以安资产管理公司等机构的研究报告。

世界经济预测与政策模拟实验室：《全球宏观经济季度报告》，2012。

CEIC 数据库、Wind 资讯数据库、彭博数据库、清华大学 IMIR “中国与大国关系数据库”。
Economist Intelligence Unit, Country Data, 2012.

Japanese Economy: Shaky Economic Recovery

Feng Weijiang

Abstract: After Japan came out from the disaster and showed sign of economic recovery in early 2012, the world came across a downturn and made Japan economy into stagnation. Although the Japanese government has employed many positive fiscal and monetary policies, it cannot solve the real structural problems, such as population aging, deindustrialization, low employment will of young people, and insufficient labor supply. In agreement with the judgment made by most institutions that Japanese economic decline will continue into2012 -2013, or even longer, we expect Japan's real GDP growth rate to be around 2% in 2012 and drop to 1% in 2013.

Key Words: Appreciation of Japanese Yen; Tax Reform; Diaoyu Island Shock

Y.5

亚太经济：脱钩新尝试，能否浴火重生*

杨盼盼　冯维江**

摘　要：

本文回顾了2011年至2012年第三季度亚太地区各经济体的表现。总体而言，由于受到外部经济再次下滑和国内经济刺激政策作用减退的影响，亚太地区经济增速出现了放缓，但是仍然远高于全球经济增长水平；通货膨胀的压力有所缓解；由于发达国家宽松政策带来的金融市场上的不确定性，亚太地区的新兴经济体在2012年上半年经历了一次集体的资本外流和货币贬值。本次国际金融危机已经出现了两次探底：第一次探底后，亚太经济国家普遍出台了大规模的经济刺激计划，使得本区域的经济与外部经济实现了“表象脱钩”；第二次探底后，并没有相应的大规模刺激计划，亚太地区经济增长放缓，本区域经济“实质挂钩”外部经济。展望未来，亚太经济体正站在政策的“十字路口”，结构性改革的任务有迹可循但依然艰巨。

关键词：

亚太地区　经济增长　结构改革

主要发达经济体在全球金融危机发生后挣扎于崩溃的边缘时，人们曾经对亚太新兴经济体寄予厚望。这些国家各自祭出应对危机的刺激组合拳，在危机后的一段时间中表现出与发达经济体“脱钩”的态势，成为全球经济增长的

---

* 感谢孙杰研究员、张斌研究员、徐奇渊副研究员的建议。当然文责自负。

** 杨盼盼，首都经济贸易大学讲师、中国社会科学院世界经济与政治研究所世界经济预测与政策模拟实验室客座研究员，研究领域为国际金融；冯维江，中国社会科学院世界经济与政治研究所副研究员，研究领域为国际政治经济学、全球治理。

原动力。但是，2011～2012 年的经济形势表明，尽管亚太国家较高的经济增长率仍然在给全球经济复苏注入活力，但是全球化的影响无远弗届，亚太新兴经济体与发达国家的命运紧密相连，独善其身式的“脱钩”只是一种想象而非现实，当刺激政策无以为继或效用递减时，它就成了“昨天的故事”。

应该看到，应对国际金融危机的刺激政策不能改变亚太经济中存在的结构性问题，经济的短期增长却成了一剂推迟结构改革的毒药，制约了可持续的经济复苏。亚太国家在未来很长一段时间仍然将面对外部经济环境较慢复苏、国内结构性改革势在必行的现实；发达经济体为了应对经济的持续放缓，出台了一系列的宽松政策，对于亚太新兴经济体而言，这至少存在着两方面的不利影响：一方面，宽松政策带来全球大宗商品价格的上涨，加剧了输入型通货膨胀的风险，这一点在 2011 年体现得尤为明显；另一方面，对于何时推出宽松政策预期，加剧了市场上的投机情绪，美联储的“风险开关”货币政策以及欧债危机带来的不确定性，使得资本在新兴市场国家的流入流出规模加剧，2012 年上半年出现的新兴市场国家货币集体贬值正反映了这一点。

2011～2012 年，对于亚太国家而言注定是不平凡的，面对外部经济的持续放缓和内部刺激的难以为继，亚太国家正站在政策调整的十字路口上。好消息是，2012 年第三季度，亚太经济的走势已经反映出筑底的态势，这在一定程度上表明，亚太经济体能够在结构改革的道路上走得更远，而这也是寻求经济长期可持续增长的必经之路。本篇讨论亚太地区国家在 2011～2012 年的经济形势分析与预测，主要包含中国、日本、韩国、澳大利亚、新西兰、印度、加拿大，以及东盟（ASEAN）10 国等 17 个经济体。

一 2011 年下半年和 2012 年上半年的情况

从 2011 年下半年和 2012 年上半年的情况来看，亚太经济体主要表现可描述如下：其一，经济增长速度基本保持平稳态势，17 个经济体 GDP 增速的算术平均数，预计将由 2011 年的 4.2% 缓慢上升至 2012 年的 4.5%，但是区内部分重要经济体在 2012 年的经济增长出现了放缓。其二，通胀压力有所缓解，17 个国家通胀率的算术平均水平预计将由 2011 年的将近 4.6% 回落至 2012 年的 4.2%，大部分区内重要经济体的通胀态势都有所缓和。其三，各国货币走势逆转了上一年对美元名义汇率升值的态势，由于在 2012 年 3 ~ 5 月间主要新兴市场国家出现资本外流，总体而言呈现贬值趋势。其四，从对外贸易来看，大部分经济体仍处于盈余状态，个别经济体表现为赤字，但是除日本和加拿大外所有的盈余国顺差下降，几乎所有逆差国的赤字也进一步恶化。

（一）经济增速略有放缓

在 2011 年，亚太地区 17 个国家的算数平均经济增速达到 4.2%，而按照 2011 年全年经 PPP 调整的经济规模加权平均增速则为 5.7%，同年全球经济增速为 2.6%。根据 EIU 2012 年 9 月的最新预测，17 个国家在 2012 年的算数平均增速将达到 4.5%，按照 2011 年同样权重计算出的 2012 年加权平均增速则为 5.5%，而同期的全球经济增速为 2.2%。亚太地区经济在全球经济增长再度放缓的情况下，仍然保持着相对较高的增速。值得注意的是，算术平均增速和按照经济体规模加权的增速出现了分歧，尽管 2012 年亚太经济体整体增速略高于 2011 年，但是有若干规模较大的经济体经济增速出现了放缓，因此，如果按照经济体规模进行加权，2012 年亚太地区的经济增速则比 2011 年要差。具体分析，如图 1 所示，该图横坐标显示了 2011 年实际 GDP 的增速，纵坐标显示了 2012 年实际 GDP 增速的预测值。从该图中可以发现：（1）中国、印度、马来西亚、泰国、菲律宾、印度尼西亚、越南、柬埔寨、缅甸和老挝的经济增长率均在平均值之上（横轴以上的国家），构成亚太经济增长的主力。尽管如此，中国、印度、马来西亚、印度尼西亚、越南在 2012 年的经济增长速度相比 2011 年是放缓的，泰国则在 2012 年实现了强劲反弹；（2）日本、韩国、澳大利亚、新西兰、加拿大、新加坡、文莱的经济增长率在均值以下（横轴以下国家）。其中，新加坡经济下滑得最为明显，从 4.9% 下滑至 2.4%，而日本经济则走出了 2011 年负增长的阴影，2012 年可能实现 2% 的增长。

2012 年，经济增长反弹较大的国家包括澳大利亚、新西兰、日本、泰国，

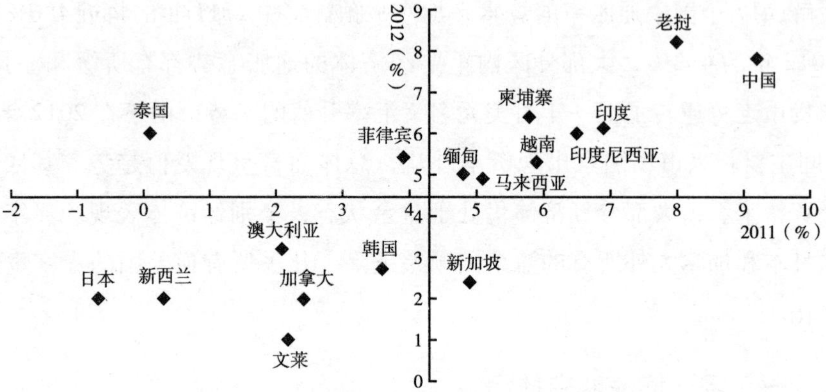

图1　2011 年和 2012 年亚太经济增长：放缓与反弹兼具

注：横轴和纵轴分别代表了对应国家在 2011 年和 2012 年的情况，横轴交叉于纵轴的刻度为 2012 年 17 个国家实际 GDP 增速预测值的平均值，纵轴交叉于横轴的刻度为 2011 年 17 个国家实际 GDP 增速的平均值，因此，横轴上方的国家是 2012 年预测实际 GDP 增速超过均值的国家，横轴下方是低于均值的国家；纵轴左方的国家是 2012 年预测实际 GDP 增速低于均值的国家，纵轴左方是高于均值的国家。

资料来源：2011 年数据来自各国官方数据或 IMF 的 IFS，2012 年数据来自 EIU 的预测值。

它们在 2012 年预计的增长率将比 2011 年分别高出 1.7%、2.7% 和 5.9%。正所谓“风雨之后是彩虹”，这些国家在 2011 年时都遭受了较为严重的自然灾害：西澳大利亚和昆士兰的飓风与洪水，新西兰坎特伯雷的地震，日本东北部 9.0 级的地震，泰国肆虐全国的洪水，成为这些国家 2011 年经济放缓的重要原因。2012 年，灾后重建的开展和对外贸易的恢复，是这些国家经济向好的最重要原因。

2012 年出现经济减速的经济体与经济反弹的经济体几乎各自占据半壁江山，比较显著的放缓发生在中国、印度、新加坡、印度尼西亚、马来西亚和越南。这些国家经济的放缓虽然各自有其内部的原因，但共同原因是经济刺激计划的退出。图 2 是这些国家财政收支差额占 GDP 的比重。由于政府是经济刺激计划的主导者，因此，我们关注政府的财政支出在过去年份的变化。主要经济放缓国家的财政支出在 2008 ~ 2009 年均呈现上升的趋势，从图 2 的趋势来看是财政赤字的恶化或财政盈余转为财政赤字，这表明，在危机发生之后，这些国家均采取了一定的财政扩张措施以应对外部经济的不利冲击。在 2009 年之后的年份中，绝大多数国家的财政收支状况重新开始好转，在这其中，政府未推出进一步的大规模刺激计划是重要的原因。

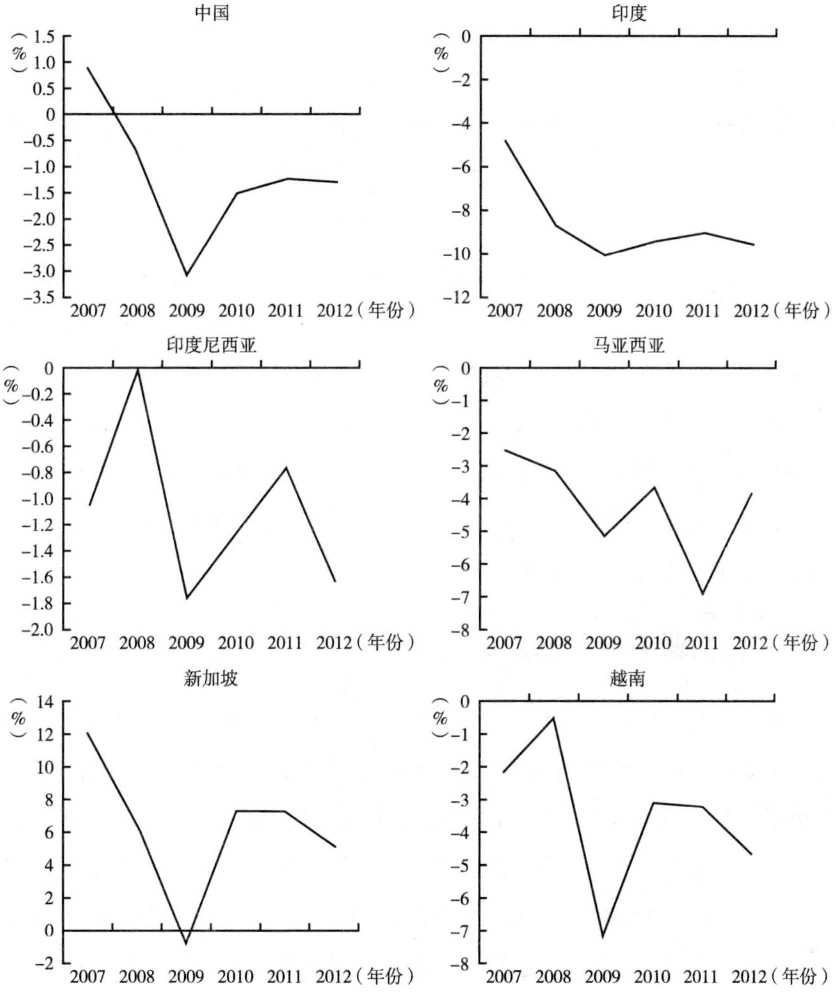

图 2　经济增速的下滑反映刺激政策的退出

资料来源：国际货币基金组织（IMF）世界经济展望（WEO）数据库。

新加坡经济下滑最为剧烈，从 2011 年的 4.9% 下降至 2012 年预计的 2.4%，从亚太区经济增长贡献者变成了拖后腿的国家。2012 年全球经济的再度放缓，特别是欧元金融市场的再度动荡，使得以金融行业和制造业出口作为经济增长最重要动力的新加坡经济增长大幅放缓。除新加坡外，在东盟核心六国①中，印度尼西亚、马来西亚和越南的经济也出现了放缓，其中，印度尼西亚经济主要受到本国消费和投资增长放慢的影响，而与外部经济的联系并不紧密；马来西亚与新加坡比较类似，外部环境的变动对其影响较大；越南经济则内外交困：本国的通货膨胀率在2011年时达到18.1%，同时出口也受到外部经济环境的打击。金砖国家中的中国和印度在2012年的经济增长速度也不如上年。

从上述亚太地区国家的部分增速和部分减速情况中不难看出：增速的显著来源是对于之前天灾事件的反弹，而并非抵御外部环境恶化能力的加强和本国经济的实质性好转，因此这样的增速是暂时性的，而可持续的增长点尚未发现。减速的原因一方面是亚太地区国家受到外部冲击的影响仍然严重，特别是受到主要发达国家宽松政策带来的不确定性的影响；另一方面，经济刺激计划的“药效”大不如前，许多亚太国家也开始尝试为自己“停药”，从短期来说，这确实造成了经济增长的放缓，但是，如果这能够转化为本国结构化改革的动力，则未尝不是一件好事。

（二）各国通胀压力缓和

在2011年，亚太地区17个经济体通胀率的算术平均值为4.6%，加权平均值为4.2%，而全球平均水平为4.4%，二者较为接近；2012年，17个经济体的通胀率平均水平预计达到4.2%，加权平均值为3.9%，均明显高于全球平均3.1%的水平。在全球价格水平回调的背景下，亚太地区的通货膨胀率有所缓和，但下降速度并没有全球水平那么快。17个经济体承受的通货膨胀压力也各不相同。结合经济增长率和通胀率，图3给出了17个经济体在2011年的表现。图3中，横轴代表经济增速，纵轴代表通胀率，其中的直线为趋势线。可以看到，全世界的情况作为一个散点，正好被这条趋势线穿过。在趋势线以下的国家，说明其在经济增长率较高的同时，承受了较低的通胀率，也即

① 系指印度尼西亚、马来西亚、泰国、新加坡、越南、菲律宾，与中国社科院世界经济与政治研究所世界经济预测与政策模拟实验室《全球宏观经济季度报告》中的东盟国家报告包含的国家保持一致。

实现了低通胀情况下的相对高速增长；而在趋势线以上的国家则相反，可能面临着滞涨的压力。如果把趋势线看做一条压力线，则目前来看，承受到通货膨胀压力的国家主要包括：文莱、新加坡、缅甸、越南、印度尼西亚、印度、柬埔寨。与上年相比，承受通货膨胀压力的主要是新兴市场国家，而上年在压力线上方的新西兰、澳大利亚等发达经济体，2012 年的通胀已然缓和。此外，压力线下方的国家除了老挝之外，其余国家的通货膨胀率均低于平均水平。因此，综合考虑经济增长因素，在 2012 年，亚太国家的通货膨胀压力实际上是在减轻的。

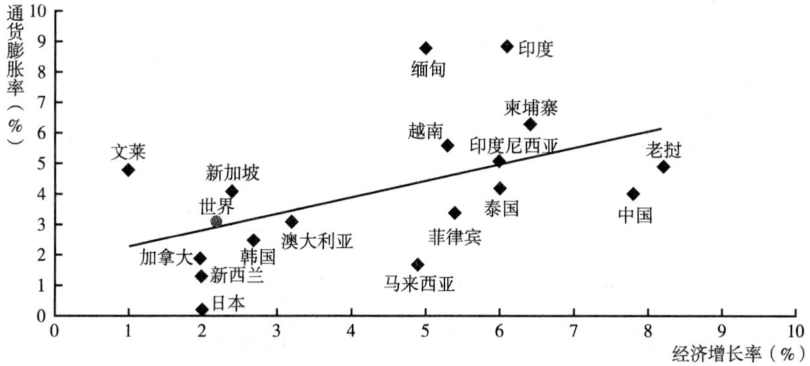

图 3　2012 年亚太地区各经济体的经济增长率和通胀率

资料来源：EIU，2012。

不过这些经济体面临通胀压力的原因也不尽相同：①文莱、印度和柬埔寨等国的通货膨胀上升，与国际或国内市场上燃油价格和食品价格的先后上涨密切相关，特别是印度存在的结构性供需失衡问题成为整体物价水平上涨的主要原因。②新加坡的房地产市场自 2011 年开始出现过热，房价大幅上升。此外，交通运输成本的大幅度上升也是新加坡本轮通货膨胀的重要原因。③越南和印度尼西亚的通货膨胀与本国信贷政策的相对宽松密切相关，这体现了通货膨胀作为货币现象的本质。④文莱、越南和印度尼西亚的通货膨胀还与本国的货币贬值密切相关，这导致进口产品价格上升，推动了通货膨胀。

面对本国通货膨胀的压力，不同经济体的货币政策也出现了分化：（1）新加坡、文莱为了避免通货膨胀的进一步加剧，收紧了货币政策，体现为货币供应量的收缩，基准利率和准备金率的提高。（2）更多的国家选择了对通货膨胀的高容忍度，包括缅甸、越南、印度尼西亚和柬埔寨。相比较而言，这些国家更为担心的是在全球经济环境尚不稳固的情况下，贸然采取紧缩政策，可能带来经济增长再度放缓，因此，在通胀显现出不再猛烈上升的迹象时，就重回货币供应量高速增长和宽松信贷的货币政策。（3）印度的货币政策略显有心无力，在提高利率和存款准备金率方面，印度央行一直是最为积极的央行之一。但由于本国结构改革推进缓慢，供给缺乏弹性，货币政策的紧缩对通胀的抑制作用较小，导致经济增速的放缓，使得货币政策空间有限。

（三）对美元汇率经历贬值

发达经济体在2012年上半年，受到欧债危机再度恶化的影响，美元的“避风港”效应再度显现，导致主要新兴市场国家在3～5月经历了一次资本外流的过程，尽管到6月时，这一轮资本外流已经停止，汇率也开始止跌回升，但是预计2012年多数亚太国家货币对美元的名义汇率相对于2011年将出现贬值。根据EIU的预测，17个经济体的货币对美元贬值幅度的算术平均值为1.17%，而若按经济体规模进行加权平均，则贬值幅度达2.8%。

名义汇率大幅度贬值的国家包括印度、新西兰、缅甸、印度尼西亚等。其中印度、缅甸和印度尼西亚作为新兴市场国家的代表，其贬值具有较为一致的原因：从基本面的角度来看，这几个国家的经常账户都存在显著的逆差；国内经济形势前景不确定，特别是政府在制定货币政策和财政政策时存有疑虑；从资本流动角度看，全球避险情绪出现上升，这导致投资者对新兴经济体的信心出现波动，资本外流迹象非常明显。而新西兰的情况则较为特殊，新西兰元在2011年延续了2010年的坚挺，但新西兰元事实上被高估，因此2012年的贬值实质上反映了政府使新西兰元贬值，从而促进经济增长的意图。

名义汇率大幅度升值的国家主要是新加坡、马来西亚和韩国（见图4）。总体而言，这些国家升值的趋势与欧洲与美国经济形势的不确定，进而导致的美元相对走软有着密切的关系。随着QE3的出台，美国的宽松政策引致的本币相对升值趋势难以避免。对于新加坡而言，其升值的特殊之处还在于，金管局为了压低通货膨胀而促使新加坡元升值；对于马来西亚来说，经常账户顺差和利率相对高企等因素都是林吉特走高的原因。

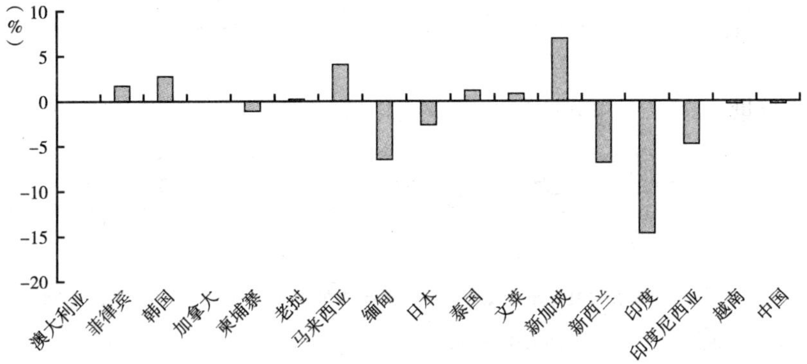

图4　亚太地区各经济体的汇率走势

数据说明：反映的是2011年末该国经济体对美元的汇率与2012年末相比的变动程度，其中正数表示升值。

资料来源：EIU，2012。

（四）经常账户的调整呈现非对称性

与2011年相比，2012年以来，在亚太地区17个经济体中，除了日本和加拿大外，所有国家的贸易余额都呈现减少的趋势，这意味着逆差国的逆差规模继续扩大，失衡加剧；而顺差国的顺差规模减小，一方面意味着失衡有所纠正，另一方面也说明，外需仍然给顺差国的经济增长带来负面影响。经常账户余额下降得最为明显的国家是泰国和澳大利亚。泰国经常账户顺差与GDP之比从2011年的3.4%缩窄至1.0%，这主要是因为泰国国内灾后经济重建，进口需求强劲，同时，海外出口市场尤其是欧美国家仍然相对疲弱，出口仍在低位，导致净出口水平下降；而澳大利亚尽管得益于巨额的矿业投资计划以及从自然灾害中恢复，造成采矿业和相关行业强劲增长，但从经常账户余额的变动来看，采矿业的走强尚不足以抵消其他行业的走弱，例如旅游、教育和制造业的出口。日本的经常账户顺差规模虽然在扩大，但是其贸易余额的逆差也是在不断扩大的，这意味着，日本的经常账户顺差仍主要由收益项所带来（见图5）。

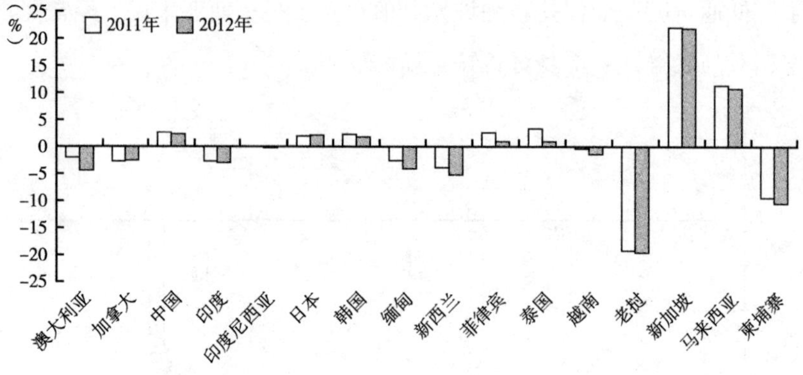

图5　2011年和2012年亚太地区各经济体的经常账户余额占GDP走势

数据说明：文莱两年的占比分别为52%和54%，由于规模巨大，在图上表示较为困难，故剔除。

资料来源：IMF WEO，2011、2012。

二　主要经济体的经济形势

以下我们将介绍亚太地区主要经济体的经济形势。这些主要经济体包括中国、印度、日本、韩国、澳大利亚、加拿大、印度尼西亚。这7个国家同时也是二十国集团（G20）的成员国。

中国经济。中国经济的强劲增长在2011年第三季度时骤然减慢，使得2011年的中国经济呈现前高后低的状态，这种增长的放缓一直持续至2012年的上半年，迄今并无逆转的迹象。在经济增长放缓的表象之下，蕴涵着中国经济在过去一年多时间内的结构性调整：首先，从经济增长的贡献度来看，内需发生了乐观的变化。以往中国的经济增长主要依靠对外高出口和国内高投资来推动，但是2011年中国私人部门消费对经济增长的贡献达到了51.6%，2012年这一趋势仍然得以保持。其次，以投资为主导的经济增长发生调整，投资对经济增长的贡献度下降，可以理解为存在结构性的改善。本轮投资的下滑主要是由于基建投资和房地产投资带来的，而制造业的投资则保持平稳。从投资的所有制结构视角来看，非公有制经济的比重也在提升，一定程度上反映了投资效率的提高。最后，针对国际金融危机的刺激计划使得企业的杠杆率出现大幅度上升，在外部经济环境再度恶化的情况下，高杠杆率运行的企业将面临更为严峻的考验。微观基础的脆弱是中国经济增长在未来面临的最重大考验。考虑到2012年第三季度中国经济增长已经出现企稳现象，预计2013年中国的经济增长速度将超过2012年，在8% ~8.6%之间。

印度经济。2011年以来，印度经济一直在放缓，其中，2011年印度全年经济增长率约为6.5%，2012年第一季度降至低谷，仅有5.3%，是2003年3月以来的最低增速。尽管印度经济第二季度有所反弹，但是仍然低于长期的均值。印度经济长期以来存在着包括燃油价格管制以及零售品部门管制的结构性问题，在外部经济出现困难时，结构性问题更加凸显。另外，由于通货膨胀的持续高涨，印度经济面临着经济增长和价格水平的两难选择。受到紧缩货币政策、结构性问题持续存在以及出口疲软的影响，印度的工业产出下降非常迅速。同时，受全球经济下滑的影响，出口增速放缓。尽管2012年第三季度通货膨胀有所放缓，这为出台经济增长政策提供了一定的空间；同时政府出台了若干改革计划，预计2013年总体增速在5.5%~6%之间。

日本经济。2011年日本经济增长主要受制于日本大地震、泰国洪灾等引起的内外需变化。第三季度零部件供应链得到修复，震后重建全面展开，经济增长势头良好。第四季度经济负增长则主要是因为外部经济疲软和泰国洪灾影响国内供应链造成出口下降所致。全年实际GDP增长率为-0.9%，与我们上年所预测的“2011年日本经济将出现微弱的负增长，增长率略低于0”较为一致。2012年日本经济开局良好，第一季度实际GDP环比折年率增长5.3%。但第二季度迅速下降至0.7%，第三季度几乎陷于停滞，经济回暖势头中止。灾后重建及刺激消费拉动内需带来的增长动力正在消失。受世界经济增长减速的影响，日本的出口明显走弱。就业形势仍然严峻，企业面临劳动力不足。通货紧缩形势有所恶化。克服通货紧缩和防止日元升值是日本政府和央行面临的艰巨任务，为此日本央行在2012年第三季度扩大了资产购买计划，将购买规模由70万亿日元提升至80万亿日元。在财政政策方面，2012年6月日本议会通过了政府的消费税改革方案，预计在2014年4月和2015年10月，日本的消费税率将分别提高至8%和10%的水平。短期来看，在2014年4月新税率实施之前，日本可能出现爆发性的抢先消费，这对日本经济不啻注入一针

“强心剂”。但欧洲债务危机的影响预计难以在两三年内平息，国际经济环境持续低迷的可能性依然很高。到那时，日本可能会面临短期兴奋之后更加持久和深重的经济“虚脱”。此外，日本在供给方面以及外需方面的提振措施比较有限，这制约了其应对产品国际竞争力下降风险的能力。预计2012年全年日本经济有小幅增长，实际GDP增长率在2%左右，2013年随着重建景气的进一步消失，实际GDP增速率将回落到1%左右。

韩国经济。韩国实际GDP增速由2010年的6.2%下降为2011年的3.6%，下降的幅度较大。2012年第一季度实际GDP同比增长率为2.8%，是2009年第四季度以来的最低点，第二季度实际GDP同比增长率更是跌破预期，仅为2.4%，延续了2012年中期以来跌势。韩国经济正面临着内外双降的困局：（1）由于从2011年初开始的全球经济前景的日益恶化，出口增长持续放缓，到2012年第二季度结束时也未见改观；（2）2011年时，个人消费在一定程度上仍然支持着经济的增长，但是从2012年以来，内需也在放缓，百货公司销售额在第三季度持续同比萎缩，步入2005年初以来最长的下行期；（3）由于韩国经济对外依存度过大，这使得国内的投资也出现下降，2012年第二季度末，PMI仍然处于荣枯线以下，反映出企业微观层面支撑经济增长也较为乏力，但从另一个角度来说，现在的投资下降是2010年投资高涨的合理回调。未来，韩国无论是在实体经济层面或是金融层面都更容易受到外部经济的影响，私人部门的消费将成为韩国经济增长的核心动力，预计韩国经济2013年的全年增速在3%~4%之间。

澳大利亚经济。澳大利亚经济在2011年上半年由于受到特大洪灾的影响，增长率仅有1.1%，但是这一趋势在下半年的灾后重建中迅速得到逆转，最终在全年实现了2.1%的增长速度。这一增长速度一直持续到2012年的上半年，前半年同比增长4.1%，为2007年下半年以来的最高值。预计澳大利亚2012年第三季度GDP增长率为2.8%，全年GDP增速为3.5%，也是最近5年的最高值。澳大利亚的增长主要得益于铁矿石和煤炭等外贸部门引致的固定资产投资、出口以及最终消费支出的强劲增长。EIU预计，2012年第三季度固定资产投资、出口以及私人消费的同比增长率将分别达到6.7%、4.8%和3.2%。欧债危机的持续以及中国等亚洲经济体增长率下降可能导致澳大利亚的外需放缓，但国内需求的增长可能弥补外需的下降。预计澳大利亚 2013 年经济增长率将强于 2011 年，达到超过 3% 的增长水平。

加拿大经济。考虑到加拿大经济严重依赖出口，且美国是其最大的贸易伙伴国，加拿大在 2011～2012 年约 2% 的经济增长率是可以接受的。而且，相比发达经济体在本轮危机中的表现，加拿大的经济结构一直比较健康，既没有房地产市场的问题，也没有银行业的问题。但是，2011 年以来，加拿大房地产业出现了一轮繁荣，居民部门的债务迅速上升至占可支配收入的 143%。政府已经开始介入房地产业，希望通过紧缩的货币政策调控房地产行业，这将给未来的加拿大经济带来不确定性：一方面，房地产业的去杠杆化和房价的下跌会通过财富效应传递给居民，进而增添未来消费的不确定性；另一方面，房地产投资对经济增长的贡献度也将出现下降。如果不出现意外，预计加拿大 2013 年经济增长率可以维持在 2% 左右。

印度尼西亚经济。由于印度尼西亚经济以内需为导向，受外部经济的影响较少，印度尼西亚相比其他东盟国家而言经济形势相对较好。2011 年实际 GDP 增速为 6.0%，出口的放缓主要由国内的消费和投资来弥补。GDP 上涨的趋势一直保持到 2012 年，2012 年第一季度实际 GDP 同比上涨 6.3%，第二季度则上涨 6.4%。由于消费的涨势已经趋缓，预计未来经济增长将略有放缓，难以回到 2011 年的水平，2013 年经济增速将维持在 6%～6.5% 的水平。

三　2013 年亚太经济展望

从数据来看，2011～2012 年亚太经济体的总体经济增速保持了之前的水平，虽然其中的一些规模较大的经济体出现了增长的下降，但是相对于全球经济增长水平，亚太经济体的增长水平仍然一枝独秀，并且在 2012 年第三季度出现了企稳回升的态势。对于 2013 年亚太经济的未来走势，我们有如下几个方面的判断。

（一）外部冲击负面影响结束时间未定

对于主要的亚太新兴市场经济体而言，2008 年以来，国际金融危机主要是作为一个外部的冲击因素对本国经济产生影响。国际金融危机的战火并没有烧到亚太国家本土。即便如此，欧元区经济的再度探底，美国宽松政策的不断推出，都使得亚太国家仍然面临着一个较为疲弱的外部环境。从现有的情况来看，外部环境的负向冲击已经给亚太国家带来了以下三点改变：第一，外部需求的持续疲软，使得许多以外需为导向的亚太经济体经济增长受到了严重拖累，在初始应对这一冲击时，大部分国家选择推出大规模刺激计划，试图用国内经济政策的手段保增长；第二，外部需求的再度冲击，使得通过提高杠杆率和增加投资性支出的亚太国家经济无法持续增长，刺激政策的边际效应递减速度很快，这时，亚太经济体的增长开始发生变化，一定程度上有助于改善对外部需求过于依赖的结构性问题，并调整抑制内需的国内扭曲性政策；第三，在危机期间，金融市场上的“风险开关”效应十分明显，当市场认为风险较小时，资本就会流向新兴市场国家，而当市场认为风险较大时，资本就会回流并投向美国国债等避险资产。2012 年 3 ~ 5 月的国际资本流出新兴市场国家，就是这个原因造成的，亚太各经济体的经济增长和汇率都因此受到了不同程度的负面影响。

（二）亚太经济体站在“脱钩”与“挂钩”的十字路口

后危机时代，亚太经济的经济增长特征已经经历了两个阶段的变化：第一阶段是“表象脱钩阶段”。在美国次贷危机演变成一场全球金融危机之后，主要亚太经济国家在 2008 年末至 2009 年推出了大规模的经济刺激计划，以应对外部经济环境的不利变化，结果是，与外部经济环境“万马齐喑”相比，亚太经济体保持了令人瞩目的生机，体现出了一种与外部负面经济环境脱钩的态势。第二阶段，伴随着外部经济环境的再度恶化，2011 年下半年以来的经济出现放缓，这表明，短期的经济刺激政策虽然能够在一段时间内维持经济增长，却不能改变长期结构性的问题。这也意味着，亚太经济在后危机时代的增长已经进入第二阶段，即“实质挂钩阶段”，亚太经济体仍然无法摆脱发达经济体负面冲击的影响。

亚太经济体未来将向何处去？这是一个值得深思的问题。步入后危机时代的第三个阶段，亚太经济体可能有两个最主要的选择：一个选择是“重回表象脱钩阶段”，即亚太经济体实施新一轮的类似于2009年的经济刺激计划，以投资作为经济的增长引擎；另一个选择是“由表象脱钩迈向实质脱钩阶段”，即继续推进经济体的结构化改革，实现经济在长期内的可持续增长。前一个选择也许能够再次使得短期的痛苦减轻，但是后者才应当是亚太经济体继续走的道路。

（三）亚太经济体结构性改革的契机

亚太国家在后危机时代的第一阶段和第二阶段所经历的成功与失败，都应当成为未来道路选择的镜鉴。实质上，我们或许能够通过结合第一阶段和第二阶段的经济政策来实现“由表象脱钩迈向实质脱钩”的第三阶段。第一阶段的刺激计划并非一无是处，亚太新兴市场国家仍然面临着较低的政府杠杆率和较高的投资乘数，这意味着财政政策刺激空间仍然较大，也较为有效；但是第二阶段的经济增长放缓也提示我们，经济刺激计划的具体方向值得关注。对于亚太经济体来说，过去的经济增长主要以外需为导向，忽视了本国私人消费的培养，结构性的改革应当使内需的作用得到进一步的加强。未来的经济刺激计划应当能同时作用于提振短期经济和改善长期增长，即：在短期内，经济刺激计划能够代替外需恶化成为经济的增长动力；在长期内，经济刺激计划应当有助于调整经济结构，促进经济增长的动力向内部转移。因此，与侧重于基础设施、房地产开发等容易造成重复建设和企业杠杆率上升的上一轮刺激计划不同，在亚太经济体迈向第三阶段的过程中，如果仍然面临着外需的较大影响，那么相应的经济政策和刺激支出应当更加偏重于社会福利、医疗、教育等支出，亚太新兴市场国家在这些领域的支出远远低于发达经济体，对于这些领域的支出也将有助于私人消费的增加，从而实现经济的结构化转型。

参考文献

徐奇渊：《亚太经济：在增速放缓中趋向平衡》，《2012年世界经济形势分析与预测》，社会科学文献出版社，2011。

中国社科院世界经济与政治研究所世界经济预测与政策模拟实验室：《全球宏观经济季度报告》，2012 年第 1 ~3 季度。

Economist Intelligence Unit, *Country Reports*, 17 countries, 2012.

IMF, *World Economic Outlook*, October, 2012.

IMF, *World Economic Outlook Database*, October, 2012

Asia-Pacific Economy: Towards an Independent Growth Path

Yang Panpan　Feng Weijiang

Abstract: We review the economic performance of Asia-Pacific Area from 2011 to 2012 Q3. Due to the resurgence of external downturn and the fading impact of domestic stimulus policy, the economic growth in this area slowed down, though still higher than the world average. Most countries had less inflation pressure than the year before. Countries in this area also encountered capital outflow as well as exchange rates depreciation owing to the uncertainty of easing policy in developed countries. All countries experienced two rounds of external economic slowdown, but the policy reactions to them were quite different: while Asia-Pacific countries struggled to decouple with those developed country in the first occurrence, they actually showed a stronger tie with the developed economies during the second round. Standing in the crossroad, Asian-Pacific economies still have a long way towards successful structural reform.

Key Words: Asia-Pacific Area; Economic Growth; Structural Reform

Y.6

俄罗斯：加快融入全球，增长前景看好

高凌云　刘秀莲*

摘　要：

俄罗斯经济在经历了 2011 年全年和 2012 年第一季度的中高速增长后，在全球贸易和生产减速的背景下，开始逐渐减速。国际石油价格维持高位，使得俄罗斯近两年的财政状况远远好于预期，联邦政府也拥有充足的储备基金来应对欧债危机等带来的不利影响，但应对人口老龄化、兑现选举承诺等很可能会使未来财政形势恶化。同时，俄罗斯货币政策体系正在向通货膨胀目标制过渡，卢布汇率逐步走向自由浮动制，尽管国内通货膨胀情况有较大好转，但卢布汇率的波动幅度也在加大。加入世界贸易组织、组建欧亚经济联盟等可能会对俄罗斯解决贸易结构单一和效率低下等问题产生强大的外部推动力，但真正决定其未来增长的是政治上能否稳定、经济政策上能否保持连续性。

关键词：

国际油价　通货膨胀目标制　经济结构

2011 年俄罗斯联邦实际国内生产总值增长率的最终数据为 4.3%，略高于我们在 2011 年 9 月提出的 4.1% 的预测。2012 年，普京的顺利当选将使俄罗斯保持政治上的稳定和经济政策上的连续。而且，国际经济危机并没有影响到世界各国对原油、天然气等的基本消费需求；同时，欧美国家应对危机的量化、非量化宽松货币政策及其他财政刺激措施，还会刺激国际原油价格进一步

* 高凌云，中国社会科学院世界经济与政治研究所副研究员，主要研究领域为国际贸易理论与政策、国别经济；刘秀莲，中国社会科学院世界经济与政治研究所研究员，主要研究领域为亚洲经济、东亚地区经济合作和产业发展研究。

上涨。考虑到燃料动力产品在俄罗斯生产和贸易中的重要地位，我们预计2012年俄罗斯实际经济增长率会保持在3.7%~3.9%之间，2013年实际经济增长率可能会回升到4%左右。

一 2011~2012年总体经济状况

2010年俄罗斯联邦经历了艰难的复苏，进入2011年，虽然全球贸易和生产因为欧元区主权债务危机持续深化、美国经济恢复缓慢、日本经济陷入萧条等而减速，但俄罗斯经济却凭借其结构性优势，保持了强劲的增长态势，全年实际国内生产总值（GDP）实现了4.3%的增长，增速居世界第三位。

2011年俄罗斯的经济增长主要来自消费、固定资产投资、存货投资和净出口等四个方面。第一，存货投资的同比增速最快，全年高达143.9%，特别是在2011年的前三个季度；第二，占GDP比重超过49%的私人消费同比增长了15.9%，而占GDP比重17%的政府消费同比也增长了15.8%；第三，固定资产投资同样保持了较高的增长速度，固定资产投资占GDP比重也由年初的13%上升到第四季度的29.4%；第四，随着原油等商品价格的持续攀升，2011年俄罗斯对外贸易顺差较2010年大幅增长30%，达1981亿美元。具体见表1。

2012年1~6月，俄罗斯总体经济形势不错，实际GDP同比增速为4.5%，其中，第一季度GDP增长4.9%，第二季度增速下降为4%。而按平均汇率计算，2012年上半年，俄罗斯名义GDP约9180.49亿美元，较上年同期的8656.34亿美元增加524.16亿美元，同比增长6.1%。其中，第一季度为4492.69亿美元，同比增长12.2%；第二季度为4690.98亿美元，同比增长0.8%。增长来源主要是：固定资产投资增长10.2%，零售贸易额增长6.8%，对外贸易增长5.7%，另外，工业和农业也分别保持了3.2%、2.1%的增长。

具体来看，固定资产投资方面，2012年APEC峰会、2013年喀山第五届世界大学生夏季运动会、2014年索契第22届冬季奥林匹克运动会、2016年世界冰球锦标赛和2018年FITA足球世界杯等重大活动，相继带动了一大批交通、通信等方面的基础设施建设投资，虽然上半年同比增长有所下降，但

表 1 GDP 及各部分贡献

单位：十亿卢布

指标名称	2011 年				2012 年	
	Q1	Q2	Q3	Q4	Q1	Q2
实际 GDP(2008 年不变价)	9222.02	9862.21	10920.17	11416.64	9676.30	10260.30
消费	6722.40	7020.00	7344.50	7695.50	7058.50	7357.00
家居	4853.30	5140.30	5480.30	5813.30	5202.80	5479.50
政府	1825.70	1836.80	1821.70	1836.10	1816.60	1836.80
非营利事业单位	48.30	48.00	47.40	48.90	48.40	47.90
总积累	1305.10	1947.70	3330.60	3078.50	1442.10	2084.10
资本形成总额	1205.30	1938.40	2305.10	3552.10	1386.00	2091.60
存货变化	2023.60	6026.60				
出口	3232.70	3242.80	3184.90	3565.60	3375.00	3197.40
进口	1870.50	2242.30	2699.40	2781.80	2061.20	2307.30
统计误差	-113.30	-176.80	-194.00	-131.70	-97.80	-160.20

资料来源：Wind 资讯。

仍高于 10%。由于失业率下降、居民收入上升等原因，国内消费需求也稳步回升，1~6 月零售贸易总额同比增长 7.1%，达 9.753 万亿卢布（约合 3048 亿美元），其中 6 月份同比增长 6.9%，环比增长 1.2%。在工业生产方面，俄罗斯汽车工业表现突出，增长较快，小轿车、火车、大巴生产同比分别增长 22.2%、4.1% 和 51.3%，产量分别达 95.4 万辆、9.79 万辆和 2.52 万辆；石油与天然气生产中石油开采量比 2011 年同期增长 1.4%，天然气开采量与 2011 年相比减少 3.1%；虽然前 6 个月农业实现了小幅增长，但进入 7 月，俄罗斯洪灾旱灾等连续出现，农业产量预计会有较大下降。

二 财政状况好于预期，但仍存潜在风险

俄罗斯财政体系的核心是国家或联邦预算，它是整个国家的财政计划，需由联邦委员会以联邦法律的形式确认。借助于联邦预算，不仅可以实现国家财政收入和国内生产总值的再分配，还可以为国内经济发展和在俄罗斯全境实施相应的社会政策储备资金。俄罗斯的预算收入主要来自税收和其他缴纳费用，税收收入保障了大部分预算进项。国家预算支出大致可以分为两部分：其一是

用于发展物质生产及完善生产部门的资金；其二是非生产领域的维持与发展资金。另外，自 2004 年开始，俄罗斯预算体系还增设了一些新的机制，主要是俄罗斯稳定基金。

1. 俄罗斯财政预决算情况

2011 年第一季度至 2012 年第二季度俄罗斯财政决算情况见表 2。

表 2　2011Q1 至 2012Q2 俄罗斯财政预算额和收支结构

单位：万亿卢布，%

	2011Q1	2011Q2	2011Q3	2011Q4	2012Q1	2012Q2
收入	4. 3925	9. 8851	15. 1708	20. 8554	5. 1035	11. 1015
利润税	0. 128	0. 127	0. 117	0. 109	0. 111	0. 117
收入税	0. 091	0. 090	0. 091	0. 096	0. 090	0. 091
社会需求税	0. 166	0. 170	0. 169	0. 169	0. 159	0. 165
增值税	0. 165	0. 157	0. 158	0. 156	0. 159	0. 156
消费税	0. 030	0. 030	0. 032	0. 031	0. 035	0. 035
聚合收入税	0. 012	0. 012	0. 012	0. 011	0. 011	0. 013
财产税	0. 031	0. 034	0. 033	0. 033	0. 024	0. 032
自然资源使用税	0. 103	0. 100	0. 100	0. 100	0. 121	0. 113
对外贸易	0. 202	0. 205	0. 213	0. 224	0. 220	0. 219
政府资产使用费	0. 033	0. 041	0. 037	0. 032	0. 029	0. 024
自然资源费	0. 009	0. 007	0. 005	0. 005	0. 005	0. 005
捐赠	0. 002	0. 002	0. 008	0. 007	0. 004	0. 004
创业活动收入	0. 003	0. 002	0. 002	0. 002	0. 000	0. 000
支出	3. 5754	8. 1387	12. 7454	19. 9946	4. 5836	9. 9612
政府一般性支出	0. 065	0. 068	0. 068	0. 068	0. 059	0. 062
政府债务支出	0. 026	0. 017	0. 020	0. 016	0. 027	0. 019
国防支出	0. 073	0. 077	0. 071	0. 076	0. 122	0. 097
国家安全和民兵支出	0. 081	0. 076	0. 074	0. 076	0. 077	0. 076
国民经济支出	0. 097	0. 110	0. 119	0. 140	0. 097	0. 116
燃料和能源部门支出	0. 002	0. 001	0. 002	0. 003	0. 003	0. 003
农林牧渔部门支出	0. 009	0. 012	0. 013	0. 013	0. 009	0. 012
交通	0. 025	0. 023	0. 021	0. 025	0. 033	0. 029
道路维护	0. 025	0. 029	0. 036	0. 036	0. 024	0. 032
通信和信息支出	0. 002	0. 003	0. 003	0. 004	0. 001	0. 002
研发支出	0. 006	0. 007	0. 007	0. 009	0. 011	0. 009
其他	0. 021	0. 027	0. 028	0. 041	0. 011	0. 022
住房与其他公共服务支出	0. 039	0. 044	0. 051	0. 060	0. 027	0. 034
社会文化活动	0. 616	0. 607	0. 594	0. 562	0. 589	0. 595
余额	0. 817	1. 7464	2. 4254	0. 8607	0. 5199	1. 1402

资料来源：CEIC 数据库。

由于石油价格维持高位，2011～2012年俄罗斯的财政状况明显好于预期。整体看来，2011年俄罗斯联邦预算收入11.35万亿卢布，增长36.7%，占GDP比重为20.9%。支出10.94万亿卢布，增长8.1%，占GDP比重为20.1%，实现预算盈余0.41万亿卢布，占GDP比重为0.8%（2010年预算赤字占GDP比重为4%）。全年俄罗斯预算执行情况不仅远好于预算赤字占GDP比重为3.6%的原定计划，也比其他一些主要经济体要好很多。此外，俄罗斯国债占GDP的比例只有约12%，这比所有发达经济体都要低很多。

根据俄罗斯政府制定的财政预算，2012年俄联邦政府财政赤字将为8910亿卢布（约合281亿美元），占全年国内生产总值的1.5%。[①] 但是，俄罗斯财政部2012年8月13日公布的初步数据显示情况乐观：1～7月份，俄联邦政府财政收入为7.248万亿卢布（约合2285亿美元），约占全年预算总收入的57.2%；财政支出为6.965万亿卢布（约合2195亿美元），约占全年财政预算总支出的54.6%，实现财政盈余约2830亿卢布（约合90亿美元），约占国内生产总值的0.9%。

2. 俄罗斯的储备基金和国家福利基金

在1998年亚洲金融危机的时候，俄罗斯由于缺少财力储备，国家以及全体国民蒙受了巨大的经济损失。面对自2008年以来更为严重的全球性金融危机和债务危机，俄罗斯并没有重演1998年的悲剧，其中最主要的原因就在于2004年设立的财政预算储备机制——稳定基金发挥了积极的反危机功效。

这一机制的设立最初是考虑到原材料出口导向会使俄罗斯财政收入对世界经济的依赖程度不断加深。IMF的数据显示，2012年1～7月份，尽管石油出口量同比下降，但由于原油价格的上升，石油天然气行业还是给俄联邦政府财政带来3.7345万亿卢布（约合1178亿美元）收入，占总财政收入的比重接近52%，关税收入占财政总收入的比重也由2000年的8.4%上升到2012年第二季度的22%左右，国际油价的变动明显领先于俄罗斯政府的财政盈余变动（见图1）。而且更重要的是，由资源产品出口推动的财政收入快速膨胀具有极

① 2012年预算草案假定乌拉尔原油价为75美元/桶，实际GDP增长4.2%，通胀率下降到6.5%，卢布兑美元的汇率为30.5∶1，在2012年的基础上，2013年预算赤字占GDP比重较少，为3%。

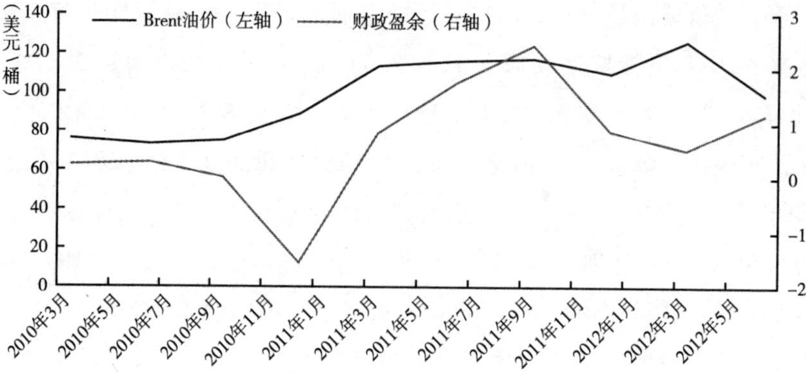

图1　俄罗斯财政盈余与原油价格的变动趋势

资料来源：IFS 和美国能源资讯局（EIA）。

强的偶然性和阶段性，极易受外部环境影响，而财政支出则随政府支出责任的不断扩大而呈刚性上升。从这个角度讲，俄罗斯的财政收入结构严重受制于外部环境因素，显然无法为国内财政预算的长期平衡提供必要的资金保障。

稳定基金包括储备基金和国家福利基金，其资金主要来源于世界能源价格高企带来的联邦财政预算盈余。储备基金可以在世界能源价格发生波动的情况下充分发挥国家经济安全气囊的作用；而国家福利基金的本意是为自愿养老储蓄提供资金支持，并确保俄罗斯养老基金的预算平衡。在外部危机的冲击下，这两个基金都可以用于弥补因收入下降而出现的联邦预算赤字。稳定基金的基本概念、主要内容、投资形式及使用范围在《预算法典》中有明确的规定和说明，例如第 13 章规定，稳定基金是联邦预算资金的一部分，由俄财政部单独核算和管理；以乌拉尔原油（俄罗斯创立的与布伦特等独立的石油品牌）20 美元/桶为基准价格，将超过基准价格形成的超额税收收入计入稳定基金，当油价跌破 20 美元/桶时，则需动用这笔稳定基金来弥补国家预算赤字；稳定基金的总额应达到各个财政年度国内生产总值的 7% ~13.5%；等等。

另外，该《预算法典》中还有一个值得注意的规定就是，俄罗斯预算油气收入应该首先用于充盈国家财富基金，直至其绝对量达到下一财政年度预测 GDP 的 3.7%，多余部分才用于充盈储备基金。这在图 2 中有明确体现。与储备基金在全球金融危机期间迅速减少不同的是，从 2008 年 12 月开始，国家财

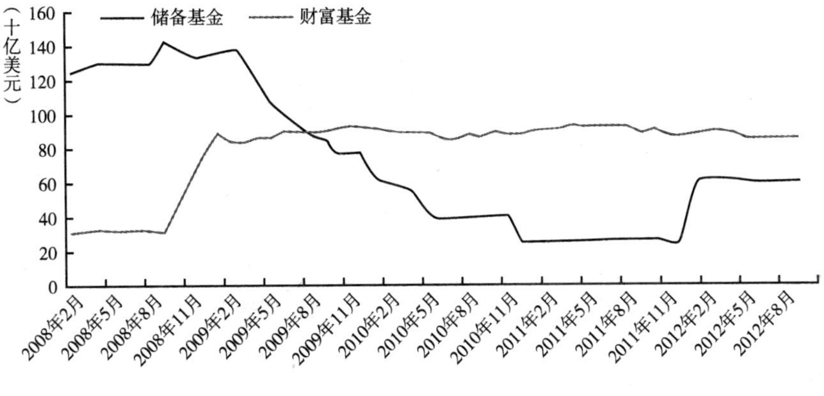

图 2　储备基金与财富基金的变动情况

资料来源：俄罗斯财政部（http：//www. minfin. ru/en/）。

富基金始终保持在 850 亿～920 亿美元区间内。而凭借国际油气价格的持续攀升，在维持财富基金既有规模的基础上，俄罗斯还于 2012 年初，利用油气收入，将储备基金的规模增加至 600 亿美元左右。但是，2012 年 6 月圣彼得堡会议后，俄罗斯政府对上述基金使用原则做了极大修改，对国家油气领域的收入支配也做了重新规定。具体为：从 2013 年起，政府制定预算所依据的油价基准值将立足于今后 5 年的油价走势，并逐步将这一基准值的预期拉长至 10 年；如果基准油价高于实际油价，则将动用国家储备基金弥补预算赤字；如果基准油价低于实际油价，则政府收入余额将补充进国家储备基金；如果上述收入余额超过 GDP 的 7%，则超出部分将用来补充国家福利基金或投资重大基础设施建设。

除储备基金外，俄罗斯政府还制定了一些其他的反危机措施。具体有：①预留部分资金应对危机。2012～2013 年的预算中将列入 2000 亿卢布的储备金以应对可能出现的危机情况。这些资金将主要用于履行社会承诺，对弱势群体提供社会保障，对银行以及企业提供支持等。②制定 2012～2014 年政府预算时规定，政府将获准在经济环境恶化的情况下动用国家储备基金，稳定经济形势，维持本国金融市场和劳动力市场稳定，加强社会保障及履行其他社会领域承诺。根据该预算案，政府可动用的国家储备基金额度不能超过预算支出的 5%。在2012 年，这一额度不能超过2000 亿卢布（1 美元约合 32 卢布）。③加大投资力度。俄罗斯政府一再强调欢迎外国公司进入俄罗斯企业私有化进程中去，不会设置外国资本在俄罗斯境内的流动限制等。

3. 建立在高油价基础上的福利国家如何持续

由于石油价格的持续攀升，近两任俄罗斯总统在社会支出方面都非常慷慨。2012 年初，经梅德韦杰夫总统签署和执行的财政措施包括降低社会保险税和工资税、增加国家安全和养老金支出等方面的政策。在俄罗斯 2012 年大选之前，普京在《共青团真理报》上发表了一篇文章，题目是《构建公平正义：俄罗斯社会政策》，文章开篇即表示俄罗斯是一个福利国家，而且在过去 4 年中，俄罗斯社会支出的绝对值增加了 50%，占 GDP 的比例由 21% 上升到了 27%，文章中还列出了未来社会支出的几个主要对象群体。另外，普京在竞选中的承诺还包括暂缓提高企业税赋等多个方面。2012 年 6 月 28 日，当选总统后的普京发布《2013 ~ 2015 年国家预算咨文》，进一步强调俄罗斯应该调整预算制定原则，提高政府预算效能与针对性，克服预算完成易受国际原材料价格影响、预算支出结构不合理等弊病，确保人民生活水平不受损害，同时还特别指出，在对预算进行调整时，不会削弱社会项目支出，并强调这是政府优先发展的方向。

上述措施增加的社会支出可能会占到 GDP 的 1.5%，但更值得担心的是俄罗斯的养老金体系。2012 年俄罗斯养老金赤字预计会达到 1.75 万亿卢布，约占 GDP 的 3%，而在 2011 年，这一赤字规模还不到 1 万亿卢布。预计 2020 年俄罗斯退休人员占总人口的比重将从目前的 22% 达到 25%，2030 年该比重则会接近 30%。只要油价不跌，兑现选举时的承诺、维持养老金体系自然没有问题，可是，一旦油价下降，已经增加的社会支出该如何维系呢?

三　向卢布自由浮动制度和通胀目标制过渡

俄罗斯曾经属于高通胀国家，2000 年以来，其通胀率虽然呈逐年下降趋势，但直到 2008 年金融危机前，大多数时候仍维持在两位数；而且从国际上看，俄罗斯的通胀率也高于世界许多国家。同时，由于俄罗斯特殊的经济和出口结构，卢布汇率对国内物价同样具有举足轻重的影响。2009 年 6 月，俄罗斯中央银行行长伊格纳季耶夫明确提出，向卢布自由浮动制度和通胀目标制过渡是俄罗斯中央银行货币政策的主要目标。俄罗斯中央银行货币政策及其目标的变化突出反映在《2010年及2011~2012年统一货币信贷政策基本方针》和《2011年及2012~2013年统一货币信贷政策基本方针》中，这两份文件要求俄罗斯中央银行应为实行通胀目标制做好准备。

通胀目标制是一种以保持较低的和稳定的通货膨胀为目标的货币政策制度或政策框架，其基本含义是央行明确以物价稳定为目标，首先确定将来某一阶段的目标通胀率，然后根据当前的经济形势对未来的通胀率进行估测，如果预测值高于目标通胀率，则实行紧缩性货币政策，反之则实行扩张性货币政策。根据2011~2013年的经济社会发展预测和远景方案，俄罗斯政府和中央银行将2011~2013年的年度通货膨胀同比增速目标分别设定在6%~7%、5%~6%、4.5%~5.5%。

2011年1月至今，俄罗斯的通货膨胀变动趋势大致可以分为两个阶段，第一阶段是从2011年1月至2012年5月，通货膨胀同比增速从9.6%迅速下降到3.6%，3.6%是俄罗斯二十多年来的最低值；第二阶段开始于2012年6月，通货膨胀又出现了上升趋势（见图3）。

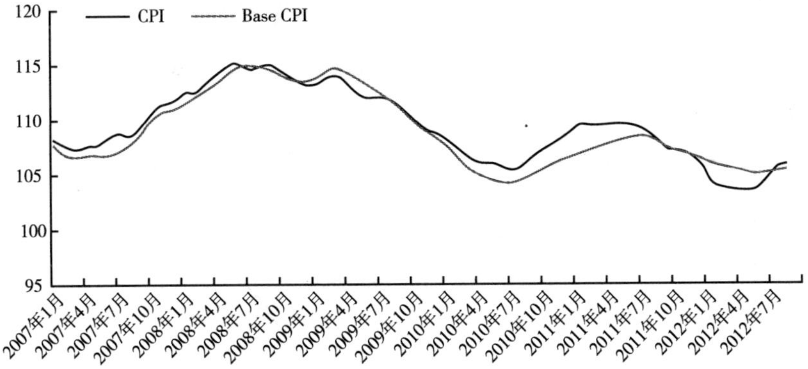

图3 俄罗斯CPI、基础CPI同比增速变动趋势

资料来源：Wind资讯。

第一阶段通胀下降可能有很多原因。首先，2011年全年排除能源和生鲜食品价格影响的基准CPI从最高的8.4%下降到5月最低的5.1%，说明货币和汇率因素对减缓通胀发生了积极的作用。事实上，从2010年12月开始，针对当时严峻的通胀形势，俄罗斯央行将隔夜存款利率提高25个基点至2.75%，这是2008年以来俄罗斯货币政策的首次收紧；与此相对应，2011年1月、2月又连续两次提高存款准备金率，并在2月、3月将基准利率（再融资利率）连续提高50个基点至8.25%，5月又将隔夜存款利率提高到3.5%，9月继续上调隔夜存款利率25个基点至3.75%，这一系列政策抑制了通货膨胀。其次，相比上一年，2011年俄罗斯的农业大丰收降低了食品价格。再次，与以往通常在1月份调整公共服务价格不同，2011年俄罗斯将公共服务收费上调推迟到了7月份。最后，国内油价也没有随国际油价的攀升而上涨。

但6月份以来，俄罗斯洪灾旱灾等天灾连续出现，粮食产量预期有所下降，食品价格受此影响持续上涨；同时，虽然6月以来卢布兑美元的汇率出现小幅回升，但相比第二季度仍处贬值区间，进口商品（特别是生活日需品）价格仍处高位；还有，俄罗斯信贷的年增长率维持在13%的高位；最后，从7月1日起，俄罗斯调高了水、电、燃气等公共部门的税费。在上述因素的综合作用下，截至9月10日，俄罗斯的CPI通胀达到6.3%（见图4）。考虑到这一通胀水平对央行的中期通胀目标已经构成风险，与之前连续8个月维持基准利率不变（俄罗斯央行于2011年12月曾将原基准利率下调25个基点至8%）不同，俄罗斯央行于9月13日宣布上调基准利率25个基点至8.25%，升息从9月14日开始生效。

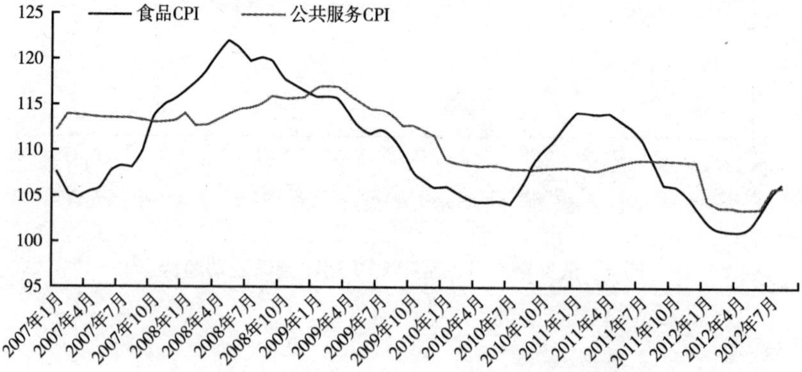

图4　俄罗斯食品CPI和公共服务CPI变动趋势

资料来源：Wind资讯。

值得注意的是，在2011年第三季度，由于市场对欧元区债务危机加剧的担心加大，美元兑卢布汇率开始急剧上升，卢布贬值幅度超过17%。之后在2012年第二季度，由于国内资本净流出规模加大，卢布对美元同样出现了较大幅度的贬值。不过，俄罗斯央行认为，卢布汇率仍处于中央银行规定的浮动区间内，无须进行“大力干预”，只有当卢布对一揽子货币汇率超过上限38.15卢布比1的情况下，俄央行才会采取更加积极的干预措施。相比于2010年俄罗斯央行用于干预外汇市场总计250亿美元的规模来说，2011年的干预规模下降为只有130亿美元，与之相对的是卢布兑美元的波动幅度也逐渐加大（见图5）。事实上，从2011年1月至2012年9月，在俄罗斯央行通过各种货币政策工具对国内通货膨胀水平进行调控的过程中，第一次没有对卢布汇率设定特别的数量目标，从而也就不用考虑维持较低通胀水平与防止国际竞争力弱化之间的矛盾，使得控制通货膨胀成为货币政策唯一目标的同时，事实上也允许卢布汇率的自由浮动。

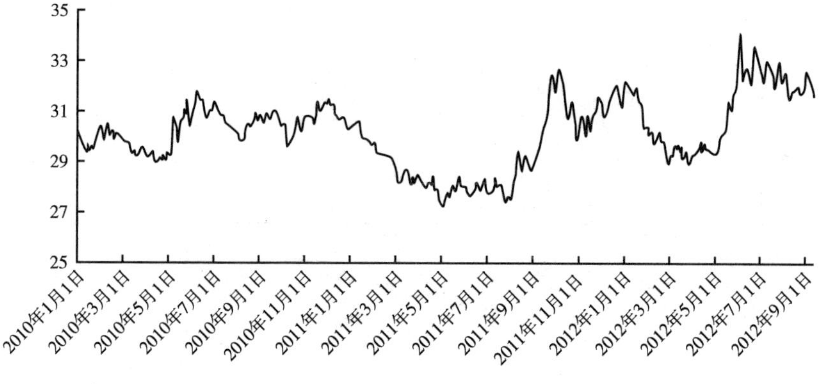

图5　美元兑卢布汇率变动情况

资料来源：Wind资讯。

四　贸易品结构依旧单一，融入全球步伐加快

1. 出口品单一的问题并无缓解

2011年，俄罗斯对外贸易总额为8447亿美元，与2010年相比增长

17.4%。其中，出口额为5214亿美元，同比增长30.2%；进口额为3233亿美元，同比增长30%；实现贸易顺差1981亿美元，同比增长30.6%。2012年1~7月，俄罗斯对外贸易总额为4897亿美元，同比增长6.9%；其中，出口额为3054亿美元，同比增长5.7%，进口额为1843亿美元，同比增长4.9%；实现贸易盈余1211亿美元，同比增长30.7%，与2011年全年大体持平。

长期以来，俄罗斯一直存在出口商品单一的问题（见图6）。2011~2012年，伴随石油价格的持续攀升，俄罗斯商品出口，特别是燃料动力产品和初级材料出口，在俄罗斯对外贸易结构中的主导地位得到进一步巩固，经常项目顺差也仍然是俄罗斯国际储备增长的主要来源，未来中短期内这一经济增长的动力模式不会有较大变化。在2011年对非独联体国家出口商品结构中，俄罗斯能源产品占到72.6%的份额（2010年为70.8%），在对独联体国家出口商品结构中，能源产品的比重达56.6%。

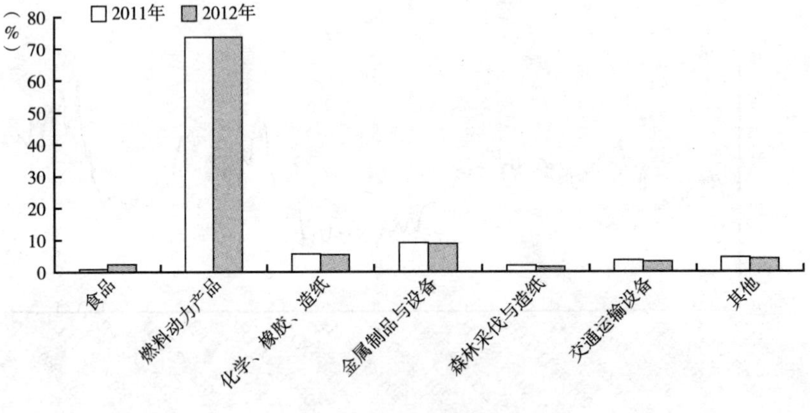

图6 俄罗斯出口商品结构

资料来源：参见俄罗斯经济发展部《2012年上半年经济发展报告》。

相比于过于单一的出口商品结构，俄罗斯对外贸易国别格局的多样化程度则要好很多（见图7）。2011年，欧盟作为俄重要的经济伙伴具有特殊地位，占俄罗斯外贸总额的比重为48%，排在后面的是亚太经济合作组织国家，占23.9%，后面依次是独联体国家占14.9%，欧亚经济共同体国家占7.9%，关税同盟国家占7.1%。从同比增速来看，俄罗斯与亚太经合组织和俄白哈关税同盟分别为35.3%、35.2%，略高于其他地区，因此这种贸易国别格局短期内不会发生大的变化。

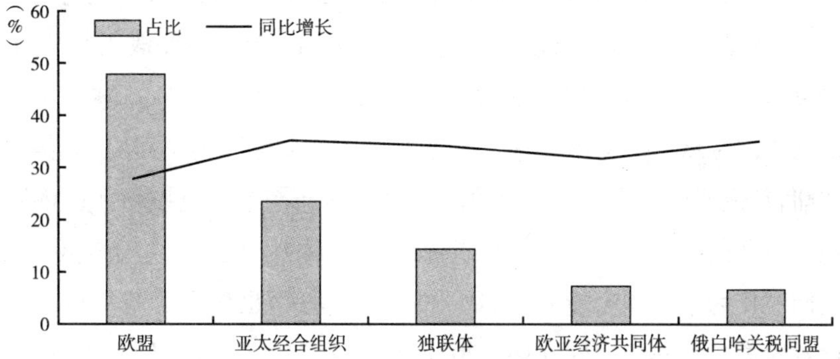

图7　俄罗斯对外贸易的国别格局

资料来源：Wind 资讯。

从整体来看，俄罗斯经济一方面是对原材料出口的高度依赖，另一方面是对消费品、技术和高附加值产品的进口依赖，这使其在国际经济体系中处于非常不利的地位。摆脱原料型经济，提升本国制造业和国际分工的水平，是目前俄罗斯面临的最艰巨的挑战之一。通过加快融入全球经济体系，改善投资环境，依靠现代化技术和发展有竞争力的行业，是俄罗斯经济发展的必经阶段。

2. 融入全球取得重大进展

（1）正式加入世界贸易组织（WTO）。在2011～2012年间，对俄罗斯来说最重大的事情莫过于加入WTO。在日内瓦2011年12月16日WTO第八次部长级会议上，俄罗斯结束了长达18年的马拉松式谈判，正式获准成为WTO新成员，2012年7月俄罗斯国家杜马正式通过了俄罗斯加入WTO的议案。WTO总干事帕斯卡尔·拉米表示，俄罗斯加入WTO对于俄本国和多边贸易机制来说都是历史性时刻。一方面，WTO终于将最后一个重要经济体也纳入贸易规则之内，使该组织更加全面和更具代表性；另一方面，这一事件可能为低迷的全球经济和多边贸易体制建设等注入新的活力。

作为最后一个加入WTO的重要经济体，俄罗斯的入世过程艰难而漫长。1993、1994年俄罗斯分别向GATT及之后的WTO递交了加入申请，并从1995

年开始组织专业工作小组与 WTO 相关机构展开了正式的谈判，但这一阶段的谈判进展因为俄罗斯国内政治、经济形势的动荡而长期停滞。从 2000 年开始，考虑到俄罗斯经济存在的诸多问题仅靠内部力量难以克服，普京政府明确将加入 WTO 作为俄罗斯对外经济政策的优先考虑方向，制定和修改了部分与 WTO 规则冲突的法律、法规，同时加快了入世谈判的进程。2004、2006 年，俄罗斯相继与中国、欧盟、美国等签署了有关俄罗斯入世的原则性协议。但这一发展因 2008 年俄罗斯与格鲁吉亚战争、2009 年宣布与哈萨克斯坦和白俄罗斯作为关税同盟共同展开入世谈判两个事件而陷入僵持。随后，迫于美欧的压力，俄罗斯同意作为单一国家加入 WTO，格鲁吉亚方面也放弃了坚持在两国争议地区设置海关监管站的强硬立场。2011 年 11 月 11 日，俄罗斯加入 WTO 工作组最后一次会议全票通过了俄罗斯入世条约的最终全部文本。

俄罗斯在入世谈判中争取到了有利的地位。除按 WTO 规则进行相应的法律、法规和经济政策调整之外，俄罗斯在加入 WTO 协议文本中还加入了一些有利的条款，如：①有权提高商品市场准入门槛。尽管与俄罗斯达成的协议框架规定，加入 WTO 后 7 年之内俄罗斯产品的有效关税税率将从 11% 降低到 7%，但俄罗斯加入 WTO 后可以不马上降低关税，加入 WTO 的第一年，所有商品的关税也不需低于现行水平；而且，对个别商品还规定了宽限期，从 1 年至 7 年不等。农产品在过渡时期内，俄罗斯还有权提高部分基础农业产品的关税。②大部分服务市场有限准入。该领域协议框架的目的在于协调国外服务业和服务商进入俄罗斯市场的条件。规定俄罗斯承担义务的服务领域约有 116 个（包括银行、保险、有价证券、通信和互联网、交通、分销、环保、专业服务等），其中在 30 个领域所承担的义务要全部履行，即根据关贸总协定第 16 款市场准入和第 17 款国民待遇的规定，在这些部门俄罗斯对外资数量不加限制，给予完全国民待遇，但在其他领域所需承担的义务对 WTO 的要求均做了保留。③确认俄罗斯天然气工业公司的垄断地位。按协议，俄罗斯绝对控股的天然气工业公司是俄罗斯唯一有权出口天然气的公司，俄罗斯其他私有天然气公司（或称独立天然气公司）只能借天然气工业公司的管道出口少量天然气，无权自建天然气出口管道。④知识产权保护内外不一，在俄罗斯承担开放义务的领域，俄罗斯保留采取措施保护文化财产和保持文化独特性的权力，有关知识产权后续谈判在多边框架内还将继续进行。

（2）建立欧亚经济联盟。2011 年 11 月 18 日，俄罗斯、白俄罗斯和哈萨克斯坦签署了欧亚经济委员会条约、欧亚经济一体化宣言和欧亚经济委员会工作条例三份重要文件，标志着关税同盟三国开始建立欧亚经济联盟。欧亚经济联盟的成立将是独联体经济一体化进程中非常重要的一步，标志着俄罗斯主导的独联体内经济一体化进入了实质性的新阶段。组建欧亚经济联盟的包容性合同有望于 2015 年 1 月 1 日前签署。

另外，按预先设定的路线图，2012～2015 年，哈、俄、白俄三国的一体化进程将在以下六个方面进一步加快：①将根据各自的体制相互开放金融、银行和保险服务市场，为投资活动创造平等的法律条件，消除货币流通中的限制；②对成员国的自然人和法人开放服务市场；③在实行许可证的领域相互承认许可证并使各自国家的法规相一致；④成员国将统一货物运输的铁路运费，进而使承运者享受铁路基础设施提供的服务，企业可以获得自然垄断和国家采购服务；⑤取消劳动力流动的限制，每方的公民可在另一成员国的境内停留 30 昼夜，无须到主管部门登记；⑥公民在另一成员国境内可以享受一定的社会保障，其权益受到保护。随着越来越多的独联体国家加入经济一体化进程，欧亚经济联盟将对欧亚地缘经济和地缘政治产生重要影响。

五　对俄罗斯经济增长的展望

2012 年从年初到现在，俄罗斯核心的经济主管部门经济发展部对其所作出的俄罗斯 GDP 增长预测做了两次调整。首先，因为欧债危机深化、石油价格波动等原因，尽管俄罗斯 2012 年第一季度实际 GDP 实现了 4.9% 的增长，但经济发展部在 4 月份还是将其对俄罗斯 2012 年 GDP 增长的预测从年初的 3.7% 下调至 3.4%，这表明俄政府认为下半年的经济形势仍不乐观。其次，在第二季度实际 GDP 实现 4% 的增长后，8 月，俄罗斯经济发展部又将其 2012 年 GDP 预期增速上调至 3.5%，略微高于早前的 3.4%。3.5% 的增速与 9 月份世界银行利用基准情景（即布伦特原油价格为 100 美元/桶）作出的预测完全一致。

彭博（Bloomberg）和经济学人（Economist Intelligence Unit，EIU）的预测均为3.8%，比俄罗斯经济发展部和世界银行的预测略高一些。其中，彭博预测的第三、四季度的增速分别为3.2%、2.95%，而经济学人预测的第三、四季度的增速则均为3%。与世界银行不同，经济学人的预测是建立在布伦特原油价格为109美元/桶的情景基础上的。相比于俄罗斯2010、2011年的中高速增长，上述针对2012年的预测，与OECD综合领先指数显示的、全年俄罗斯经济增长呈现逐月下行态势基本是一致的（见图8）。

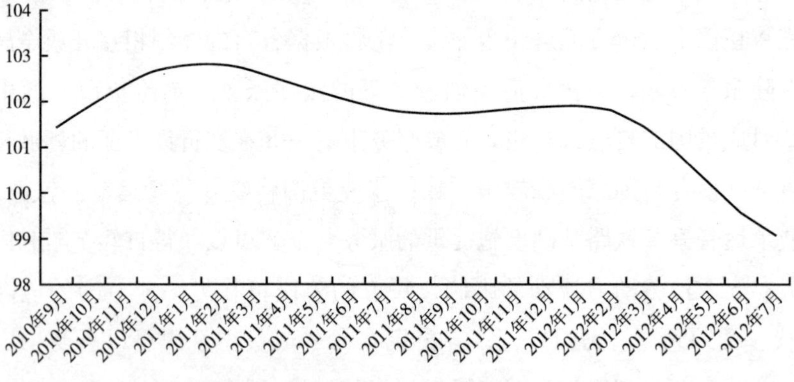

图8　俄罗斯的OECD领先指数变动趋势

资料来源：OECD。

由于燃料动力产品在俄罗斯生产和贸易中的重要地位，对其经济增长的展望自然应该重视国际石油价格的影响，但我们认为，在普京的新一任总统任期内，还应该关注俄罗斯经济结构调整对其经济增长的影响。2011年9月24日，普京在被推荐为俄罗斯总统候选人之后发表国家社会经济发展战略目标时提出，俄罗斯未来几年的经济增长应该保持在6%~7%的水平，随后的竞选纲领还明确提出“俄罗斯需要新经济”，“俄罗斯需要的新经济是建立在现代技术基础上的经济”等目标，并强调以多元化的新经济克服长期以来对燃料能源部门的依赖，以高生产率和低能耗克服长期以来的效率低下，以不断实现的技术创新获得在全球竞争中的优势地位。

在普京分别担任俄罗斯总统和总理的1998年到2012年间，俄罗斯经济发展取得了骄人的成绩，本次普京的顺利当选将使俄罗斯保持政治上的稳定性和经济政策上的连续性。俄罗斯国家民意调查机构 VTSIOM 在 2012 年 3 月所做的民意调查显示，有意向移民的俄罗斯人所占的比例从 2011 年 6 月的 22% 下降到 11%。而且，国际经济危机并没有影响到世界各国对原油的基本消费需求；同时，欧美国家应对危机的量化、非量化宽松货币政策及其他财政刺激措施，还会刺激国际原油价格进一步上涨。因此，尽管欧美债务危机还远远看不到终点，世界经济也可能面临长期衰退的危险，但只要俄罗斯国内不发生意外，从 2013 年开始，其经济增长可能会保持 3 ~4 年年均 4% 左右的增速。

参考文献

曲文轶：《普京新政与俄罗斯经济政策走向》，《国际经济评论》2012 年第 3 期。

田春生：《关于俄罗斯经济政策与发展路径的研究》，《东北亚论坛》2012 年第 3 期。

田春生：《"新普京时代"俄罗斯经济：现状、调整与趋势》，《俄罗斯学刊》2012 年第 3 期。

童伟：《抵御经济危机的国家安全气囊——俄罗斯财政预算稳定机制分析》，《俄罗斯中亚东欧研究》2010 年第 4 期。

Economist Intelligence Unit, *Country Report*: *Russia*, October 2012.

Russia: Better Growth Prospects and Faster Integration into the Global Economy

Gao Lingyun Liu Xiulian

Abstract: After the high growth in 2011 and the first quarter of 2012, Russia's economy began to decelerate due to the deceleration of the global trade and production. Russia's fiscal position is better than expected because of the high international oil prices. The federal government has adequate reserve funds to react to the adverse impact of the European debt crisis. However, government finance would deteriorate because of population aging and fulfilling election promises in the future.

Meanwhile, Russia's monetary policy system is in transition to inflation targeting, and ruble exchange rate gradually is moving toward a free floating system. The fluctuation of the ruble exchange rate has increased despite the improvement in domestic inflation. The stronger eternal impetus from joining WTO and building Eurasian Economic Union might help Russia to solve the problems of single trade structure and inefficiency. However, the determinants of economy growth mainly depend on the stability in politics and continuity in economic policies.

Key Words: International Oil Price; Inflation Targeting; Economy Structure

Y.7
拉美经济：复苏表现各异，“拉美十年”面临挑战

江时学*

摘　要：

2012年，拉美经济增长率预计为3.2%，低于2011年的4.3%。这与外部环境不利有着较为密切的关系。2012年拉美经济形势呈现以下特点：外部因素的不利影响开始显现；经常项目出现逆差；国际储备继续增加；通货膨胀率继续回落；公共财政的可持续性增强；货币政策继续保持较为稳健的态势；内部需求的扩大构成了经济增长的动力；一些拉美国家的贸易保护主义在抬头；区域经济一体化进程继续推进。2012年的拉美经济形势似乎也表明，称2010年代为“拉美的十年”尚为时过早。一是拉美经济无法摆脱对初级产品出口的严重依赖；二是拉美经济并未与发达国家经济实现“走势分离”；三是影响拉美经济增长的诸多问题难以在近期内得到解决。

关键词：

拉美经济形势　“拉美的十年”　“太平洋联盟”　前景展望

2012年，虽然拉美国家的内需在扩大，但外部环境较为不利。因此，拉美经济将呈现如下特点：增长率预计较2011年低一个多百分点，经常项目会出现逆差，国际储备将增加，通货膨胀率继续回落，公共财政的可持续性在增强，货币政策继续保持较为稳健的态势，区域经济一体化进程继续推进，但一些国家的贸易保护主义在抬头。预计2013年经济增长率会高于2012年。

---

* 江时学，中国社会科学院研究员、中国拉美学会副会长，研究领域为拉美问题。

一　2011 年拉美经济形势回顾

2011 年上半年，拉美经济面临较好的外部环境。例如，由于对初级产品的需求旺盛，国际市场上初级产品的价格保持在较高的水平上，绝大多数拉美国家的贸易条件得到有效的改善。此外，国际金融市场上流动性的充裕以及对拉美发展前景的看好，也使大量外资进入了该地区。劳动力市场形势的改善以及国内信贷的增加，使得国内需求不断扩大。因此，2011 年上半年的拉美经济形势似乎是非常令人鼓舞的。

但从 2011 年中开始，由于欧洲债务危机未见好转，加之美国经济复苏乏力，外部环境中的不利因素开始显现。与此同时，大量外资的流入使许多拉美国家的货币面临巨大的升值压力，拉美出口产品的竞争力或多或少地受到了一定的负面影响。而国际市场上初级产品和食品价格的上涨促使拉美国家的消费品价格呈现趋于走高的态势。

自 2011 年中开始，此前拉美国家为应对国际金融危机而实施的反周期政策的效率也变得越来越微弱。此外，市场和投资者对拉美经济增长的预期也出现了动摇。其结果是，投资和消费难以得到稳步增长，国内需求受到了显著的不良影响。

上述不利条件的综合作用使得拉美经济增长率从 2010 年的 6.0% 下降到 2011 年的 4.3%。如表 1 所示，大国的增长率都有不同程度的下降。例如，巴西从 7.5% 大幅度跌落到 2.7%，墨西哥从 5.6% 下降到 3.9%，阿根廷从 9.2% 回落到 8.9%。只有巴拿马和委内瑞拉较为令人满意。巴拿马从 7.6% 增长到 10.6%，委内瑞拉从负增长（-1.5%）变为正增长（4.2%）。[①]

---

① 除注明外，本文所有数据均引自联合国拉美和加勒比经济委员会（UN Economic Commission for Latin America and the Caribbean，ECLAC）2012 年 10 月发表的《2011～2012 年拉美和加勒比经济概览》（*Economic Survey of Latin America and the Caribbean 2011 - 2012*，October 2012）。

表 1　拉美国家经济增长率

单位：%

年　份	2010	2011	2012	2013
阿根廷	9.2	8.9	2.0	3.5
玻利维亚	4.1	5.2	5.0	4.5
巴西	7.5	2.7	1.6	4.0
智利	6.1	6.0	5.0	4.8
哥伦比亚	4.0	5.9	4.5	4.5
哥斯达黎加	4.7	4.2	5.0	4.0
古巴	2.4	2.7	3.0	3.0
多米尼加	7.8	4.5	4.5	4.5
厄瓜多尔	3.6	7.8	4.5	4.5
萨尔瓦多	1.4	1.5	2.0	2.0
危地马拉	2.9	3.9	3.5	3.5
海地	-5.4	5.6	6.0	7.5
洪都拉斯	2.8	3.6	3.2	3.0
墨西哥	5.6	3.9	4.0	4.0
尼加拉瓜	4.5	4.7	5.0	5.0
巴拿马	7.6	10.6	9.5	7.0
巴拉圭	13.1	4.4	-2.0	5.0
秘鲁	8.8	6.9	5.9	5.5
乌拉圭	8.9	5.7	3.5	4.0
委内瑞拉	-1.5	4.2	5.0	3.0
安提瓜和巴布达	-7.9	-5.0	2.3	2.6
巴哈马	0.2	1.6	2.5	2.7
巴巴多斯	0.2	0.6	1.0	1.5
伯利兹	2.9	2.5	2.4	2.5
多米尼克	0.9	-0.3	2.6	2.6
格拉纳达	0.0	1.0	1.9	2.2
圭亚那	4.4	5.4	3.8	4.5
牙买加	-1.5	1.3	1.0	1.3
圣基茨和尼维斯	-2.4	2.1	1.0	1.8
圣文森特和格林纳丁斯	-2.8	0.1	1.8	2.0
圣卢西亚	0.4	1.3	2.3	2.5
苏里南	7.3	4.5	4.3	4.0
特立尼达和多巴哥	0.0	-1.4	1.0	2.2
南美洲 10 国	6.5	4.5	2.8	4.1
中美洲 9 国	4.2	4.3	4.4	4.0
加勒比国家	-0.1	0.4	1.6	2.2
拉美	6.0	4.3	3.2	4.0

资料来源：ECLAC，*Economic Survey of Latin America and the Caribbean 2011 - 2012*，October 2012。

国际货币基金组织认为，如果不是2011年国际市场上绝大多数初级产品的价格能保持在高位，使严重依赖初级产品出口贸易的南美洲国家受益，拉美经济增长率的下降幅度会更大。[①]

2011年，拉美国家的商品进出口贸易总额均首次超过1万亿美元，分别为1.036万亿美元和1.097万亿美元。[②] 这将提升拉美在国际贸易中的地位。根据世界银行的统计，2011年，巴西的经济总量超过了英国（分别为2.477万亿美元和2.432万亿美元），成为世界上第六大经济体。[③] 这也使拉美在国际经济舞台上的地位得到了提升。

二　2012年拉美经济形势的特点

受多种外部因素的不利影响，2012年拉美经济增长率预计为3.2%，低于2010年和2011年（见表1）。[④] 就国别而言，巴拿马的增长率最高（接近10%），其次为海地（6.0%）和秘鲁（5.9%），只有巴拉圭是负增长（-2.0%）。作为拉美地区的大国，巴西和阿根廷的增长率不尽如人意，分别为1.6%和2.0%。相比之下，中美洲国家的增长率高于南美洲国家和加勒比国家，分别为4.4%、2.8%和1.6%。[⑤]

2012年拉美经济形势的特点主要包括以下几个方面。

第一，外部因素的不利影响开始显现。[⑥] 在各种不利的外部因素中，欧洲债务危机对拉美的影响要大于美国经济复苏乏力对拉美的影响。这一影响主要

---

① IMF, *Regional Economic Outlook: Western Hemisphere*, April 2011. http://www.imf.org/external/pubs/ft/reo/2012/whd/eng/pdf/wreo0412.pdf.

② ECLAC, *Preliminary Overview of the Economies of Latin America and the Caribbean, 2011*, February 2012.

③ http://data.worldbank.org/country/brazil; http://data.worldbank.org/country/united-kingdom.

④ 根据世界银行在2012年6月所作的预测，2012年拉美经济增长率为3.5%。http://web.worldbank.org/WBSITE/EXTERNAL/EXTDEC/EXTDECPROSPECTS/EXTGBLPROSPECTSAPRIL/0,contentMDK: 20370107 ~ menuPK: 659160 ~ pagePK: 2470434 ~ piPK: 4977459 ~ theSitePK: 659149, 00.html。

⑤ 除注明外，本文的数据均引自联合国拉美和加勒比经济委员会。

⑥ 联合国拉美和加勒比经济委员会认为，不利的外部因素主要包括：欧洲债务危机久拖不决，美国经济复苏乏力，中国和印度的经济增长率下降。

涉及以下两个方面：一是欧盟对拉美出口产品的需求萎缩；二是欧洲债务危机加大了国际金融市场的动荡。相比之下，与欧盟保持着较为密切经贸关系的巴西、阿根廷、智利和乌拉圭等国受欧洲债务危机的影响更为显著。

2002～2011 年，拉美出口企业的数量增长了 15%。在 14 个最大的拉美出口国（这些国家占拉美出口贸易的 95%），2011 年共有 11.4 万家出口企业，墨西哥的出口企业最多（占 32%），其次为巴西（占 19%）和阿根廷（占 11%）。[①]受国际金融危机的影响，出口贸易的不景气导致大量出口企业倒闭。目前，拉美的出口企业在数量上仅仅相当于法国或西班牙一个国家的出口企业数量。

令人欣慰的是，包括上述国家在内的几乎所有拉美国家都能获得较大的政策空间，从而能较为从容地在宏观经济领域实施反周期经济政策，以最大限度地减少欧洲债务危机的不利影响。

第二，经常项目将出现逆差。受需求疲软的影响，国际市场上多种初级产品的价格呈现下降的态势，这使不少拉美国家的贸易条件有所恶化。但是，由于石油价格没有下跌，拉美的石油出口国（委内瑞拉、厄瓜多尔、玻利维亚以及特立尼达和多巴哥）受益匪浅。

在出口贸易下降的同时，进口贸易的增长速度也有所放慢。由于进口贸易的增长率仍然高于出口贸易的增长率，因此 2012 年拉美的贸易盈余预计会小于 2011 年的 601 亿美元，经常项目会出现逆差，但数额不大，预计相当于 GDP 的 1.9%。

拉美国家有大量移民分布在世界各地，因此，长期以来，侨汇已成为拉美获取外汇收入的主要来源。墨西哥、中美洲和加勒比的移民主要面向美国，南美洲国家则以西班牙等欧洲国家为主。2012 年，进入中美洲和加勒比拉美国家的侨汇收入出现了显著增加，而哥伦比亚和厄瓜多尔等国获得的侨汇则有所减少。

第三，金融项目顺差继续增加。虽然外部环境不佳，但拉美仍然顺利进入

① ECLAC, *Latin America and the Caribbean in the World Economy 2011 - 2012*, September 2012, p. 21.

国际资本市场。2011 年，拉美在国际资本市场上发行的债券平均每月为 71.66 亿美元，2012 年 1 ~8 月上升到平均每月 87.29 亿美元。

2011 年，拉美国家吸引的外国直接投资（FDI）高达 1301 亿美元，创历史最高纪录。2012 年，外国直接投资继续“青睐”拉美，进入该地区的 FDI 预计不会低少于 2011 年。

第四，通货膨胀率继续回落。近几年，绝大多数拉美国家的通货膨胀率呈现下降的趋势。2011 年 6 月至 2012 年 6 月通货膨胀率仅为 5.5%，创 2010 年 11 月以来的最低水平。虽然 2012 年下半年可能会有所回升，但全年的通货膨胀率仍然会略低于 2011 年的 6.9%。相比之下，中美洲国家的下降幅度最大，而阿根廷、委内瑞拉以及特立尼达和多巴哥通货膨胀压力较大，尤其是食品价格上涨幅度较大。①

第五，公共财政的可持续性在增强。近几年，拉美国家的财政形势一直在好转，财政收入和财政支出均能与 GDP 保持同步增长。② 2012 年，财政形势的这一特点不会发生变化，有望实现 2008 年国际金融危机以来的首次基本财政余额的盈余。

最近二十年，拉美国家的债务构成发生了重要的变化。1990 年，全部拉美国家公共债务相当于 GDP 的比重平均高达 85%，2012 年预计仅为 15% 左右。

第六，货币政策继续保持较为稳健的态势。2012 年，大部分拉美国家的政策利率保持稳中有降。事实表明，这一政策既在不利的外部环境下维系内需的扩大，也控制了通货膨胀压力。

2012 年，拉美国家的汇率出现了较大的波动。与国际金融市场联系程度较高的国家（如智利、哥伦比亚和墨西哥）的货币面临着较大的升值压力，但有些国家（如阿根廷和乌拉圭）的货币则呈现贬值的趋势。这在一定程度上是因为这些国家的经济增长乏力、出口产品的价格在下跌、利率较低以及出于遏制短缺资本流入的需要。

第七，内部需求的扩大构成了经济增长的动力。2012 年，虽然拉美国家

① 这些国家食品价格上涨幅度较大的主要原因是国内气候条件影响了农业收成或农产品的进口价格上升。

② 2011 年，财政收入和财政支出相当于 GDP 的比重分别为 19.3% 和 21.1%。

面临的外部环境不佳，但资本流入的增加、财政形势的改善、通货膨胀率的下降以及利率的下调等有利因素仍然能够使拉美国家在对国民经济进行宏观调控时拥有较大的灵活性。

在大多数拉美国家，贸易产品部门（尤其是制造业、农业和矿业）的增长势头似乎不及非贸易产品部门（尤其是建筑业和商业）。建筑业的增长得益于投资的增加，商业的繁荣则与公共部门和私人部门的强劲消费有关。

在许多拉美国家，由于劳动力市场的形势在改善以及信贷在增加，内需的扩大构成了经济增长的动力。[①] 在一些拉美国家，投资和出口的增加也是避免经济下滑的主要原因。

2012 年上半年，拉美的失业率与 2011 年同期相比下降了 0.4 个百分点（从 7.2% 下降到 6.8%）。与此同时，大部分国家的实际工资水平在上升。就业的增加、就业质量的提高以及工资水平的上升为扩大国内需求作出了贡献。

拉美国家的贫困率已从 1990 年的 48.4% 下降到 2011 年的 31.4%，即在 20 年左右的时间内减少了 17 个百分点。[②] 2012 年拉美的贫困率预计会进一步下降。

第八，一些拉美国家的贸易保护主义在抬头。阿根廷和巴西是最典型的例子。为控制进口，阿根廷政府于 2012 年 2 月 1 日作出规定，进口商在向国外发出订货单之前须事先获得进口许可证。[③] 与申请这一许可证有关的复杂手续及严格的审批有效地打击了进口商的积极性。仅在实施这一规定后的一个月时间内，进口就出现了大幅度下降。2012 年 5 月 25 日，欧盟向 WTO 提起诉讼，称阿根廷的这种非自动进口许可制度、事先申请许可制度以及其他一些规定违反了 WTO 的有关规则。[④]

早在 2011 年初，巴西财政部长吉多·曼特加就说过，如果世界上的一些大国继续奉行宽松的货币政策或人为地压低汇率，全球范围内的“货币战”很可能演变为“贸易战”。此后，他又多次表示，巴西政府将为保护国内市场

---

① 2012 年，许多拉美国家获得的侨汇收入有所增加。这也是导致内需扩大的原因之一。

② ECLAC, *Social Panorama of Latin America 2011*, March 2012.

③ 早在 2005 年，阿根廷就对一些进口商品实施进口许可制度。进入 2011 年后，这一制度涵盖的商品种类不断增加，涉及 600 多个税号。

④ http://europa.eu/rapid/pressReleasesAction.do?reference=MEMO/12/376&.

而"在WTO规则允许的前提下"采取一些"临时性"措施，限制外国商品进入巴西。据估计，2011年巴西对数百种进口商品提高了关税，其中尤为引人注目的就是将进口汽车的关税从25%提高到30%。

进入2012年后，巴西的这些"临时性"措施继续发挥作用。不仅如此，巴西还在2012年多次提高其他进口商品的关税。如在9月4日，巴西提高了100种进口商品的关税。中国向巴西出口的轮胎、玻璃、机械设备和药品原料等商品都受到了影响。

2012年9月21日，美国贸易谈判代表致信巴西外交部长，对巴西提高关税表达了强烈的不满。巴西外交部长则在复信中表示，由于美国实施的宽松货币政策导致巴西货币雷亚尔升值，巴西被迫在遵循WTO规则的前提下提高一些进口商品的关税。①

第九，区域经济一体化进程继续推进。秘鲁前总统加西亚称太平洋为"未来之海洋"。2011年初，他提出了在拉美地区建立一个"太平洋联盟"的设想。4月，秘鲁、墨西哥、智利和哥伦比亚四国领导人聚首于秘鲁首都利马，商讨如何建立这一组织。经过4次首脑会议的讨论，四国领导人最终于2012年6月9日在智利北部地区的帕拉纳尔（Paranal）天文台宣布成立"太平洋联盟"。哥斯达黎加和巴拿马为该组织的观察员。

"太平洋联盟"拥有2亿多人口，占拉美总人口的1/3以上，GDP总量约为1.7万亿美元，也占整个拉美地区的1/3以上。所有四国都与美国达成了自由贸易协定，智利和秘鲁与中国、日本和韩国达成了自由贸易协定，哥伦比亚和墨西哥正在与日本和韩国等亚洲国家进行自由贸易谈判。据报道，"太平洋联盟"还希望与东南亚国家联盟签署自由贸易协定。②

在该组织的第四次首脑会议上，智利总统皮涅拉说，"太平洋联盟"不仅是一个自由贸易区，而且还是一个力图在其他经济领域（如投资、基础设施建设和能源开发）以及人员交往等领域展开合作的组织。哥伦比亚总统桑托斯称该组织是拉美地区一体化进程中最重要的步骤之一。

---

① http：//finance. yahoo. com/news/u-warns-brazil-tariffs-gets-022947107. html.

② http：//en. mercopress. com/2012/06/12/the-pacific-alliance-yet-another-bloc-in-latin-america.

根据四国领导人的设想，2012 年底以前就要实现四国范围内的贸易自由化，并为在其他领域展开更为广泛的合作制订切实可行的计划。此外，四国领导人还表示，将大力发展“米拉”证券市场[①]。

也有分析人士认为，太平洋联盟的政治意义不容忽视。在一定程度上，“太平洋联盟”的目标之一是与巴西领导的、面向大西洋的南方共同市场分庭抗礼。[②] 在这一问题上，墨西哥的立场尤为引人注目。墨西哥总统卡尔德隆说，“虽然太平洋联盟的人口和经济规模不及南方共同市场，但我们的出口额和出口量比它多出一倍”[③]。

2012 年 8 月 29 日，“太平洋联盟”的第一届部长理事会在墨西哥外交部召开。四国政府的代表签署了多个合作协议，并为近期的工作重点制订了计划。[④]

除“太平洋联盟”以外，南方共同市场的一体化也在稳步推进。2012 年 7 月 31 日，在巴西利亚举行的南方共同市场特别会议一致同意正式接纳委内瑞拉为该组织的第五个成员国。[⑤] 巴西总统罗塞夫在会后举行的新闻发布会上说，委内瑞拉的加入大大增强了南共市的实力，并为拉美地区的经济发展开辟更加广阔的空间。她还指出，委内瑞拉加入后，南方共同市场已成为世界上第五大经济体。查韦斯总统认为，委内瑞拉加入南方共同市场是南美洲一体化进程的里程碑之一。

三　2012 年主要拉美国家的经济形势

巴西

巴西经济增长率从 2010 年的 7.5% 下降到 2011 年的 2.7%，2012 年可能会

---

① “米拉”（MILA）是西班牙语“拉美一体化市场”（Mercado Integrado Latinoamericano）的缩写。该证券市场是哥伦比亚、秘鲁和智利三国在 2009 年 9 月成立的，2011 年 5 月 30 日正式开始运营。截至 2012 年 4 月，它的市值已高达 7270 亿美元，成为拉美的第二大证券市场。墨西哥有望在近期内加入。http：//www. iadb. org/en/topics/trade/mila-strengthening-financial-integration，6839. html。

② http：//en. mercopress. com/2012/06/12/the-pacific-alliance-yet-another-bloc-in-latin-america.

③ http：//en. mercopress. com/2012/06/12/the-pacific-alliance-yet-another-bloc-in-latin-america.

④ http：//www. economia. gob. mx/news-and-events/press-room/headlines/8536-boletin199 - 12 - en.

⑤ 南方共同市场的另一成员国巴拉圭的国家元首因被暂停成员国资格而缺席本次特别会议。

进一步跌落到 1.6%。这一下降趋势与以下因素有关：一是巴西在 2009 年出台的一些刺激经济的政策措施不断失效；二是国际市场上初级产品价格的疲软使巴西无法大幅度增加出口收入；三是受多种不利因素的影响，国内投资得不到提升。

2012 年 4 月 3 日，财政部长吉多·曼特加宣布，为增强本国工业的竞争力和刺激经济增长，政府决定实施一个总额为 650 亿雷亚尔（约合 350 亿美元）的经济计划。该计划的主要内容包括两个方面：一是取消纺织品、塑料制品、电子计算机和汽车配件等十多个部门的企业缴纳的工资税（税率为 20%），同时提高烟酒的税率；二是为国家开发银行注资 450 亿雷亚尔（约合 246 亿美元），由其为更多的企业提供更多的优惠信贷。

5 月 21 日，财政部长吉多·曼特加再次宣布，政府将为汽车工业减税，为私人投资者降低金融交易税的税率；此外，央行将释放总额为 180 亿雷亚尔（约合 88 亿美元）的信贷，以刺激消费者购买本国制造的汽车。

6 月 27 日，罗塞夫总统宣布，政府将购买总额达 41 亿美元的校车、摩托车、救护车、拖拉机和挖掘机，以扩大本国工业产品的国内市场。

8 月 15 日，罗塞夫总统又宣布，为刺激经济增长，政府将实施一个总额高达 1330 亿雷亚尔（约合 660 亿美元）的刺激计划。该计划的主要内容包括两个方面：一是政府与私人部门合作，铺设 7500 公里长的公路和 10000 公里长的铁路；二是国家开发银行将以较低的利率为私人部门提供资金，鼓励其参与基础设施建设计划。

巴西央行行长亚历山大·通比尼认为，上述措施将使 2012 年第四季度的经济增长率提高到 4%，2013 年将高达 4.5%①。但也有一些巴西经济学家认为，上述措施虽能在一定程度上遏制巴西经济进一步下滑，但难以在近期内大幅度地提高经济增长率。

墨西哥

2012 年是墨西哥的大选年。墨西哥宪法规定总统不得连任，因此卡尔德

① http://www.bloomberg.com/news/2012-06-20/credit-suisse-cuts-brazil-s-2012-gdp-growth-forecast-to-1-5-1-.html.

隆总统不必为谋求连任而扩大政府开支。这与世界上许多国家的领导人为连任而随意扩大政府投资形成了鲜明的对比。

北美自由贸易协定使墨西哥与美国保持着非常密切的经济关系。受美国经济形势的影响，墨西哥经济增长率从2010年的5.6%下降到2011年的3.9%，2012年将回升至4%，高于拉美地区的平均增长率。

与其他新兴市场相比，墨西哥的货币比索呈走软的态势，从而在一定程度上提升了墨西哥出口的竞争力。而中国劳动力成本的上升也间接强化了墨西哥的吸引力。

最近一二十年，旅游业在墨西哥经济中的作用在不断上升。[①] 虽然美墨边境地区的毒品暴力得不到遏制，但其他地区的旅游业受到的影响似乎不大。预计2012年接待的游客不会少于2011年的2340万人次。[②]

2012年7月，墨西哥爆发了较为严重的禽流感。许多养鸡场被关闭后，鸡蛋价格大幅度攀升。但全年的通货膨胀率预计不会高于2011年的3.5%。

在2012年7月1日举行的大选中，革命制度党总统候选人培尼亚·涅托获胜。新总统表示，他将使墨西哥经济的年均增长率在他任期内提高到6%。为了达到这一目标，他将采取以下措施：开放石油工业、通过将非正规部门纳入正规部门中来扩大政府财政收入和增强劳动力市场的灵活性。

在上述措施中，开放石油工业被认为是最有力的举措。石油工业是墨西哥经济的重要支柱之一。由于投资不足导致开采能力下降，墨西哥的石油产量从2008年的每天320万桶下降到2011年的不足300万桶。[③] 但是，根据墨西哥的宪法，石油工业为国家所有，私人资本不得进入。因此，如要开放石油工业，国会必须修改宪法。而涅托能否如愿以偿则是一个未知数。汇丰银行认为，开放石油工业后，私人资本的进入能使墨西哥经济的增长率增加1个百分点。[④]

---

① 旅游业约占墨西哥GDP的9%，提供的就业机会达250万个。

② http：//www. prnewswire. co. uk/news-releases/significant-growth-across-mexicos-tourism-industry - 172843741. html.

③ http：//money. cnn. com/2012/08/17/news/economy/mexico-oil/index. html.

④ http：//www. reuters. com/article/2012/07/02/us-mexico-election-economy-idUSBRE8611CS20120702.

墨西哥政府的财政收入相当于GDP的比重在22%上下，与拉美地区的平均水平相差无几。但墨西哥的税收相当于GDP的比重不足10%，大大低于拉美的平均水平（约为16%）。这与墨西哥的非正规部门庞大有着密切的关系。据报道，该部门的就业人员高达1400万人，每年导致税收损失100亿～150亿美元。[①] 因此，涅托表示，他将加快劳动力市场改革的步伐，大力发展正规部门，努力缩小非正规部门的规模。此外，他还表示要进一步完善税收制度，遏制正规部门和非正规部门的偷税漏税行为。但是，面对正规部门中强有力的工会及反对党的不合作立场，涅托在上台后能否在劳动力市场顺利实施改革也是一个未知数。

阿根廷

与其他拉美国家不同的是，2012年阿根廷的国内需求未见显著的增长。与此同时，由于外部需求不振，阿根廷的初级产品出口受到很大的影响。这一切导致阿根廷经济在2012年出现了"硬着陆"，增长率从2010年的9.2%和2011年的8.9%跌落到2.0%。

除外部需求疲软以外，以下两个因素也是导致2012年阿根廷出口贸易不能大幅度增长的原因：(1) 由于近几年阿根廷政府奉行宽松的货币政策和扩张性财政政策，通货膨胀压力得不到有效的控制，工资水平也有较大幅度的上升，对阿根廷出口产品的竞争力产生了一定的负面影响。(2) 2012年，阿根廷货币比索在名义上贬值了10%，但是，由于通货膨胀率居高不下，超过了比索名义贬值的幅度，因此比索实际上还是在升值。

在2001～2002年金融危机中，比索被大幅度贬值。自那时以来，阿根廷的经常项目基本上都是顺差，而2012年预计会出现逆差或是顺差额极小。由于阿根廷尚未能够正式进入国际资本市场进行融资，因此贸易顺差的重要性就更为突出。[②]

近几年，面对国内外的一些不利条件，阿根廷政府加大了对经济生活进行

① http://www.reuters.com/article/2012/07/02/us-mexico-election-economy-idUSBRE8611CS20120702.

② 阿根廷尚未正式进入国际资本市场的原因是在2001～2002年的金融危机中1000多亿美元的债务被"倒账"。

干预的力度。2012 年，除了继续强化外汇管制和控制进口以外，阿根廷还在石油工业领域实施了国有化政策。2012 年 4 月 16 日，阿根廷总统费尔南德斯发表电视讲话，称政府已向国会提交了对国内最大的石油天然气公司 YPF 实施国有化的法案。她说，阿根廷是拉美也可能是世界上唯一不能控制自己的自然资源的国家。

YPF 的大股东是西班牙雷普索尔公司和阿根廷人埃斯克纳西家族拥有的彼得森集团，各拥有 57.43% 和 25.46% 的股份，其余股份由若干投资者拥有。根据费尔南德斯政府的国有化法案，雷普索尔的股份将减少到 6.43%，而彼得森集团的股份则不变。在阿根廷收归国有的股份中，51% 由联邦政府拥有，49% 由产油气的有关省拥有。这意味着阿根廷联邦政府将拥有 26% 的股份，地方政府拥有 25%。

4 月 26 日，阿根廷参议院以 63 票赞成、3 票反对、4 票弃权的结果通过了能源国有化法案。5 月 3 日，众议院以 207 票赞成、32 票反对的结果通过了该法案。

西班牙和欧盟对此表达了强烈的不满，美国也对阿根廷的国有化政策“深表关切”，并希望阿根廷与投资者的关系尽快实现“正常化”。但委内瑞拉总统查韦斯和尼加拉瓜总统奥尔特加等人支持阿根廷的国有化。阿根廷国内的民意测验表明，大多数阿根廷人支持政府的国有化政策。甚至亲手对 YPF 实施私有化的前总统梅内姆也认为，“情况发生了变化”，因此对 YPF 实施国有化是应该的。

根据美国传统基金会的经济自由度指数，阿根廷得 27 分，在世界上居第 158 位。①

委内瑞拉

近几年委内瑞拉的经济形势在好转。经济增长率从 2010 年的 -1.5% 上升到 2011 年 4.5%，2012 年有望提高到 5%。

委内瑞拉经济高度依赖石油。石油收入占 GDP 的 12%、出口收入的 95%

① http://www.heritage.org/index/pdf/2012/countries/argentina.pdf.

和政府财政收入的40%。近几年委内瑞拉经济形势的好转与国际市场上石油价格保持在较高的水平有着密切的关系。

2012 年是委内瑞拉的大选年。为谋求连任，查韦斯总统在社会发展领域投入了大量资金。这也是2012 年委内瑞拉经济取得较高增长率的重要原因。

但委内瑞拉的通货膨胀率长期居高不下。这与供给不足有关，而供给不足则既与工农业生产发展缓慢有关，也与政府对经济生活的高度管制有关。例如，虽然工农业生产难以满足国内市场供应，但政府实施的外汇管制措施使进口商无法大量进口。预计 2012 年的通货膨胀率仍将保持在两位数，但可能会略低于 2011 年的 28.9%。

自 2011 年 1 月起，委内瑞拉实施“双汇率”制度：一种汇率（4.3 强势玻利瓦尔 =1 美元）适用于所有进口，另一种适用于政府债券的交易，称作“外汇交易体系汇率”①。英国经济学家情报社（EIU）认为，这两种汇率都不能正确地传递市场供求信号，因此贬值的压力始终存在。预计 2012 年 10 月大选后，强势玻利瓦尔可能会在 2013 年初被贬值，贬值幅度预计为 35%。②

美国传统基金会的经济自由度指数表明，2012 年委内瑞拉的得分为 38.1 分，在世界上排名第 174 位，在拉美排名第 29 位。③

四　“拉美的十年”言之过早

20 世纪 80 年代初，拉美先后爆发了债务危机和经济危机。这一“孪生危机”使拉美经济停滞不前，多年的人均 GDP 为负增长，人民生活水平大幅度下跌。国际社会将 80 年代称做拉美“失去的十年”（the Lost Decade）。此后实施的大刀阔斧般的改革终于使拉美经济摆脱了危机，走上了较快的增长轨道。无怪乎英国《金融时报》（2012 年 1 月 9 日）发表的题为“拉美走向成

① “外汇交易体系汇率”（Sistema de Transacciones con Títulos en Moneda Extranjera）由中央银行管理。

② Economist Intelligence Unit, *Country Report*: *Venezuela*, October 2012.

③ http: //www. heritage. org/index/pdf/2012/countries/venezuela. pdf.

熟”的社论写道：“在欧洲和美国陷入经济停滞之际，拉美领导人可以带着某种沾沾自喜的神情眺望整个世界。”①

早在2010年7月6日，美洲开发银行行长路易斯·阿尔韦托·莫雷诺就在其为英国《金融时报》撰写的《欢迎来到拉美的十年》一文中说：“尽管毒品走私和移民等问题仍然主导并扭曲着拉美在人们心目中的印象，但在过去20年里，这一地区已悄然经历了意义深远的变革。……在大部分拉美国家，持续发展的基础已然奠定，特别是在政治稳定和财政改革方面。在经受过金融危机的洗礼之后，拉美国家目前有机会与亚洲国家一道，引领着全球经济的复苏。”他还认为，拉美正在进入一个充满希望的“拉美的十年”（the Latin American Decade）。②

哥伦比亚矿业和能源部长毛利西奥·卡德纳斯认为，“历史上，专家们常把拉美视为充满经济问题的地区。这些问题包括恶性通货膨胀久治不愈、财政民众主义司空见惯以及产业政策充满腐败。但是现在，专家们开始改变其看法了。事实上，许多分析人士已把2010年代看做拉美的十年。……尽管预测未来是危险的，尤其是预测拉美这样一个地区更是如此。在拉美，如此多的繁荣最终变为了危机。但是，认为拉美进入了一个充满机遇的十年的观点是站得住脚的”③。

欧洲债务危机爆发后，要求欧洲向拉美学习如何应对债务危机的呼声可谓此伏彼起，不绝于耳。例如，委内瑞拉前贸易与工业部部长莫伊塞斯·纳依莫说：“有些批评者认为欧洲很像过去的那个常被经济危机困扰的拉美，但我们也可以从另一个角度来看欧洲：欧洲也有可能被视为今天的拉美。拉美成功地应对了全球危机，很好地管理着自己的公共财政，也知道如何监管自己的银行。包括巴西、智利和哥伦比亚等国在内的国家在近几年取得了快速的增长，创造了就业机会，并使资产阶级不断扩大。而且，今天的拉美拥有世界上最稳

① http://www.ftchinese.com/story/001042575/ce.

② http://www.ftchinese.com/story/001033471/en.

③ Mauricio Cárdenas, Latin America's Decade: A Once in a Lifetime Opportunity, July 11, 2011. http://www.brookings.edu/research/opinions/2011/07/11 - latin-americas-decade-cardenas（卡德纳斯于2011年9月20日被任命为哥伦比亚矿业部长。本文发布于2011年7月11日，当时他在美国布鲁金斯学会从事研究工作）。

健的金融体系。……由此可见，欧洲应该汲取拉美的经验教训。”①

诚然，自 2001 ~ 2002 年阿根廷金融危机以来，拉美已“脱胎换骨”，在推动经济和社会发展、维系宏观经济稳定、减轻债务负担、遏制通货膨胀和吸引外资等方面颇有建树。但是，2012 年拉美经济形势似乎也表明，称 2010 年代为“拉美的十年”尚为时过早。

第一，拉美经济无法摆脱对初级产品出口的严重依赖。拉美地大物博，自然资源丰富，这是该地区的比较优势。20 世纪下半叶以来，拉美的工业化建设取得了显著的进步，巴西等国已成为新兴工业化国家，但拉美对初级产品出口收入的依赖并未在本质上得到改观。因此，每当外部需求疲软时，或在国际市场上初级产品价格下跌时，拉美的出口贸易就受到影响，经济增长的动力就被削弱。由此可见，拉美国家既要发挥自然资源丰富的比较优势，也要努力提升产业结构。

第二，拉美经济并未与发达国家经济实现“走势分离”（de-coupling）。2007 ~ 2008 年，有些年份，拉美经济的增长率确实与发达国家（尤其是美国）的经济增长率呈反方向运动之势，即发达国家的经济在衰退或低速增长时，拉美经济却能高速增长，呈反方向运动之态势。但这种“走势分离”是在多种特定条件的作用下发生的，具有一定的偶然性，并不是一个能够证明拉美经济“今非昔比”的规律。图 1 的对比充分说明，拉美经济增长率与美国经济增长率的趋同性是极为明显的，难以证明拉美经济与美国经济实现了“走势分离”。这就在一定程度上说明，2010 年代拉美经济的走势将取决于外部条件（尤其是美国经济形势）是否有利。

第三，影响拉美经济增长的诸多问题难以在近期内得到解决。这些问题包括：①国内资本积累能力较弱，对外资的依赖性很强；②基础设施落后，从而制约了经济活力的发挥，也加大了初级产品运输的难度；③科技创新能力不足，技术依赖外国的局面长期得不到改观；④收入分配严重不公，既影响了社会稳定，也遏制了国内需求的扩大。

---

① Moisés Naim, “Eurozone crisis: What Latin-America can teach Europe”, *El País*, 9 November, 2011. http://www.presseurop.eu/en/content/article/1151331 – what-latin-america-can-teach-europe.

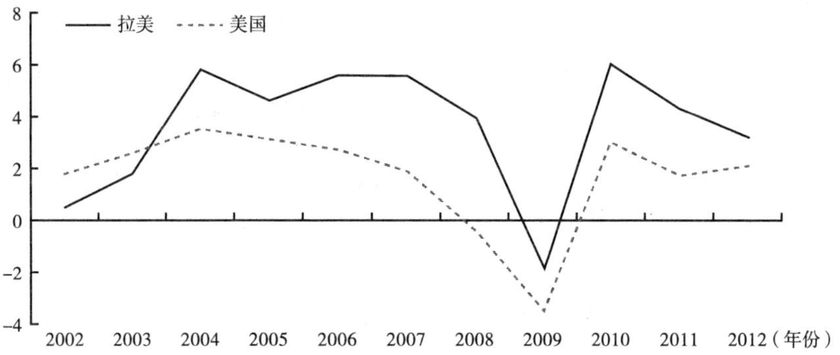

图1　2002～2012年拉美、美国经济增长率比较

资料来源：2002～2011年美国经济增长率引自世界银行数据库，[①]2012年美国经济增长率引自世界银行“全球经济预测”；[②]拉美经济增长率引自联合国拉美和加勒比经济委员会。[③]

① http：//data. worldbank. org/indicator/NY. GDP. MKTP. KD. ZG？ page = 1.

② http：//web. worldbank. org/WBSITE/EXTERNAL/EXTDEC/EXTDECPROSPECTS/EXTGBLPROSPECTS APRIL/0,，contentMDK：20370107 - menuPK：659160 - pagePK：2470434 - piPK：4977459 - theSitePK：659149，00. html.

③ ECLAC, *Economic Survey of Latin America and the Caribbean 2010 - 2011*, July 2011; ECLAC, *Economic Survey of Latin America and the Caribbean 2011 - 2012*, October 2012.

五　2013年拉美经济形势预测

2013年，拉美经济形势在很大程度上取决于世界经济能否获得强有力的复苏以及拉美国家如何应对不利的外部环境。联合国拉美和加勒比经济委员会认为，在2013年，发达国家难以解决其银行、金融和财政等领域的问题，石油价格上涨的趋势也不会中断，而中国经济的增长趋势则在放缓。这一切不利因素对拉美经济造成的冲击可能会出现类似2009年世界经济大衰退（Great Recession）对拉美产生的消极影响。

此外，发达国家在近年内将继续采取宽松的货币政策和从紧的财政政策。宽松的货币政策会导致拉美国家的货币升值，而从紧的财政政策则会遏制其对拉美出口产品的需求。这一切是不利于拉美经济的。[①]

① ECLAC, *Economic Survey of Latin America and the Caribbean 2011 - 2012*, October 2012.

但是，拉美国家的内需预计会进一步扩大，从而能够在一定程度上抵消外部环境的不利影响。根据世界银行的预测，2013 年拉美经济的增长率为 4.1%，高于 2012 年的 3.5%。[1] 联合国拉美经委会的预测是 4.0%，同样高于 2012 年。巴西和阿根廷将有较大幅度的提高，墨西哥与 2012 年持平，没有一个国家会出现负增长（见表 1）。

Latin America's Economy: Different Growth Rates Challenge the "Latin America's Decade"

Jiang Shixue

Abstract: Due to sluggish external demand and other unfavorable factors, Latin American economy is expected to grow at 3.2% in 2012, lower than the 2011 rate of 4.3%. The following characteristics can be observed: current account is likely to turn into deficit; international reserves is expanding; inflation rate continues to subdue; sustainability of public finance remains; monetary policy is prudent; domestic demand grows; regional integration moves forward with new progress; and protectionism is on the rise in some Latin American countries. The performance of Latin America's economy in 2012 seems to indicate that it is too early to predict that the 2010s will be the "Latin American decade". Its economy still relies heavily on external demand for its commodity exports; it has yet to realize what is dubbed as "de-coupling"; and many obstacles hindering the region's long-term economic growth prospects will not be overcome in the near future.

Key Words: Latin American Economy; "The Latin American Decade"; Pacific Alliance; Future Prospects

---

① http: //web.worldbank.org/WBSITE/EXTERNAL/EXTDEC/EXTDECPROSPECTS/EXTGBLPROSPECTS APRIL/0,, contentMDK: 20370107 - menuPK: 659160 - pagePK: 2470434 - piPK: 4977459 - theSitePK: 659149, 00.html.

Y.8

西亚非洲经济：经济增长相对强劲，社会问题突出

涂勤　田丰*

摘　要：

相对于全球经济复苏乏力，总体而言2012年西亚非洲地区经济增长形势良好，但区域间存在较大差异。由于油价上涨和部分国家持续的社会动荡，西亚北非地区出现了增长速度迥异的两个区域，预计2012年石油出口国和石油进口国的增长速度分别为1.2%和6.6%。撒哈拉以南非洲地区国内需求旺盛，增长相对均衡，预计2012年增长5.3%。由于增长前景良好，2013年西亚非洲地区仍会保持较好的表现，但西亚北非部分国家的社会动荡、全球经济给油价前景带来的不确定性、普遍存在的高失业率和高通货膨胀，都会给西亚非洲地区持续的经济增长带来风险。

关键词：

双速区域　社会动荡　国内需求

西亚非洲地区地域广阔，国家众多，情况各异，为了兼顾分析的准确性和简明性，本章按国际通行的方法，将西亚非洲地区划分为“西亚和北非”和“撒哈拉以南非洲地区”这两个地区①进行分析。

---

* 涂勤，研究员，中国社会科学院世界经济与政治研究所，主要研究领域为微观发展经济学；田丰，副研究员，中国社会科学院世界经济与政治研究所，主要研究领域为经济发展、国际贸易和国际投资。

① IMF和世界银行等国际组织的地区分类中都没有“西亚非洲”这个区域，西亚非洲的绝大多数国家除土耳其、以色列之外都包括在“中东和北非”和“撒哈拉以南非洲”这两个地区中，本文主要采用IMF《世界经济展望》和《地区经济展望》的数据，因此在地区划分上遵循IMF的传统，对“中东”与“西亚”未做明显区分。

总体而言，西亚非洲地区和其他发展中国家一样，在过去十多年来和金融危机中，经济形势都表现良好，这很可能是因为西亚非洲地区通过出口石油和其他矿产资源与中国的经济联系日益紧密。根据 IMF 2012 年 10 月发布的《世界经济展望》，西亚北非和撒哈拉以南非洲地区 2012 年的经济增长率预计分别达到 5.3% 和 5.0%，超过了发达经济体和全球的平均增长水平；预计 2013 年的经济增长率分别为 3.6% 和 5.7%。西亚北非地区经济发展的动力主要来自石油出口国，使得该地区 2012 年出现增长速度迥异的两个区域，但政治和社会动荡的风险将制约该地区的经济发展。撒哈拉以南非洲地区由于强劲的国内需求，经济涨势良好，但全球经济前景的不确定性和世界粮食价格将对其经济增长造成危险。

一　西亚非洲经济回顾：2011～2012 年

综合来看，在过去一年中，西亚非洲地区经济增长相对强劲，财政状况得到改善，通货膨胀有所缓和，但国际贸易增速放缓，国际资本净流入减少，就业形势依然严峻。

（一）经济增长相对强劲，西亚北非地区出现两个速度迥异的区域

IMF 2012 年 10 月发布的《世界经济展望》显示，在过去的一年里，西亚非洲维持了相对强劲的经济增长，预计 2012 年西亚北非地区经济增长 5.3%，撒哈拉以南非洲地区增长 5.0%。这两个数字不仅高于上述两个地区 2011 年的经济增速（分别为 3.3% 和 5.1%），也显著超过 2012 年世界经济和发达经济体的预计增长水平（分别为 3.3% 和 1.3%）。同时，西亚非洲地区和新兴与发展中经济体整体经济增速间的差距迅速缩小，几乎达到大致相当的水平（见图 1）。

如果对比图 1 西亚北非以及撒哈拉以南非洲地区的经济增长情况，我们发现，这两个地区在 2009、2010 年以几乎趋同的速度增长之后，在 2011 年经济增长速度出现了显著分化，撒哈拉以南非洲的经济增速高于西亚北非地区 1.9

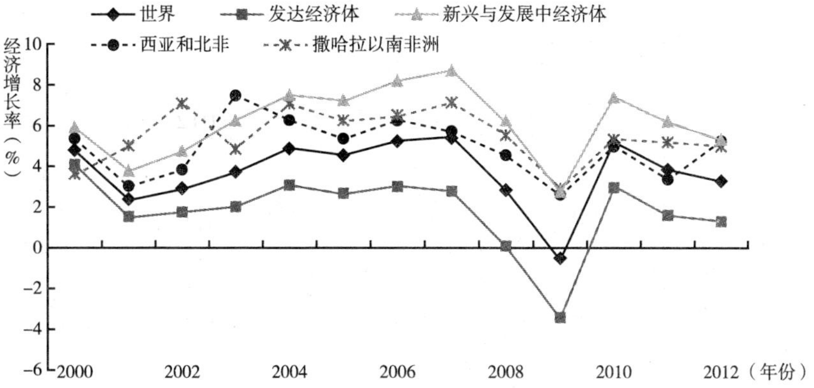

图 1　2000～2012 年西亚非洲及其他地区的经济增长率

资料来源：IMF（2012a），2012、2013 年为预测值。

个百分点。造成这一现象的主要原因可能是：自 2010 年底以来该地区多个国家陆续出现社会动荡，而且部分国家一直延续到现在，严重影响了这些国家和西亚北非地区的经济增长和社会稳定（见表 1 和表 2），多个国家在 2011 年出现了经济下滑，其中利比亚负增长 59.7%，也门负增长 10.5%，突尼斯负增长 −1.8%，埃及虽然保持了正增长，但是增速显著放缓，由 2010 年的 5.1% 降至 2011 年的 1.8%，仅为原来的 1/3。叙利亚仍处于社会动荡中，2011 年经济可能也是负增长，但缺乏数据。此外，美国和欧盟的经济制裁使得伊朗经济增长率由 2010 年的 5.9% 降至 2%，降幅甚至超过埃及。

表 1　西亚北非地区各国的实际 GDP 年增长率

单位：%

年份	2000～2006 年平均	2007	2008	2009	2010	2011	预测值	
							2012	2013
西亚北非		5.7	4.5	2.6	5.0	3.3	5.3	3.6
石油进口国	4.7	6.5	5.5	4.2	4.3	1.4	1.2	3.3
吉布提	2.8	5.1	5.8	5.0	3.5	4.5	4.8	5.0
埃及	4.4	7.1	7.2	4.7	5.1	1.8	2.0	3.0
约旦	6.3	8.2	7.2	5.5	2.3	2.6	3.0	3.5
黎巴嫩	3.0	7.5	9.3	8.5	7.0	1.5	2.0	2.5
毛里塔尼亚	4.8	1.0	3.5	−1.2	5.1	4.0	5.3	6.9
摩洛哥	4.9	2.7	5.6	4.9	3.7	4.9	2.9	5.5

续表

年份	2000~2006年平均	2007	2008	2009	2010	2011	预测值	
							2012	2013
叙利亚	4.0	5.7	4.5	5.9	3.4	—	—	—
突尼斯	4.6	6.3	4.5	3.1	3.1	-1.8	2.7	3.3
石油出口国	5.6	5.4	4.1	2.0	5.0	3.9	6.6	3.8
阿尔及利亚	4.1	3.0	2.4	2.4	3.3	2.4	2.6	3.4
巴林	6.1	8.4	6.3	3.2	4.7	2.1	2.0	2.8
伊朗	6.0	6.4	0.6	3.9	5.9	2.0	-0.9	0.8
伊拉克	—	1.5	9.5	2.9	3.0	8.9	10.2	14.7
科威特	6.8	6.5	4.2	-7.8	2.5	8.2	6.3	1.9
利比亚	4.6	6.4	2.4	-1.4	3.7	-59.7	121.9	16.7
阿曼	3.8	6.7	13.1	3.9	5.0	5.4	5.0	3.9
卡塔尔	11.2	18.0	17.7	12.0	16.7	14.1	6.3	4.9
沙特阿拉伯	3.9	2.0	4.2	0.1	5.1	7.1	6.0	4.2
苏丹	7.5	12.2	2.3	4.6	2.2	-4.5	-11.2	-0.0
阿拉伯联合酋长国	8.2	6.5	5.3	-4.8	1.3	5.2	4.0	2.6
也门	4.3	3.3	3.6	3.9	7.7	-10.5	-1.9	4.1

资料来源：IMF（2012a，2012b）。按IMF分类，该区域不包括土耳其和以色列；由于其政治形势的不稳定，2011~2013年数据没有包括叙利亚。

该地区经济增长的主要亮点来自沙特阿拉伯、科威特、卡塔尔和阿联酋等石油出口国，高油价使得这些国家增长强劲。2012年将延续这种趋势，根据IMF的预测，虽然西亚北非地区2012年的经济增长速度将有所提高，但贡献也主要来自石油出口国，预计石油进口国和石油出口国的经济增长速度将分别为1.2%和6.6%，使该地区出现增长速度迥异的两个区域。但这种不平衡的局面可能在2013年会有所改变，预计两者2013年的增长速度分别为3.3%和3.8%。

相比较而言，撒哈拉以南非洲的经济增长遍及更加广泛的区域（参见表2）。2011年，该地区大约1/3的经济体经济增长速度超过6%，余下的国家中40%左右经济增长率在4%~6%之间。在经济增长最快的经济体中，既包括加纳、莫桑比克、尼日利亚和刚果民主共和国这样的资源丰裕国，也包括卢旺达和埃塞俄比亚等非资源丰裕国。预计2012年经济增长速度整体要略快于2011年，与西亚北非地区的情况相似，贡献也主要来自石油出口国，但差距比西亚北非地区要小得多，预计2012年石油出口国GDP增长率将达到6.7%，

表2　撒哈拉以南非洲地区部分国家的实际 GDP 年增长率

单位：%

年　份	2004～2008年平均	2004	2005	2006	2007	2008	2009	2010	2011	预测值	
										2012	2013
实际 GDP 年增长率(%)	6.5	7.1	6.2	6.4	7.1	5.6	2.8	5.3	5.2	5.3	5.3
不包括尼日利亚和南非	7.3	7.3	7.2	7.0	8.2	6.7	3.6	5.6	5.4	6.0	5.7
石油出口国	8.6	11.2	7.5	7.6	9.5	7.1	5.1	6.6	6.3	6.7	6.0
不包括尼日利亚	11.0	12.3	10.9	9.9	13.4	8.8	2.3	4.4	4.4	6.2	4.9
安哥拉	17.8	11.2	20.6	20.7	22.6	13.8	2.4	3.4	3.9	6.8	5.5
喀麦隆	3.0	3.7	2.3	3.2	3.4	2.6	2.0	2.9	4.2	4.7	5.0
尼日利亚	7.0	10.6	5.4	6.2	7.0	6.0	7.0	8.0	7.4	7.1	6.7
石油进口国	5.5	5.2	5.6	5.8	6.0	4.9	1.6	4.7	4.6	4.1	5.6
不包括南非	6.0	5.7	6.0	6.0	6.4	5.9	4.2	6.1	5.7	5.2	7.3
中等收入国家	5.0	4.9	5.0	5.5	5.6	4.1	-0.6	3.8	4.5	3.4	3.8
不包括南非	5.3	5.8	4.2	5.3	5.7	5.5	2.1	6.5	8.2	5.6	5.9
加纳	6.5	5.3	6.0	6.1	6.5	8.4	4.0	8.0	14.4	8.2	7.8
南非	4.9	4.6	5.3	5.6	5.5	3.6	-1.5	2.9	3.1	2.6	3.0
低收入和脆弱国家	6.2	5.6	6.6	6.3	6.6	6.0	4.9	6.0	4.9	6.0	6.2
低收入国家	7.3	6.6	7.7	7.5	7.7	7.0	5.4	6.4	5.5	5.9	6.1
埃塞俄比亚	11.8	11.7	12.6	11.5	11.8	11.2	10.0	8.0	7.5	7.0	6.5
肯尼亚	5.1	4.6	6.0	6.3	6.3	1.5	2.7	5.8	4.4	5.1	5.6
坦桑尼亚	7.3	7.8	7.4	6.7	7.1	7.4	6.0	7.0	6.4	6.5	6.8
脆弱国家	2.5	2.4	2.9	2.3	2.8	2.2	3.1	4.2	2.3	6.6	6.5
刚果民主共和国	6.5	6.6	7.8	5.6	6.3	6.2	2.8	7.2	6.9	7.1	8.2
科特迪瓦	1.6	1.6	1.9	0.7	1.6	2.3	3.7	2.4	-4.7	8.1	7.0

资料来源：IMF（2012c）

而石油进口国只有4.1%。2013年这种差距也将缩小，预计2013年石油出口和进口国的增长率分别为6.0%和5.6%。在石油进口国中，2012年中等收入国家、低收入国家和脆弱国家①的经济增长率将分别为3.4%、5.9%和6.6%。

① 《区域经济展望》根据2008～2010年人均国民总收入平均值和2010年世界银行的国际开发协会（IDA）的资源配置指数（IRAI）这两个指标，将该地区所有国家分为4组：石油出口国、中等收入国家、低收入国家、脆弱国家。石油出口国包括石油净出口占其出口总额30%以上的8个国家；中等收入、低收入国家分别包括除石油输出国和脆弱国家之外，人均国民总收入分别超过、低于992.7美元的11个和14个国家；脆弱国家包括除石油出口国之外，IRAI得分小于等于3.2的12个国家。

南非是地区大国，由于受欧债危机影响较大而增长缓慢，从而拉低了中等收入国家的经济增长速度。

如果将 GDP 根据支出法进行分解，我们可以看到，两个地区净出口对经济增长的贡献均为负值，这意味着，内需是西亚非洲国家经济增长的主要来源。具体来看，根据世界银行的数据①（见表 3），2011 年，西亚北非地区经济增长 1%，其中净出口的贡献为 -1.8%，国内需求的贡献为 2.8%；撒哈拉以南非洲经济增长 4.7%，其中净出口的贡献为 -2.9%，国内需求的贡献为 7.6%。大规模公共投资（尤其是基础设施领域公共投资）以及收入增长引致的私人消费提高是该地区内需增长的有力支撑。按照世界银行的预测，这种趋势在 2012 年和未来两年会一直保持。

表 3　西亚非洲地区经济增长来源分解

单位：%

年份	1998～2007	2009	2010	2011	2012	2013	2014
西亚北非							
GDP 增长率	4.6	3.3	3.8	1.0	0.6	2.2	3.4
净出口对经济增长的贡献	-0.2	-1.9	0.2	-1.8	-1.9	-1.4	-1.0
国内需求对经济增长的贡献	4.8	5.2	3.6	2.8	2.5	3.6	4.4
撒哈拉以南非洲							
GDP 增长率	4.4	2.0	5.0	4.7	5.0	5.3	5.2
净出口对经济增长的贡献	-0.7	-0.3	-1.0	-2.9	-0.8	-1.0	-0.6
国内需求对经济增长的贡献	5.1	2.3	6.0	7.6	5.8	6.3	5.8

资料来源：World Bank（2012）。

总而言之，从经济增长的角度来看，2012 年西亚北非地区的情况似乎正在好转，反弹强劲，特别是从季度数据看工业生产显著恢复。然而这一反弹是在 2011 年疲弱的基础上取得的，并不能充分表明经济增长的可持续恢复。例如利比亚在 2011 年负增长 59.7% 的基础上实现 2012 年增长 121.9%，然而国

① 世界银行的 *Global Economic Prospects* 和 IMF 的 *World Economic Outlook* 使用的数据和国家都不一样，如世界银行的 GDP 数据用 2005 年美元不变价（市场价值）计算，另外，由于缺乏数据，西亚北非地区只包括了 13 个国家，因此，两者的数据存在差异。在没有特别说明的情况下，本文讨论经济增长率一律采用 IMF 的数据。

内局势仍然严重不稳定。另外，撒哈拉以南非洲与全球金融市场的融合程度不高，在通常情况下这是经济发展水平不高的一个重要标志，并可能成为经济进一步发展的制约，但是在金融危机的背景下，该地区所受外部冲击反而较小，稳定的政治环境、宽松的宏观经济环境、高企的大宗商品价格以及大量的基础设施投资将有效维持该地区良好的增长态势。

（二）就业形势严峻

西亚非洲相对强劲的经济增长并未带来社会发展的显著改善，该地区就业形势严峻，是世界上失业率最高区域（ILO，2012a）。来自国际劳工组织的数据显示，2011 年，西亚地区的失业率为 9.9%，北非地区的失业率为 10.6%，撒哈拉以南非洲地区的失业率为 7.8%。国际劳工组织预测，在 2012 年世界失业率维持 6% 水平不变的同时，西亚非洲地区 2012 年的失业率与 2011 年相比仍将略有上升，具体为西亚地区 10.1%，北非地区 10.8%，撒哈拉以南非洲地区保持 7.8% 的水平。

失业问题在一些国家极为突出（见表 4），特别是青年就业问题尤为严重。2011 年，作为非洲最大经济体的南非，失业率高达 24%。日前南非统计部门公布的最新数据显示，相比 2011 年第四季度，2012 年第一季度南非青年失业人数上升 12.6 万人，达到 139.3 万人，涨幅 9.9%。据悉，由于大部分青年人在上学或在家帮工，导致南非青年人总失业率已达到 51.6%，而失业人数实际占青年人总数的 73.9%。西方制裁、缺乏外商直接投资以及石油产量下降，严重损害了伊朗经济以及就业市场。据伊朗当局称，约 15% 的伊朗人处于失业状态。据伊朗人口普查中心公布的数据显示，伊朗 25 岁以下人口的失业率为 29.1%。此外，埃及、突尼斯等政局动荡的地区年轻人失业率分别高达 26.9% 和 27.8%（ILO，2012b）。

（三）通货膨胀居高不下

通货膨胀高企是近年来西亚非洲经济的一个显著特征。全球金融危机爆发后，西亚非洲的通胀形势有所好转，但到 2011 年，以消费者价格的同比变化率来衡量的通货膨胀水平重新走高，西亚北非和撒哈拉以南非洲地区的通胀率

表 4　西亚非洲地区部分国家失业率

单位：%

国家	年份			
	2010	2011	2012	2013
西亚北非				
阿尔及利亚	10.0	10.0	9.7	9.3
埃及	9.2	12.1	12.7	13.5
伊朗	13.5	12.3	14.1	15.6
约旦	12.5	12.9	12.9	12.9
科威特	2.1	2.1	2.1	2.1
摩洛哥	9.1	8.9	8.8	8.7
苏丹	13.7	12.0	10.8	9.6
突尼斯	13	18.9	17	16
撒哈拉以南非洲				
佛得角	10.3	10	10	10
毛里求斯	7.8	7.9	8.1	8.2
圣多美和普林西比	15.1	14.7	14.2	13.8
塞舌尔	4.6	4.1	3.7	3.3
南非	24.0	23.9	24.4	24.7

注：失业率为失业人口占劳动力总数的比率。
资料来源：IMF（2012a），2012、2013 年为预测值。

分别为9.7%和9.3%，而同年度世界平均通胀水平为4.9%，发达经济体为2.7%，新兴和发展中经济体为7.2%。IMF 预计，在2012 年，世界、发达经济体、新兴与发展中经济体的通胀水平均有一个大幅的回落，分别降至4.0%、1.9%和6.1%，而西亚非洲地区的通胀率反而进一步走高，达到10.4%，涨幅达到0.7 个百分点，撒哈拉以南非洲的通胀水平尽管也有所下降，但仍然维持在9.1%的高位（IMF，2012a）。

从地区内部各国的通胀情况来看，分化明显，见表5 和表6。在2011 年，西亚与北非地区大多数国家的通胀水平低于5%，处于相对温和的水平，只有5 个国家的通胀率超过10%，其中伊朗21.5%、苏丹18.3%、也门19.5%、利比亚15.9%、埃及11.1%。经济以外的因素是这些国家通胀高企的根源：伊朗因核问题正在遭受国际制裁；苏丹由于南苏丹2011 年7 月独立而失去绝大部分石油收入，不得不逐步取消燃料补贴；也门、利比亚、埃及的局势尚处于不稳定状态。这些问题难以在短期内解决，并且国际制裁对伊朗通胀形势的影响以及南苏丹独立对苏丹通胀形势的影响在2012年将更加明显，因此西亚北非地区的通胀形势在2012年反而会有所反弹。

表5 西亚北非地区各国的物价指数（全年平均，年变化率）

单位：%

年份	2000~2006年平均	2007	2008	2009	2010	2011	预测值	
							2012年	2013年
所有国家		10.2	13.5	6.6	6.9	9.7	10.4	9.1
石油进口国	4.4	7.0	12.9	10.1	8.2	8.5	8.3	8.3
吉布提	2.3	5.0	12.0	1.7	4.0	5.1	4.7	2.4
埃及	5.1	11.0	11.7	16.2	11.7	11.1	8.6	10.7
约旦	2.7	4.7	13.9	-0.7	5.0	4.4	4.5	3.9
黎巴嫩	1.3	4.1	10.8	1.2	4.5	5.0	6.5	5.7
毛里塔尼亚	6.5	7.3	7.5	2.1	6.3	5.7	5.9	6.1
摩洛哥	1.7	2.0	3.9	1.0	1.0	0.9	2.2	2.5
叙利亚[1]	3.8	4.7	15.2	2.8	4.4	—	—	—
突尼斯	2.9	3.4	4.9	3.5	4.4	3.5	5.0	4.0
石油出口国	6.2	11.3	15.0	5.9	6.8	10.1	11.1	9.4
阿尔及利亚	2.3	3.6	4.9	5.7	3.9	4.5	8.4	5.0
巴林	0.9	3.3	3.5	2.8	2.0	-0.4	0.6	2.0
伊朗	13.3	18.4	25.4	10.8	12.4	21.5	25.2	21.8
伊拉克	53.2	30.8	2.7	-2.2	2.4	5.6	6.0	5.5
科威特	1.9	5.5	10.6	4.0	4.0	4.7	4.3	4.1
利比亚	-2.6	6.2	10.4	2.4	2.5	15.9	10.0	0.9
阿曼	0.5	5.9	12.6	3.5	3.3	4.0	3.2	3.0
卡塔尔	4.7	13.8	15.0	-4.9	-2.4	1.9	2.0	3.0
沙特阿拉伯	0.3	4.1	9.9	5.1	5.4	5.0	4.9	4.6
苏丹[1]	7.6	8.0	14.3	11.3	13.0	18.3	28.6	17.0
阿拉伯联合酋长国	4.4	11.1	12.3	1.6	0.9	0.9	0.7	1.6
也门	11.5	7.9	19.0	3.7	11.2	19.5	15.0	12.7

资料来源：同表1。

撒哈拉以南非洲地区的通胀水平与西亚和北非地区相当，可能也会影响经济的可持续发展和社会稳定。除中等收入国家2011年和2012年的通货膨胀率均为5%~6%之外，其他3类国家：石油出口国、低收入国家、脆弱国家这两年的通货膨胀率都在9.5%及以上。推高通胀的因素也更为多样。例如几内亚和马达加斯加等国深陷政治危机，导致2011年几内亚的通胀高达21.4%，马达加斯加的通胀达到10%。2010年底以来，60年不遇的大旱在整个“非洲之角”迅速扩散，很多地区出现严重的粮荒，粮价飙升，埃塞俄比亚2011年的通胀因而高达33%，预计2012年仍然高达22.9%。受食品和燃油价格上涨的影响，非洲两个大国南非和尼日利亚2012年的通胀将在2011年基础上进一步攀升，分别达到5.6%和11.4%，迫使政府采取紧缩性措施以控制物价上涨速度。

表6 撒哈拉以南非洲地区部分国家的消费价格指数（全年平均，年变化率）

单位：%

年份	2004～2008年平均	2004	2005	2006	2007	2008	2009	2010	2011	预测值	
										2012	2013
所有国家	8.6	7.4	9.0	7.0	7.0	12.6	9.4	7.5	9.7	9.1	7.1
不包括尼日利亚和南非	9.3	8.1	9.3	8.1	7.4	13.7	9.4	6.8	11.2	9.7	7.0
石油出口国	10.7	14.6	14.7	8.0	5.6	10.4	11.1	11.4	9.6	9.8	8.2
不包括尼日利亚	9.2	13.9	9.8	7.7	5.9	8.8	9.0	7.7	7.7	7.1	6.1
安哥拉	20.9	43.6	23.0	13.3	12.2	12.5	13.7	14.5	13.5	10.8	8.6
喀麦隆	2.7	0.3	2.0	4.9	1.1	5.3	3.0	1.3	2.9	3.0	3.0
尼日利亚	11.6	15.0	17.9	8.2	5.4	11.6	12.5	13.7	10.8	11.4	9.5
石油进口国	7.7	4.2	6.6	6.6	7.6	13.6	8.5	5.5	9.7	8.7	6.6
不包括南非	9.6	6.6	9.4	8.3	8.1	15.4	9.7	6.5	13.2	10.9	7.6
中等收入国家	6.5	3.0	4.8	5.5	7.5	11.8	8.0	4.9	5.6	6.0	5.8
不包括南非	9.4	8.2	9.3	8.1	8.6	12.6	10.6	6.7	7.3	7.2	7.3
加纳	13.0	12.6	15.1	10.2	10.7	16.5	19.3	10.7	8.7	9.8	10.9
南非	5.6	1.4	3.4	4.7	7.1	11.5	7.1	4.3	5.0	5.6	5.2
低收入和脆弱国家	9.6	6.0	9.5	8.3	7.9	16.5	9.3	6.4	14.4	11.8	7.3
低收入国家	9.7	6.2	9.0	8.0	7.6	17.5	8.6	5.9	15.5	13.0	7.6
埃塞俄比亚	18.0	3.2	11.7	13.6	17.2	44.4	8.5	8.1	33.1	22.9	10.2
肯尼亚	9.4	11.8	9.9	6.0	4.3	15.1	10.6	4.1	14.0	10.0	5.8
坦桑尼亚	6.6	4.1	4.4	7.3	7.0	10.3	12.1	7.2	12.7	15.6	9.8

资料来源：同表2。

（四）财政状况有所好转

为了应对全球金融危机，西亚非洲许多国家的政府采取了扩张性的财政政策，试图通过增加在基础设施和社会保障项目方面的支出来刺激经济。2012年非洲约有20个国家举行总统选举，这也成为政府实施财政扩张政策的重要原因。尽管如此，西亚非洲地区的财政状况仍然有所改善。2011年，西亚北非地区政府总债务与GDP之比从2010年的31.2%降至27.5%，IMF预计该比例将在2012年进一步降低至27%。撒哈拉以南非洲的财政状况大体稳定，预计2012年政府总债务与GDP之比为32.3%，略低于2011年32.8%的水平。石油价格上涨带来的政府收入上涨使得石油出口国的财政状况改善，但是对于石油进口国而言，财政状况可能会向相反的状况发展。例如埃及的财政赤字可能会超过2012财政年度的预算目标，突尼斯的财政状况也会因公共支出增加而恶化，黎巴嫩公共部门工资的大规模增长将在2012年显著扩大该国的财政赤字。

（五）国际贸易温和增长

根据UNECA（2012）的统计，受地区动荡及自然灾害影响，2011年非洲商品和非要素服务出口增长8.3%，显著低于2010年的涨幅（14.3%）。西亚地区2011年商品和非要素服务出口增长20%，高于2010年的水平，但是这种增长并不稳定，2012年快速回落至不到10%的水平（见图2）。如果仅考虑商品贸易，2011年世界商品出口增长20%，非洲增长17%，西亚增长37%；世界商品进口增长19%，非洲增长18%，西亚增长16%（WTO，2012）。

IMF 2012年10月的《世界经济展望》显示，2011年，西亚北非地区的出口量增长速度由2010年的3.2%回落至2.8%，撒哈拉南部非洲的出口增速也有所放缓，从2010年的6%降低至2.9%（见图3）。西亚非洲地区出口量增速降低的主要原因是利比亚、苏丹、也门和埃及等国的出口量显著减少，其中利比亚出口量负增长78.8%，苏丹负增长36.8%，也门负增长16.9%，埃及负增长3.7%。2012年苏丹与伊朗的情况将进一步恶化，出口量分别负增长64.7%和35.1%，西亚北非地区出口量因而整体有所放缓。欧债危机和部分

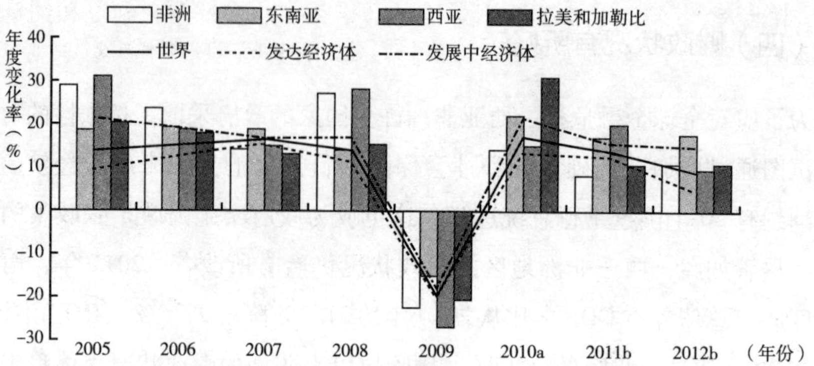

图 2　西亚非洲地区 2005～2012 年的出口额

注：a 表示估计数；b 表示预测数。

资料来源：UNECA（2012）。

地区的自然灾害拖累了撒哈拉南部非洲的国际贸易。2010 年，非洲对欧盟的商品出口占其出口总额的 36.2%，相当于其 GDP 总量的 10.3%。非洲第一大经济体南非的出口也受到影响，出口量增速由 2010 年的 6.1% 下降至 2011 年的 5.6%。不过，随着欧洲局势的逐渐缓和，IMF 预计 2012 年撒哈拉南部非洲的出口量增速将小幅反弹至 3.2%。

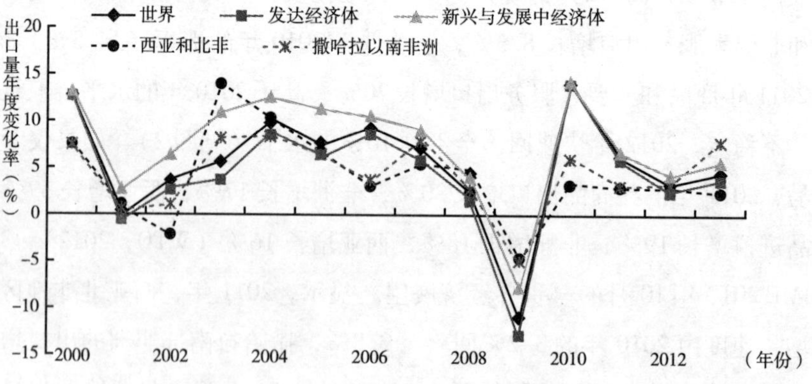

图 3　西亚非洲地区 2000～2013 年出口量年度变化率

（六）国际资本净流入减少

2011 年，西亚北非地区的外国直接投资净值显著降低，从 2010 年的 227

亿美元降至86亿美元，主要原因是流入马格利布、埃及、叙利亚和约旦的外国直接投资减少了（见表7）。随着该地区局势的稳定以及规制改革的进行，世界银行预计2012年西亚北非地区的外国直接投资净值将反弹至122亿美元。撒哈拉南部非洲2011年外国直接投资净流入则从2010年的288亿美元提高至325亿美元，预计2012年略减至312亿美元。外国直接投资大约占流入撒哈拉南部非洲私人资本总量的70%，制造业和基础设施是新增资本的主要投向，其中大约17%的新增直接投资来自南非、尼日利亚和肯尼亚等国家，显示出该地区内生增长的潜力。

表7　西亚非洲地区2010～2013年净资本流动

单位：十亿美元

年　份	2010	2011	2012	2013
西亚北非				
资本流入	25.4	1.2	12.9	24.2
私人流入(净)	24.2	-0.3	11.7	22.8
权益流入(净)	22.7	8.4	11.7	19.5
FDI流入	22.7	8.6	12.2	18.5
证券权益流入	0.0	-0.2	-0.5	1
私人净信贷	1.5	-8.7	0.0	3.3
撒哈拉以南非洲				
资本流入	53.5	56.6	49.5	59.3
私人流入(净)	40.5	42.4	36.8	50.9
权益流入(净)	36.5	30.7	29.3	38.9
FDI流入	28.8	32.5	31.2	35.9
证券权益流入	8.0	-1.8	-1.9	3
私人净信贷	3.9	11.7	7.5	12.0

注：2011年的数据是估计值；2012、2012年的数据是预测值。

资料来源：World Bank（2012）。

政治局势的不稳定以及规制改革的不确定性同样影响到了西亚北非地区资本流动的其他项目。2011年该地区的证券权益净流出2亿美元，这一方面是出于避险的需要，而另一方面是因为资本相对收益的降低，西亚非洲的区域股票市场在过去两年中下跌超过15%，所有新兴市场同期则上涨2.5%。此外，欧洲商业银行的去杠杆化过程对于资本的流出也有着显著的影响。同样由于股票市场吸引力降低以及欧债危机的影响，撒哈拉南部非洲的证券权益也在显著减少，由2010年的净流入80亿美元转为2011年流出18亿美元。而直到2012年4月，肯尼亚、加纳、毛里求斯和尼日利亚等国家股票市场的主要指数仍然以15%的幅度低于2011年7月以前的水平。

二　西亚非洲主要经济体经济形势

西亚北非地区的主要经济体包括沙特阿拉伯、埃及、伊朗等国家，撒哈拉以南非洲地区的主要经济体有南非、尼日利亚等国家，本节将对沙特阿拉伯、埃及、南非、尼日利亚的经济形势进行简要的分析。虽然IMF和世界银行等国际组织将土耳其划分到欧洲，但按国内惯例，西亚非洲包括土耳其，因此，本节也对土耳其进行简要分析。除特别强调外，本节的数据来自IMF 2012年10月的《世界经济展望》。

（一）沙特阿拉伯

作为世界上最大的石油生产国，沙特阿拉伯经济严重依赖石油出口，受石油价格上涨的影响，沙特经济增长强劲。根据IMF的数据，沙特经济2011年增长了7.1%，2012年预计增长6.0%，2013年预计增长4.2%。

近几年来，沙特经济发展强劲，是地区经济发展的动力。为了防止社会动荡在沙特的蔓延，从2011年开始，政府采取了一系列政策大力推动社会进程，为解决社会问题大量支出，包括创造就业、保障性住房的供应，并为中小型企业融资。与西亚非洲地区其他国家相比，油价上涨和石油生产已经使得沙特的财政和经常账户盈余大幅走高，为增加政府支出解决长期存在的社会问题提供了足够的财政空间。石油部门继续主导沙特经济，但政府在强化预算机构后降低了石油价格和财政支出水平之间的联系，经济多元化也已经取得了进步。进一步加强预算机构、金融深化，并把重点放在提高劳动生产率上是今后发展的关键。

沙特政府的一系列政策取得了成效，2011年非石油部门增长了8%，快于GDP的增速（7.1%），是1981年以来的最高纪录。私营部门增长8.5%，其中建筑业和制造业提供了最大的贡献。预计 2012 年私营部门继续起带头作用，这反映了私营部门在沙特经济中的作用日益加强，与过去的发展模式显然不同。

沙特经济发展在全球和地区层面都产生了正向的溢出效应。在全球范围内，沙特是唯一长期保持许多闲置产能的石油生产国，这样可以帮助沙特来平滑石油市场的波动。在地区一级，沙特的高经济增长和财政支出，通过高涨的进口和对外籍劳工的需求，对该区域的多个国家产生了正面影响，这对许多面临严峻经济形势的国家来说尤为重要。

尽管支出增加，沙特政府仍有空间来储蓄，为子孙后代留出一部分额外的石油收入。国际储备是主要的石油财富储蓄，目前已超过了 5000 亿美元，是 2011 年 GDP 的 94%。另外，银行部门也保持了高度的资本化和流动性，提高了盈利能力。因此，沙特审慎的经济管理政策带来了良好的宏观经济增长前景。除了石油市场，沙特经济总体上并没有受到欧元区危机的影响：非石油产品对欧元区的出口相对很小，金融的跨境溢出效应非常轻微。

尽管如此，由于沙特经济对石油的依赖程度很高，财政和外汇收入绝大部分来源于石油。因此，全球石油市场仍然是沙特主要的风险来源。沙特在过去的几年里已经建立了政策的缓冲区，并在加强预算制度和经济多样化方面也取得了进展。但是，如果欧元区的压力导致全球石油需求长期疲软，使得石油价格像 20 世纪 80、90 年代一样持续大幅度下滑，这仍然是沙特经济存在的重大挑战。

沙特政府应该抓住机遇推进改革，目前的政策空间可以用来维持经济增长和缓冲未来的风险，主要步骤应该包括：第一，生产率增长。虽然沙特的经济多样化已经取得了进展，促进了私营部门的增长，但人均非石油的增长已经落后于其他新兴经济体。政府应有针对性地投资于产品和劳动力市场改革，使得私营部门更加充满活力，为国民创造公共部门以外的就业机会。同时，加强技能培训，使国民获得新的就业机会。第二，财政体制。最近几年，财政支出和石油收入之间的联系已经下降，导致财政支出的波动性显著降低。接下来的步骤是提高财政支出的稳定性、质量和效率，包括改善预算编制、控制部委和进一步加强中期财政框架，以确保政府的消费决策做到代际公平。第三，金融部门发展。2000～2011 年，虽然沙特对非石油部门的信贷和股票市值大幅增长，然而，金融体系的某些部分仍相对落后，如固定收益证券、中小型企业融资、按揭贷款等，银行给中小型企业的贷款比例低于其他国家的水平。因此，对于沙特来说，重要的是要建立一个强大的小企业部门，使之过渡到使用正规的融资渠道。

（二）埃及

由于对缺乏经济机会和政治包容性的长期不满，埃及在过去两年里经历了巨大的政治动荡，导致了穆巴拉克总统于 2011 年 2 月的辞职。穆巴拉克下台后，武装部队最高委员会从行政和立法两方面对国家进行控制，直到 2012 年 6 月新总统穆尔西当选。

全球金融危机爆发之前，埃及经济表现良好，2007、2008 年连续两年的增长率都在 7% 以上。金融危机之后，埃及的经济发展也超过区域平均水平，2009、2010 年连续两年的增长率也都在 5% 左右。但经济增长的好处没有使全体国民平等地享受。这是埃及政治动荡的主要起因。由于社会动荡，埃及经济大幅下滑，2011 年和 2012 年的增长率均不到 2%。

目前，政府面临诸多挑战。第一，如何恢复增长和市场信心，以及如何劝说投资者重新进行项目投资。第二，如何满足埃及人民的高增长期望，特别是如何解决青年人的就业问题。第三，由于急剧的经济衰退已经转化为较高的预算赤字，政府面临的核心问题就是如何协调更多的公共开支需求和减少赤字之间的矛盾。由于财政赤字在 2011/2012 财年已经上升到国内生产总值的 11%，因此如何管理国家预算是最难解决的问题之一。由于资本外流和旅游收入锐减，国际收支在过去 18 个月中持续恶化。在此期间，央行储备每月下降 14 亿美元。现在的储备大约为 151 亿美元（相当于 2.5 个月进口的商品和服务），只是 2011 年 1 月的 40%。第四，新政府还面临着解决社会不平等的挑战。2010/2011 年度家庭收入、支出和消费调查（HIECS）数据显示：埃及的贫困率从 2008/2009 年度的 21.6% 上升到 2010/2011 年度的 25.2%。虽然埃及的农村人口只略微超过全国人口的一半，但却有超过 78% 的贫困人口生活在农村地区。要解决贫困问题，需要改善埃及的教育系统，提高劳动力的技能，并为私营部门提供更透明的规则，使其获得和公共部门平等的机会。

埃及政府正准备采取一系列改革措施以挽救经济，同时政府还设置了长期目标，主要是增加投资和就业机会，减少迅速增长的预算赤字。目前，埃及急需投资来刺激经济，并且这也是增加就业岗位的唯一来源。企业调查显示，现有工人的技能并不能满足民营企业的需求。因此，埃及的教育系统也需要改革，向市场经济转型。

（三）南非

南非有丰富的天然资源、相对发达的基础设施、高效和现代化的金融机构，因此，在1994年种族隔离制度垮台以后，南非经济在许多方面表现良好：宏观管理成为典范，通货膨胀控制在3%～6%的目标范围内，而且预算和债务管理也取得了很好的成果。南非经济一直保持良好的增长势头，尤其是2004～2007年，年经济增长率保持在5%以上。但是由于全球金融危机的影响，2008年南非的经济发展速度下滑，2009年增长率为－1.5%，随后快速恢复，近3年的经济增长率都在3%左右。此外，南非积极参与国际事务，在国际舞台上的作用也越来越突出，如国际货币基金组织、世界银行和G20的年度会议等。南非于2011年4月第一次作为成员参加金砖国家首脑会议。

虽然种族隔离制度早已被打破，但是，南非的文化传统和社会结构仍受其影响，经济可持续发展面临着以下三个挑战。

一是种族隔离制度垮台以后，南非极端和持续扩大的收入差距加剧了。2008年南非的基尼系数为0.70，是世界上最高的。造成不平等问题的两个关键因素是：①由于生产越来越多地偏向资本和技术密集型，较差的劳动力素质很难与之匹配，经济发展产生的就业机会得不到相应劳动力的支持；②根深蒂固的空间格局延续了种族隔离时代的分裂和排斥。有近40%的南非人居住在乡镇、非正规定居点和前保护地，这里的失业率要高得多。

二是南非政府在为贫困人口提供公共服务方面非常薄弱，特别是在教育和卫生方面。虽然自1994年以来，南非已大幅度增加基本公共服务方面的开支，但结果却令人失望。其中尤其令人担心的是艾滋病和结核病的患病率很高，这将严重影响南非劳动力的身体素质。

三是高企的失业率。南非的失业率长期保持在20%以上。最新的统计数据显示①，虽然南非2012年第二季度的失业率比2011年同期的25.7%和2012年第一季度的25.2%都略有下降，但仍然高达24.9%。

针对发展中存在的这些问题，南非国家规划委员会于2011年11月11日发布了“国家发展计划（NDP）：2030年的愿景”。NDP将采取一系列措施，如投资基础设施建设、出口多样化、与快速增长的经济体加强联系、通过改革降低企业经营成本、在各个领域减少对经济增长的制约因素、转向更高效和气候友好型的生产体系、鼓励创业和创新、提高教育和培训的质量、为所有公民提供高质量的医疗服务、加强反腐败斗争等，旨在通过这些措施来扩大就业，降低收入不平等。

（四）尼日利亚

尼日利亚是非洲人口最多的国家（1.58亿人，占西非人口的47%），同时也是非洲最大的石油出口国，拥有非洲大陆最大的天然气储量。在过去的10年里，尼日利亚的经济增长强劲，2004~2008年年均增长率达7.0%（见表2）。在2008~2009年的全球金融危机时期，非洲经委会（ECA）为尼日利亚提供了非常重要的资源，为政府的财政刺激政策提供了资金，经济保持了强劲的增长势头，GDP增长率从2008年的6.0%升为2009年的7.0%。财政刺激政策持续到2010年，使得GDP仍保持快速增长（8.0%）。国际油价高涨和经济刺激政策造成了持续两位数的通货膨胀率（2008年11.6%，2009年12.5%，2010年13.7%）、ECA储备的枯竭和国际收支逆差。2011年内，外汇储备从420美元下降到320亿美元。对于可能的经济过热迹象，尼日利亚政府采取措施，采用新的中期支出框架，并制订2011年预算草案，货币政策也在逐步收紧。预计2012年增长率将达到7.1%，2013年为6.7%，而通货膨胀会略微增长，保持在11.4%的水平，2013年预计通货膨胀率会回落到9.5%的水平。

① 南非国家统计局：Quarterly Labour Force Survey, Quarter 2（April to June），2012年7月31日，http://www.statssa.gov.za/news_archive/press_statements/QLFS_Q2_2012_Press_statement.pdf。

除极少数不稳定的地区之外，目前，尼日利亚的社会经济和政治环境相当稳定。尼日利亚国内需求旺盛，农业、贸易、电信、制造业等部门都表现良好，经济有着广泛的持续增长基础。但是，尼日利亚还存在着3个主要问题：①就业仍然是尼日利亚的主要问题，强劲的经济增长并没有转化为更高的就业率，估计全国有5000万青年没有充分就业。政府已经将创造就业机会作为其经济战略的核心，并专门针对信息通信技术、娱乐、肉类、皮革、建筑和旅游等行业采取措施。政府在2011年还推出了全面的公共工程计划来增加就业。②尽管尼日利亚经济取得了快速增长，但贫穷仍很严重，减少贫困需要非石油部门的强劲增长，需要改善投资环境以及提高教育的质量等。③尼日利亚采取财政分权的政策，州和地方政府控制政府财政收入的50%，并承担提供公共服务的责任。但大多数州和地方政府的能力较弱，提高治理水平将是一个长期的过程。

（五）土耳其

土耳其位于欧亚结合处，虽然国际组织将其列入欧洲国家，但由于其伊斯兰宗教传统和地理位置，对西亚北非国家有很大影响，是一个地区大国。在过去的10年中，土耳其取得了辉煌的经济成就，人均收入几乎增加了两倍，现在已经超过1万美元，是其他国家特别是西亚北非国家学习的榜样。目前，土耳其是世界第16大经济体。根据土耳其政府的目标，到2023年即土耳其共和国成立100周年时，成为世界上10个最大的经济体之一，人均收入达到25000美元。土耳其是欧盟候选国之一，是经济合作与发展组织（OECD）的成员国及G20成员国。

由于经济高速发展，土耳其的贫困率从2003年的28.1%下降到2008年的17.1%。但由于全球金融危机的影响，2009年贫困率提高了1个百分点至18.1%。危机主要通过劳动力市场影响家庭收入。由于土耳其的劳动力市场从危机中恢复得很快，预计今后的贫困率会有所下降。

为应对全球金融危机，土耳其政府采用了刺激经济的政策，使经济快速恢复，但同时也出现了经常账户赤字。经常账户赤字从2009年的134亿美元（占GDP的2.2%）迅速扩大到2011年的771亿美元（占GDP的10.0%），到2012年6月才压缩至635亿美元。此外，资本项目的组成也出现恶化，外国直接投资（FDI）占流入总量的比例从2007年的45%下降到2011年的18%。土耳其经济要在2012年实现软着陆，保持3%左右的经济增长率，就必须获得必要的外部资金来平衡其经常账户。2012年5月，经季节性调整的失业率为9.0%，就业率超过了危机前的水平。

2010年随着大量资本流入，土耳其存在着里拉升值的压力。2010年末，为应对资本流入激增，土耳其中央银行通过削减隔夜拆借利率阻止证券投资人利用短期的里拉资产套利，同时增加存款准备金率以削减国内信用规模，以帮助经济降温和重整。随着银行监督管理当局于2011年6月推出谨慎的宏观政策，信贷增长开始放缓。

然而，土耳其的经济仍然面临着较大的风险，包括欧洲债务危机的溢出效应。由于国内储蓄率较低，土耳其的经济增长依赖外来资本为投资和经济增长提供资金。该国的巨额经常账户赤字和融资构成仍然是至关重要的问题。全球经济活动疲软的前景和更严重的国际融资压力，有可能影响到土耳其经济。对外部融资的依赖使得土耳其容易出现繁荣—衰退的经济周期，未来面临的主要挑战是如何保持更稳定的经济增长。

三　西亚非洲经济展望：风险与前景

展望未来，西亚非洲经济发展的主要风险在于政治局势不稳定、全球经济发展不确定以及以失业率为代表的社会发展滞后等。

西亚北非地区部分国家政治局势的不稳定不仅直接影响到这些国家的生产、投资、出口、国际资本流动和旅游收入，还通过多种渠道外溢至其邻国，影响地区的稳定与发展。例如黎巴嫩的经济以服务业为基础，邻国叙利亚的局势使其损失严重。

全球经济正在进入一个充满挑战与不确定性的时期，其不确定性来自多个方面，包括欧债危机、新兴经济体增速放缓、高失业率、快速增长的食品和能源价格以及扩大的收入不平等。虽然财政状况的改善、外汇储备的积累以及内需和区域内的相互依赖对于经济增长作用显著，但是世界经济下行将降低大宗商品的价格，减少西亚非洲地区的出口收入。暗淡的世界经济前景也会导致外部世界尤其是美欧等发达国家减少对非洲地区的援助，而这正是非洲国家诸多社会发展项目的重要资金支撑。

就业是西亚非洲经济发展面临的突出问题之一。国际劳工组织（ILO，2012a、2012b）预测，连续3年的全球劳动市场危机再加上可预见的经济活动的疲软，导致世界失业人口增加至2亿人，比危机前增长2700万人。由于许多发展中国家人口增速较快，未来十年有大量年轻人进入就业市场，为避免失业的进一步提高，世界各国需要创造4亿个以上新增就业岗位。西亚非洲是世界失业率最高的区域，而且人口高速增长，青少年占人口比重很大，青年失业问题尤为突出，从而带来很大的社会问题。另外，在已就业人员中，还有相当一部分从事低生产率的非正式工作。西亚非洲地区要实现减少贫困、社会发展以及地区稳定，提高就业率显然是重中之重。

参考文献

IMF（2012a）. *World Economic Outlook: Growth Resuming, Dangers Remain.* International Monetary Fund, October 2012.

IMF（2012b）. *Regional Economic Outlook UPDATE: Middle East and North Africa.* International Monetary Fund, April 2012.

IMF（2012c）. *Regional Economic Outlook: Sub-Saharan Africa.* World Economic and Financial Surveys, International Monetary Fund, October 2012.

ILO（2012a）. *Global Employment Outlook 2012.* Geneva: International Labor Organization, September 2012.

ILO（2012b）. *Global Employment Trends for Youth 2012.* Geneva: International Labor Organization, May 2012.

UNECA（2012）. *Economic Report on Africa* 2012: *Unleashing Africa's Potential as a Pole of Global Growth.* United Nations Economic Commission for Africa, March 2012.

World Bank（2012）. *Global Economic Prospects: Managing Growth in a Volatile World.* World Bank, June 2012.

WTO（2012）. *World Trade Reports: Trade and Public Policies.* World Trade Organization, July 2012.

Western Asian and African Economy: Strong Economic Growth Coupled with Social Turmoil

Tu Qin Tian Feng

Abstract: Compared to relatively weak global economic growth, West Asia and Africa has a good overall economic growth in 2012, but there are large discrepancies between regions. Due to rising oil prices and continued social unrest in some countries, West Asia and North Africa is divided into two regions with very different growth rates: expected GDP growth rates of oil-export countries and oil-import countries in 2012 are 1.2% and 6.6% respectively. Because of strong domestic demand, the growth in Sub-Saharan Africa is relatively balanced, and expected to grow by 5.3% in 2012. Due to positive growth prospects in 2013, West Asia and Africa will continue to maintain a good performance, but the social unrest in some countries in West Asia and North Africa, the uncertainty of oil price because of unknown perspective of global economy, the prevalence of high unemployment and high inflation will bring a risk to the sustained economic growth in West Asia and Africa.

Key Words: Two-Speed Region; Social Unrest; Domestic Demand

Y.9
中国经济：寻找宏观温和、微观骤冷的一致性

徐奇渊　张 斌*

摘　要：

2012 年，受前期宏观调控紧缩政策和外需不景气影响，中国宏观经济温和放缓。在 GDP 增速下滑 1.8 个百分点的背景下，企业利润增速从 27.3% 下滑到 -2.7%。从微观层面来看，企业面临的困难甚至不亚于 2008 年末。对于这种宏观温和、微观骤冷的解释是：危机后的信贷扩张，使企业积累了更高的资产负债率，高财务杠杆使企业在负面冲击下更为敏感和脆弱。预计 2013 年中国经济仍将保持 8% 的增长率，但如果企业经营效益恶化及其滞后影响逐步显现和扩大，宏观经济企稳的微观基础仍将脆弱。应避免再次使用信贷扩张的刺激政策，同时采取减税、稳定资产价格、强化货币政策独立性和推动企业技术进步等措施。

关键词：

中国经济　资产负债率　财务杠杆　减税

2012 年经济增速较上一年有所放缓，上半年增速为 7.8%，较上年同期下降 1.8 个百分点。本轮经济下滑始于 2011 年下半年，以铁路、公路、机场为代表的基础设施投资增速出现明显回落，这是第一波投资增速下滑的主要原因。从 2012 年初开始，房地产行业也开始加入投资下滑的行列中，开启了第

---

* 徐奇渊，中国社会科学院世界经济与政治研究所副研究员，研究领域为国际金融；张斌，中国社会科学院世界经济与政治研究所研究员，研究领域为宏观经济学。

二波投资增速下滑。此外，外部需求下滑对于投资也带来了负面冲击。固定资产投资的累计增速由2011年中期的25.6%，逐步下滑至2012年8月的20.2%。居民部门的消费增速也出现了一定程度的下滑。但剔除价格因素将会发现，2012年以来消费和投资的实际增速相对较为稳定，外部需求的实际下滑程度也相对较为缓和。

预计2012年全年经济增速为7.9%，较2011年下降1.4个百分点。当前宏观经济面临的最突出挑战是企业亏损范围快速扩大，很多企业出现资金链紧张的情况，企业应收账款显著增加，“新三角债”问题涌现。企业经营效益的恶化，经过一个滞后期，还将对企业投资和用工决策产生影响，拖累下一期的宏观经济表现。当前宏观经济研究的关键问题是宏观温和放缓、微观骤冷并存的局面。理解这个问题有助于为今后的宏观调控政策取向提供有益的决策参考。

一 宏观经济指标相对稳定

由于通胀率的持续回落，居民消费支出的名义值同比增速也持续出现回落。目前已经从2011年第三季度18.9%的高点降至13%。但即便是这个增速水平，也好于2009年和2010年所有季度的表现，同时也略高于2003年以来的历史平均增速12.7%。而且，居民实际消费支出同比增速表现好于名义增速。2012年第三季度实际同比增速预估为11%，略高于第二季度的10.6%，与第一季度同比增速持平，同时也显著高于2003年以来9.7%的平均增速。可见，居民消费支出的名义增速虽有回落，但仍处于温和增长状态；尤其是从实际增速来看，仍然保持较为强劲的态势。

固定资产投资名义增速下滑，实际增速企稳。2011年下半年以来，以政策调控为背景，基础设施投资、房地产行业的投资增速下行，带动整体投资增速出现下滑。固定资产投资的名义增速已经从本轮经济周期最高点的32.5%降至21%。从实际值口径来看，固定资产投资增速已经企稳。从历史数据来看，当前固定资产投资名义增速是10年来的最低点。但从实际同比增速来看，当前增速仍较为温和。从近几个季度的环比增速来看，固定资产投资增速正在振荡中趋稳。

由于全球经济复苏乏力，出口增速经历了第二季度的回升后，在第三季度再次显著放缓。2012 年7 ~8 月对外出口同比增速1.9%，较第二季度下降8.6个百分点；剔除价格因素之后的出口数量同比增速为0.7%，也出现了较为显著的放缓。

根据以上三大部门的需求情况可得到两个判断：其一，宏观经济指标的实际口径要比名义口径更为稳定，这意味着实际 GDP 增长率的减速比看起来的更为缓和；其二，除了出口需求之外，投资、消费需求的实际增速均出现了企稳，这说明中国宏观经济的减速可能正在触底。

近期 GDP 的同比、环比数据支持上述判断：首先，与 2011 年上半年相比，2012 年 GDP 增速从9.6%下降到7.8%，降幅为1.8 个百分点，相对于微观层面企业的强烈反应，这一增速下滑其实是较为温和的。其次，2012 年第二季度 GDP 增速为7.6%，虽然较第一季度的8.1%进一步下滑，但环比增速已经实现回升。2012 年第二季度 GDP 环比增速为1.8%，不但高于第一季度的1.6%，而且也已接近2011 年第四季度1.9%的表现。第二季度的数据表现为环比增速上升、同比增速下降，主要是由于2011 年基期因素的影响。可见，从环比指标来看，2012 年第二季度宏观经济已经触底企稳。根据预估数据，2012 年第三季度 GDP 环比增速还将进一步回升至2%的水平，宏观经济增速已经触及了阶段性低点。

二　经济结构释放出改善的信号

（一）外部失衡有所改善

2011 年中国的经常账户余额占 GDP 比例为2.75%，较2007 年的峰值下降约7.4 个百分点。在此基础上，我们预估 2012 年的比例还将进一步降至2.5%的水平。目前对于中国外部失衡改善的原因尚未达成共识，IMF（2012）认为这种改善主要是周期性的原因，经过几年之后，这种失衡状况还将有所反弹。但至少从2011 ~2012 年来看，外部需求对经济增长的贡献均为负数，这与之前多年的表现形成了鲜明的对比。我们认为，外部失衡的下降不仅与国外需求走弱直接相关，而且也受到以下因素的深刻影响：劳动者收入的相对快速提高、人民币汇率制度改革、利率市场化以及国内要素价格形成机制的改革等。因此，这种改善将具有其趋势性。

（二）投资的产业结构、所有制结构、区域结构发生着积极的变化

政策调控对基建投资、房地产投资产生了重要影响，并且成为投资增速下滑的主导因素，但政策调控的结果也不仅只有投资增速下滑的痛苦。良药苦口，结构调整也往往伴随着阵痛。当前投资结构获得改善主要体现在以下三个方面。

其一，调控收效显著，投资产业结构有明显改善。由于市场机制的扭曲，以及地方政府的激励机制扭曲，经济资源可能过度流向房地产、基建等行业，这不但会挤出其他投资，而且还可能带动上、下游关联产业的过度膨胀。从近一年政策调控效果来看，房地产行业、基建和关联行业的投资增速明显回落。

与此同时，资源更多地流向了一些急需发展的行业。例如：信息传输、软件和信息技术服务业（1～8 月同比增速高于上年同期 44.3 个百分点），金融业（105.8 个百分点），教育（2.3 个百分点），文化、体育和娱乐业（10.5 个百分点），废弃资源综合利用业（16.4 个百分点），电力、热力、燃气及水的生产和供应（17.3 个百分点）。这些行业的投资加速，有利于服务业发展，从而减少服务业供给面对居民消费构成的瓶颈制约；电力生产行业投资的加速，也有助于缓解电力供求矛盾①。因此，上述投资将获得较高的边际回报，符合结构调整的方向。

其二，投资的所有制结构也进一步优化，非公经济投资继续保持较快增长。2012 年前 8 个月，各种所有制企业的投资同比增速分别为：国有企业（13.6%）、集体企业（13.6%）、港澳台商投资企业（9.6%），外商投资企业（11.9%）、私营企业（27.5%）、个体经营（34.7%）；上述企业的投资增速

① 也有观点认为，电力供给紧张与电力定价机制有关。

分别是 2004 年 1 月以来历史平均增速的 68%、48%、54%、65%、67%、95%。可见，非公有制经济的投资增速，尤其是私营企业、个体经营投资大大高于公有经济；而且，非公经济的投资增速也更加接近历史水平。由于公有制企业多涉及垄断程度相对较高的行业，而私营经济、个体经济则多处于竞争性领域。因此，上述投资增速的对比，与整体投资效率的改进在逻辑上是能够得到支持的。

其三，投资的区域结构也在继续发生积极改变，中、西部投资持续高于东部地区，区域经济发展走向平衡。2012 年 1～8 月，东部地区投资同比增长 18.6%；中部地区投资增长 25.3%；西部地区投资增长 23.8%。中、西部地区投资维持相对高速增长，不但对全国整体投资需求的稳定起到了重要作用，而且对于改善地区差距也有积极意义。

（三）消费在宏观经济稳定中起到更加重要的作用

社会消费品零售总额同比增速显示，年初以来消费增速持续下滑：该数据从 2011 年末的 18.1%，下降到 2012 年 3 月的 15.2%，8 月份进一步下降至 13.2%。最近几个月名义增速下降趋势放缓，但仍处于回落过程之中。

居民人均消费支出数据却显示：消费增长依然较为强劲。根据统计局公布的城镇居民人均消费支出、农村居民人均现金消费支出数据，可以测算全国居民人均消费支出的实际同比增速。结果发现：2012 年第一季度的全国居民人均消费支出实际同比增速是 9.8%，远高于 2003 年以来 8.5% 的平均增速，而且也是 2008 年金融危机以来最快的第一季度增速。

为什么社会消费品零售总额与全国居民人均消费支出会有不同的结果呢？这是因为两个统计口径的内容存在两方面差异：其一，消费品零售总额的内容不包括服务，而居民人均消费支出的商品篮子与 CPI 篮子相同，服务项内容占有很重要的比例；其二，消费品零售总额包括了政府、企业等社会集团的消费，而居民消费则不统计这部分消费。因此两者增速的走势出现方向性差异也是可以理解的。历史数据显示，两个指标也曾在多个时期呈现相反的走势。

居民人均消费的统计更符合支出法 GDP 核算的标准，因此我们根据居民人均消费支出数据认为，当前的消费实际上仍然保持着较为强劲的势头。前述指标增速的差异说明，以下两种可能性至少有一种已经成为现实：①消费者对服务业的消费有显著增加；②政府、企业等社会集团消费有显著下滑，而居民在社会消费品零售总额中的占比有显著提高。

三 微观企业层面出现骤冷信号

2012 年上半年的 GDP 同比增速，较 2011 年同期下滑 1.8 个百分点，但是，同期工业企业利润总额的同比增速则由 28.3% 下降到 -2.7%，落差为 31 个百分点。从企业的亏损面来看，2012 年 7 月，32.7 万家工业企业的亏损比例上升了 3.53 个百分点。这一上升势头是 1999 年有数据以来最严重的。从亏损企业的累计亏损金额来看，2012 年 1 ~7 月，亏损总金额同比增长 64.3%，达到 4200 亿元的历史次高点，仅次于 2008 年末 5296 亿元的总亏损额。从最近几个月的情况来看，工业企业利润下滑、亏损扩大的态势仍在持续。

在整个经济周期过程中，企业利润下滑通常是较为领先的指标。从利润下降开始，企业的资金链将发生困难，并通过信用体系影响到其他企业，甚至金融机构。资金链的困难，还可能影响到企业的投资、生产以及库存决策，并最终对就业、消费产生影响。从当前情况来看，工业企业亏损面扩大的速度甚至略高于 2008 年末的困难时期。同时，工业企业流动资产的周转率也表现出了明显的下滑。其中，2012 年 7 月企业流动资产周转率同比下降 7.5 个百分点，与 2008 年末的情况相似，而且与上年同期增速的落差也达到 25 个百分点。从最新变化来看，工业企业亏损面的扩大以及流动资产周转率下降有所趋缓，但仍未见根本改善，同时“新三角债”的阴影也仍然笼罩着实体经济。

四 宏观温和放缓与微观骤冷：基于财务杠杆的解释

当前宏观经济和微观经济的矛盾体现在以下两个方面：首先，经济同比增速下降 1.8 个百分点，宏观经济总体温和放缓；但企业经济效益大幅滑坡，资金链出现严重的困难。其次，经济环比增速从第二季度开始已经出现回升，第三季度的预估值表明，环比回升态势还将巩固，但与此同时，企业经济效益方面仍面临很大的压力。

如果仅从实体经济本身来寻找答案，则上述矛盾是令人困惑的。因此我们需要将视野转向金融领域，尤其是微观企业财务杠杆率的提高。其逻辑路线如下（见图1）。

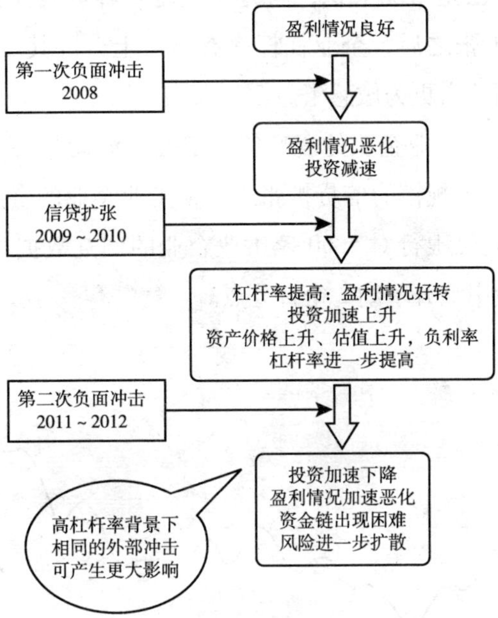

图1　理解宏观温和放缓与微观骤冷的逻辑

（1）第一次负面冲击。2008年次贷危机全面爆发的冲击，通过出口贸易对我国产生影响，企业盈利恶化、投资下滑。

（2）刺激政策出台，信贷再次扩张、企业杠杆率提高。作为刺激政策的重要内容，2009～2010年出现了信贷规模的迅猛扩张。在此背景下，企业财务杠杆率，即资产负债率有所提高，盈利情况开始好转，投资加速上升；与此同时，在扩张性货币政策的背景下，出现了实际负利率、资产价格上升，以及伴随的估值效应，进一步推升了企业财务杠杆率的上升。企业的财务杠杆率走到了高位。

（3）第二次负面冲击。2011年下半年开始，政策对基建投资、房地产行业的调控力度加大，随后外部需求也开始表现疲弱。

（4）面对第二次负面冲击，高杠杆率的企业反应更为敏感。也就是说，在高杠杆率的背景下，相同的负向冲击，将对企业经营效益产生更严重的影响。高杠杆率加大了企业利润率顺周期的波动幅度。在负面冲击的背景下，高杠杆率企业容易出现问题，破产风险也伴随上升。而且由于各个企业之间通过信用体系相联系，其风险就会进一步扩散，从而导致其他企业的经营也出现不同程度的困难。

两次负面冲击已是市场共识，因此这里需要着重验证另外两个事实：其一，2009 年信贷扩张之后，企业杠杆率有显著上升。其二，杠杆率的上升，使得企业对于负面冲击更为敏感了。

2000～2008 年，工业企业的资产负债率处于波动状态，但没有明显的变化趋势。自 2009 年大规模的信贷扩张之后，工业企业的资产负债率开始不断上升（见图 2）。人民银行对 5000 家工业企业的调查数据显示，2008 年末至今，整体资产负债率上升了约 2 个百分点。

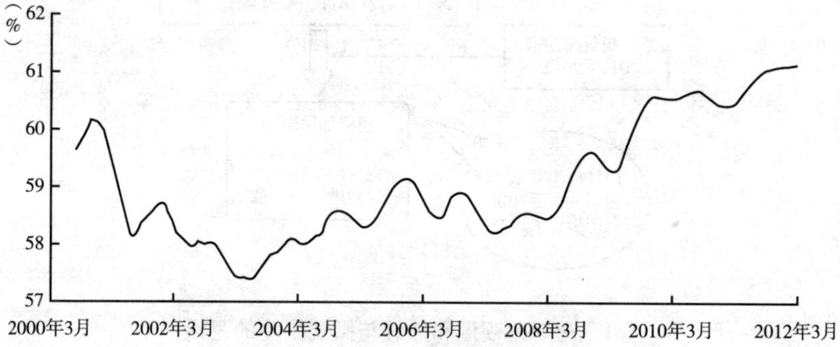

图 2　2009 年以来企业资产负债率有显著上升

资料来源：中国海关，世界经济预测与政策模拟实验室。

资产负债率上升幅度虽然有限，但是反映在某些行业，则情况是较为突出的。下面以三个重点行业的上市企业为例进行分析：交通运输仓储业，金属与非金属制造业，房地产业。

交通运输仓储行业的资产负债率，2012 年中报较 2008 年年报水平提高了 13.96 个百分点，达到 52.8%。我们根据 13 年来上市公司的财务状况设定基准情况，模拟结果显示：该行业资产负债率上升了 13.96 个百分点之后，与初始状态相比，同样负面冲击对利润的影响将额外地被放大19.5%（见表1）。①

类似地，在金属与非金属制造行业，企业平均的资产负债率上升了4.92个百分点，达到63.5%。在此背景下，与初始状态相比，负面冲击对利润的影响将额外被放大7.9%。对于房地产行业而言，由于企业平均资产负债率提高了4.05个百分点，达到67.3%，因此负面冲击的影响将被放大6.6%。

表1　资产负债率的提高使利润对负面冲击更为敏感：三个重要行业

单位：%

	资产负债率		负面冲击对利润影响：额外放大的比例
	2012年中报	2012年中报减去2008年年报	
交通运输仓储	52.8	13.96	19.5
金属非金属制造业	63.5	4.92	7.9
房地产业	67.3	4.05	6.6

需要说明的是，这里使用的是上市公司数据，而2000多家上市企业的数据显示，其财务杠杆低于人民银行调查的5000家企业。这表明，上市公司的经营相对更为稳健，而非上市公司的杠杆率通常更高。在较高资产负债率的初始水平上，负债率同样提高1个百分点，负面冲击将会被放大更多。也就是说，非上市公司在这方面的风险，通常要大于前面分析的上市公司。因此，负面冲击对企业利润的影响可能还会更大。

从整体上看，中国非金融企业的负债率也是很高的。根据李扬等（2012）的测算，目前中国企业负债占GDP的比例高达107%，甚至高于日本和英国，略低于西班牙。而OECD国家的经验显示，这一比例在90%就已经很危险。由

① 具体计算方法：假定贷款利率一直为7%，同时根据上市公司2000年以来的平均数据，计算得到息税前利润率为8.91%。此时，给定资产负债率水平为DTA1，就可以计算得到息税后的利润率（P1）。给定一个标准的负面冲击（定义其为息税前利润下降10%的情况），这样就可以计算得到，负面冲击发生之后，息税后的利润率为P2。再根据P1和P2，就可以得到，资产负债率水平为DTA1的情况下，一个标准的负面冲击，对息税后利润率的冲击的影响程度。同样，不断改变资产负债率的水平，就可以观察到不同杠杆率水平下，相同的负面冲击，对息税后利润率的不同冲击程度。所有结果的集合是一条向右上方倾斜的曲线，一阶导数和二阶导数均大于零（横轴为资产负债率，纵轴为息税后的利润率受负面冲击影响的程度）。

此可见，当前中国微观经济层面，当企业面临着政策调控、外部需求下滑等不利因素时，由于财务杠杆过高，这些负面冲击的影响程度被大大强化，企业经济效益的顺周期反应被显著放大。最终的表现，就是宏观经济的温和减速，以及微观企业盈利能力的骤降、财务压力的陡然增加以及破产风险的迅速上升。

五 宏观经济前景展望及政策建议

目前，宏观经济增速在环比上已出现企稳回升迹象。通胀率方面，预计第三季度通胀率触及周期性低点2.1%，第四季度则将回升到接近3%的水平，2012年全年通胀率约为2.9%，2013年则稍有反弹至3.6%。对于经济增长，我们预计2012年第三季度GDP同比增速为7.6%，环比增速在2%左右；第四季度GDP同比增速为8.1%。2013年全年增速为8%。就乐观方面而言，在高杠杆下随着宏观经济的转暖，微观企业的压力将迅速缓解。因此只要经济增速呈现拐点，则短期内的担忧可以消除。但从中期角度来看，企业的高杠杆率仍然是宏观经济不稳定的微观基础。所以，政策应重点关注企业财务的去杠杆化，并将这方面的政策与其他结构调整措施结合起来。具体来说有以下几个方面。

首先，应避免进一步使用信贷扩张的刺激政策。虽然2009年的信贷扩张成功使得中国经济避免了一次深度衰退，但同时也使很多企业的资产负债率上升到高位。正如本报告所分析的，目前中国企业对负面冲击过于敏感，在很大程度上是由于过高的资产负债率，而这正是上一轮信贷扩张的一个后遗症。针对目前的情况，如果进一步使用信贷扩张的刺激政策，则短期内企业的经营情况将获得改善；但从长远来看，由于财务杠杆的进一步提高，企业在面临外部冲击时将更为脆弱。在此基础上的宏观经济，也将更为脆弱和缺乏内在稳定性。因此，依赖于信贷扩张的刺激政策只能解企业一时之困，但无助于问题的根本解决，反而会在长期带来更大的问题。

其次，需要采取政策，帮助企业加速实现去杠杆化的过程。如果任由企业依靠自己的力量来进行去杠杆化操作，则过程将是痛苦而相对漫长的。下面是可供参考的基准情形：2000年以来，上市公司的资产利润率（ROA）是

5.34%。在进行利润分配时，除去分配股利，一般设定10%的比例提取法定公积金，用于弥补以往年度亏损，或用于转增资本金。假定存量负债不用偿还，而且提取法定公积金全部用于增资，资产利润率能够实现5.34%的历史平均水平。在此情况下，企业要使杠杆率下降1个百分点，目前的交通运输仓储业需要3年半时间，金属非金属制造业需要3年，房地产业需要2年零9个月。

当然，企业也可以选择使用息税前利润偿还债务存量，上述周期将减半实现；但这将对资产利润率产生较大的冲击，从而在短期内增加不确定性。事实上由于以下原因，基准情况可能会偏于乐观：（1）企业的资产利润率是否能够达到5.34%的历史平均水平？（2）在企业去杠杆化的背景下，资产价格往往会有下行趋势，在企业资产估值缩水的背景下，企业的去杠杆化道路将更为漫长。因此，面对微观经济骤冷的局面，政策既不可操之过急而采用信贷扩张的刺激政策，也不宜袖手旁观任由企业自行调整。

再次，财政政策可以有所作为，采取减税或税制改革和以结构调整为导向的支出政策。对企业减税将有利于帮助企业加速去杠杆化的过程。而且就目前的情况来看，针对企业的税收体制并没有起到“自动稳定器”的功能，甚至可能加剧了企业经营状况的恶化。根据国家统计局的工业企业财务数据，2012年7月工业企业利润累计同比增速为-2.7%，与上年同期的28.3%相比，两者之间落差为31个百分点；同样是2012年7月，工业企业的税金总额累计同比增速为8.8%，比上年同期的26.9%下降了18.1个百分点。一边是利润同比增速为负，另一边则是税金的可观增长。这种现象与目前税源过于依赖间接税有关，因此需要在税收改革方面加快推进“营改增”试点和全面推行的步伐；在条件成熟的情况下，也要把税源的重心转向直接税。并逐步使税收体系成为宏观经济的“自我稳定器”之一。另外，在财政支出方面，需要与其他结构调整措施相结合，同时还要注意财政刺激政策中可能产生的收入分配效应，避免进一步带来收入差距的扩大。

最后，为了加速企业的去杠杆化过程，政府还需要为企业提供更好的宏观经济生存环境。当前亟待推进的政策是放松各种带有行政垄断色彩的管制措施，为私人部门的投资和盈利创造更好的机会；稳步推进金融市场化改革，提高居民财产性收入，以此推进消费增长和宏观经济平衡。

参考文献

李扬、张晓晶、常欣、汤铎铎、李成：《中国主权资产负债表及其风险评估（上）》，《经济研究》2012 年第 6 期。

国际货币基金组织：《中华人民共和国第 4 条款磋商工作人员报告》，2012 年 7 月。

China's Economy: Why Macro's Mild Slow Down Comes with Micro's Quencher

Xu Qiyuan　Zhang Bin

Abstract: In 2012 China's macro economy experienced a mild slowdown, while the micro economy suffered a serious quench. With a decrease of GDP growth rate by 1. 8 percent, the profit growth rate of the enterprises declined from 27. 3% to −2. 7%. Bad news from the micro economy keeps coming out. It seems that the enterprises have got into a trouble as difficult as that at the end of 2008. How to explain the coexistence of the macro mild slowdown and the micro serious quench? The answer presented in this paper goes as following: The credit expanded dramatically after the 2008 crisis, and the enterprises accumulated a rather high debt/asset ratio. With such a high financial leverage, the enterprises became sensitive when they suffered a negative shock. We expect that China will keep 8% GDP growth rate in 2013. But if enterprises' profit continues to deteriorate and the other lagged effects get dispersed, the micro foundation of macroeconomic stabilization will be fragile. Therefore we should avoid the policies like credit expansion. At the same time, the following measures are suggested: tax reduction, stabilization of the asset price, promotion of technical progress and consolidation of the independence of the monetary policy.

Key Word: China Economy; Debt/Asset Ratio; Financial Leverage; Tax Reduction

专 题 篇

Special Reports

Y.10

国际贸易形势回顾与展望

倪月菊　马 涛*

摘 要：

由于世界经济的整体不振，2012 年上半年全球货物贸易情况并不乐观。1~6 月，尽管全球货物贸易量均高于上年同期水平，但是增长幅度却不及往年。根据历史经验判断，第三、四季度尽管全球贸易会有一个小的提升，但 2012 年下半年全球货物贸易增长速度也难以超越上半年。我们预计 2012 年全球货物贸易增长率仅会维持在 2.5% ~3.0% 的水平上。鉴于世界经济下行风险依然存在，2013 年全球贸易形势不容乐观，我们判断将会以 4% ~4.5% 的增速发展。在贸易保护主义和 FTA 盛行之时，WTO 在多哈回合框架之外，正在为多边贸易体系的完善不断进行新的探索和努力。

关键词：

国际贸易　增长预测　国际贸易规则　保护主义

* 倪月菊，中国社会科学院世界经济与政治研究所研究员，主要研究领域为国际贸易；马涛，中国社会科学院世界经济与政治研究所助理研究员，主要研究领域为国际贸易与全球生产体系。

一　2011 年国际贸易形势回顾

欧债危机的进一步恶化、日美财政问题迟迟得不到解决以及新兴经济体经济增速的下滑，使得2011 年世界经济增长低于预期。受此影响，在经历了2010 年高速增长后，2011 年世界商品贸易增长速度大幅下滑，贸易量（剔除物价和汇率变动因素后的实际贸易增长率）较上年仅增长 5%，低于 WTO 做出的 5.8% 增长预期。2011 年世界商品贸易额增长（以美元计价的名义增长率）19%，达到 18.2 万亿美元，超过了 2008 年的峰值（16.1 万亿美元）。商品价格的大幅上涨是2011 年世界商品贸易额大幅提升的重要因素。如表 1 所示，2011 年商品价格上涨了 11.4%，其中能源价格上涨了 32%。1949 ~2011 年世界贸易（出口）发展趋势见图 1。

表 1　2005 ~2011 年世界贸易增长状况

单位：万亿美元，%

	贸易额	年增长率				
	2011 年		2005 ~2011 年	2009 年	2010 年	2011 年
商品贸易	18.22	名义增长率	10	-22	22	19
		实际增长率	4.1	-12	14.5	5
		价格增长率	4.6	-10.7	5.7	11.4
		钢铁	18	-19	48	14
		能源	15	-37	26	32
服务贸易	4.15	名义增长率	9	-11	10	11

资料来源：WTO（2012），*World Trade Report 2012*；日本贸易振兴机构《JETRO 世界贸易投资报告》，2012 年版。

2011 年的世界贸易呈现以下一些特点。

第一，全球性需求下降，成本上升等因素导致主要国家和地区的贸易普遍下滑。从贸易量的增长看，2011 年发达国家出口增长 4.7%，发展中国家和独联体国家出口增长 5.4%①，大大低于上年 12.9% 和 16.7% 的增长速度；发达

① WTO（2012），*World Trade Report 2012*.

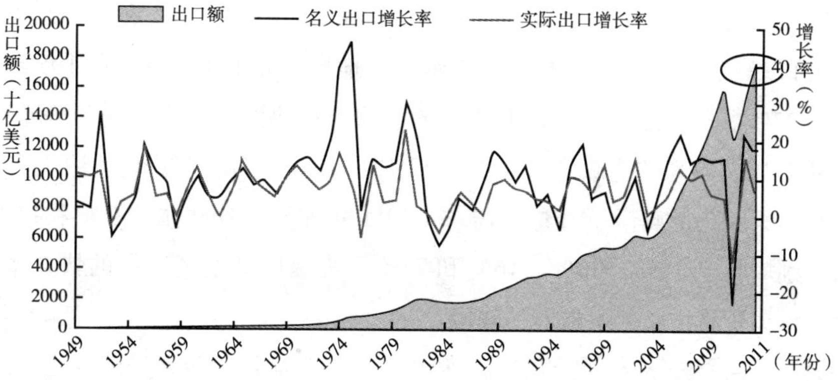

图1　世界贸易（出口）发展趋势（1949～2011年）

资料来源：参见日本贸易振兴机构《JETRO世界贸易投资报告》，2012年版。

国家进口增长2.8%，发展中国家和独联体国家进口增长7.9%，也远低于上年的10.7%和17.9%。需求不足和成本上升是导致2011年贸易普遍下滑的主要原因。从图2可以看出，除日本外（受“3·11”大地震影响），美、欧、新兴工业化经济体等国家和地区的进口增速下滑明显，且均低于出口增速。近年来特别是作为世界贸易增长排头兵的中国，2011年外贸表现也不佳，外需不足的“硬伤”，使中国的进出口增长均未达到10%，大大低于上年20%以上的增长水平（见图2）。

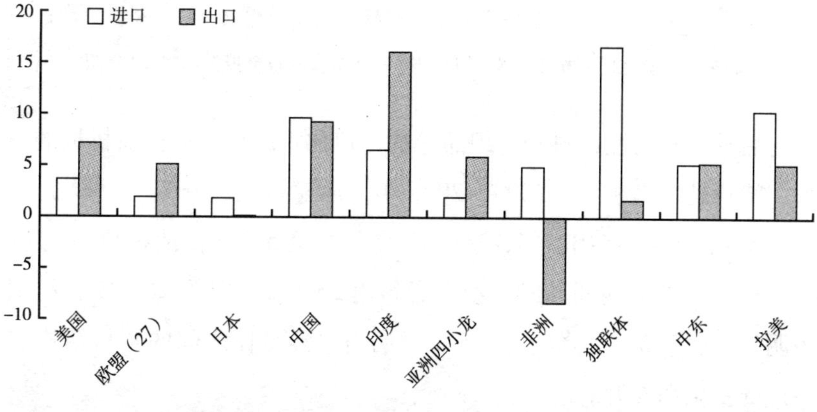

图2　2011年世界主要国家和地区的货物贸易量增长情况

资料来源：WTO（2012），*World Trade Report 2012*。

第二，以出口自然资源为主的地区（非洲、独联体、中东和拉美），名义贸易出口增长很快。独联体、中东和拉美地区的出口增长率分别为34%、37%和27%。非洲虽然受利比亚内战的影响，石油出口有所放缓，但增长率也达到17%。较高的能源价格（增长32%）增加了以出口能源为主的国家的外汇收入，因此也刺激了其进口需求。2011年非洲、独联体、中东和拉美的进口分别增长了18%、30%、16%和24%。资源出口地区贸易的快速增长，对拉动世界贸易增长起了重要的作用。

第三，新兴经济体①间的贸易不断扩大。图3显示，新兴经济体之间的贸易额由2000年的4119亿美元，提高到2011年的2.8万亿美元，增长了6.8倍。占世界贸易的比重也由6.5%提高到15.9%。

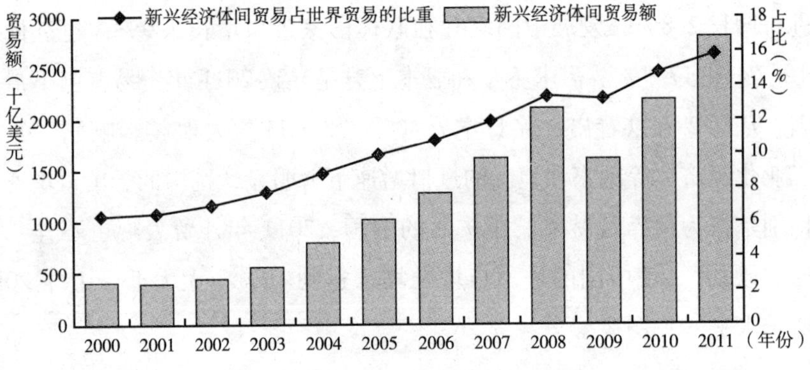

图3　新兴经济体间贸易（出口）情况

资料来源：参见日本贸易振兴机构《JETRO世界贸易投资报告》，2012年版。

从商品看，矿物性燃料和纺织品等的出口比重减少，而机器机械的出口持续增长，特别是运输机械。2000～2005年，运输机械占新兴经济体间贸易的比重为4.5%，2006～2011年，这一比重上升至5.3%；精密机器也由占比1.4%上升到1.8%。而同期的矿物性燃料由26.8%下降到26.5%；纺织品下降更为明显，由7.5%下降到6.1%。说明新兴经济体之间的贸易结构和水平有了一定的变化和提升。

① 新兴经济体采用了IMF的标准，指包括发展中国家在内的26个经济体。

第四，旅游引领服务贸易发展。由于货物贸易增长速度普遍下降，因此，2010年引领服务贸易增长的运输业（增长15%）表现不佳，增长率仅为8%。旅游业则由上年的增长9%上升到12%，成为国际服务贸易增长的主要动力。

二 2012年国际贸易的走势分析

（一）对2012年国际贸易形势的基本判断和分析

2012年4月，世界贸易组织（WTO）发布的年度报告预测，2012年全球货物贸易增长率将由2011年的5.0%下降至3.7%，低于过去20年5.5%的全球贸易增速平均值。其中，发达经济体和新兴经济体出口分别增长2.0%和5.6%，进口分别增长1.9%和6.2%。时隔半年，WTO在9月22日发布的《全球贸易风险分析报告》中显示，受欧债危机拖累，将2012年全球贸易增速预期由此前的3.7%降至2.5%，其中，发达经济体出口增速由此前的2%下调至1.5%，新兴经济体出口增速由此前的5.6%下调至3.5%。

全球贸易走势的低迷与世界经济增长放缓休戚相关。国际货币基金组织（IMF）7月预测全球经济增长为3.5%，低于2011年的3.9%。世界经济增速的低迷导致全球的进口需求紧缩、大宗商品价格上涨以及欧元区经济进一步衰退等都会影响2012年全球贸易的增长。通过主要经济体商品贸易出口的当月同比数值（Wind资讯月度数据）可以清晰看出，截至6月份，各国贸易增速较上年同期都没有出现显著的提升，并且增速下滑趋势愈加明显。我们可以判断，如果下半年主要经济体对外贸易增长仍无起色，那么2012年全球贸易增速将进一步放缓。

1. 基于几个指标走势的判断

第一，国际航运指标的变化显示国际贸易增速回落。我们这里主要通过国际航运市场情况加以判断，国际航运市场情况又可以通过波罗的海干散货综合运价指数（BDI）和国际集装箱指数进行分析。从BDI指数可以看出（见图4），自2011年底该指数就出现了较大幅度的下降。2012年以来，亦没有出现显著回升。BDI作为先行指数的变化能提前反映国际贸易走势的变化，通过该指数可见下半年的国际贸易增速恐怕也难以有明显提高。此外，国际集装箱指数从2011年7月的近792点，滑落到2011年12月的近499点，再震荡到2012年6月的502点。可以判断，体现全球贸易流量的国际运输市场的集装箱运价指数走势也显示国际贸易增长放缓的趋势。

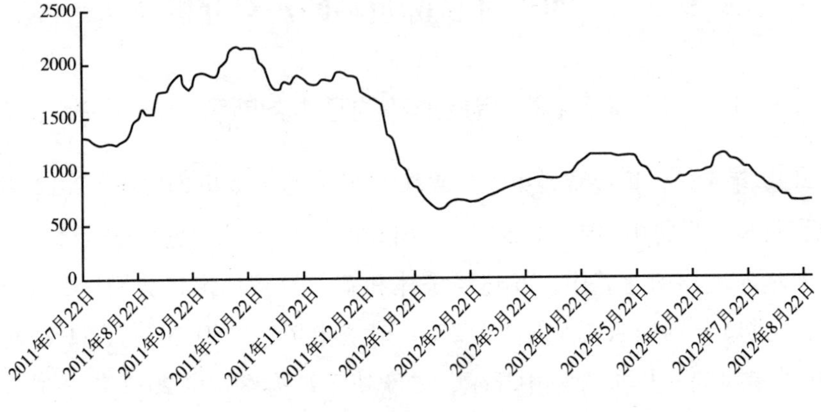

图4　干散货运输市场波罗的海综合运价指数（BDI）

资料来源：根据凤凰网财经的价格指数绘制，http：//app. finance. ifeng. com/data/indu/jgzs. php。

第二，初级产品价格还处于相对高位。自金融危机以后，全球初级产品价格指数逐步恢复到一个较高价位，尤其是自2011年底以来均维持在高点。尽管大宗商品价格的提高也会增加全球的名义收入，但是其对贸易品价格效应的传导速度快于收入效应，并且对价格效应的传导力度也强于收入效应。实际上，较高的初级产品价格会削弱消费者的购买力，不利于消费者市场的活跃发展。所以，较高的初级产品价格通过提高出口价格指数，降低发展中国家出口的国际竞争力，对全球贸易的提升不利。当前，美国继续推行QE3，宽松的货币政策将会蔓延至全球，这样会进一步抬高初级产品的价格，高涨的通胀水平势必影响全球生产扩张和贸易流通。

第三，全球需求萎缩导致生产扩张趋缓。全球经济放缓导致的需求萎缩对全球贸易形成极大的压力。偏高的初级产品价格推高了生产成本，体现生产扩张情况的采购经理指数（PMI）数月以来走势低迷。2012年4月全球综合PMI指数回落至52.3%，随后的6月至8月分别是50.3%、51.7%和51.1%。其中，制造业的 PMI 指数则从 6 月就已降至 50% 以下，8 月滑落至 48.1%；服务业 PMI 指数虽保持在 52% 上下，但较年初 55% 以上的水平，已有大幅下降。[1] 其中，新兴经济体的情况也不容乐观。比如，中国近几个月的 PMI 指数一直低于 50% 大关，工业活动萎缩致使中国第二季度经济增长为 7.6%，创下三年来的新低。欧洲国家深陷债务危机，对贸易品需求急剧下降，阻碍了出口国家的生产扩张。其中，新兴经济体作为欧洲国家主要贸易品来源国受到的冲击最大。上述情况说明全球生产情况令人担忧，外部需求严重疲软，这也折射出全球贸易走势的暗淡前景。

2. 贸易摩擦不断深化成为贸易增长的绊脚石

金融危机后，贸易保护主义重新抬头。历史经验表明，经济疲软持续的时间越长，就越容易滋生贸易保护主义，但是很难准确衡量其对贸易流影响有多大。以邻为壑的贸易政策在 2009 年之后呈不断蔓延趋势，以关税上调、出口限制以及不公正的监管调整在内的保护主义措施的增多远远超过预期。瑞士圣加仑大学 2012 年 6 月发布的《全球贸易预警》指出，尽管 2008 年 G20 国家做出了维护自由贸易的承诺，但是其成员国要对 2012 年约 80% 的保护主义行为负责。此外，该报告指出目前 G20 贸易总额中至少 10% 的贸易额受到保护主义措施的影响，而 WTO 认为这一比重约为 4%。

在当今的全球化生产中，发展中国家往往处于供应链的中低端。如果发达国家采用较高的非关税措施，如卫生与检疫、碳标签、技术标准等，无形中增加了发展中国家的生产成本，就会使发展中国家的贸易收益减少。由于复杂的生产网络是建立在跨国公司的运营基础之上的，最终的贸易所得还是由发达国家的跨国公司分配。所以，发达国家制定出越多、越严格的非关税措施，其收益就越大。有鉴于此，WTO 应该坚决抵制一些国家巧立名目的非关税措施，尤其是一些歧视性措施，以维护国际贸易公平、公正的运行。

3. 对主要经济体的经济增长分析

第一，美、日经济呈温和增长。美联储 6 月份预测，2012 年美国经济增速为 1.9%~2.4%，通货膨胀率为 1.2%~1.7%，均低于 4 月份的预测。第四

---

① 数据源自：Wind 咨询数据库中的摩根大通 PMI 指数。

季度的失业率预计为8.0%～8.2%，高于4月份的预测值。美国宏观经济的基本面表明，2012年美国经济只能呈现温和增长，这也就意味着经济增长对贸易的拉动作用有限。不过，美国现在重振制造业的政策可能会为未来实体经济的发展注入“稳定剂”。

日本央行7月份预测，2012财政年度的经济增速为2.2%，低于4月份预测的2.3%。2011年，日本发生地震和海啸等自然灾害后，经济恢复和重建的规模并未达到预期水平，所以也就没有产生庞大的需求，日本经济保持低速增长。

第二，欧元区经济仍陷债务泥潭。欧债问题尚难烟消云散，欧元区经济处于衰退边缘。尽管第一季度欧元区内生产总值实现了0.3%的增长，但是经济增长动力不足。欧盟委员会2012年春季预测，2012年欧元区GDP增速为-0.3%，其中重债国希腊、葡萄牙、西班牙、意大利GDP增速分别为-4.7%、-3.3%、-1.8%、-1.4%。这显示债务危机继续拖累欧元区的经济增长。6月份，欧元区的综合PMI指数为46.4%，该指数在6月份之前的十个月中有九个月低于50%。制造业PMI指数则更低。在劳动力市场方面，欧元区17国5月份的失业率已达11.1%，债务危机严重国家的情况更是令人担忧。欧洲是许多发展中国家的主要出口市场，欧洲经济衰退给这些国家的出口以沉重打击。

第三，新兴市场和发展中国家经济持续放缓。国际评级机构惠誉公司12月13日《全球经济展望》报告中，将本财年（2011年4月1日至2012年3月31日）印度经济增长预期从此前的7.5%下调至7%，低于印度财长最新预测的7.5%，将印度2012、2013财年经济增长预期从8%下调为7.5%。IMF也将俄罗斯2012、2013年经济增长预期由4.3%和4.1%分别下调至4.1%和3.5%。巴西全国银行联合会最新数据预测显示，2012年巴西GDP将增长3.6%，较2011年9月的预测值3.8%有所下降。墨西哥银行近期将2012年经济增长预期由3.0%～4.5%下调为3.0%～4.0%。南非储备银行货币政策委员已将2012、2013年南非经济增长预期从3.6%和4.4%分别降低到3.2%和4.2%。

基于上述因素分析，我们认为2012年国际贸易增速将进一步放缓。

（二）2012 年上半年国际贸易的基本状况

第一，由于世界经济的整体不振，2012 年全球货物贸易情况并不乐观。2012 年前 7 个月，尽管全球货物贸易量均高于上年同期水平，但是增长幅度却不及往年的增长幅度（见图 5）。分月度看，前 7 个月较 2011 年的月度贸易额同比有所增长。但是从环比增长看，7 月全球货物贸易较上月环比下降 0.21%，6 月环比下降 1.48%，4 月则环比下降 1.02%。可以看出，前 7 个月的贸易量环比增长波动较大，有 3 个月份呈负增长。

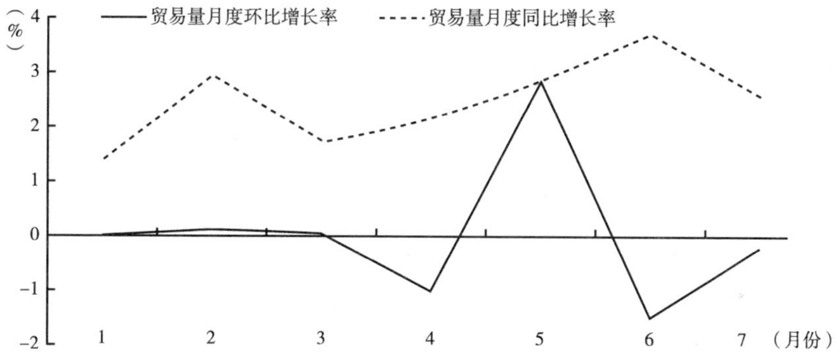

图 5　2012 年 1～7 月全球货物贸易增长的月度变化

资料来源：根据荷兰经济政策研究局《世界货物贸易监测数据》计算。

第二，2012 年上半年贸易量的总体数额较为平稳，但分地区数据的波动较大。表 2 数据显示，新兴经济体的进口贸易有较大的波动，亚洲的进出口也有很大的波动，而欧元区的进口呈现下降趋势。这说明欧元区国家受债务危机影响，对外部需求减弱，给亚洲国家带来的影响便是出口量的减少。

第三，2012 年上半年，全球主要发达经济体的货物贸易增长放缓。美国前 5 个月出口同比增长 4%～8%，而进口同比增长 3%～8%，远低于 2011 年两位数的增速。从第二季度的进出口情况看，法国的进出口分别下降 4.7% 和 2.5%，德国分别下降 3.5% 和 2.5%，意大利分别下降 2.8% 和 2.4%，英国分别下降 1.1% 和 4.2%。加拿大和美国的进口分别收缩了 0.3% 和 0.5%，但两国的出口呈现小幅增长。

表2　2012 年 1～6 月世界和分地区贸易量

单位：亿美元

	1月	2月	3月	4月	5月	6月	合计
世界贸易量	21160.9	21179.8	21196.2	20984.2	21529.3	21228.7	140081.7
进口	10524.8	10517.7	10504.7	10317.5	10620.3	104334	69365.3
发达经济体	5458.2	5408.9	5438.0	5379.5	5428.8	5419.7	36938.3
美国	1624.7	1573.0	1643.5	1614.4	1622.4	1630.8	10926.9
日本	484.9	452.0	469.8	479.6	493.8	478.6	3239.1
欧元区	2213.1	2246.9	2221.1	2189.7	2185.8	2191.5	15147.6
新兴经济体	5066.0	5108.0	5066.1	4937.4	5190.8	5013.0	32423.0
亚洲	2991.1	3015.0	2945.7	2860.3	3088.8	2929.4	19019.9
中东欧	793.0	785.1	776.8	760.2	766.4	754.0	4917.2
拉美	602.2	612.4	621.3	624.5	633.0	628.8	4060.8
非洲和中东	679.7	695.5	722.2	692.4	702.6	700.9	4425.1
出口	10636.1	10662.2	10691.5	10666.7	10909.0	10795.2	70716.3
发达经济体	5334.2	5325.1	5370.3	5362.0	5383.3	5432.9	36307.8
美国	1146.0	1144.0	1170.4	1149.4	1161.0	1197.2	7749.9
日本	711.8	710.6	710.5	755.9	735.0	728.7	4830.6
欧元区	2518.7	2504.8	2529.8	2493.7	2505.0	2543.9	17013.7
新兴经济体	5301.4	5336.6	5320.7	5304.2	5525.2	5361.9	34405.6
亚洲	3588.2	3622.8	3593.9	3571.8	3788.9	3650.1	23088.8
中东欧	698.5	685.2	684.0	690.0	704.7	696.8	4442.6
拉美	491.5	505.1	525.2	517.5	506.0	504.3	3368.5
非洲和中东	522.6	522.8	516.9	524.2	524.9	510.0	3501.5

资料来源：根据荷兰经济政策研究局《世界货物贸易监测数据》计算。

第四，新兴经济体出口增长放缓。以金砖国家为代表的新兴经济体，在国际市场疲弱的背景下，其出口绩效均不令人满意。即使下半年有一个反弹，也难以抵消上半年的下滑。以中国、印度、南非和俄罗斯为例（见图6），四个国家2012年前半年的出口同比增长远低于上年同期水平，均处于三年来的低位，尤其是俄罗斯和印度还出现了几个月的负增长。根据OECD的推算，2012年34个成员国的出口额平均增速预计为3.8%，这一增长率甚至将低于2011年的5.7%。

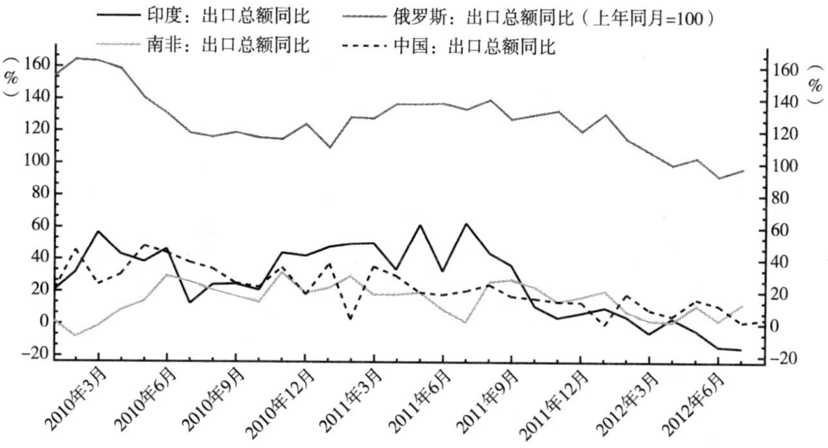

图6　主要新兴经济体的出口表现

（三）对2012年下半年国际贸易形势的估计

IMF在2012年7月发布的《世界经济展望》中指出，2012年全球经济增长率预计为3.5%，2013年为3.9%。2012年第一季度实际增长率为3.6%，第二季度表现略差一些。如果下半年增长没有显著提升，2012年全球经济增长难以超越2011年3.9%的增长幅度。尤其是当前一些国家实体经济表现出的委靡不振、欧洲国家深陷债务危机、中日领土纠纷导致经贸关系恶化等，均没有给世界经济提振带来丝毫动力。

根据历史经验判断，第三、四季度全球贸易会有一个小的提升。主要原因一方面在于各国会为增加库存而扩大生产，另一方面是各国主要节假日多集中在下半年，会推动全球贸易的增长。不过我们认为2012年下半年全球货物贸易增长速度难以超越上半年。图7提供了我们对2012年下半年世界货物贸易量走势的具体判断，即7~12月的贸易量能维持一个较为平稳的趋势，不会出现大幅的增长或者锐减。从预测数据看，7~12月的贸易量约为63874亿美元，比2011年下半年的62740亿美元，仅增长了约1.81%，这是一个较为悲观的数字，说明下半年的贸易增速还不及上半年。如果考虑到上述的季节效应，下半年的情况可能会比预测值好一些。① 结合上半年全球贸易的增速，我们预计2012年全球货物贸易增长率仅会维持在2.5%~3.0%之间。

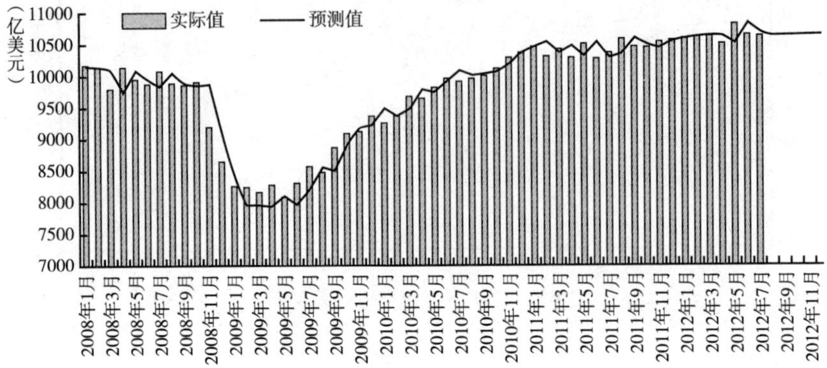

图7 全球货物贸易实际值与趋势预测

三 国际贸易规则的新动向：WTO、FTA和贸易保护

自由贸易和贸易保护一直是争论不休的论题。尽管全球化趋势不断扩大，各国均或多或少地努力融入双边或多边自由贸易框架，但贸易保护仍时常花样翻新，特别是在世界经济低迷的背景下，贸易保护抬头之势不减。在这种的背景下，自由贸易和保护贸易正进行着一场新的博弈。

（一）WTO国际贸易规则的新成果

众所周知，WTO具有三大职能，即立法职能（制定多边贸易规则）、监督职能（监督多边贸易规则的执行情况）和司法职能（解决贸易争端）。WTO在执行监督和司法职能方面所做的努力是有目共睹的，而在立法职能方面，由于大家更多地把目光停留在多哈回合的进展上，往往忽略了WTO在自由化进程方面所做的工作。事实上，近两年，WTO在多哈回合框之外，为多边贸易体系的建立和完善做了许多新的探索和努力，也取得了一定的成果（见表3）。

① 这里运用了双指数平滑法的预测，其中包含了趋势变动。

表3　2011～2012年多边贸易体制的新进展

时　间	内　容
2011年5月	WTO总干事拉米提出在部门领域先行达成多边协定的建议
2011年12月	WTO就修改政府采购协议达成共识
2011年12月	WTO第八次部长级会议批准俄罗斯入世
2012年3月	以发达国家为中心商讨就服务贸易自由化展开交涉
2012年3月	WTO政府采购委员会正式采纳修订后的政府采购协议
2012年5月	开始商讨扩大信息技术协定(ITA)的对象品目

资料来源：www. wto. org。

1. 修订政府采购协议

长期以来，各国都将政府采购作为保护国内企业的重要措施，一直实行封闭管理。歧视性政府采购日益发展为国际贸易中的一个严重障碍。1979年，关贸总协定将政府采购纳入贸易投资自由化谈判领域，并制定了《政府采购协议》（通常称为“1979年协议”）。随后关贸总协定对协议做了多次修改，在1993年乌拉圭会谈谈判期间形成了新《政府采购协议》，又称“1994年协议”。为了进一步扩大该协议的涵盖范围和影响力，自1997年开始了新一轮的谈判，目标是促进成员方开放政府采购市场，扩大国际贸易。2012年3月，WTO宣布采用修订后的政府采购协议。修改后的政府采购协议进一步扩大了公共采购的范围，包括扩大采购对象和下调政府采购基准额等两个方面。根据各成员国最新承诺，协议所覆盖的政府采购额将在原有基础上扩大800亿～1000亿美元。目前中国正在申请加入政府采购协议，俄罗斯也承诺在入世后尽快加入此协议。如果中俄两国加入的话，该协议的覆盖范围将进一步扩大，覆盖金额可能扩大数百亿甚至数千亿美元。

WTO宣布采用新的政府采购协议，意味着自1997年开始的持久谈判终于结束，为世界各国的政府采购活动扩大范围、进一步消除歧视措施、提供更大透明度打下了基础。正如世贸组织总干事拉米所说，政府采购协议是协助与政府采购市场有关的贸易活动的主要工具，是开放贸易体制的典范，承认在围绕无差别、透明和程序公平等WTO基本准则上建立管理机制的必要性，将在促进全世界的采购活动中扮演重要角色。

2. 修订信息技术协定（ITA）

世界各国签订ITA协定的目的是减少高科技产品的关税，以促进全球科技产业的发展。1996年，29个国家共同签署了ITA协定。然而随着技术发展和产品规模的扩大，大量原本适用于ITA协定范围的IT技术已成为家庭日用品，对于这部分产品，显然没有必要再受到ITA协定保护。许多新的IT技术产品却因为没能纳入原有的协定中而不能享受优惠政策。为此，2008年欧盟曾提议对ITA协定进行修正，但由于美、日等国的反对而迟迟未能进行。直至美国、日本、韩国在2012年5月ITA委员会上提交了协商扩大协议品目的建议后，对修改ITA协议的协商才算正式开始。

欧盟一直是修改ITA协议的积极倡导者，它极力主张在扩大协定对象品目的同时，也要撤销对对象品目实施的非关税壁垒。截至2012年7月，积极主张扩大协定对象品目的国家和地区提出的对象品目数量已经超过350个，接近1996年协议品目的2倍，预期扩大的贸易额为2000亿~3000亿美元。

3. “服务贸易自由化”构想

服务贸易自由化是多哈回合的主要议题之一。由于其交涉方式（要价）的复杂性，以及倡导服务贸易自由化的国家主要是发达国家（要价国不到成员国的1/3）等因素，服务贸易自由化谈判一直处于搁浅状态。进入2012年，以美国为首的一些发达国家开始探索在有高度服务贸易自由化意向的国家和地区之间签署服务贸易协定的可行性。截止到2012年7月，已经有20个国家和地区表明了参加该协定谈判的意愿。9月以后将进入具体的讨论阶段。

多哈回合原则上是要求全体成员国在全部谈判领域达成协议，致使多哈回合长期处于停滞状态。上述几项协议的进展，使人们看到了全球贸易自由化的新希望，对于人们重拾对WTO的信心具有重要的意义。

（二）FTA的新动向

截止到2012年7月末，世界签署FTA的数量（包括关税同盟）已经达到221件。2000年后，以年均10件以上的数量增加。近年来，FTA发展有以下三个主要特征。

一是跨地区型FTA比较多。以2011年为例，在当年签署的11个FTA协议中，有 8 个属于跨地区类型的。

二是大国间签署 FTA 的趋势愈发显著。韩国在 2011 年 7 月与欧盟、2012 年 3 月与美国 FTA 协议的签署尤其吸引眼球。进入 2012 年后，欧美又成立了高水平的工作组，探讨欧美之间缔结 FTA 的可行性。除此之外，中韩 FTA 谈判于 2012 年 5 月正式启动。日本也积极采取与主要贸易伙伴进行 FTA 谈判的战略。2011 年 5 月日欧首脑达成开展协商谈判的意向，同年 7 月开始协商协定的对象范围，2012 年 5 月就协定的对象范围达成共识。中日韩三国间的 FTA 谈判也备受瞩目。

三是广泛区域的经济合作构想频出。在广泛区域经济合作构想中，参加国数目最多的要数 APEC 参加国提出的亚太自由贸易区（FTAAP）。在 2011 年 11 月东亚峰会上，东盟又提出“区域全面经济伙伴关系协议”（RCEP）构想，在东盟和中日韩印等 6 个亚洲周边国家范围内，形成贸易自由化率高达 95% 的以东盟为中心的自由贸易协定。

（三）贸易保护主义对多边贸易规则的抑制

贸易保护主义在金融危机的背景下变得更加明显、更加直接。全球的经济危机导致各国经济收缩，为了保障自己国内的产业，保护就业，全球范围内的贸易保护主义必然抬头。特别是在欧债危机使世界经济前景堪忧的情况下，保护主义的倾向愈发明显。据 2012 年 5 月 OECD 和 UNCTAD 联合发布的第 7 次报告显示，G20 在 2011 年至 2012 年 5 月间共采取保护主义措施 124 件，平均每月发生 17.7 件。

这一阶段的贸易措施呈现了以下几个新的特点。

一是大国的贸易措施增多。根据英国 Global Trade Alert（GTA）的报告，G20 采取的保护措施占世界全体保护措施的比重已经由 2009 年的 60% 上升到 80%。这意味着在世界上影响力大的国家正在逐渐扩大贸易保护倾向。尽管在 2012 年 6 月的 G20 洛斯卡沃斯峰会上强调极力反对各种形式的贸易保护主义，但似乎效果并不佳。

二是由关税措施向非关税措施转变。GTA 的研究显示，在 2008 年 10 月以后，G20 国家几乎均在采取降低关税等自由化措施的同时采取了贸易保护的措施。如：俄罗斯采取自由化措施70件，保护主义措施169件；印度分别是56件和74件；巴西分别是65件和54件；美国分别是21件和28件。在采取的保护主义措施中，由关税措施向非关税措施转变的倾向更加明显，这些措施包括出口限制、出口补贴、进口限制、技术性贸易壁垒（TBT）、动植物检疫措施（SPS）、延迟通关手续等。据统计，在2008年10月至2012年5月间采取的贸易保护措施中，非关税措施占到45.1%，接近一半。由于非关税措施往往是临时采取的，透明性差，因此产生的影响也就更大。

三是保护措施的长期化。一方面新采取的保护措施不断增加，另一方面原有的保护措施依然继续。宣告使用期限结束的保护措施不足总数的18%，撤销的进程更是缓慢。

贸易保护措施的增加，势必对世界贸易产生一定的影响。据WTO估计，2008年10月以后采取的贸易保护措施，可能对世界贸易产生了3%的抑制作用。

四　2013年国际贸易形势预测及建议

2012年全球贸易增速将不及前20年平均值的一半，贸易量的变动低于全球经济增长的步伐，全球贸易面临下行风险。2012年7月IMF发布的《世界经济展望》预测2012年全球经济增长率为3.5%，2013年经济增长率为3.9%。以上预测值基于两个重要的假设条件：一是采取足够的政策行动逐步解决欧元区的债务困境；二是当前的政策能指引新兴经济体加快发展与增长。从主要经济体看，尽管美国经济增速慢于预期，日本的情况也不乐观，但全球经济放缓的主要原因还在欧洲。

WTO在2012年9月22日发表的《全球贸易风险分析报告》中指出，2013年全球贸易增速由此前预计的5.6%下调至4.5%，其中，发达经济体的出口增速可达到3.3%，新兴经济体的出口增速可达到5.7%。WTO的预测主要基于以下两点：一是目前欧洲一系列措施足以避免欧元区的分裂；二是美国政府达成稳定公共财政协议并在2013年初避免自动减支和增税。由于2012年全球贸易增速基数较低，我们判断2013年全球贸易会以4%~4.5%的增速发展。

以往新兴经济体注重对发达经济体的出口，目前，新兴经济体之间的外部需求不断扩大，这是促进贸易增长的新引擎之一。新兴经济体之间多是在制造业或者能源领域存在较大的外部需求，应该保证此方面的增长源。另外，一些免受债务危机之苦的发达经济体应该将出口市场瞄准新兴经济体，因为短期内欧元区重债国难以恢复元气，对外部需求也难有佳绩。例如，英国对法国、德国和意大利的出口就出现不同程度的下降，但2012年3~5月份，英国对中国出口却同比增长26%。英国对非欧盟国家的出口也首次超过对欧盟国家的出口。所以，无论是新兴经济体还是发达经济体，都要不断寻求贸易增长源，以外部需求推动全球经济进一步复苏。

参考文献

WTO：《全球贸易风险分析报告》，2012年9月。

JETRO（日本贸易振兴机构）：《JETRO世界贸易投资报告》，2012年版。

IMF, *World Economic Outlook*, July 2012.

Netherlands Bureau for Economic Policy Analysis, *CPB World Trade Monitor*, July 2012.

WTO, *World Trade Report 2012*, 2012.

International Trade: Developments and Prospects

Ni Yueju　Ma Tao

Abstract: Due to the sluggish world economy, the world merchandise trade was not satisfactory in the first half of 2012. Although the trade volume was higher than that of the same period last year, the growth rate was less than before. According to historical experiences, global trade in the third and fourth quarter will exhibit a trend of increase. However, the global trade in the second half of 2012 is difficult to surpass that of the first half. It is expected that the annual trade growth rate in 2012 could only be maintained at 2.5 – 3.0 percent. As the downturn risk of world economy remains, we estimate that the global trade growth rate will be around 4 – 4.5 percent in 2013. To be noted, with the prevalence of protectionism and FTA, WTO is making efforts to improve the multilateral trading system beyond the framework of Doha Round.

Key Words: International Trade; Growth Forecast; Trade Rules; Protectionism

Y.11

国际金融形势回顾与展望

高海红　刘东民*

摘　要：

2011～2012年，欧元区危机表现出间歇性特征，成为国际金融市场的重要风险源。与此同时，主要国家货币当局纷纷采取的传统和非传统宽松货币政策，造成全球流动性再度泛滥。在国际资本流向方面，国际投资者的避险情绪不断攀升，国际资本大量投向传统的安全港资产。发达经济体银行体系去杠杆化进程持续，但对新兴经济体持有的债权开始增加。国债市场因风险偏好表现出分化趋势，在国际负债证券币种结构中，除了美元等主要货币外，新兴市场国家的货币债券发行增加。基本面和货币因素共同支撑股市繁荣。在全球外汇市场中，美元货币安全港效应表现为先升后降，在年度中后期由于欧元区分裂危险消除，以及QE3的推出，美元重新落入中长期的贬值通道。2013年世界经济低迷增长、欧元区危机进展和财政调整、全球流动性变化、银行业整合等因素将主导国际金融市场动向，金融环境将十分脆弱，市场变化将持续动荡。

关键词：

国际金融风险　银行去杠杆化　国债市场　股票市场　外汇市场

2011～2012年，欧元区危机间歇性特征、主要国家货币当局采取的传统和非传统宽松货币政策是全球金融的主要风险。由于多重不确定性叠加

* 高海红，研究员，中国社会科学院世界经济与政治研究所，主要研究领域为国际金融；刘东民，副研究员，中国社会科学院世界经济与政治研究所，主要研究领域为国际金融。

和全球流动性泛滥，国际投资者避险情绪上升，国际资本大量投向传统的安全资产；发达经济体银行体系去杠杆化进程持续；国债市场因风险偏好表现为分化趋势；美元货币安全港效应表现为先升后降。这些变化与我们上一年度的预测基本一致。唯独股市走势，在年内因受基本面和货币因素影响表现繁荣，要好于我们较早相对悲观的预期。我们认为，在未来一年中世界经济低迷增长、欧元区危机走势和财政调整、全球流动性变化、银行业整合等因素将主导国际金融市场动向，金融环境将十分脆弱，市场变化持续动荡。

一　国际金融市场风险

1. 欧元区危机间歇性爆发是国际金融市场主要风险来源

2011 年下半年至 2012 年 9 月，国际金融市场深受欧元区危机间歇性特征的影响，市场情绪时好时坏，救市措施只能短时缓解市场压力，无法持续稳固市场信心。特别是在欧央行于 2011 年底和 2012 年初推出两轮长期再融资操作（LTRO）之后，市场流动性得以迅速缓解。但好景不长，2012 年 5 月，随着希腊大选对希腊去留欧元区的政治不确定性的加大，国际金融市场又将压力转向西班牙的银行体系，这使得欧元区危机风险迅速放大，甚至波及德国等核心国家。在市场重压之下，2012 年 7 月 26 日，欧央行总裁以明确的言辞表明“欧央行不惜一切保卫欧元”的立场。特别是 2012 年 9 月，欧央行承诺推出“直接货币交易”（Outright Monetary Transaction，简称 OMT），将以无限量、无优先权方式参与二级市场购债，这一举措对欧央行来说史无前例。然而，就在欧元区分裂短期风险得以缓解的同时，银行业整合等长期结构性调整又在德法两个核心国之间出现分歧。

上述间歇性特征，在欧元区危机进程中形成这样一种恶性循环：市场压力→政策救市→压力缓解→风险承担承诺→政治分歧→市场压力再现。特别是在主权债危机、银行危机和实体经济危机之间形成了彼此渗透、互相强化的反馈路径：主权债风险上升→债务国的银行资产负债表恶化（股价大跌和负债增加）→市场期待政府救市→救市进一步推高主权债风险；

主权债风险上升→银行对企业贷款缩减→实体经济收缩→政府税收减少→主权债风险进一步上升。这一恶性循环，以及对打破这一循环政策求解的屡试屡败，在相当程度上影响投资者的风险偏好，是信用风险和市场风险的主要来源。①

由于对主权信用风险和政府救市效果的不断猜疑，从 2011 年下半年开始，欧元区的银行压力不断上升，信用违约互换（CDS）升水大幅度上升，欧洲银行业危机同时波及北美和亚洲地区。这些地区的银行 CDS 升水也跟随上涨，反映银行业面临违约风险（见图 1）。一些对主权债风险暴露过多的银行股价暴跌，特别是希腊、西班牙、葡萄牙和爱尔兰的银行，股价降低额最为严重。受其牵连，德国和法国的银行股价也出现大幅度的下跌。

图 1　主要地区银行的 CDS

资料来源：BIS，*82 Annual Report 2012*。

2. 传统和非传统宽松货币政策叠加造成全球流动性再度泛滥

2010 年以来，由于经济持续疲弱和低通胀预期，发达国家中央银行采取了宽松的货币政策。2011 年后期和 2012 年初期，欧央行连续两次降低其主要

① 根据 IMF 的分析，信贷风险涵盖银行、居民和企业部门违约风险；市场风险涵盖流动性、波动性、市场头寸、股票市值风险（参见国际货币基金组织《全球金融稳定报告》，2012 年 4 月）。

的再融资利率，从此前的1.5%降低至1%。2012年7月，欧央行将再融资利率再度降低至0.75%；与此同时，欧央行将存款利率降至零。英格兰银行从2009年3月以来一直将其基准利率维持在0.5%的低水平。美联储将基金利率维持在0~0.25%之间。日本央行的贴现率从2010年10月至2012年8月一直为0.05%。在发达国家带动下，新兴市场国家也普遍采取减息政策，全球金融市场进入超低利率环境。

这一传统的货币政策在经济低迷和通胀稳定条件下十分必要，低息政策至少为银行、企业和居民扩大经济活动提供宽松的货币环境。然而，在危机时期，特别是在欧美市场恐慌加剧，流动性面临枯竭，以及系统性风险瞬时即发的关头，欧美国家使用的传统货币政策的功效显然不足。

在这种情况下，非传统货币政策的补充作用非常重要。中央银行可以通过购买资产来影响信贷规模和实体经济活动。其传递机制为：首先，官方声明采取某项政策或立场向市场传递扩张性信号从而降低对短期利率的预期；其次，央行可以通过购买长期证券降低长期收益率，诱使投资者增加风险资产在投资组合中的比重；最后，投资者如果将官方信号渠道对收益率的影响预先吸收，当政策真正出台之时，则不致产生未预料到的扰动。①

在本次危机的应对过程中，非传统货币政策大行其道，首先是美联储实施的量化宽松（QE1 和 QE2）和扭曲操作；而后，一向谨慎的欧央行在欧债危机严峻形势的逼迫下实施了 LTRO 和 OMT；美联储再度推出 QE3；英格兰银行和日本央行也纷纷扩大或延续资产购买计划。

上述政策的直接效果是在瞬间为金融市场注入流动性，并提供经济增长的低利率环境。但是，货币政策的刺激只限于流动性危机的解决，却无法解救清偿性问题。其结果是，政策只能在极短期内起作用，这造成了长期风险累积效应。特别是，重复实施的非传统货币政策的信号效应会逐渐失效，这会导致更多次的重复实施，不仅不能缓解流动性问题，却造成道德风险。再有，过度扩

① 关于非传统货币政策的分析，详见 Torsten Ehlers and VladyslavSushko, Unconventional Policies: Market Impact and Countervailing Factors, *BIS Quarterly Report*, September 2012, pp. 6 – 7。

张性货币政策的直接副产品是中央银行资产负债表迅速扩张，特别是在2011年后半年到2012年，英国和欧元区中央银行占GDP比重大幅度上升（见图2）。此外，扩张性货币释放流动性，对全球大宗商品和资产价格带来膨胀性影响。最后，由于货币当局政策效应的时限大大缩短，从长期看，这将危及中央银行的信誉。

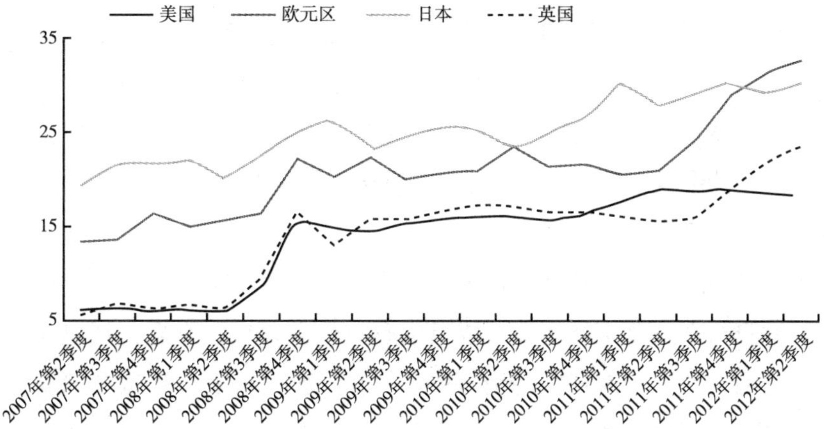

图2　主要中央银行资产占GDP比重（季度）

资料来源：*BIS Quarterly Review*, September 2012。

二　国际资本流向

2011年至2012年前三个季度，国际资本流动深受欧债危机不确定性影响，避险情绪高涨。然而，由于传统避险工具信用级别降低，全球金融资产安全性普遍下降，投资者只能采取“两害相权取其轻”的投资策略。

在2012年8月之前，由于欧债危机的持续发酵，全球投资者的避险情绪不断攀升，国际资本大量投向传统的安全港资产，导致德、美、英、日等国的中长期国债收益率不断下行，5月份之后全部跌破2%。其中，德国、美国和英国的10年期国债收益率先后在2012年7月20日、24日和8月2日分别达到1.17%、1.39%和1.44%；日本10期国债收益率也在7月20日达到2003

年6月以来的最低值0.73%。

尽管避险情绪上升导致资本流向寻求安全资产，但是安全资产的安全性问题却不断凸显。近两年全球金融局势的动荡，已经让国际投资者意识到，世界上没有绝对安全的资产（IMF，2012a）。2011年8月，标准普尔公司将美国主权信用评级由AAA下调至AA+，这是1917年美国主权信用评级被穆迪授予AAA级后的首次下调。2011年10月和2012年2月，法国和英国的主权信用评级分别被下调至负面；2012年7月，欧元区经济竞争力最强、金融稳定性最好的德国与荷兰，其3A评级展望也被调为负面。在全球金融资产安全性普遍下降的大背景下，投资者只能是"两害相权取其轻"。因此，2012年前7个月强大的安全港效应并不说明现有安全资产的安全性，它仅仅意味着一种恐慌和无奈的资本流向。

在2012年7月24日欧央行行长德拉吉提出"采取一切措施"捍卫欧元并支持欧央行在二级市场上购买成员国政府债券之后，金融市场迅速作出反应，安全港效应立即减弱。特别是在9月6日欧央行宣布将推出"直接货币交易"之后，美、德、日、英四国国债收益率均显著上升。可以预计，只要欧央行承诺的救市措施能够付诸实施，市场信心将获得稳定支撑，在投资者的资产配置当中，较高风险的资产（如股票）以及欧元区重债国国债等资产的配置比重将上升，对于安全资产的追逐将不会再呈现以往的热情。但是，全球经济的迟缓复苏，各国央行推出的量化宽松政策导致的流动性增加，都会增加对各类资产的投资需求，这其中自然包括对安全资产的需求。而国际金融监管改革的持续推进，将特别增加各国银行对安全资产的需求。另外，随着高主权信用评级国家数量的减少，安全资产的供应将下降，据IMF估计，到2016年安全资产将减少9万亿美元（IMF，2012a）。显然，尽管不会达到2012年的水平，供求差距仍将使国债等安全资产在未来成为国际资本追逐的热点之一。

三　发达经济体银行体系的去杠杆化与资产转移

银行体系是金融危机当中受冲击最严重的部门，也是对危机后经济复苏具有关键性作用的部门。从2008年9月开始，欧美银行业普遍进入去杠杆化阶段。迄今为止，美国银行业的去杠杆化基本完成，而欧洲地区的银行业正处在去杠杆化的关键时期。银行体系在欧元区的资产收缩已经对该地区的经济复苏造成显著的负面影响。但是，金融全球化的步伐并没有因危机和去杠杆化而停止。发达经济体的全球性大银行在新兴经济体的债权正在持续扩张，这表明，后危机时代全球金融资源向新兴市场的转移已经成为趋势。

1. 发达经济体银行业去杠杆化对经济复苏造成挑战

西方国家的银行体系从2007年美国次贷危机爆发就开始了去杠杆化进程。去杠杆化的原因主要有两个：一是金融危机和经济衰退导致银行资产减记；二是新推行的国际金融监管改革要求银行拥有更加良好的资产。美国的监管改革法案还对银行的自营业务采取了严格约束措施，这对欧美的银行体系造成了明显的资本更新压力和业务调整压力。随着欧债危机的加深，自2011年开始，欧盟国家银行体系的去杠杆化达到了高潮。根据IMF的估算，欧盟地区的银行要在2013年底以前完成2万亿欧元的资产紧缩，这将占欧盟银行全部资产的7%，其中1/4的资产紧缩来自于贷款规模的降低，其余来自证券及其他非核心资产的出售（见表1）。大规模的去杠杆化对欧盟地区的经济增长产生了显著的负面影响。事实上，银行体系杠杆率的变化表现出典

表1　部分银行资产出售状况：分项业务的剥离占全部剥离业务的比例

单位：%

项　目	比例	项　目	比例
投资管理与咨询业务	26.27	不动产管理与服务	3.94
商业银行业务	15.91	衍生品	2.48
保险	10.26	不动产开发和运营	2.34
消费者贷款	8.00	酒店与汽车旅馆业务	1.21
住房贷款	7.44	零售:超市	0.19
房地产信托投资基金	5.32	财产信托	0.14
信用卡业务	5.22	其他业务	11.28

资料来源：IMF（2012b）。

型的顺周期特征。2008 年金融危机以前，良好的经济发展态势将欧美金融机构的杠杆率不断推高，由此导致的流动性过剩进一步刺激经济增长并引发了资产价格泡沫。随着金融危机的爆发，银行体系进入去杠杆化过程，这又加剧了经济衰退的程度。从中长期来看，目前的银行体系去杠杆化是保证国际金融体系恢复健康的必要过程，但是在短期内，它对欧元区经济产生的影响却是“雪上加霜”。据 IMF 估算，欧元区银行业的去杠杆化将使欧元区经济增长收缩 1 个百分点。

2. 全球性银行向新兴经济体的资产转移成为趋势

从 2009 年 1 月至 2012 年 7 月，部分全球性银行已经剥离资产 720 亿美元，占这些银行股权资本的 7%，但与此同时，这些银行还实现了较为显著的总资产增长。事实上，全球性银行在危机后大规模调整了业务方向，出售位于发达经济体的资产，而增持新兴经济体的债权，正是这种资产的转移配置在总体上扩张了全球性银行的资产负债表①（见表 2）。日本、英国、欧洲发达经济体和美国的银行体系对新兴经济体的债权在 2006 ~ 2011 年间分别增长了 164.8%、128.9%、34.8% 和 23.4%，其中美国银行业持有新兴经济体的债权增长是发达国家中最小的，其原因主要有两个：一是美国国内经济的增长前景要好于其他发达国家；二是危机前欧洲银行业在美国的贷款很多，危机爆发后资金撤回从而出现空缺。这两个因素导致美国的银行业将更多的资产配置在国内。

整体上看，发达经济体银行业的去杠杆化和资产转移反映了后危机时代全球金融资源的重新配置趋势。可以预计，由于发达经济体与新兴经济体的双速增长格局不会改变，未来全球金融资源向新兴经济体的转移也将持续下去，一方面，这将为新兴市场国家的经济增长提供资金支持；另一方面，这也对这些国家的国际资本流动管理提出了挑战。

---

① 出现资产转移的主要是欧美的全球性大银行，这些银行数量不多，但是资产规模大，跨境业务多，能够比较容易地实现海外资产扩张。欧美还有大量的地区性银行（欧元区总共有 6000 多家银行，美国有 7000 多家），它们表现出来的是总资产的收缩（即去杠杆化）。

表 2　全球性银行的资产剥离与资产增长

	出售资产金额*（2009 年 1 月至 2012 年 7 月，百万美元）	出售资产/股权资本（%）	总资产增长率（2006～2011 年，%）
巴克莱银行	17530	17.3	56.9
汇丰银行	12830	7.7	40.2
花旗银行	9730	5.4	2.1
荷兰国际集团	9540	14.6	4.3
苏格兰皇家银行	7240	6.1	31.5
德意志银行	2800	4.0	36.6
桑坦德银行	2390	2.2	53.9
比尔巴斯比银行	2190	4.2	45.8
劳埃德银行	1750	2.4	182.5
瑞银集团	261	0.4	68.9
意大利裕信银行	203	0.3	12.6
法国巴黎银行	116	0.1	36.4

* 全球性银行出售的资产主要位于发达经济体。

资料来源：IMF（2012b）。

四　主要金融市场走势

2012 年影响债券、股票和外汇等金融市场的主要因素就是欧元区危机。间歇式爆发的欧元区危机导致了国际金融市场的大幅波动。危机对金融市场的影响机制包括安全港效应和流动性过剩两个方面。股市成为 2012 年国际金融市场中的最大亮点，包括欧元区重债国希腊、意大利在内的全球主要国家都经历了股市的正增长（中国除外）。国债和外汇市场在 2012 年 7 月底的转折标志着欧元区的危机治理获得了重大进展。

1. 中长期国债市场

（1）欧债危机导致国际债券市场分化。从国别角度看，2012 年长期国债市场出现严重分化（见图 3、图 4、图 5）。一方面，德、美、英、日等国的 10 年期国债收益率在 2012 年始终低于 2.5%，成为国际资本的安全港；另一方面，葡萄牙、意大利、西班牙和希腊的 10 年期国债收益率始终高于 4.8%，其中，希腊 10 年期国债收益率最高达到 37.1%，成为国际资本逃离的风险之地。

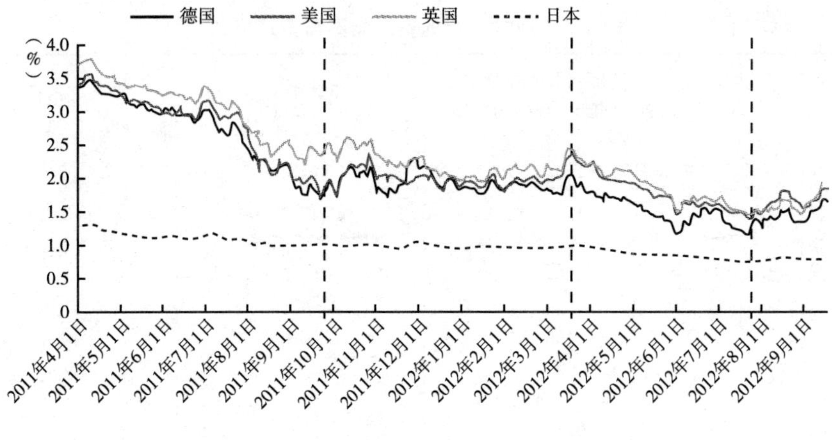

图 3　“安全港”国家 10 年期国债收益率

资料来源：Bloomberg。

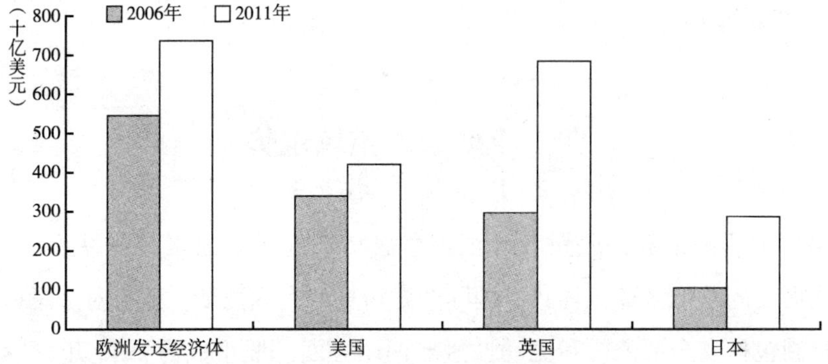

图 4　发达经济体银行业在新兴经济体持有的债权

资料来源：IMF（2012b）。

（2）债券市场行情变化反映出欧债危机在近期已转危为安。在时间尺度上，2012 年的国债市场可以分为 3 个阶段（见图 4、图 5、图 6）。第一阶段是从年初到 3 月中下旬。在经历了两轮 LTRO 操作之后，欧央行总共向欧元区释放了 1 万亿欧元的流动性，欧债危机暂时得以缓解。尽管希腊国债收益率依然高达 30% 以上，但是其违约风险已经明朗化，国际投资者对于欧债危机的整体判断趋于谨慎乐观，因此市场信心有所提升，投资者开始

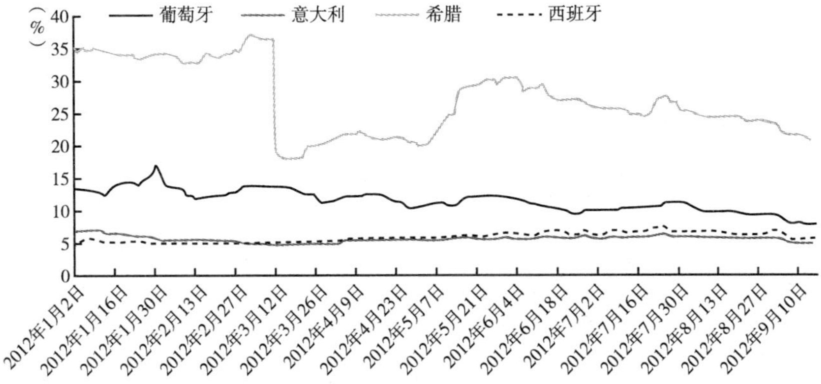

图 5　欧元区重债国 10 年期国债收益率

资料来源：Bloomberg。

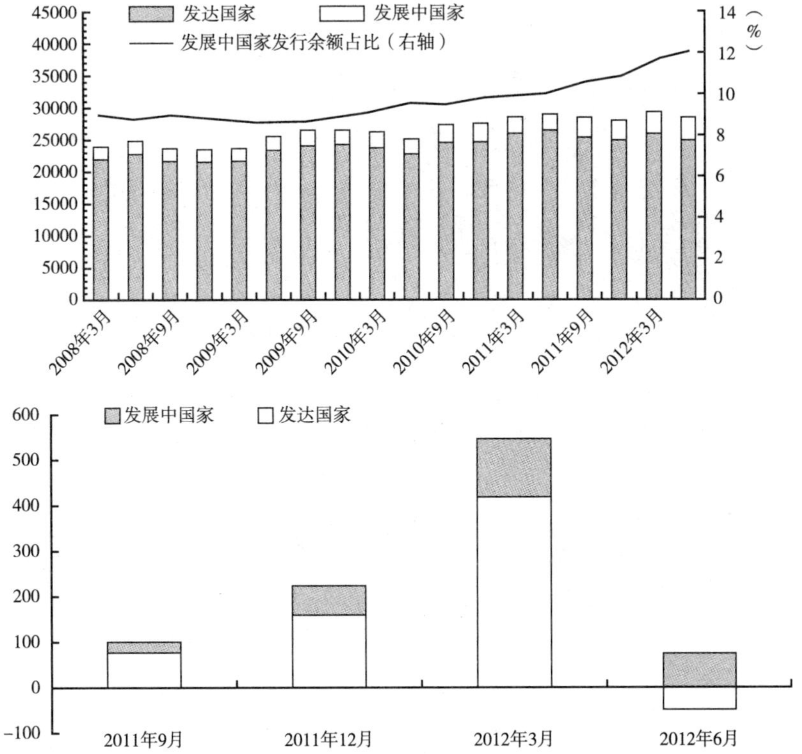

图 6　国际负债证券未清偿余额

资料来源：BIS。

追逐风险资产，安全港国家国债市场投资的升温势头暂时停止。第二阶段是从3月下旬到7月24日。希腊于3月12日完成的债务重组并没有消除希腊危机的根源，此后希腊愈演愈烈的政治危机致使国际社会对希腊退出欧元区的担忧与日俱增，投资者的避险情绪高涨，资金大规模涌入安全港国家。德、美、英、日四国的10年期国债收益率均跌破历史低点，希腊的10年期国债收益率再度超过30%。第三阶段是从7月24日到目前。欧央行行长德拉吉7月24日表示要坚定捍卫欧元，市场信心开始恢复。特别是9月6日欧央行宣布将实施直接货币交易，从而可以无限量且无优先权地在二级市场购买符合条件的重债国国债，这迅速提振了市场信心，避险资金从安全港撤离，德、美、英、日等国债券收益率攀升，欧元区重债国债券收益率大幅下降。

OMT的推出实际上意味着欧央行公开宣布承担“最后贷款人”职责，将不惜一切代价保卫欧元，这是在短期内实施危机管理、稳定金融市场的最重要手段，并为欧元区推进改革赢得宝贵的时间。与此同时，欧元区财政契约、银行业统一监管等长期改革措施都在稳步推进。可以认为，欧债危机的短期风险已经基本缓解，欧元区形势出现重大转机。国际债券市场的变化正是反映了这样的市场预期。

（3）未来长期国债市场展望。在欧元区危机治理获得重要进展的背景下，国际资本的风险偏好将会获得稳定的提升。尽管会有短时波动，但是可以预计，德、美、英、日等安全港国家长期国债收益率将在2013年总体出现上升趋势，重债国长期国债收益率则会保持平稳甚至继续下行。但是，发达国家的经济复苏依然乏力，高信用评级的金融资产减少，而不断推进的新国际金融监管体系对银行体系资产的安全性有较高要求，因此，全球安全资产将会保持供不应求的局面，长期国债仍是国际投资者的重要选择。

2. 国际负债证券市场

从2011年6月至2012年6月的一年时间里，国际负债证券的融资规模呈轻微下滑趋势，从2011年第三季度的29.67万亿美元降至2012年第二季度的28.94万亿美元。从发行国家来看，发达国家在绝对量上依然拥有明显优势，

2012年第二季度占据市场份额的87.8%。但是，从增长趋势来看，发展中国家的市场份额从2009年第三季度开始呈现缓慢但是稳定的增长。鉴于新兴市场国家中期内在经济增速方面将超过发达国家，可以预计，在国际负债证券的市场份额中，发展中国家将保持增长态势。

从净发行额来看，从2011年第三季度至2012年第一季度，发达国家和发展中国家均出现高速增长，但是2012年第二季度发达国家受到欧债危机的深度拖累，市场信心急剧下滑，净发行额为-501亿美元，而发展中国家依然实现748亿美元的净发行额。

从币种结构来看，美元、欧元、英镑和日元依然拥有绝对优势，2012年第二季度，以四种货币发行的国际债券和票据总共占据市场份额的93.72%，其中美元和欧元份额分别为42.34%和41.21%，这是2003年第四季度以来美元在市场份额上首次超越欧元（见图7）。由此可以看出，美元成为欧债危机的赢家。值得注意的是，以中国、巴西和俄罗斯等金砖国家货币发行的国际债券与票据近年来迅速增加，其未清偿额总量从2005年第一季度的29.0亿美元猛增到2012年第一季度的1346.9亿美元，其中，人民币债券从12.1亿美元激增至590.0亿美元，在金砖国家中排名第一；巴西雷亚尔债券从11.8亿美元增加到473.9亿美元；俄罗斯卢布债券则从4.0亿美元增长到244.5亿美元。① 从负债证券的货币结构可以看出，美元、欧元、英镑和日元依然是国际证券市场中的主导货币，但是，以人民币为代表的新兴经济体货币正在快速成长。未来的国际负债证券市场上，新兴经济体发行的本币债券将成为一大亮点。

3. 全球股票市场

（1）全球金融市场中股市风景独好。在2012年的全球金融市场中，股市表现出最大亮点。截至2012年9月28日，除中国外，全球主要股票市场呈现普遍上扬态势，尤其是德国和印度表现非常强劲，德国以22.34%的涨幅位列全球首位，印度股市的涨幅达到21.40%。美国、印度尼西亚和南非也获得了

① 文中仅列举中国、印度、俄罗斯和巴西四个金砖国家。BIS数据库中没有南非的相关数据。

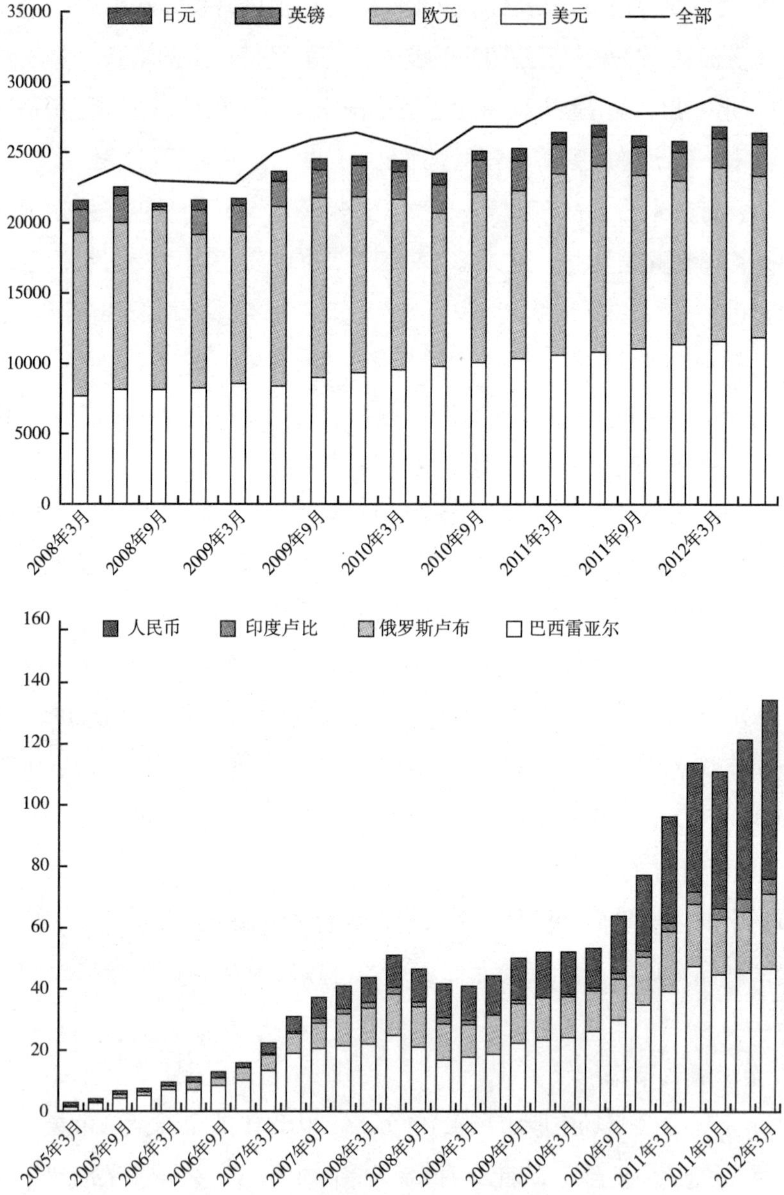

图 7　国际债券与票据的币种结构

资料来源：BIS。

超过10%的增长。甚至连债务危机最为严重、至今尚未返回中长期国债市场的希腊，还创造了8.63%的增长率(见图8)。

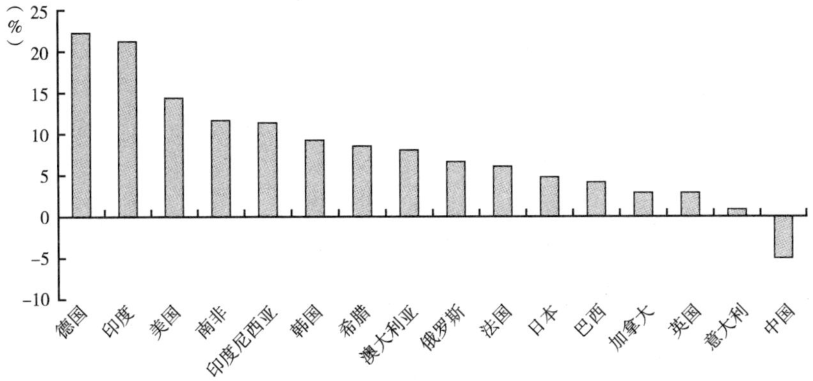

图 8　全球主要股市增长率

资料来源：Wind。

（2）基本面和货币因素共同支撑股市繁荣。全球股市在 2012 年的普涨行情，既有一定的基本面支撑，也存在明显的货币因素。

德国股市的牛市行情与基本面有密切关联。德国虽然身处债务危机严重的欧元区，但一直以来保持着很高的经济竞争力和较低的财政赤字水平，加之 2012 年德国出口保持稳步增长，在第一季度环比增长 1.7% 的基础上，第二季度又实现 2.5% 的环比增长，成为股市上扬的重要推动力。美国股市的良好表现同样具有基本面的支撑，即美国经济的温和增长，房地产、银行和部分高科技企业利润的持续提升。日本股市第一季度 19.26% 的大幅上扬，也和日本灾后重建的刺激效应明显相关。

但是，全球央行的量化宽松政策以及国际资本的安全港效应也是推动 2012 年全球股市上涨的重要因素。2011 年底以来，发达国家轮番推出量化宽松政策，充足的流动性导致投资者对某些国家股票市场的热烈追捧。全球股市 2012 年第一季度的涨幅显著超出之后的第二季度，其原因就在于欧央行从 2011 年底至 2012 年 2 月份实施的两轮长期再融资操作释放了 1 万亿欧元的流动性。2012 年 9 月 13 日美国 QE3 推出以后，第二天全球主要股市就出现普遍上扬，英国、法国和德国等欧盟成员国的股指纷纷上涨到 14 个月来的新高，英国 FT100 指数单日上涨 1.64%，法国巴黎 CAC 指数上涨 2.27%，德国法兰克福 DAX 指数上涨 1.39%，俄罗斯 RTS 指数上涨 4.9%。可以清楚地看出，货币因素是2012年全球牛市的重要推手。

印度和巴西的股市上涨也与国际资本流入高度相关。2011年印度股市以24.6%的跌幅成为全球倒数第一，而2012年前三季度，印度股市一跃赢得全球增长排名第二的宝座，这并不是基本面因素能够解释的。印度政府在2012年1月份宣布，允许符合资质的海外个人投资者直接对印度股市进行投资。此前，只有合格的机构投资者才能投资印度证券市场。印度政府希望借助资本市场的进一步对外开放来扭转欧债危机产生的国际资本流出。目前看来，此举产生了显著效果。2012年前三季度，南非股市上涨13.68%，第二、三季度的表现尤为优异，8.37%的涨幅在全球主要股市中位列榜首。这主要是由于许多海外投资者通过南非股市参与非洲经济蓬勃兴起的内需商机，造成了国际资金的持续流入。据统计，2012年以来流入南非的股票基金金额达到18.2亿美元，占总规模的3.8%，其比例居各单一市场基金之最。

（3）未来全球股市展望。可以预见，全球央行的量化宽松政策将助推大宗商品和资产价格加快上涨，未来全球股市可能成为宽松流动性的主要受益者。同时，欧元区危机治理在近期表现出来的重大转折也提升了投资者的风险偏好。如果欧央行承诺的无限量购债计划能够有效实施，欧元区金融市场的稳定性就能获得持续性的支撑，国际资本将有可能从安全港资产部分撤离并流入高收益的股票市场。① 上述因素都成为2013年股市的利好因素。但是在2013年，作为支撑股市长期繁荣的基本面因素却并不乐观。欧元区经济增长的速度十分缓慢，美国则面临“财政悬崖”等不确定性问题。中国、巴西与俄罗斯等新兴经济体短期内的经济增长势头显著放缓（中国股市在2012年前三季度5.15%的下跌，俄罗斯与巴西在第二、三季度出现的3.39%、4.19%的负增长，主要都是受到经济增速显著回落的拖累）。IMF已经于2012年10月把对2013年全球经济增长的预测下调至3.6%。此外，欧元区

① 欧央行承诺的直接货币交易是有条件的，其用意一方面在于稳定市场信心，另一方面迫使重债国推动改革。如果西班牙等重债国不接受欧央行的条件，直接货币交易也不会实行。因此，欧央行和重债国之间存在着博弈。如果直接货币交易无法顺利实施，仍有可能引起国际金融市场的短期波动。

的危机治理措施一方面虽然缓解了重债国的融资困境，消除了市场恐慌，但是财政契约与银行业联盟的推进都将在欧元区形成实质性的财政风险分担机制，以德国为代表的欧元区北部国家能否在背负南部国家沉重债务的同时，继续维持较高的经济增长，也是一个未知数。因此，对于 2013 年的全球股市，只能保持谨慎乐观的态度。

4. 全球外汇市场

（1）美元短期升值趋势似已发生逆转。2011 年，伴随欧债危机的不断深化，美元安全港效应开始显现。从 2011 年 8 月开始，美元进入短期升值通道。截至 2012 年 7 月 23 日，美元累计升值 13.6%。但是，从 7 月 24 日开始，在欧央行承诺无限量购买国债导致欧元区金融市场迅速企稳之后，美元兑世界主要货币开始出现贬值趋势，至 9 月 29 日，美元指数下跌 5.1%（见图 9）。

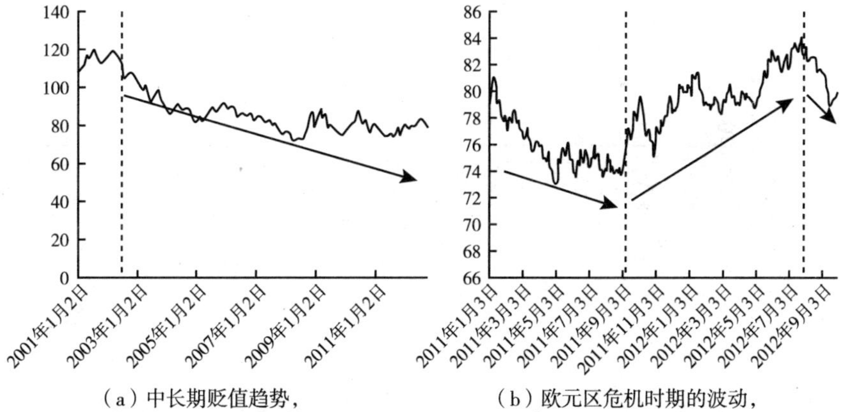

（a）中长期贬值趋势，2001年1月3日至2011年1月2日

（b）欧元区危机时期的波动，2011年1月3日至2012年9月28日

图 9　美元指数

资料来源：Wind。

从 2001 年开始，美元就进入了贬值通道，这是由美国整体经济实力的衰退和严重的双赤字造成的，可以说是一种中长期趋势。但是，每当出现严重的国际金融危机，美元就会成为避风港，在国际资本的追捧下出现显著的升值趋势，这在 2008 年全球金融危机爆发以及 2011 年欧债危机加剧时期都

表现得十分明显。从2012年7月底开始，欧债危机出现重要转机，金融市场的信心迅速增强，美元的避险价值下降，这可能导致美元重返中长期的贬值通道。

从美元对西方主要货币的汇率变化情况来看，美元兑欧元、英镑和瑞郎的显著贬值趋势均从2012年7月24日开始，即欧央行行长德拉吉公开表态采取一切措施保护欧元之后。从7月24日至9月29日，美元兑欧元、英镑和瑞郎分别贬值6.21%、4.07%、5.62%。由于日本身处亚洲，受欧债危机影响较小，因此美元兑日元的贬值早在2012年3月就已经开始，从3月14日的高点到9月29日，美元兑日元贬值6.84%（见图10）。

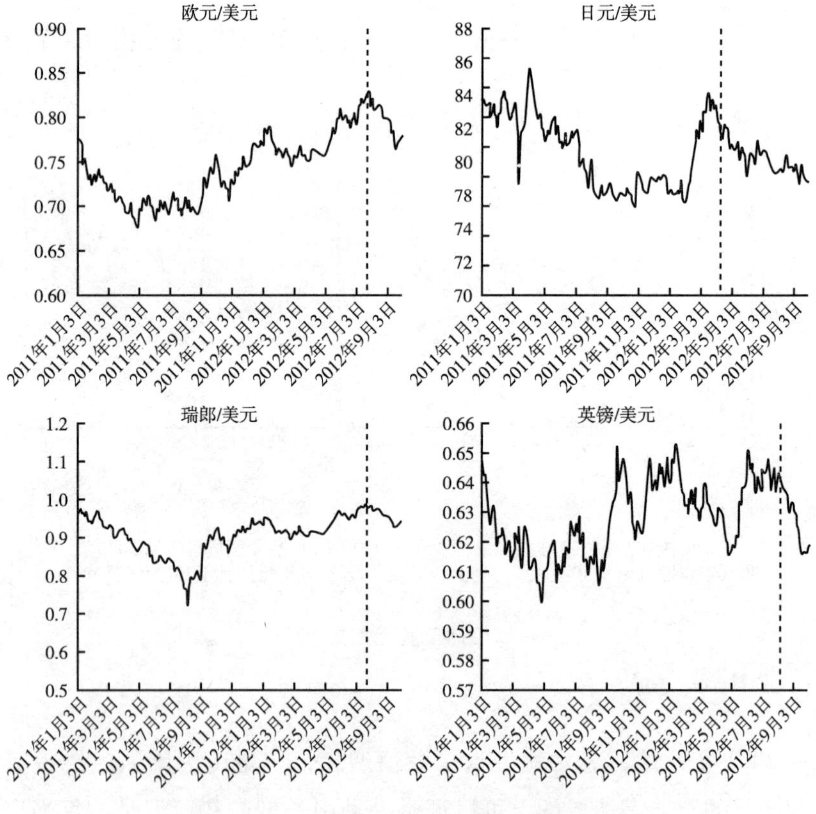

图10　美元对西方主要货币的汇率变化趋势

资料来源：Wind。

从名义有效汇率的变化趋势来看（见图 11），发达经济体当中英镑和瑞郎在 2012 年始终保持显著的升值趋势，欧元则受欧债危机影响遭遇明显贬值，而美元和日元走势相近，均在 7 月发生趋势扭转，之前升值，之后贬值。在金砖国家中，俄罗斯、印度、巴西和南非四国名义有效汇率走势较为相近，均在 6 月以前显著贬值，之后出现升值，其中印度、巴西和南非经历一段升值后再度小幅贬值。中国的人民币名义有效汇率走势相对平稳，年初有轻微贬值，3 月至 7 月小幅升值，8 月份又有轻微贬值。如果按照名义有效汇率的升值和贬值来划分，则全球主要货币可以分为两大阵营：瑞士、英国、俄罗斯、南非、中国和美国为货币升值国，而日本、印度、欧元区和巴西则属于货币贬值地区（见图 12）。

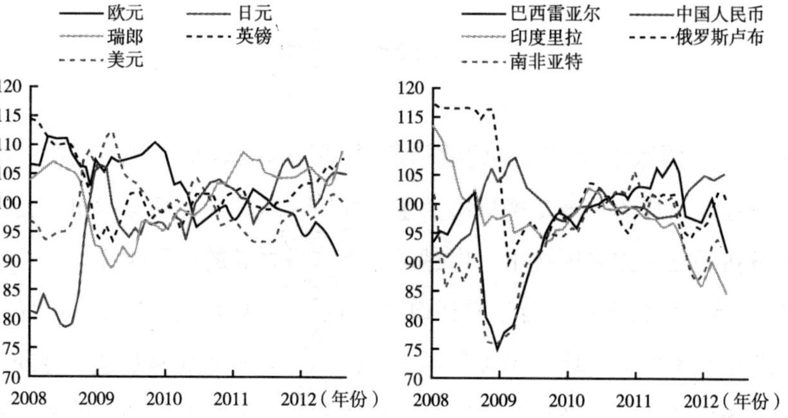

图 11　主要货币名义有效汇率*（2008 年 1 月至 2012 年 8 月）

* 此处采用直接计价法，有效汇率上升意味该货币升值，反之亦然。

资料来源：BIS 数据库。

（2）未来汇市走向。伴随欧元区危机治理的重大进展，货币的安全港效应正在显著下降，瑞郎、英镑和美元的升值趋势将得到有效抑制，美元有可能重新落入中长期的贬值通道，而欧元将会走出持续贬值的阴影。但是，由于全球经济复苏乏力，各国政府为增强自身的出口竞争力，有可能在 2013 年对汇率实施干预。

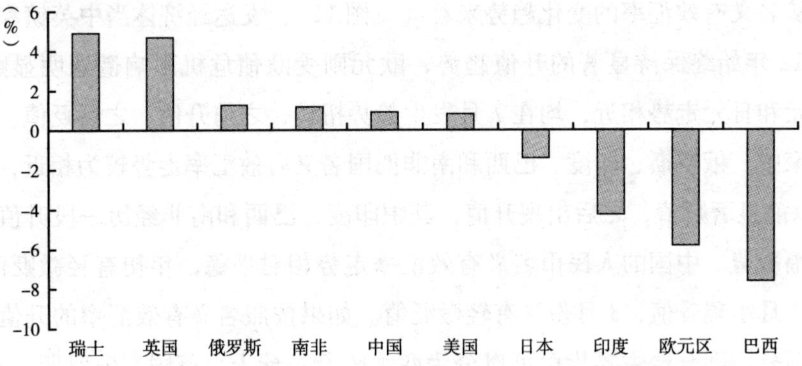

图 12　主要货币名义有效汇率变化幅度（2011 年 12 月至 2012 年 8 月）

资料来源：BIS 数据库。

五　总结与展望

2012 年，国际金融市场受到欧债危机和全球流动性过剩的双重影响，其中又以欧债危机成为全球金融风险的主要来源。欧元区在债务危机、银行危机和政治危机的三重因素困扰下，度过了近年来最艰难的一段时光。

2012 年 4 月到 7 月，由于希腊政治危机引发的欧元区破裂的担忧急剧上升，希腊站到了峭壁边缘，国际资本史无前例的安全港效应是这一时期市场恐慌情绪的最清晰表征。在此危急时刻，财政契约、银行业联盟和欧央行承担最后贷款人等重大改革与救援措施相继出台，终于在 2012 年 7 月底之后扭转了欧元区形势，国际金融市场的严重恐慌情绪得以消除。尽管未来欧元区国家间的政治博弈依然会拖累其危机治理和经济一体化进程，甚至还可能导致一定程度的短期市场波动，但是，近期内欧元区解体的风险已消除，其经济一体化进程取得了较大进展，因此，总体来看，2013 年欧债问题对国际金融市场造成的冲击将明显减弱。

影响未来国际金融市场走势的是全球经济的艰难复苏和流动性过剩。2012 年 10 月，IMF 下调了对于全球经济增长的预测，预计 2013 年发达经济体增长 1.5%，新兴经济体增长 5.6%，分别比 7 月份的预测下调了 0.3 个和 0.2 个百分点。在较为暗淡的全球经济增长背景下，各国实体经济部门的融资需求有限，投资者的风险偏好也难以有大幅提升。由此可以预计，2013 年，欧元区银行业的去杠杆化进程将持续，投资者对以中长期国债为代表的安全资产仍然有较强需求（但是会比 2012 年有显著下降），国际负债证券市场仅能获得小幅增长，股市的上涨将主要由过剩流动性支撑。美元将重返中长期贬值通道，日元、瑞郎和英镑等安全港货币的升值趋势也将受到抑制，欧元的贬值趋势有可能暂时停止。①

可以肯定的是，金融全球化的步伐并没有因危机而终止，全球金融资源由发达经济体向新兴经济体的转移已经成为趋势。在金融资源重新配置的过程中，新兴经济体在国际货币金融体系中的话语权将逐渐提升，其金融产业将获得重大的发展机遇。

参考文献

BIS（2012），International Banking and Financial Market Development，*Quarterly Review*，September 2012.

BIS（2012a），*82 Annual Report*，2012.

IMF（2012a），Global Financial Stability Report-The Quest for Lasting Stability，April 2012.

IMF（2010b），Global Financial Stability Report-Restoring Confidence and Progressing on Reforms，October 2012.

International Finance：Developments and Prospects

Gao Haihong　Liu Dongmin

Abstract：The Euro crisis has showed an on-off pattern during 2011 -2012 and become the major risk for international financial market. Meanwhile，conventional

① 欧元汇率的变化趋势具有很强的不确定性。短期内，由于欧元区解体的风险消失，欧元贬值趋势会暂时停止。但是，由于经济复苏的艰难以及财政赤字货币化，欧元币值在中期内缺乏坚实的支撑。

and unconventional monetary policies adopted by major monetary authorities provided low interest rate for growth, but released new liquidity to global financial market. Investors' risk appetite has shifted to aversion and searched for safe haven. Deleverage in banking sector continued but claims for developing economies picked up. The government debt market has been divergent, reflecting risk preference. In international debt market, apart from the US dollar and other currencies, currencies in emerging economies have gained more grounds in debt denomination than before. Some favorable fundamentals and easy monetary condition have supported stock market. In global foreign exchange market, the US dollar has performed as safe asset, but turned back into the long-term trend of devaluation because the danger of Euro zone split has eliminated in the late 2012. In 2013, global financial market will be impacted by the key factors, such as slow growth of the world economy, evolvement of Euro crisis and fiscal adjustment, change of global liquidity, and consolidation of the banking industry. The market will continue to be fragile and volatile.

Key Words: International Financial Risk; Bank Deleverage; Government Bond Market; Stock Market; Foreign Exchange Market

Y.12

国际直接投资形势回顾与展望

潘圆圆*

摘　要：

2011年全球外国直接投资流入量为1.52万亿美元，呈现温和回升的态势。其中发达经济体占全球FDI流入比例较上年有所上升，发展中经济体占比略有下降。对全球直接投资大国情况的分析说明：2012年全球FDI的增速将低于2011年。考虑到促进FDI增长的因素以及影响增长的负面因素，2012年全球FDI流量将达到1.6万亿美元以上，但不会高于1.75万亿美元。未来2~3年全球FDI将继续维持缓慢增长的态势。

关键词：

国际直接投资　投资大国　增长预测

一　全球外国直接投资状况回顾

2011年全球外国直接投资流入量为1.52万亿美元，比上年增长16.5%，这个增长速度高于之前三年的增速（见图1），呈现温和回升的态势。2011年的全球外国直接投资流入量超过了危机前2005~2007年的平均水平（1.42万亿美元），但仍低于2007年（1.97万亿美元）和2008年（1.74万亿美元）的高位值。2011年全球经济增速为3.9%，以美日为代表的发达经济体增长动力仍然不足，欧债危机风险持续存在，多个新兴经济体的经济呈现增速减缓的

* 潘圆圆，经济学博士，中国社会科学院世界经济与政治研究所国际投资研究室助理研究员，研究领域为国际投资。

趋势。在这样的宏观背景下，全球 FDI 增长受到较大的负面影响，而跨国公司利润增加、发展中国家相对高的经济增长速度等正向因素起到一定的抵消作用[①]，最终使得 FDI 实现了温和增长，但复苏速度仍低于全球贸易的复苏。2011 年全球 FDI 流入的存量达到了 20.44 万亿美元。

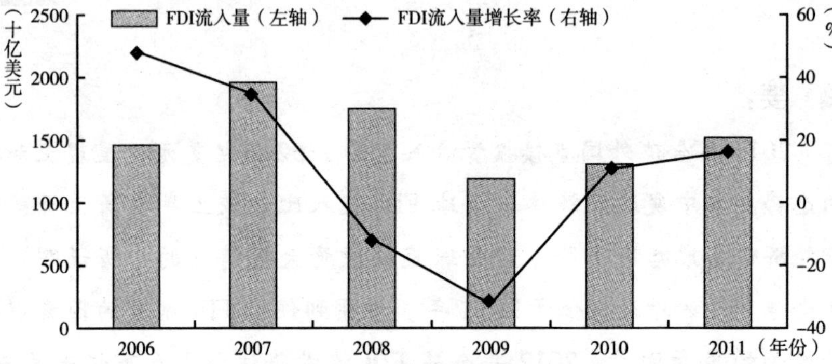

图 1　全球 FDI 流入情况

资料来源：UNCTAD，*World Investment Report 2012*。

2011 年全球外国直接投资流出量为 1.69 万亿美元，同比增长 16.6%，全球 FDI 流出存量达到了 21.2 万亿美元。2011 年的全球外国直接投资数量大大超过了笔者上年度对 FDI 的预测。

2011 年的全球外国直接投资具有以下特点。

（1）无论是从 FDI 流入还是流出来看，发达经济体都充当了促进 FDI 增长的主要力量。2011 年流入发达经济体的外国直接投资同比增长 21%，远高于全球（16.4%）和发展中经济体（11%）的增长速度，这使得 2011 年发达经济体占全球 FDI 比重比上年增加 1.8 个百分点，达到 49.1%，而在之前三年流入发达经济体 FDI 占全球比重是持续下降的（见图 2）。与此同时发展中经济体占全球 FDI 流入的比重比上年降低 2.2 个百分点，为 44.9%。从外国直接投资的流出来看，发达经济体的增速（25.1%）不仅远胜发展中经济体（-4.1%），也同样高于全球平均水平（16.7%）；发达国家 FDI 流出占全球

① UNCTAD，*World Investment Report 2012*.

比重再次回升，比上年增加了4.8个百分点，达到了73%，而发展中经济体占全球FDI流出的比重则下降了5个百分点。

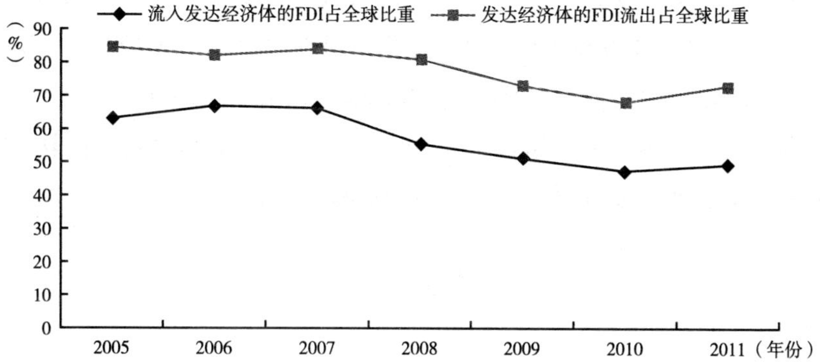

图2　发达经济体FDI情况

资料来源：UNCTAD，*World Investment Report 2012*。

（2）从国家集团占全球FDI比重来看，同样出现了发达经济体占全球FDI比重有所上升的情况。2006～2010年OECD占全球FDI流入的比重从69.4%下降到53.2%，但2011年这个值重新上升到56%；2006～2010年G8所占比重也从44.7%下降到32%，但2011年再次小幅攀升到33.2%。对发展中经济体而言，E11和金砖五国的FDI流入取得了高于平均的增速，E11占全球FDI流入的比重从2006年的18.2%上升到2011年的31.9%，流入FDI数量达到4708亿美元，在整个G20集团中，与G8、欧盟形成“三分天下”的局面。E11中的金砖五国（BRICS）是新兴经济体中FDI流入增长最快的团体，在2011年这五国吸引的FDI流入量达到3882亿美元。由于未来经济增长的不确定性，发达经济体和发展中经济体对FDI吸引力可能发生变化，发展中经济体比重持续上升的趋势可能有所放缓。

在FDI流出方面，发达国家仍然占据绝对的优势，2011年OECD占全球FDI流出比重达到了83%，为1.3万亿美元；G8占全球比重为61%，五年间的变化不大。与2010年相比，2011年E11和BRICS占全球FDI流出的比重都有所下降，数据显示，BIRCS仍然是新兴经济体资本流出的主体。

（3）FDI在不同区域间的分布呈现不平衡的发展态势。在发达经济体中

（见图3），流入和流出欧洲的 FDI 比上年分别增加 19% 和 15%，但与危机前相比，来自和投向欧洲的 FDI 占发达经济体的比重都显示出下降的趋势；流入北美地区的 FDI 稳步上升，从 2006 年占发达经济体总量的 30.3% 增长为 2011 年的 35.8%，来自北美的 FDI 同时也有较大幅度的增加，从 2006 年占发达经济体总量的 23.5% 上升到 34.7%；流入和来自其他发达国家 FDI 改变了连续两年下降的趋势，分别同比增长 34% 和 8%，其中流入澳大利亚的 FDI 增长较快，而在 FDI 流出的快速增长中，日本的贡献最大。

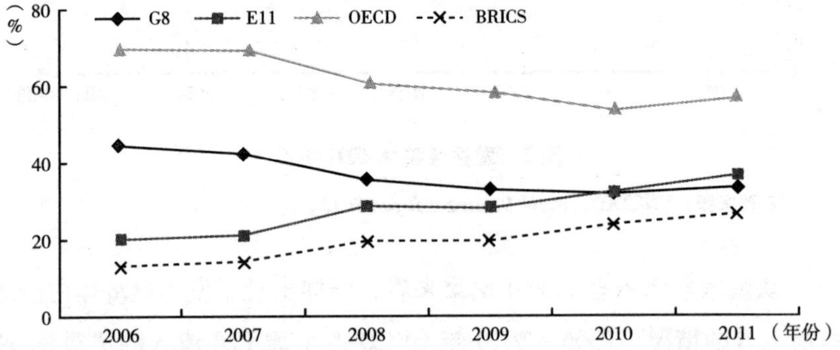

图3　不同国家集团 FDI 流入占全球比重的情况

资料来源：OECD website。

从发展中经济体看（见图4），2011 年流入和流出非洲的 FDI 都比上年有所下降，特别是流出量大幅减少 50%，仅为 35 亿美元。历年来亚洲是 FDI 流入流出数量较大的地区，2011 年 FDI 流入和流出量分别为 4232 亿美元和 2805 亿美元，较上年都有温和增长，其中流入南亚与东南亚的 FDI 增长最为迅速，而对西亚的直接投资降至五年中的最低点；亚洲地区对外直接投资增长的推动力主要来自于东南亚和西亚，东亚的对外直接投资较 2010 年的最高点有所回调。对拉美地区而言，流入南美的 FDI 强劲复苏，推动了南美和中美 FDI 流入的增长，但这个地区的 FDI 流出则下降 17%，为 997 亿美元；加勒比海地区的 FDI 流入和流出均小幅下降。大洋洲地区的发展中国家面临着资本流入和流出大幅减少的问题，2011 年的数量分别为 16 亿美元和 1.1 亿美元。

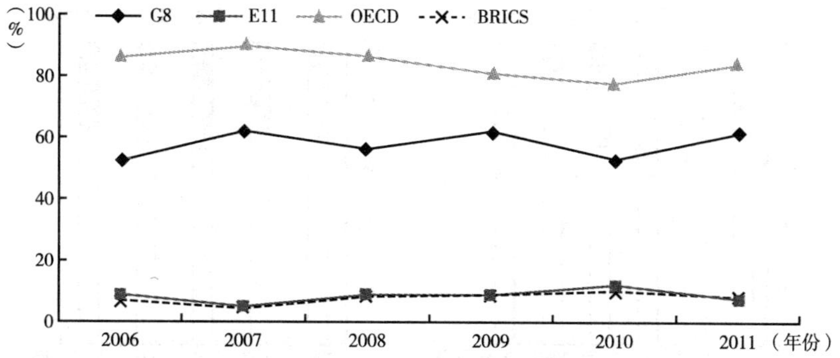

图4 不同国家集团 FDI 流出占全球比重的情况

资料来源：OECD website。

另外流入和流出转型经济体的 FDI 都有一定幅度的上升。2011 年流入转型经济体的 FDI 为 922 亿美元，增幅为 25%，占全球总量的比重从 2006 年的 3.7% 增长到 6%。而其 FDI 流出数量在 2011 年增长 19% 达到了 731 亿美元，占全球比重也从 1.7% 增长到了 4.3%。

（4）从 FDI 进入方式来看，全球的跨国并购增速明显但尚未恢复到危机前水平，全球绿地投资的价值与上年相比变化不大，但仍然远超跨国并购。2011 年全球跨国并购（以净销售值来衡量）增长 52.9%，达到了 5258.8 亿美元，但没有超过危机前 2006、2007 年的水平（见图 5）。跨国并购的增长一方面是由于多个行业的企业进行战略调整，为并购提供了新的机会；另一方面跨国公司盈利水平的增长使得其手中现金较为充裕，便利了并购融资。需要注意的一点是从跨国并购的母国来看，发展中经济体对外并购增速有所减缓，占全球并购比重也从上年的 28.5% 下降到 19.7%。

2011 全球绿地投资金额基本和上年持平，为 9043 亿美元。对数据的进一步分析可以看到，绿地投资母国主要是发展中经济体和转型经济体（占 65% 以上），而东道国主要是发达经济体（约为 70%），全球绿地投资在一定程度上体现了“资本从穷国流向富国”的特征。与此形成对比的是在跨国并购中，发达经济体同时是资金的主要流出国和流入国。绿地投资和跨国并购的资金大量流入发达经济体，而进入发展中经济体的 FDI 主要流向 GDP 增长速度较快的那些国家。具体见表 1、图 6、图 7。

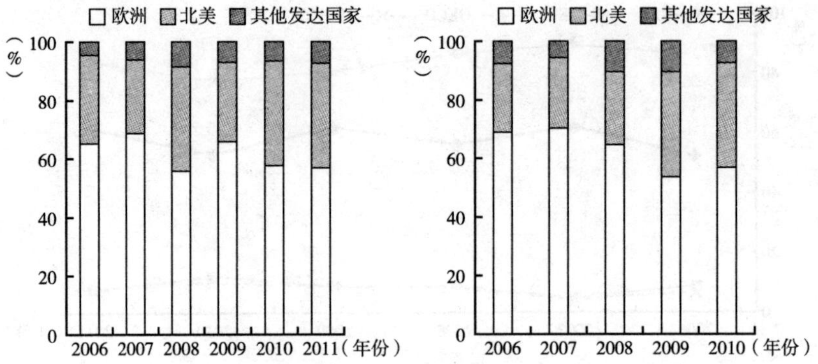

图5　发达经济体 FDI 流入和流出占比

资料来源：UNCTAD，*World Investment Report 2012*。

表1　绿地投资资金情况

单位：%

	2006	2007	2008	2009	2010	2011
资金流入各地占全球比重						
发达经济体	68.9	69.6	70.9	71.7	71.1	71.2
发展中经济体	29.0	28.0	27.1	26.4	26.5	26.9
转型经济体	2.0	2.4	2.1	1.9	2.4	2.0
资金流出各地占全球比重						
发达经济体	34.5	32.2	30.6	30.7	33.2	30.6
发展中经济体	59.3	59.1	61.6	63.7	60.6	62.9
转型经济体	6.2	8.7	7.7	5.6	6.2	6.6

资料来源：UNCTAD，*World Investment Report 2012*。

（5）从直接投资流向行业来看，流入三大行业的 FDI 呈现不同的趋势。首先，2011 年流入第一产业的 FDI 增幅较大（42.9%），尤其是流入“采矿、采石和石油”行业的 FDI 增幅更大，这使得第一产业在 FDI 总量中占比上升。其次，流入第二产业的 FDI 占比有一定增长（6.5%），总量达到了 6600 亿美元。最后，流入服务业的 FDI 的绝对值和占比都有所下降。

分析跨国并购资金流入不同行业的趋势可以得到类似的结论（见图8）：第一产业占比上升，第二产业小幅增长，第三产业比重有所下降。以被收购行业的净销售值来衡量，在 2011 年流入制造业中的并购资金中，有 38% 进入了化学和化学制品行业，紧随其后的是食品、饮料和烟草行业（占制造业的比

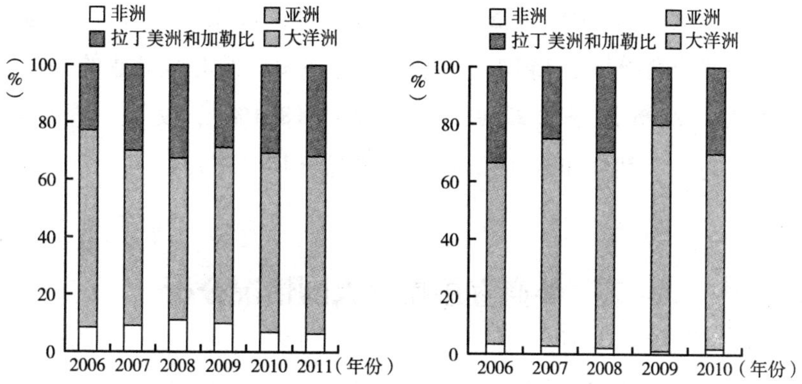

图 6　发展中经济体 FDI 流入和流出占比

资料来源：UNCTAD，*World Investment Report 2012*。

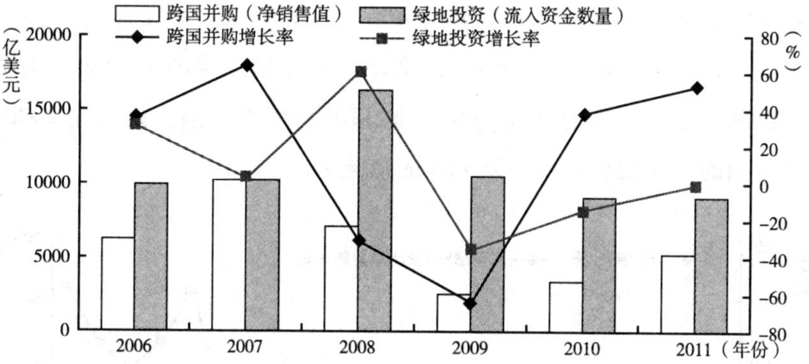

图 7　FDI 不同进入方式比较

资料来源：UNCTAD，*World Investment Report 2012*。

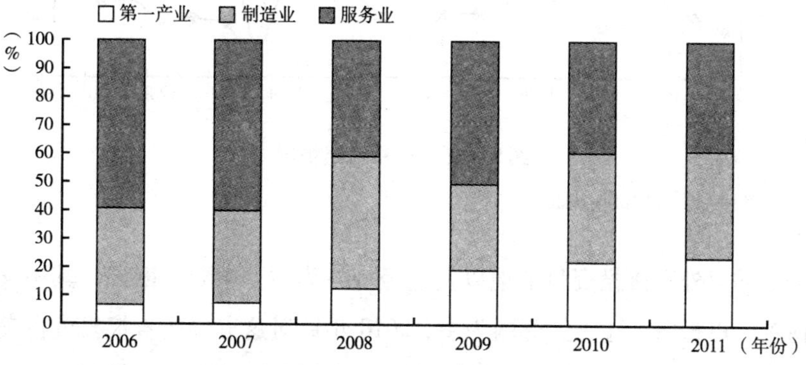

图 8　跨国并购资金流入不同行业比较

资料来源：UNCTAD，*World Investment Report 2012*。

重为21.8%），电气和电气设备行业（占制造业的比重为13.8%），这三个行业相比上年度分别增长了140%、15%和102.9%。而对服务业的并购主要针对的行业是：商务服务（22.4%），金融（18.4%），交通、仓储和通信（17.7%），电、天然气和水（12.4%），贸易（10.1%）。

二 外商直接投资大国情况分析

（一） FDI流出大国

1. 美国

美国是全球单个国家中FDI流出数量最大的国家，2011年对外直接投资4193亿美元，比上年增长27.5%，占全球FDI流出总量的26.9%（见图9）。1991年以来，在绝大部分年份中美国是FDI的净流出国，只有在2000年及2005年美国的FDI流出锐减，是FDI的净流入国。

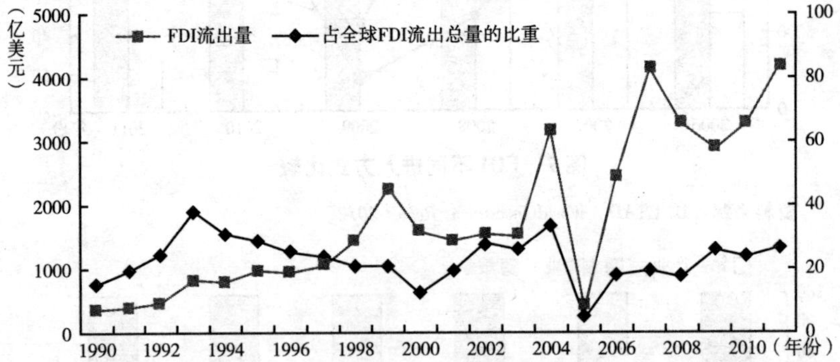

图9 美国FDI流出情况

资料来源：OECD website。

美国的对外直接投资目的地以发达经济体为主，主要是欧洲，其中又以英国、荷兰、卢森堡、瑞士、德国为主，2010年针对这五国的直接投资占美国全部对外直接投资总额的39.8%。另外对澳大利亚及日本的投资数量也是比较大的。由于类似的收入水平及消费习惯，发达经济体之间的直接投资一直规模较大。

美国对外直接投资的方式更倾向于选择跨国并购。2011 年美国对外并购 1155 亿美元，绿地投资为 436.4 亿美元。而在 2010 年这两种方式分别是 702 亿美元和 532 亿美元。

从行业来看，美国对制造业的投资显著低于发达经济体整体水平，主要针对服务业进行投资。无论从绿地投资还是跨国并购方式看，2011 年发达经济体针对制造业的直接投资都高于 45%，而美国只有约 15% 的直接投资流向了制造业。其中包括美国公用事业企业 PPL 收购英国公司 Central Networks PLC。由于大宗商品价格的攀升，针对采矿业的直接投资热度持续存在，2011 年美国企业完成了两笔大额投资，其一为美国克里夫斯自然资源公司（Cliffs Natural Resources）以 43.5 亿美元收购加拿大汤普森综合铁矿公司（Consolidated Thompson Iron Mines），其二为美国瓦特能源（Walter Energy）对加拿大西部煤炭（Western Coal）的收购，花费 29.1 亿美元。

美国对外投资大量投向服务业，包括金融保险行业、信息业和批发业等。2011 年对金融保险业投资的重要交易中具有代表性的包括美国保德信金融集团（Prudential Financial Inc）斥资 48 亿美元收购美国国际集团旗下在日本的寿险公司 AIG 星辰生命保险公司（AIG Star Life Insurance Co.），以拓展日本市场。2011 年美国对信息业投资有两笔巨额交易，其一是 11 月份微软公司对英国软件服务公司 Skype Global Sarl 进行的收购，花费 91 亿美元，使用微软在国外子公司所持有的现金进行交易，体现了美国跨国公司出于减少本国税负、便利国外运营、为国外交易融资的动机而在国外子公司持有大量现金的行为。[①] 其二是惠普（Hewletter-Packard vision BV）花费 103 亿美元购得英国公司 Autonomy Corp100% 股权。

2. 日本

2011 年日本再次成为全球第二大的 FDI 流出国，而在 1992 年之后的多年内，这个位置是由英国、德国、法国轮流坐庄的。2011 年日本 FDI 流出量为 1143 亿美元，比上年强劲增长 103%，占全球比重为 7.3%。联合国贸发会议认为日本国内存在以下几个“推动”因素促进了日本对外直接投资：日本的

① UNCTAD, *Global Investment Trends Monitor*, April, 2012.

制造业企业寻找低成本的生产国家、日元贬值增强了日本对外直接投资的能力、本国经济增长前景较差促进了日本的跨国企业在其他国家寻找投资机会。而JETRO全球贸易和投资报告则认为大规模的并购活动是促进日本OFDI增长的重要原因，并购包括建立新的商业基地与改善现有商业运作基地两方面。除了上述原因之外，日本大地震后，核电事故与电力短缺促使日本企业重新调整产业的空间布局，这也导致了日本对外直接投资的增长，但OFDI反过来加剧了日本国内的产业空洞问题。

与日本大量的对外直接投资相比，投资于日本的FDI数量极少。在2001～2011年10年间只有年均78.5亿美元的FDI流入，这使得日本数十年来一直是FDI净流出国（见图10）。日本长期FDI净流出的状况与美国、英国、法国等发达经济体"大进大出"的特征完全不同。

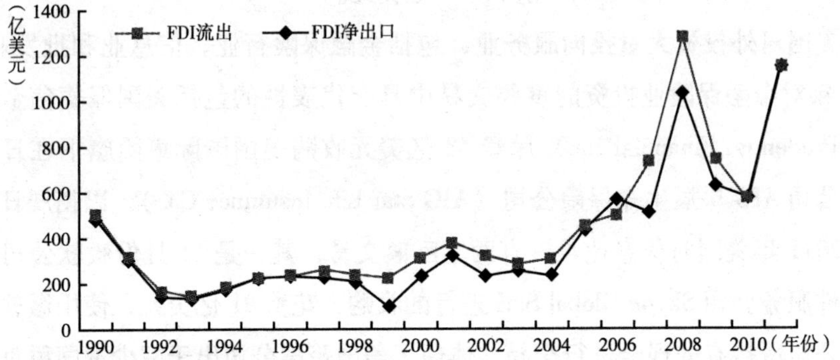

图10 日本FDI流出情况

资料来源：OECD website。

从日本的投资目的地来看，2011年针对各地区的FDI都有所上升，按上升幅度由高到低排列分别是：欧洲（398亿美元，上升164.8%），中美和南美（113亿美元，上升111.1%），亚洲（395亿美元，上升78.4%），北美（152亿美元，上升68.2%），大洋洲（88亿美元，上升36.8%）。而从占日本OFDI总量的比重来看，各地区的排序则是：欧洲、亚洲、北美、中美和南美、大洋洲。2012年1～5月的数据显示：除了对亚洲的FDI下降10.3%，对其他地区的直接投资继续上升，这使得1～5月份日本OFDI总量增加77%。

日本对亚洲的投资波动程度非常大，例如1997年对亚洲投资占日OFDI总量的50.3%，而在2000年这个值仅为6.8%。2011年对亚洲投资占日本OFDI总量的比重为34.1%，其中针对印度的投资连续三年下降，仅为23亿美元。1996年后日本对欧洲的投资整体呈上升态势，2011年对欧投资占日OFDI总量比重为34.4%，当年直接投资增长最快的国家包括：德国（774%）、英国（205%）、意大利（170%）、瑞士（153%）、荷兰（63%）。2011年日本对欧洲的巨额并购中具有代表性的交易包括：6月份伊藤忠商社（Itochu）以10亿美元的价格从法国私募股权公司PAI Partners手中收购英国最大的轮胎零售商Kwik-Fit；7月东芝集团（Toshiba）收购瑞士精密仪器制造商Landis+Gyr，价格是23亿美元，目的是拓展东芝智能社区业务；9月日本最大的制药企业Takeda以136.8亿美元的价格收购瑞士企业Nycomed，以扩大在欧洲和新兴市场的份额。

2011年日本对美投资同比增长了60.2%，达到147.3亿美元。但日本对美国投资从1996年以来总体呈下降趋势。1996年日本对美投资占日OFDI比重高达47.4%，但2011年这个值仅为12.7%。日本对美的巨额并购主要发生在服务业，包括银行业（6月三菱日联金融集团Mitsubishi UFJ Financial Group将持有的78亿美元优先股转换为美国摩根斯坦利银行的普通股，持有其22.4%的股份，成为最大股东）、医疗设备（4月泰尔茂株式会社Treumo以26亿美元收购CaridianBCT公司）、商务服务（1月日本NTT DATA收购美国基恩国际公司Keane International Inc，价值13.7亿美元）等。由于日本对澳大利亚投资的快速增长，大洋洲在日本OFDI中的比重也持续上升。日本对中美和南美的投资集中在采矿业，日本在对外投资方面非常关注资源的安全供给。

从日本对外直接投资的行业来看，经过两年的下降后，对制造业的投资强劲增长225.5%，达到了580亿美元，超过了危机前的最高水平（2008年的453亿美元）。对制造业投资的恢复可归功于对电动机械设备、食品、化学品和药品投资的高速增长，三者的增长率分别为439%、304%和148%，这使得日本在传统投资重点“运输机械设备”尚未完全恢复的情况下，制造业FDI实现了快速增长。2011年日本对非制造业的投资增长46.6%，为578亿美元，是2008年水平的2/3。

日本对非制造业的投资主要集中在金融与保险业、采矿业、批发和零售业这三个行业中（见表2），三者的投资数量分别为191亿美元、165亿美元、124亿美元。日本国内金融和保险业具有丰厚的资本，国际金融环境也提供了并购机会和合意的并购价格，这促使了一些大额的并购，例如2011年6月第一生命保险（Dai-ichi life insurance）对澳洲寿险商Tower Australia Group的收购，另外在2012年5月东京海上控股公司（Tokio Marine Holding Inc.）以26.5亿美元的价格购得美国德尔福金融集团（Delphi Financial Group）100%的股权。对采矿业的投资多年连续增长表明了日本关注国内资源供给，这在2011年体现在两宗大额并购案中：一是10月份伊藤忠商事株式会社（Itochu Corp.）以15.2亿美元的价格收购美国煤炭公司（Drummond Co. Inc.）哥伦比亚煤炭开发业务20%的股份，二是11月三菱商事株式会社（Mitsubishi Corp）以53.9亿美元从英美资源集团（Anglo American PLC）购得该公司旗下的智利铜矿公司Anglo American Sur SA的24.5%股权（该并购案面临法律纠纷）。

表2 日本OFDI中部分行业所占比重

单位：%

年　份		2005	2006	2007	2008	2009	2010	2011
制造业		57.5	68.8	53.8	34.6	44.1	31.1	50.1
	食品	3.7	2.0	17.4	2.8	12.0	3.5	7.0
	化学品和药品	7.4	8.8	5.1	8.9	9.9	13.8	17.0
	铁,有色金属	2.9	3.6	3.0	2.4	5.0	6.8	4.3
	通用机械设备	2.9	3.3	3.6	2.8	5.9	7.7	4.9
	电动机械设备	9.6	14.0	6.4	4.3	3.4	2.4	6.3
	运输机械设备	18.9	17.1	11.8	8.4	0.8	n. a.	3.6
	精密机械设备	3.1	2.8	1.8	0.7	0.8	0.1	2.4
非制造业		42.5	31.2	46.2	65.4	55.9	68.9	49.9
								14.2
	采矿业	3.0	3.1	5.5	8.0	8.7	15.8	1.4
	交通运输	1.8	3.0	2.9	1.7	3.9	4.0	n. a.
	通信	3.8	n. a.	n. a.	1.3	5.2	17.3	10.7
	批发和零售	10.2	10.9	6.5	10.2	11.3	3.4	16.5
	金融与保险	20.3	11.1	26.5	39.9	20.7	19.9	2.1
	服务业	2.4	0.4	1.9	2.1	2.9	2.8	3.5
总量		100	100	100	100	100	100	100

资料来源：JETRO website。

在经历两年的下跌后，2011 年日本的跨国并购延续了上一年强劲增长的势头，93% 的同比增长率使日本对外跨国并购价值达到 665 亿美元，并购交易的数量达到了 424 件，几乎接近最高纪录（1990 年的 427 件）。但 2012 年上半年的日本跨国并购金额为 213 亿美元，同比下降 10.2%。

3. 欧盟

2011 年欧盟 27 国对外直接投资为 5566 亿美元，同比增长 14.2%，占全球 FDI 流出总量的 35.7%（见表 3），可以说欧盟 27 国对外直接投资的增长幅度会直接影响全球 FDI 流出数量的大小。在 2012 年第一季度，欧盟的 OFDI 同比下降 33.8%，为 1341 亿美元。

表 3　欧盟 27 国 FDI 流出情况

年份	2007	2008	2009	2010	2011	2012(第一季度)
FDI 流出(亿美元)	12527	9778	3878	4875	5566	1341
FDI 流出增幅(%)		-21.9	-60.3	25.7	14.2	-33.8
EU27 国占全球 FDI 流出比重(%)	57.7	51.3	34.5	35.0	35.7	35.5

资料来源：OECD website。

2011 年欧盟对外直接投资的增长主要归功于英国等国 OFDI 的增长。2011 年英国的 OFDI 数量同比增长了 171%，为 1071 亿美元，占欧盟总量的 19.2%（见表 4），占全球 OFDI 总量的 6.9%。而德国、荷兰、爱尔兰的 OFDI 出现了不同程度的减速。相比上一年，深受欧债危机影响的几个国家（希腊、意大利、葡萄牙、西班牙）的 OFDI 似乎没有受到太大影响，西班牙 OFDI 和上年基本持平，但 373 亿美元的数值只为 2007 年最高水平的 27% 左右。希腊和意大利的 OFDI 改变了前几年急速下降的趋势，分别取得了 83% 和 45% 的增长，但也只分别达到了 2007 年水平的 1/3 和 1/2。葡萄牙在 2011 年的 OFDI 为 126 亿美元，甚至高于 2007 年的水平。联合国贸发会议的《世界投资报告》指出：2011 年西班牙和意大利的 OFDI 低于 2007 年的最高水平，其主要原因在于股权投资的数量大幅减少，而“其他投资”（主要是公司内借贷）不降反升，反映了这两个国家的跨国公司将部分资产转移到国外子公司，或者将在当地获得的收益以“再投资利润”的形式持有，这些行为可能反映了跨国公司对国内宏观环境的担心。

表4　欧盟部分成员国 OFDI 占总量比重*

年　份	2007	2008	2009	2010	2011（括号内为增长率）
英　国	26.0	18.7	10.1	8.1	19.2（171.2%）
法　国	13.1	15.8	27.6	15.8	16.2（17.4%）
比利时	6.4	22.6	2.4	11.4	12.7（27%）
德　国	13.6	7.4	19.4	22.4	9.8（-50%）
意大利	7.2	6.8	5.5	6.7	8.5（44.7%）
西班牙	10.9	7.6	3.4	7.9	6.7（-2.7%）
荷　兰	4.4	7.0	7.3	11.3	5.7（-42.2%）
奥地利	3.1	3.0	2.6	1.6	5.5（294%）
瑞　典	3.1	3.2	6.7	3.7	4.8（49.7%）
丹　麦	1.6	1.4	1.6	0.7	4.3（582%）
葡萄牙	0.4	0.3	0.2	-1.5	2.3（-268%）
卢森堡	5.9	1.2	1.9	3.1	2.1（-22.3%）
希　腊	0.4	0.2	0.5	0.2	0.3（83%）
爱尔兰	1.7	1.9	6.9	4.6	-0.8（-119%）

* 这14个成员国占欧盟27国OFDI的95%以上。

资料来源：Eurostat website。

从区域分布①来看，欧盟27国对外直接投向的主要区域之一是欧洲其他非欧盟国家（见表5），主要是瑞士、俄罗斯、克罗地亚等国，其中仅对瑞士一国投资数量就达到了318亿欧元。欧盟27国OFDI主要目的区域之二是亚洲，包括中国（2011年为175亿欧元）、香港（80亿欧元）、印度（120亿欧元）、日本（36亿欧元）、新加坡等地。另外2011年欧盟27国对北美的OFDI数量较大，其中对美国的直接投资数量为1107亿欧元，投资行业涉及广泛，美国恢复了单个国家中接受欧盟OFDI数量第一的位置。欧盟对南美OFDI增长主要因为对巴西和阿根廷等国制造业投资的增长。2011年，仅在通信业就存在两笔大额并购，即3月份葡萄牙的Portugal Telecom SGPS SA公司收购巴西公司LF Tel SA，以及6月份西班牙公司收购巴西公司Vivo Participacoes SA，这两笔收购交易价值分别为27亿美元和55亿美元。

① 这部分仅分析指欧盟27国对非欧盟成员国的OFDI。欧盟成员国内部的直接投资数量约为OFDI总量的56%（2010年），英国等国存在大量的对欧洲非欧盟国家的直接投资。

表 5　欧盟 27 国 OFDI 的区域分布

单位：%

年　份	2008	2009	2010
欧洲(非欧盟国家)	26.2	28.8	26.0
非洲	6.1	5.3	14.6
北美	34.7	27.1	13.7
中美	1.7	23.0	-6.1
南美	5.3	2.9	17.8
亚洲	20.5	13.1	20.4
大洋洲	5.1	-0.3	10.9
离岸金融中心	12.2	32.5	3.6

资料来源：Eurostat website。

2011 年欧盟的对外直接投资中，跨国并购数量达到了 1171 亿美元，交易数量为 1848 件，两者都低于历史高位水平。2011 年欧洲跨国公司进行跨国并购主要出于企业重组的动机。① 相比而言，欧盟对外绿地投资的数量相对稳定，2011 年为 1673 亿美元（见图 11），同比增长 3%。

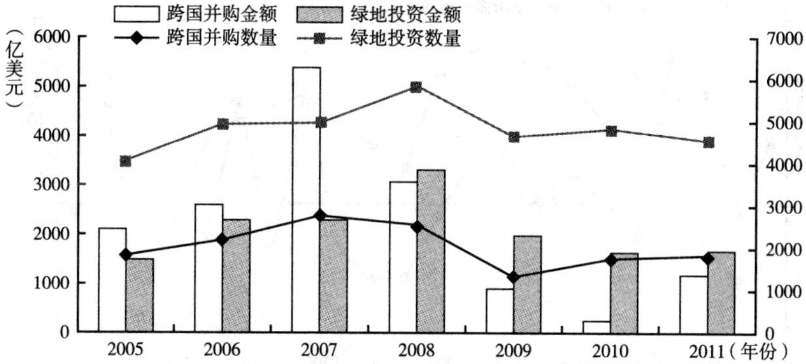

图 11　欧盟 27 国 OFDI 的划分

资料来源：UNCTAD，*World Investment Report 2012*。

（二）FDI 流入大国

1. 美国

美国的 FDI 流入量在 2011 年达到了 2339.9 亿美元，占全球总量的

① UNCTAD，*Global Investment Trends Monitor*，April，2012.

15.9%。这个值仍然低于2008年（3101亿美元）和2000年（3213亿美元）的峰值，但已经从2009年的谷底强劲复苏，并超过了2001~2010年的平均水平（1704亿美元），可以说美国已经在很大程度上恢复了对外国直接投资的吸引力。2012年上半年的数据表明这一复苏很可能持续，Dealogic的数据表明①，欧洲公司对美国企业的收购在第一、二季度分别达到了75亿美元和271亿美元，而欧洲是对美FDI的主要资金来源（2011年的比重约为2/3）。国外对美国直接投资的增加带动了美国股票价格上升和制造业就业的改善，两者都是经济全面复苏的基础。

美国外商直接投资的流入和本国经济周期存在密切的关系。从图12可以看到流入美国的FDI与当年的GDP增长率高度相关，尤其是1991年，2003年，2009年的衰退期都伴随着FDI流入的大幅下降。但同时也可以看到FDI流入的波动幅度大于GDP增速的波动，这可能是因为其他因素例如经济政策、商务环境、成本等对FDI的影响。

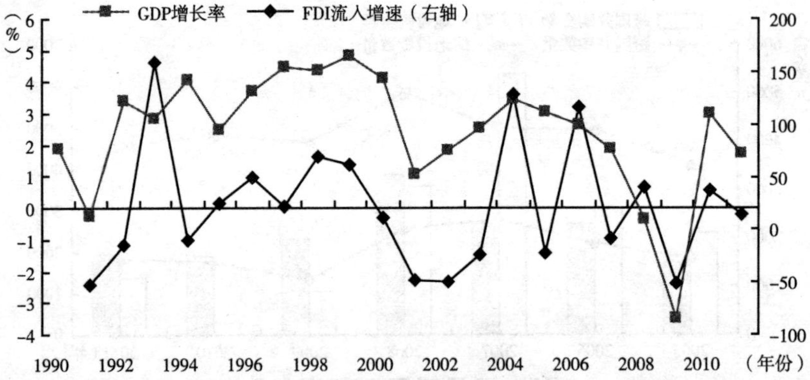

图12　美国FDI流入与美国GDP增速

资料来源：OECD website。

对美国的FDI主要流入制造业，这与美国对外直接投资主要集中在服务业的情况是非常不一样的。在1994~2010年的14年内，流入美国制造业的外商直接投资占美国FDI总量的比重平均为39%，其中最高达到81%

① 赵中文：《外资加码投资美国》，《中华工商时报》2012年6月20日。

(1998年)，最低为15%（2004年），2010年为41%。美国FDI流入较多的其他行业包括：批发和零售业（2010年为21%），金融相关行业（2010年为14%），在剩下的FDI中约2/3流入信息业、采矿业、公用事业、非银行控股公司等。

对美国进行直接投资的国家相对集中。美国商务部曾归纳了“最重要的”8个国家：瑞士、英国、日本、法国、德国、卢森堡、荷兰、加拿大。在1994~2010年间，这八个国家占对美直接投资的贡献率平均达到81%。对于投资国过于集中的情况，美国商务部认为多元化投资来源国能增加美国的福利，并提供更多的就业机会。而多元化来源国的途径，除了吸引来自其他发达经济体的FDI，美国商务部特别提出吸引以下两类国家的FDI①：一类是对美国存在大量贸易顺差的国家，另一类是持有大量流动性美国资产的国家，而中国同时具有这两个特征。目前中国对美国私人部门的直接投资仍然较小(2011年为18.1亿美元，占美国FDI流入总量的0.7%)，理论上具有较大的扩展空间。

在美国FDI流入中，存在一个或两个国家的企业垄断对特定行业投资的情况②，这表明跨国公司对美投资中存在一定程度的“专业化”。例如对美石油部门的投资主要来自荷兰和英国，而这要主要归功于荷兰皇家壳牌和英国石油公司两大石油巨头的投资行为。对美国批发行业的投资主要来自日本企业，其次是英国企业。对美国信息行业的投资以德国投资者为主，对美银行业的主要投资国包括法国、德国和英国。

2. 中国

（1）FDI流入概况。2011年，中国FDI流入数量为1240亿美元，在全球FDI流入单个国家中排名第二。2011年中国FDI流入较上年增长24%，占全球FDI流入的比重超过了1994年的最高水平（13.9%），达到了15.5%(见图13)。整体来看，FDI流入占中国GDP比重则保持了一个相对稳定的水平，通常在2%~5%之间波动。但与早期依赖国外资本弥补国内资本不

---

① U.S. Department of Commerce website.

② James K. Jackson, Foreign Direct Investment in the United States: An Economic Analysis, Congressional Research Service, May, 2012.

足，促进经济增长的动机不同，目前中国吸引FDI更看重相关的技术和管理。2012年1~8月中国实际使用外资为750亿美元，比上年同比下降3.4%。这与全球经济增长的不确定性、国际产业结构调整步伐放缓等因素有关。

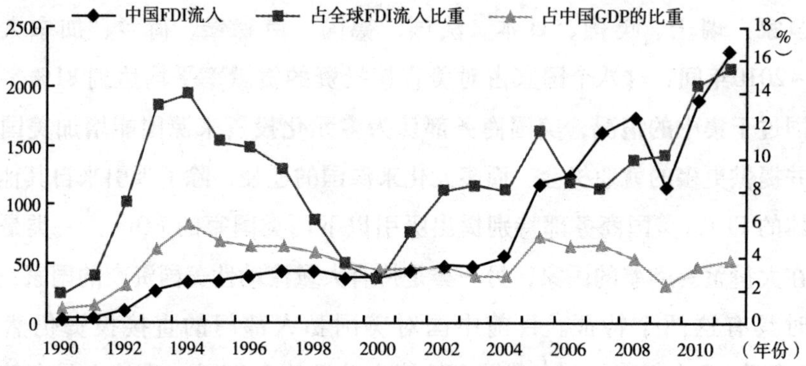

图13　中国FDI流入情况

资料来源：OECD website。

从对华直接投资的来源国看（见表6），流入中国的FDI依旧主要来自于亚洲十国/地区①，其中又以香港为最主要的来源地，来自港台澳的FDI数量占总量的2/3左右。美国与欧盟的对华投资在近几年也保持了较为平稳的水平，但预计2013年日本对华投资将有明显的下降。

从对华直接投资的流入行业来看（见表7），进入中国制造业的FDI占总量的比重逐年下降，而流入非制造业的FDI比重则有所上升。2011年流入中国非制造业的FDI同比增长16.3%，达到581亿美元。中国一直被称为“世界工厂”，外商直接投资及相关的加工贸易出口是促成这一现象的主要原因。2011~2012年对中国制造业主要的直接投资交易如表8所示。但目前国外对中国服务业FDI的增长，一方面反映了中国服务业市场的发展，另一方面中国政府的产业政策和外资政策在一定程度上也发挥了作用。从具体行业来看，对华服务业直接投资增长最快的行业包括：批发和零售业（2005~2011年的复

① 香港、澳门、中国台湾、日本、菲律宾、泰国、马来西亚、新加坡、印度尼西亚、韩国。

表6　中国FDI来源国

单位：%

年　份	2009	2010	2011	2012(1~8月)
亚洲十国	81.2	83.4	86.6	84.8
香　港	60.0	63.8	66.4	62.3
中国台湾	7.3	6.3	5.8	5.9
日　本	4.6	4.0	5.5	6.8
韩　国	3.0	2.5	2.2	2.0
新加坡	4.3	5.4	5.5	6.6
美　国	4.0	3.8	2.6	2.8
欧　盟	6.6	6.2	5.5	5.8
总　量	100	100	100	100

资料来源：商务部网站。

表7　对华FDI部分行业所占比重

单位：%

年份＼行业	农、林、牧、渔业	制造业	电力、燃气及水的生产和供应业	建筑业	交通运输、仓储和邮政业	信息传输、计算机服务和软件业
2005	1.2	70.4	2.3	0.8	3.0	1.7
2006	1.0	63.6	2.0	1.1	3.1	1.7
2007	1.2	54.7	1.4	0.6	2.7	2.0
2008	1.3	54.0	1.8	1.2	3.1	3.0
2009	1.6	51.9	2.3	0.8	2.8	2.5
2010	1.8	46.9	2.0	1.4	2.1	2.4
2011	1.7	44.9	1.8	0.8	2.8	2.3
2012(1~3月)	1.8	44.4	1.1	1.1	2.8	3.9

年份＼行业	批发和零售业	金融业	房地产业	租赁和商务服务业	科学研究、技术服务和地质勘查业	居民服务和其他服务业
2006	1.7	0.4	9.0	6.2	0.6	0.4
2007	2.8	0.5	13.1	6.7	0.8	0.8
2008	3.6	0.3	22.9	5.4	1.2	1.0
2009	4.8	0.6	20.1	5.5	1.6	0.6
2010	6.0	0.5	18.7	6.8	1.9	1.8
2011	6.2	1.1	22.7	6.7	1.9	1.9
2012	7.3	1.6	23.2	7.2	2.1	1.6
2013	7.2	2.9	22.5	6.3	2.2	1.4

资料来源：商务部网站。

表8　对中国制造业主要的投资案例

行业	日　期	投资公司	投资公司母国	金　额	投资类型
运输设备	2012年4月	福特	美国	7.6亿美元	建立工厂
	2011年5月	BMW	德国	10亿欧元	增强生产能力
	2011年6月	戴姆勒(Daimler)	德国	20亿欧元	建立工厂 研发
	2011年9月	通用汽车	美国	70亿人民币	建立工厂
其他机械	2010年12月	通用电气	美国	20亿美元	研发
	2012年5月	三星电气	韩国	30亿美元	建立工厂
制药业	2011年10月	Astra Zeneca	英国	2亿美元	建立工厂
	2011年12月	Novartis	瑞士	10亿美元	研发
	2011年12月	Merck	美国	15亿美元	研发

资料来源：JTREO, *Global Trade and Investment Report 2012*, Presentation Document。

合增长率为36.1%）、金融业（同期复合增长率为31.3%）、房地产业等（同期复合增长率为28.1%）。

从流入地区来看，对华直接投资出现了更加多元化的趋势，虽然国外对中国东部沿海地区的FDI仍然占FDI总量的60%以上，但对其他地区，包括东北地区、西部地区和中部地区的投资增长速度较高，已经逐步缩小了与东部沿海地区的差距。FDI分布不均匀是由于中国“优先发展东部沿海”的发展战略，但近年来劳动力、土地、环境成本的上升弱化了东部地区的优势，FDI向中西部地区转移是企业追求利润的自发反应，中西部地方政府的引资政策也起到了相当作用。

（2）当前中国FDI政策的特点。

① 以外资促进国内产业升级。产业导向是中国外资政策的一个特点，但在不同的经济发展阶段有各自的侧重点。在中国对外开放过程中，中国首先对外资开放的是属于竞争性产业的一般加工制造业、劳动和资源密集型产业和一般服务业。

以外资促进产业升级是中国在经济转型大背景下的必然要求，也体现了新一代投资政策“促进经济发展、协调与产业政策关系”的特点。2010年4月13日，中国发布了《国务院关于进一步做好利用外资工作的若干意见》，其中提到“修改《外商投资产业指导目录》，扩大开放领域，鼓励外资投向高端制造业、新能源和节能环保等产业，对用地集约的国家鼓励类外商投资项目优先供应土地。”严格限制“两高一资”和低水平、过剩产能扩张类项目。

相比2010年，2011年颁布的《外商投资产业指导目录》“鼓励”目录①中增加了44个小类（例如知识产权服务业，海上石油污染清理与生态修复技术及相关产品开发，新能源汽车等），减少了41个小类（例如整车生产，多晶硅生产）。2012年1月30号中国取消了原有“鼓励”和“限制”目录中对11小类的外资股权上限。

② 鼓励对研发和创新的投资。鼓励外资对研发和创新的投资目的是提升中国的自主创新能力。从2010年4月起，中国发改委为了促进创新而推行了“国家技术发展项目”和“创新努力建设项目”，中国鼓励外国投资企业与中国企业合资或建立研究中心参与政府资助的项目，一旦项目获得批准，就可以获得来自发改委的拨款以弥补创新成本。

③ 鼓励外商对中西部地区的投资。鼓励外资进入中西部地区有助于改善中国区域发展不平衡问题。2010年8月起中国中西部地区将部分制造业（例如纺织和服装，玩具，家用电器）和银行服务业列为“鼓励”类行业。另外，在《中国中西部地区外商投资优势产业目录》中所有被列为“鼓励”类的行业（特别是劳动密集型行业）将享受优惠政策，例如税收减免。中国政府还通过特殊关税监管区和保税仓储等措施促进中西部地区的加工贸易。

④加强了对并购的反垄断和国家安全审查。对并购的反垄断和安全审查主要是因为外资可能对经济安全形成负面影响。这些措施主要衡量并购对市场竞争的影响，而当FDI与国防相关，或是控制了从事重要产品生产（例如农业、能源、自然资源）、重要基础设施、重要运输业、使用必要技术进行

① 中国的《外商投资产业指导目录》将外商投资项目范围四类：鼓励、允许、限制和禁止。一般而言，在“鼓励”类别中的是使用先进技术、污染程度较低的行业，这一类行业中的外国投资企业可以免税进口资本设备，在批准后扩大生产规模；“限制”和“禁止”类别中是使用过时技术，过度开采稀缺自然资源，可能影响环境的行业，“限制”类产业的外国投资企业如果出口销量占总销量的70%以上，也有可能被批准生产；没有归为这三类的列为“允许”类别。

重要设备制造的企业时，将进行国家安全审查。在 2008 ~ 2011 年间，中国商务部审查了 382 件案例，其中 371 例无条件结案，10 例有条件结案，1 例被驳回。

⑤ 提高对“走出去”的重视程度。中国采取了一系列简化手续和分散权力的措施，以提高“走出去”的能力和效率。从 2010 年 5 月开始，省级政府有权批准 3 亿美元以下的特定 FDI 项目（之前是 1 亿美元）。从 2011 年 2 月开始，省级政府有权批准低于 3 亿美元的自然资源行业的 OFDI 和低于 1 亿美元的非自然资源 OFDI，以及除了基础电信网络经营、跨界水电发展、大规模农业发展、主要电网、新闻媒体行业的 OFDI。而在此之前，所有的对外直接投资都需要经过发改委的审核与批准。

3. 欧盟

过去五年中全球约有 1/3 的资本以欧盟 27 国为投资目的地，对部分国家 FDI 存量数据的比较（见图 14）也说明了欧盟是重要的直接投资流入地。2011 年流入欧盟 27 国对外直接投资为 4198 亿美元，改变了连续三年大幅下滑的局面，出现了 25.4% 的同比增长率。但在 2012 年第一季度，流入欧盟的 FDI 再次同比下降 15.5%，为 1051 亿美元。FDI 流入量的下降使得欧盟在全球 FDI 中的比重从 2007 年的 44% 下降到 2011 年的 28%。除了极个别年份，欧盟一直是直接投资的净流出国。

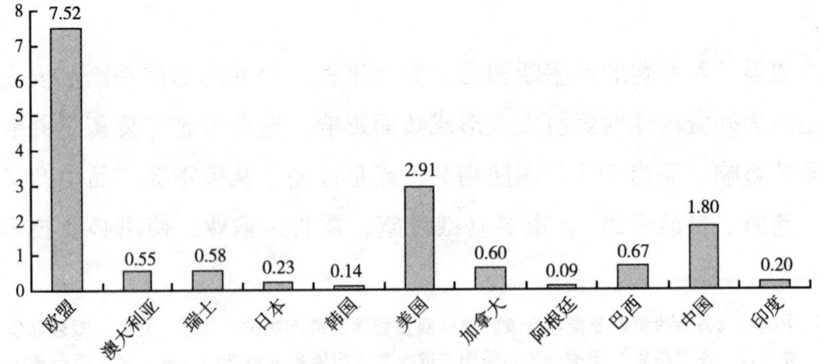

图 14　部分国家 2011 年的 FDI 存量

资料来源：OECD website。

流入欧盟27国的外商直接投资主要来自欧盟国家，欧盟之外其他国家的最大投资国是美国。2011年美国对欧盟直接投资约占其他国家总数量的51%，投资额为1148亿欧元。排名在美国之后的国家/地区是：瑞士（343亿欧元）、离岸金融中心（158亿欧元）、加拿大（68亿欧元）、中国香港（65亿欧元）、日本（54亿欧元）、巴西（47亿欧元）、中国（32亿欧元）。

以东道国来区分流入欧盟的直接投资如表9所示，近五年来比利时和英国在吸引投资方面一直排在前四名，2011年这两个国家分列第一和第二。2011年至2012年6月有三笔巨额跨国并购分别以比利时和英国为东道国：一是2011年2月英国国际电力公司（International Power PLC）花费251亿美元收购比利时公司GDF Suez Energy Europe，二是美国公司以103亿美元收购英国公司Autonomy Corp PLC，三是法国的Electrabel SA收购英国国际电力公司，交易金额是129亿美元。

表9　欧盟部分成员国占FDI流入总量比重*

单位：%

年份	2007	2008	2009	2010	2011(括号内为增长率)
比利时	10.9	35.9	17.1	24.3	21.3(9.9%)
英　国	23.4	16.5	21.1	15.1	12.9(6.6%)
法　国	11.2	11.9	6.7	9.2	9.8(33.8%)
德　国	9.4	1.5	6.7	14.0	9.6(-13.7)
西班牙	7.5	14.3	2.9	12.2	7.0(-27.6%)
意大利	4.7	-2.0	5.5	2.7	6.9(217%)
卢森堡	-3.3	2.1	6.2	2.8	4.2(91%)
荷　兰	14.0	0.8	10.0	-2.7	4.1(-291%)
丹　麦	1.4	0.3	1.1	-2.2	3.5(-300%)
奥地利	3.6	1.3	2.6	1.3	3.4(232%)
瑞　典	3.2	6.9	2.8	-0.4	2.9(-998%)
爱尔兰	2.9	-3.0	7.1	12.8	2.7(-73.2%)
葡萄牙	0.4	0.9	0.7	0.8	2.5(291%)
希　腊	0.2	0.8	0.7	0.1	0.4(390%)

* 这14个成员国占欧盟27国FDI流入总量的90%左右。

资料来源：Eurostat website。

对深陷欧债危机的四国（希腊、意大利、葡萄牙、西班牙）来说，除了西班牙的 FDI 流入出现了一定程度下降，流入其他三国的 FDI 甚至有所上升。联合国贸发会议的分析认为：持续存在的衰退使得在这四个国家经营的国外公司利润下降，这使得再投资收益出现下降；而外国母公司可能由于担心这四国的经济状况而减少对子公司的"公司内借贷"，这都会减少未来四国的 FDI 流入量。从另一个角度看，这四个国家的经济状况和待售资产价格可能创造更多的并购目标，目前的跨国并购和股权投资的数据也在某种程度上支持了这个结论。

三　前景展望

对于 2013 年和短期内的国际直接投资来说，促进其增长的因素可能包括：①新兴市场持续存在的人口红利在一定程度上会增加这些地区的经济增长潜力。[①] 人口红利还能够在新兴市场国家创造较大的市场规模，这可以支持"市场寻求型"的直接投资的增长。②随着能源价格上升，资源和能源占有情况和相关技术的创新成为各国竞争的核心内容之一，在相当长的时间内对相关行业的直接投资将保持在较高水平。近年无论是发达经济体还是新兴市场国家都加大了对资源类行业的直接投资，这个趋势在 2013 年也将延续。③跨国公司积累了较多的利润，并持有大量的现金，这使得跨国公司更有动力展开直接投资。[②] ④全球外汇储备的快速增长使得其数量远超市场干预所需，对回报率的追求将使得部分资金配置到直接投资领域。这意味着在政府日益参与市场竞争的宏观背景下，持有巨额资产的主权财富基金可能成为推动国际直接投资的潜在力量。

影响全球 FDI 增长的负面因素也是显而易见的。①国际货币基金组织一再调低全球经济增长预期，IMF 在 2012 年 10 月发布的《世界经济展望》报

---

① 联合国《世界人口展望》给出了新兴/发展中经济体在未来数十年内人口红利的高峰分布图，21 世纪 10 年代可享人口红利的国家包括俄罗斯、泰国、越南等，而 21 世纪 20 年代巴西、印度尼西亚、墨西哥、土耳其等国更可能从人口红利中获利。

② UNCTAD, *World Investment Report 2012*.

告中预测，全球经济增长率在2012年和2013年分别为3.3%和3.6%，低于其7月给出的预测。包括欧盟、美国、日本在内的绝大部分发达经济体增长乏力，欧债危机有继续蔓延之势，欧元区危机仍是全球经济前景面临的最显著威胁；美国的“财政悬崖”威胁和债务问题使得美国经济再次衰退的可能性仍然存在，发达经济体不乐观的经济增长前景对投资者的预期和信心形成了负面影响。目前的可得数据也表明2012年美日欧三个资本流出大国的OFDI表现普通，预计全年全球OFDI增长速度将低于2011年。②资金可获得性下降。这包括两方面：发达国家银行坏账风险的增加使得其减少了对其他地区（例如发展中经济体，以及南欧的一些国家）的贷款，这将直接影响这些国家对外直接投资的能力；而银行业的重组将带来对海外资产的撤资，对于希望通过杠杆方式进行OFDI的跨国公司①，这也是不利因素。③在国际投资政策中，有利于投资者和自由化的政策虽然持续增长，但各种形式的保护主义仍然是影响直接投资的重要负面因素，例如进入壁垒、国有化、撤资相关规定，以及为了保护国内就业对OFDI设置限制等，都会影响未来FDI的增长速度。

UNCTAD预测2012年FDI总额为1.6万亿美元，长期中FDI将出现适度但稳步的增长，2013年达到1.8万亿美元，2014年约1.9万亿美元。根据文中对主要FDI流出和流入国（地区）的分析，我们认为，2012年的FDI增长将低于2011年的增速，流量为1.6万亿美元以上，但不会高于1.75亿美元。未来2~3年全球FDI将继续保持缓慢增长的态势。

参考文献

UNCTAD, *World Investment Report 2012*.

OECD, *Investment Newsletter*, *2011*, *2012*.

JETRO, *Global Trade and Investment Report*, 2011, 2012 Presentation Document.

① UNCTAD, *World Investment Report 2012*.

International Direct Investment: Developments and Prospects

Pan Yuanyuan

Abstract: Global foreign direct investment inflows increased moderately in 2011, reaching MYM1. 52 trillion. The low growth rate of the emerging markets and the risk of European debt crisis may lead to the slow down of global FDI growth. As to the performance of different economic groups, the ratio of FDI inflow to developed countries shrink, and the ratio of developing countries scale up. The analysis on the big countries in FDI shows that the global FDI inflows may vary between MYM 1. 6 trillion and MYM 1. 75 trillion. The global FDI flows are expected to grow slowly in the coming 2-3 years.

Key Words: Foreign Direct Investment; Big Countries in FDI; Growth Forecast

Y.13
国际大宗商品市场形势回顾与展望

姚枝仲*

摘　要：

2013年将出现全球货币宽松和世界经济增长率回升的局面，货币金融因素和实体经济均会继续推动国际大宗商品价格上涨，国际大宗商品市场价格整体上可能出现稳中有升的情况。原油市场可能是个特例，国际石油市场将出现长期性的供给过剩。只要不出现战争等重大的冲击，原油价格将在2013年出现下降趋势。

关键词：

大宗商品　石油需求　石油价格

一　大宗商品市场总体状况

国际大宗商品价格指数自2011年2月以来，呈下行之势。至2011年12月，以美元计价的大宗商品价格指数下降了17.6%，以SDR计价的大宗商品价格指数下降了16.7%。自2012年1月始，国际大宗商品价格指数止跌回稳，并在高位震荡。2012年1～8月期间，以美元计价和以SDR计价的大宗商品价格指数均在均值的±5%范围内波动，其标准差都只是均值的2%[①]（见图1）。

在2011年底出版的《世界经济黄皮书》中，本专题曾预计“2012年的大宗商品价格仍将在高位振荡，并有较大可能出现下行趋势”。现在看来，上述判断只对了一半。2012年大宗商品价格确实在高位振荡，但并没有出现下行

* 姚枝仲，经济学博士，中国社会科学院世界经济与政治研究所研究员，主要研究领域为国际经济学。

① 以上数据来自UNCTAD STAT。如无特殊说明，本文数据均来自该数据库。

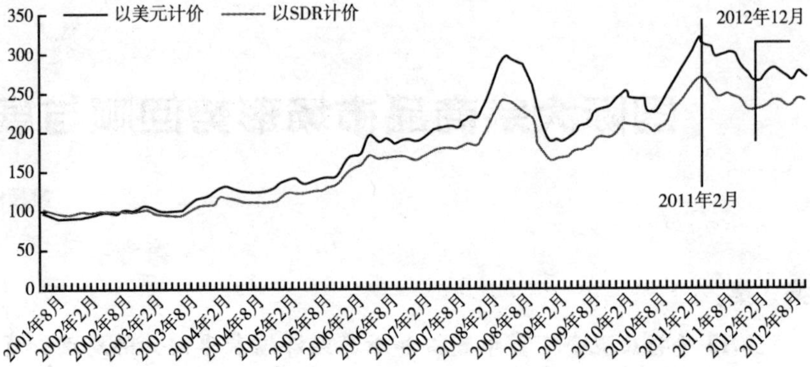

图1　大宗商品价格指数（2001 年 8 月 ~2012 年 8 月）

资料来源：UNCTAD STAT。

趋势。2011 年 2 月以来的下行趋势在 2012 年初就已经戛然而止。2011 年本专题认为世界经济放缓和欧债危机是导致 2012 年大宗商品价格下行的力量，欧美的货币宽松和中东北非地区的不稳定是 2012 年大宗商品价格上行的力量，并认为下行力量更加确定且作用更强烈，因而国际大宗商品价格有较大可能下降。2012 年世界经济增长确实有大幅度下滑，大宗商品的实际需求增长也确有减少，伊朗和叙利亚局势并没有引起大幅度的供给波动，主要大宗商品的实际供需确实有导致价格下降的趋势。但是，原本以为欧债危机会大量吸收国际资本从而引起大宗商品价格下降的机制并没有起作用。这主要是因为欧洲中央银行在 2011 年 12 月和 2012 年 2 月推出“长期再融资操作”（LTRO），以及于 2012 年 9 月推出“直接货币交易”（OMT）计划，为欧洲注入了足够的资金，维持了欧元区的低利率和货币市场稳定，欧元区并没有出现流动性不足和流动性危机。欧债危机并没有吸收国际资本，反而有对外资本净流出。欧元区 2011 年有 23 亿欧元的资本净流入，2012 年上半年则有 78 亿欧元的资本净流出 。[①] 这是 2011 年本专题中所没有考虑到的。加上美联储 2012 年 9 月正式推出第三轮量化宽松政策和 2012 年北美等地干旱对粮食供给的影响，国际大宗商品市场价格反而有可能在 2012 年最后一个季度出现一

① 数据来自 2012 年 9 月 ECB Monthly Bulletin 第 S61 页，表 7.1，Summary of balance of payments。

定程度的回升。

从大宗商品分类价格指数来看，不同大宗商品的价格变动出现了一定程度的差异（见图2）。

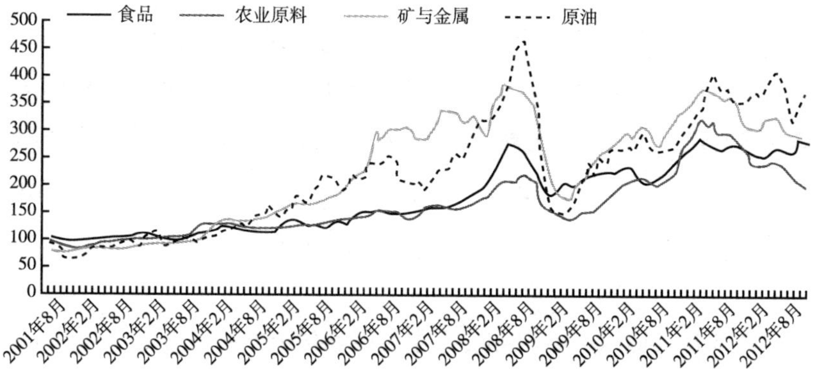

图2 大宗商品分类价格指数（2001年8月~2012年8月）

资料来源：UNCTAD STAT。

农业原料价格指数和金属及金属矿价格指数自2011年2月起一直处于下行趋势中，至2012年8月，农业原料价格指数下降了38.6%，金属及金属矿的价格指数下降了23.0%。其中黄金价格经历了一个长期的上升趋势之后，于2011年9月以后开始出现盘整下跌态势。2011年9月99.5%标准金的伦敦下午定盘价曾达到1771.9美元/盎司（约等于57.0美元/克）的月度均价历史高位，到2012年8月则已下滑到了1626.0美元/盎司（约52.3美元/克），下降幅度约为8%。伦敦金属交易所铜价从2011年2月9867美元/吨的月度均价历史高位，下跌到了2012年8月的7492美元/吨，跌幅为24%。铝价从2011年4月2662美元/吨的高位下降到了2012年8月的1838美元/吨，跌幅为34%。铁矿石价格指数从2011年2月到2012年9月更是暴跌了47%。[①]

食品价格指数则在2012年1月终止了自2011年2月以来的下降趋势，转而开始出现上升势头，2012年8月相对于2011年底已经上涨了11%。其中大豆价格在2012年8月又创造了历史新高。美国至鹿特丹的黄豆到岸价在2011

① 铁矿石价格指数来自IMF公布的中国进口铁矿石现货价格指数。

年2月处于572美元/吨的高位，2011年12月曾跌至474美元/吨，到2012年8月又上升到684美元/吨。2012年8月的黄豆价格相对于2011年12月上升了44%，相对于2011年2月也上升了20%。

原油平均价格指数则没有表现出明显的变动趋势，而是反复剧烈波动。先是从2011年4月到10月累计14%的下降，然后到2012年3月是累计18%的上升，接下来三个月连续下跌，到2012年6月累计暴跌23%，2012年7月和8月又连续上升，两个月上升幅度已达16%。布伦特轻质油、迪拜中质油和得克萨斯重质油的平均价格从2011年4月116.3美元/桶的高位曾一度下降到了2012年6月的90.7美元/桶，到2012年8月又回升到了105.3美元/桶的价格。

以下主要从实际供需状况和货币金融因素两个方面来考察国际大宗商品市场价格波动的原因，探讨当前和未来国际大宗商品价格变动的主导力量。在实际供需方面，主要考察石油市场供需状况和中国对主要大宗商品的需求状况；在货币金融方面，主要以黄金价格为参照系，考察以黄金计价的主要大宗商品价格的变动情况。

二 石油的实际供需状况

受金融危机影响，2009年全球石油平均日需求量下跌至8540万桶。2010年全球经济强劲复苏，世界GDP实际增长率高达5.1%[①]，拉动全球石油需求增长3.2%，石油需求的收入弹性约为0.63。这导致全球石油平均日需求量在2010年增加至8810万桶。2011年世界GDP增长率放缓至3.8%，全球石油平均日需求量仅增长到8890万桶，增幅约为1.0%，石油需求的收入弹性下降至0.26。国际能源署预计2012年全球石油平均日需求量将达到8980万桶。实际上，2012年上半年世界经济比2011年又有明显放缓，国际货币基金组织预计2012年全年世界GDP增长率约为3.3%。如果石油需求的收入弹性保持在0.26，则2012年全球石油平均日需求量将为8970万桶，与国际能源署的预测

① 世界GDP增长率数据和各国GDP增长率数据来自IMF、WEO，2012年10月。

基本接近。但是，由于各国对碳排放和能源效率的重视，石油需求的收入弹性正处于显著的下降过程中，加上国际货币基金组织对世界经济增长率可能存在高估，2012 年全球石油需求恐怕难以达到国际能源署预测的 8980 万桶/天。事实上，2012 年第一季度和第二季度全球石油需求量仅分别为 8920 万桶/天和 8900 万桶/天（见表 1，本节引用石油数据均可参见表 1）。

表 1　世界石油供需状况

单位：百万桶/天

年　份	2009	2010	2011	2012Q1	2012Q2	2012	2013
需求							
总需求	85.4	88.1	88.9	89.2	89.0	89.8	90.6
OECD	46.3	46.9	46.6	46.6	45.5	46.2	45.9
Non - OECD	39.1	41.1	42.4	42.8	43.4	43.5	44.7
亚洲	18.2	19.7	20.2	20.9	20.7	20.8	21.3
拉美	5.7	6.0	6.3	6.3	6.4	6.4	6.6
中东	7.1	7.3	7.4	7.1	7.7	7.6	7.8
非洲	3.4	3.3	3.3	3.4	3.4	3.4	3.5
供给							
总供给	85.4	87.3	88.4	90.8	90.8		
OPEC	34.0	34.6	35.7	37.4	37.9		
Non - OPEC	51.4	52.6	52.8	53.4	52.9	53.2	53.9
OECD	18.8	18.9	18.9	19.9	19.7	19.8	20.1
Non - OECD	29.0	29.8	29.9	29.8	29.3	29.4	29.6
需求缺口	0.0	-0.8	-0.5	1.6	1.8		
期货价格(美元/桶)	60	78	108			107	99

资料来源：IEA，*Oil Market Report*，12 September 2012。

从区域和国别来看，OECD 国家的石油需求占全球的 50% 以上，但其石油需求增长非常缓慢。在 2010 年全球石油需求快速回升时期，OECD 国家的石油日需求量仅从 2009 年的 4630 万桶上升到 4690 万桶，石油需求的收入弹性仅为 0.2，约为全球平均水平的 1/3。2011 年 OECD 国家在仍然有正的 GDP 增长率的情况下，石油日需求量竟然下降到 4660 万桶。这反映了发达国家在能源结构和能源使用效率方面的重大变化，这也是国际能源市场上的一个重大变化，即发达国家的经济增长并不会导致全球石油需求的增长。在美国，主要体现为“页岩气革命”带来天然气使用比例上升，降低了对石油的需求。国际能源署预计2012年OECD国家的石油日需求量会进一步下降至4620万桶。

以中国和印度为代表的非OECD国家的石油需求一直在增加，2010年后更是带动全球石油需求增加的主要力量。非OECD国家石油需求的收入弹性同样在下降。以非OECD国家中石油需求最大的中国为例。2010年中国的石油日需求量为880万桶，相对于2009年增长了11.4%，当年中国的实际GDP增长率为10.4%，石油需求的收入弹性高达1.10；2011年在中国GDP增长了9.2%的情况下，石油日需求量仅达到920万桶，增幅为4.5%，石油需求的收入弹性显著回落至0.49；2012年中国GDP增长率预计为7.8%，石油日需求量预计为950万桶，石油需求的收入弹性将进一步下降至0.42。

考虑到OECD国家石油需求的下降和非OECD国家石油需求增长放缓，尤其是以中国为代表的快速增长国家石油需求的收入弹性下降，全球石油需求的增长潜力非常有限。国际能源署预计2013年全球石油需求仅增长0.9%。按照全球能源结构和能源效率的发展趋势，全球石油需求将很快达到最高峰并逐渐回落。从实际需求面推动石油价格进一步上涨的动力将逐渐消失。

从供给面看，全球石油供给在金融危机后的短暂下滑于2010年结束，2010年石油供给为8740万桶/天，超过了危机前8680万桶/天的最高纪录，但与石油需求仍差80万桶/天。2011年受中东北非局势的影响，全球石油供给在4月份有一个短暂下降，随后开始持续上升，全年石油供给达到了8840万桶/天，比2010年增长110万桶/天。而2011年石油需求比上年仅增长80万桶/天，使得2011年石油供给与需求的差也从2010年的80万桶/天缩小到了50万桶/天。2012年石油供给继续快速增长，第一、二季度全球石油供给均达到了9080万桶/天的历史高峰，分别超出需求160万桶/天和180万桶/天。分国别和区域来看，石油供给的增长主要是由OPEC来完成的。2011年OPEC石油供给比上一年增长110万桶/天，2012年上半年比2011年更是增长了170万桶/天至220万桶/天。

2012年石油供给快速增长，并远远超过实际需求，但石油价格并没有明显的下降，反而是在高位反复波动。这说明石油价格的短期波动并不完全受实际供需支配，而受货币金融因素的影响较大。

三　中国需求状况

中国需求是国际大宗商品市场的一个重要的影响因素。在表2统计的17种主要大宗商品中，2011年中国进口额约为5000亿美元①，占世界各国对这17类产品进口总额的18%（本节数据主要参考表2）。也就是说，在大宗商品的国际市场上，中国有接近1/5的需求。

表2　中国大宗商品进口在全球中的份额

	全球进口额（2011年）	中国进口额（2011年）	中国份额		中国进口比例的变化（2010～2011年）	
	（亿美元）	（亿美元）	价值（%）	数量（%）	价值（%）	数量（%）
农产品						
谷物	853	20	2.4		0.3	
稻谷	128	4	3.0	2.9	1.0	1.0
大豆	464	297	64.1	63.6	4.1	3.0
橡胶	358	94	26.2	26.7	1.7	-0.2
原木	169	83	49.0	40.1	7.2	17.2
羊毛	146	38	26.3		1.4	
棉花	538	147	27.4		4.4	
金属及金属矿						
钢铁	4064	284	7.0		-0.1	
铁矿	1743	1124	64.5	65.1	2.6	4.0
铜及制品	1695	543	32.0		0.8	
铜矿	484	153	31.7	35.1	2.2	3.4
铝及制品	1513	98	6.5		0.0	
铝矿	39	21	52.5	59.4	9.7	5.7
氧化铝	103	8	7.6	7.7	-7.4	-7.8
铅矿	78	30	38.6	56.5	-10.7	-5.3
锌矿	77	20	26.6	29.9	-1.3	0.2
镍矿	70	49	70.4	86.2	17.0	-7.2
能源产品						
原油	15247	1968	12.9	12.6	1.4	1.1
合　计	27639	4977	18.0		1.4	

注：表中产品名称均为对应的海关HS分类名称的简称。其对应的代码分别为谷物10，稻谷1006，大豆1201，橡胶4001，原木4403，羊毛51，棉花52，钢铁72，铁矿2601，铜及制品74，铜矿2603，铝及制品76，铝矿2606，氧化铝281820，铅矿2607，锌矿2608，镍矿2604，原油270900。

资料来源：联合国COMTRADE数据库。

① 约占中国2011年进口总额的29%。

中国需求对国际市场影响最大的是金属矿市场，尤其是镍矿、铁矿和铝矿。中国对这三类金属矿的进口在全球进口总额中的比例分别为70.4%、64.5%和52.5%。中国对这三类矿产品的进口份额还在持续的增加过程中。2011年中国镍矿的进口份额提高了17个百分点，对铝矿的进口份额提高了9.7个百分点，对铁矿的进口份额也提高了2.6个百分点。中国的铁矿石进口不仅份额大，规模也大。2011年全球铁矿石进口总额为1743亿美元，中国进口额达1124亿美元。另外，中国对铜矿、铅矿和锌矿的进口在国际市场上的份额也均在1/4以上。

2011年中国在国际金属矿市场上有一个显著变化，即获得了比较好的交易条件。表2的数据显示，在所有金属矿的国际市场份额中，中国进口额的份额均要低于进口量的份额。这就意味着中国对各类金属矿的进口价格，均要低于国际市场平均价格。这种情况在过去是很难出现的。以铁矿石市场为例，国际铁矿石市场受到三个矿业公司的高度垄断，中国需求虽然比较大，但在价格谈判上不具有优势，总是只能被动接受高价，因而过去的进口平均价格一般比国际市场的平均价格要高。2010年中国铁矿石进口额的世界份额就比进口量的份额要高0.8个百分点，相当于中国在铁矿石进口上，比世界平均水平多花了11亿美元，而由于2011年中国铁矿石进口额的世界份额比进口量低了0.6个百分点，相当于中国在铁矿石进口上比世界平均水平少花了11亿美元。

中国对国际农产品市场也有重大影响，尤其是在大豆市场上。中国对大豆的进口占全球大豆进口总额的比例从2002年以来不断上升，至2011年已达64.1%，约为整个国际市场的2/3。另外，中国的原木进口也在国际市场上有接近一半的份额，对棉花、羊毛和橡胶的进口占全球的份额也均在逐步提高，2011年分别达到了27.4%、26.3%和26.2%。中国对国际粮食市场的影响则比较小，国内粮食市场自给自足的程度依然很高。2011年，中国对谷物或粮食（包括小麦、大麦、燕麦、玉米、稻谷、高粱等）的进口在全球中的份额虽然提高了0.3个百分点，但在全球进口中的比例仍然只有2.4%。

原油是中国另一个大宗商品的进口大项，是中国大宗商品进口额最大的品种。2011年全球原油进口额为15247亿美元。其中美国是最大的进口国，进口额达3429亿美元，占全球的22.5%，比2010年下降了0.2个百分点；中国居第二位，进口额为 1968 亿美元，占全球的 12.9%，比 2010 年增加了 1.4 个百分点。

总体来说，中国需求在国际大宗商品市场上确实有举足轻重的地位，尤其是在大豆、铁矿、镍矿和铝矿市场上，中国需求的变化对国际市场的供需状况有决定性的影响。比如，2011 年中国经济增长速度回落，导致铁矿石需求增长放慢，全球铁矿石市场供需结构发生变化，供给增长超过了需求增长，铁矿石价格逐步回落，中国也在这个过程中逐步获得了比全球平均价格更低的价格。需要注意的是，中国获得的较低价格只是暂时的，只是因为供需结构短期波动造成的结果。中国要想获得长期的价格优势，还需要在交易制度和交易结构上多下工夫，打破三大矿业公司的垄断定价。另外，中国原油需求在国际上的作用也需要重新审视。过去总是认为中国需求造成了国际原油需求的过快上涨，造成供给紧张、价格上涨。但是现在全球原油供给能力已经超过需求，而需求增长放缓，尤其是发达国家的需求将逐渐回落的情况下，中国的需求增长将成为国际原油市场稳定的重要力量。

四 货币金融因素

货币金融因素仍然在近期的大宗商品价格波动中起重要作用。在前两年的世界经济黄皮书中，识别货币金融因素对大宗商品价格的影响主要通过两种方式：一是直接观察实际供需状况与价格之间的关系。如果实际供给超过了需求，价格反而上升，一般都是货币因素的作用。2012 年上半年石油市场就是这种情况。二是考察期货市场的交易状况，分析实际供求者的净头寸与纯金融交易净头寸和大宗商品价格的运动方向。如果实际供求者的净头寸方向与大宗商品价格运动方向不一致，则是金融交易在主导价格变动。这两种方式均简单明了，但也有一定的缺陷。比如，即使实际供需状况与价格变动状况互相吻合，期货市场上实际供求方的净头寸与价格变动方向也一致，也不能因此确定货币金融因素不起作用。因为货币金融因素对价格的作用方向可以与实际供求的作用方向一致，放大实际供需变动引起的价格变动，而不是阻止实际供求变动对价格的影响。

这里试图换一种方式来考察货币金融因素对大宗商品市场的影响，即把黄金价格的变动作为货币金融因素影响大宗商品市场的代理变量。之所以通过黄金来间接考察货币金融因素的影响，主要是因为黄金是一种价值储藏手段，是各国官方储备的一种，其本身具有很好的货币金融属性，其价格变动与货币金融市场之间具有更好的联动性。

在历史上，黄金价格和整个大宗商品价格指数之间保持了高度的相关性(见图3)。从1970年1月至2012年8月的月度平均价格来看，黄金价格指数和大宗商品价格指数之间的相关系数高达0.92。其中与食品、农业原料、金属和金属矿以及原油价格之间的相关系数分别为0.87、0.92、0.87和0.90。黄金价格指数与大宗商品价格指数之间的高度相关性，说明了货币金融市场与大宗商品市场之间的高度关联，也说明了黄金作为一种货币，对于理解整个大宗商品市场的价格波动是非常有帮助的。

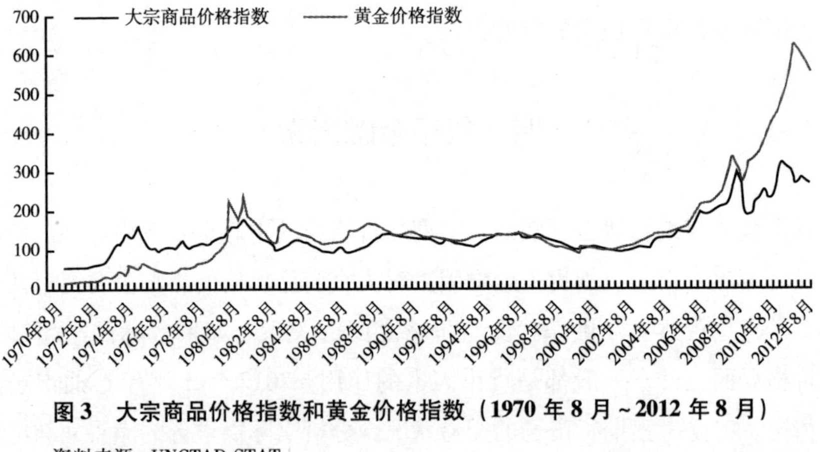

图3　大宗商品价格指数和黄金价格指数（1970年8月~2012年8月）

资料来源：UNCTAD STAT。

如果以黄金作为计价货币，各类大宗商品价格在较长的时间序列中都是比较稳定的。在石油危机以前的1970年，原油平均价格是2.11美元/桶，到2012年8月，是105.3美元/桶，42年之后，原油的美元价格已经高达原来的50倍。如果以黄金计价，1970年1月，原油价格为1.88克黄金/桶，2012年8月是2.01克黄金/桶。42年间仅增长了7%。图4的数据显示，在以美元计价的原油价格大幅度波动的同时，以黄金计价的原油价格保持了相对稳定。这种情况是在2008年金融危机以后尤其明显。由此，可把黄金价格本身的变动当做货币金融因素，把用黄金计价的其他大宗商品价格变动当做排除了货币金融因素之后的价格变动，来考察货币因素对大宗商品价格的影响程度和影响方向。

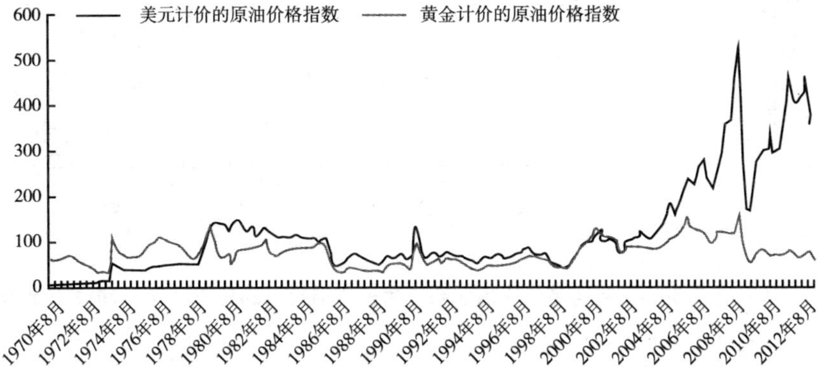

图4　以美元和黄金计价的原油价格指数（1970年8月~2012年8月）

注：原油价格指数根据布伦特轻质油、迪拜中质油和得克萨斯重质油的平均价格计算。黄金价格为99.5%标准金的伦敦下午定盘价。所有指数均依据月度平均价格计算。

资料来源：UNCTAD STAT。

图5显示了2010年以来以黄金计价的大宗商品价格指数、以黄金计价的原油价格指数和黄金本身的价格指数。可以看出，2010年初以来黄金价格的变动与原油实际价格及大宗商品实际价格的变动之间既有一致也有背离的情况。它们之间的关系能够较好地反映货币金融因素对大宗商品市场的影响。

美国金融危机后，黄金价格有一个短暂的下降，但在全球迅速实施宽松货币政策和国际资本逃离欧美等高风险地区的驱动下，黄金价格从2008年12月份开始迅速上涨，并在原油等大宗商品实际需求大幅度下降，实际供给大于需求的情况下，带动了全球大宗商品市场价格的整体上扬。这种情况一直到2010年下半年才结束。2010年世界经济强劲复苏，原油等大宗商品需求也迅速增长，并逐渐超过实际供给，故2010年7月开始，实际供求状况开始推动价格上涨。与此同时，黄金价格继续上涨，表明货币金融因素在继续支撑大宗商品价格上涨，从而导致大宗商品价格指数从2010年7月至2011年2月高达43%的涨幅；原油平均价格从2010年7月的74.7美元/桶暴涨至2011年4月

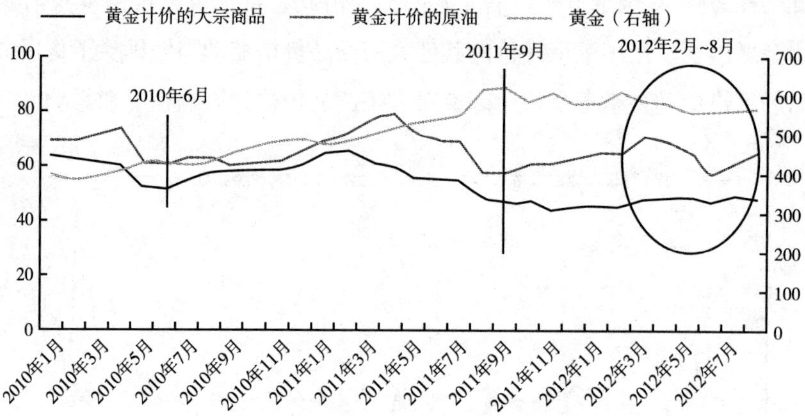

图5　以黄金计价的大宗商品价格指数和原油价格指数（2010 年 1 月 ~ 2012 年 8 月）

资料来源：UNCTAD STAT。

的 116.3 美元/桶，涨幅达 56%。此后，大宗商品供给也迅速回升，加上对存货的调整，实际供需结构转换，大宗商品价格开始回落。当时，以黄金价格表示的货币金融因素虽然在继续支撑大宗商品市场，但是动力开始减弱，至 2011 年 9 月以后，黄金价格开始高位波动，货币金融因素对大宗商品市场的影响趋于稳定，大宗商品价格没有大的波动。其中原油市场因为出现过度需求而有一个短暂的价格上升。2012 年 2 月以后，主要大宗商品供需结构和货币金融因素均在导致其价格下行，尤其是原油和金属矿市场，其价格有快速下跌之势。但是，由于北美等地的干旱，以大豆为代表的主要农产品价格迅速回升，导致了整个大宗商品市场价格在原油和铁矿石价格下降的情况下不降反升。2012 年 6 月，希腊支持财政紧缩和留在欧元区的政党获得选举胜利，欧元区危机暂时解除，货币金融因素重新开始正向支持大宗商品市场，原油等大宗商品价格又迅速攀升。

2013 年，世界各主要经济体均将处于货币宽松状况，欧洲也不会出现严重的债务危机，货币金融因素将继续支撑大宗商品价格上涨。

五　小结与展望

在欧洲中央银行“长期再融资操作”（LTRO）、“直接货币交易”（OMT）

等数量宽松手段的积极支持、希腊主张财政紧缩和留在欧元区的政党获得选举胜利等综合因素的作用下，欧洲并没有爆发严重的债务危机，结果使得欧洲不仅没有吸收国际流动性，反而在2012年开始对外流出资金，加上北美等地干旱造成农产品价格上涨，从2012年初开始，国际大宗商品市场价格不再下降，转而开始有所上升。2012年9月以后欧美新的数量宽松对大宗商品价格上涨有进一步推动作用。

2013年将出现全球货币宽松和世界经济增长率回升的局面，货币金融因素和实体经济均会继续推动国际大宗商品价格上涨。但是，由于主要需求国对原油需求收入弹性的不断下降，原油市场价格可能下降。货币金融因素虽然仍然可能支持大宗商品价格上涨，但由于欧美金融市场逐渐趋于稳定，大宗商品不会再被当做规避欧美金融资产风险的市场而出现大规模资金流入，货币金融因素对原油市场价格上涨的支撑力度不会太大。另一个更重要的原因是石油需求增长放缓，甚至会下降，国际石油市场出现供给过剩的可能性非常大。发达国家的能源结构调整和能源使用效率提高使其经济增长不再伴随石油需求增长，以中国为代表的新兴经济体的石油需求的收入弹性也正在下降，经济增长带来的石油需求增长正在快速下降。石油需求状况的这种变化可能给国际原油市场带来根本性变化，原油价格可能出现长期下降趋势。

总体来说，2013年国际大宗商品市场整体上可能出现稳中有升的情况，但是原油市场可能是个特例。只要不会出现战争等重大的供需冲击，原油价格将在2013年出现下降趋势，而且这种趋势将是长期的。

International Commodity Market: Developments and Prospects

Yao Zhizhong

Abstract: International commodity prices except crude petroleum price will increase in 2013 because of easy monetary policies worldwide and the rise of world GDP growth rate. There will be long-term surplus in oil supply beginning in 2013. Oil price will decrease in the long term as long as there are no wars inducing shocks of oil supply and demand.

Key Words: Commodity Market; Oil Demand; Oil Price

热 点 篇

Hot Topics

Y.14

欧债危机与欧元区的未来

何 帆 肖立晟*

摘 要：

2012年，尽管欧元区经历了希腊大选风波、西班牙银行业和国债危机等重大事件冲击，但受益于欧洲中央银行执行的一系列非常规货币政策，欧元区金融市场逐步趋于稳定，财政风险分担机制初现雏形。与此同时，欧元区出台了一系列措施和政策推进欧元区制度建设，在财政联盟、银行业联盟等欧元区一体化项目上取得重大进展。预计在短期内，欧元区宏观经济再平衡需要继续深化，欧债危机仍是全球金融市场最大的不确定性；在长期内，欧债危机的解决机制已步入正轨，在降低欧元区内部宏观经济失衡的基础上，欧元区会继续推进一体化进程。

关键词：

欧债危机 欧元区 财政联盟

---

* 何帆，经济学博士，中国社会科学院世界经济与政治研究所副所长、研究员、博士生导师，研究领域为国内外宏观经济、国际金融、国际政治经济学；肖立晟，经济学博士，中国社会科学院世界经济与政治研究所助理研究员，主要研究领域为国际金融、宏观经济学。

一　2011～2012年欧债危机总体形势分析

2012年，欧债危机进入新阶段。西班牙同时爆发银行业和国债危机，希腊大选引发退欧风波，欧债危机从边缘国家蔓延至西班牙、意大利等核心国家；为了平复市场情绪，欧洲中央银行两度入市干预，缓解了银行业流动性紧张的局面，稳定了国债市场，暂时消除了欧元崩溃的风险溢价，为欧元区继续推进制度建设提供了宝贵的时间。

（一）欧债五国债务期限结构及2012年到期情况

2012年是欧元区重债国的偿债高峰期，也是欧洲银行业去杠杆化的关键时期，投资者普遍关注债务国的偿债能力，以及银行间借贷市场是否有足够的流动性满足再融资需求。

从各国债务总量来看（见图1），深陷债务危机的欧债五国（意大利、西班牙、葡萄牙、爱尔兰、希腊）在2012年合计共需要再融资约6504亿欧元。其中，意大利在2012年全年的到期债务高达3371亿欧元，超过其他四国的到期国债总和，在2012年整个欧元区约1万亿欧元的到期债务总额中占比超过三成。

从偿债压力来看，2月份是第一个偿债高峰，欧债五国偿债总额为805亿欧元；3月份是第二个高峰也是全年偿债数额的峰值，将达863亿欧元。其他几个债务到期高峰分别出现在4、7、10月。这些月份的到期债务分别为776亿、629亿、648亿欧元。2012年的几个偿债高峰月份是市场关注的焦点。其中，意大利2月到期的国债数额在整个2012年到期国债中最多，达531亿欧元，3月和4月分别都是453亿欧元。这三个月到期国债总额达1437亿欧元，占全年到期国债的42.6%。西班牙2012年全年到期债务有1479亿欧元，其中4、7、10月的偿债负担最重，分别为227亿、202亿、283亿欧元。

随着欧债到期高峰的来临，欧洲融资环境可能会进一步恶化，金融市场的

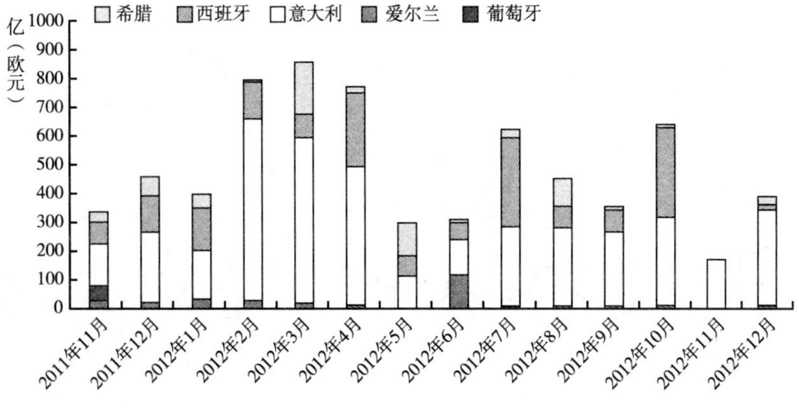

图 1　欧债五国 2012 年债务到期分布

资料来源：彭博数据库。

动荡将会加剧。2012 年 2、3、4 月几个连续的偿债高峰给欧元区当局带来了巨大压力，而西班牙 10 月 283 亿欧元的到期国债则直接促成了欧央行制订直接货币交易计划（OMT）。

（二）欧元区国债市场风险骤升，欧央行两度推出干预措施

希腊退欧风波和西班牙银行业危机是 2012 年欧元区国债市场的主要冲击来源。

在 2012 年第二季度，由于希腊国内出现政治动荡，市场质疑希腊能否留在欧元区，这引发第二季度欧洲重债国的国债收益率不断上行，截至 6 月 29 日，希腊 10 年期国债收益率达到 26%。

2012 年 7 月，西班牙银行业危机和地方债务危机形势急剧恶化。7 月份，西班牙国内银行不良贷款由 6 月份的 1683. 7 亿欧元升至 1693. 3 亿欧元，约占贷款余额的 9. 9%，创 50 年来新高。与此同时，西班牙地方债务危机全面爆发，加泰罗尼亚等四个自治区向西班牙政府申请流动性援助，资金总需求预计将达 112 亿欧元。西班牙经济陷入多重困境，投资者信心丧失殆尽，十年期国债收益率一度攀升至 7. 62%。作为欧元区第四大经济体，若西班牙融资成本达到难以承受的地步，将直接威胁到欧元的存亡。

投资者对欧元区能否持续的质疑提高了重债国的融资成本，扰乱了欧元区

的改革步伐。为了维护欧元区的完整，欧央行两度入市干预，消除了银行业流动性风险和欧元区崩溃风险溢价，暂时稳定了重债国的国债市场。

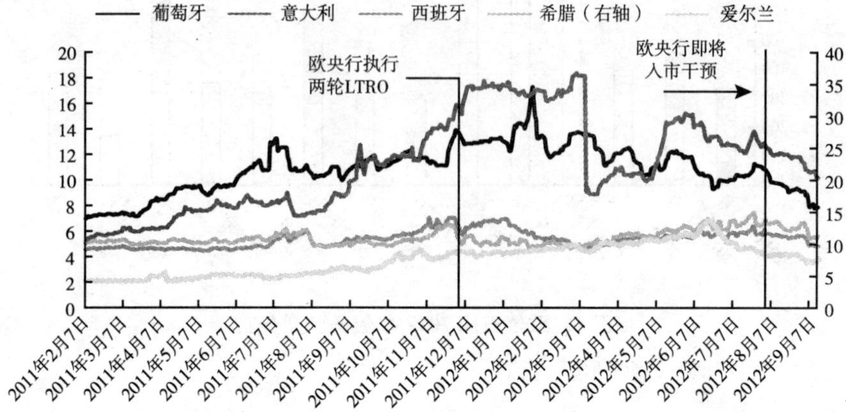

图2 欧债五国10年期国债收益率

资料来源：彭博数据库。

2011年底，欧元区银行业危机与主权债务危机同时爆发，意大利10年期国债收益率突破7%的求援“警戒线”；西班牙10年期国债收益率升至6.28%，逼近历史高点，市场一度陷入恐慌（见图2）。2011年12月和2012年2月欧央行果断启动两轮LTRO，意大利、西班牙等重债国10年期国债收益率迅速下跌。3月2日，意大利10年期国债收益率降至4.89%；西班牙10年期国债收益率也下降至4.88%。因此，两轮三年期LTRO（长期再融资操作）稳定了欧元区2012年第一季度的主权国债市场。

2012年7月，西班牙10年期国债收益率一度飙升至7.62%，意大利10年期国债收益率则被拉升至6.57%，逼近历史高点，市场对欧元再度出现信心危机。7月26日，欧央行德拉吉表态将尽一切努力捍卫欧元，包括采取措施降低高负债成员国国债收益率，使得意大利、西班牙等重债国10年期国债收益率迅速下跌。9月6日，欧央行宣布实施直接货币交易计划（OMT），9月16日西班牙10年期国债利率水平降至5.785%，相比于2012年7月最高点下降约两个百分点。意大利10年期国债收益率降至5.017%，均为2012年5月以来最低水平。受市场乐观情绪的影响，希腊和葡萄牙的国债收益率分别降至 20.7% 和 8.085%，为第二季度以来的最低点。可以说欧央行执行的 OMT（直接货币交易计划）政策消除了欧元崩溃风险溢价。

（三）LTRO 提供流动性，银行业融资压力缓解

由于欧洲商业银行普遍大量持有欧元区重债国的国债，欧债危机的爆发重创了欧洲银行业的资产负债表。根据欧洲银行局（European Banking Authority，EBA）第二轮压力测试的结果，欧洲银行业的资本金缺口约为 1080 亿欧元；IMF 的估算结果为 2000 亿欧元的资本金缺口，摩根士丹利的测算则是 2750 亿欧元。

鉴于欧洲银行业面临极大的补充资本金压力，2012 年初，衡量银行业资金紧张程度的指标——3 个月欧元区银行同业拆借利率与隔夜利率掉期利差（Euribor-OIS spread）达到 100.6 个基点的高位（见图 3），欧洲银行间市场几近冻结，银行无法从市场上融到资金。为了缓解欧洲银行体系濒临枯竭的流动性，2011 年 12 月和 2012 年 2 月，欧央行实施了两轮三年期长期再融资操作（LTRO），在不到三个月的时间内，共计向欧元区银行提供了 1.02 万亿欧元的 1% 低息贷款。这一非常规的货币政策工具获得了意想不到的效果：不仅有效缓解了银行融资难题，还成功地让流动性重回欧洲主权债务市场。

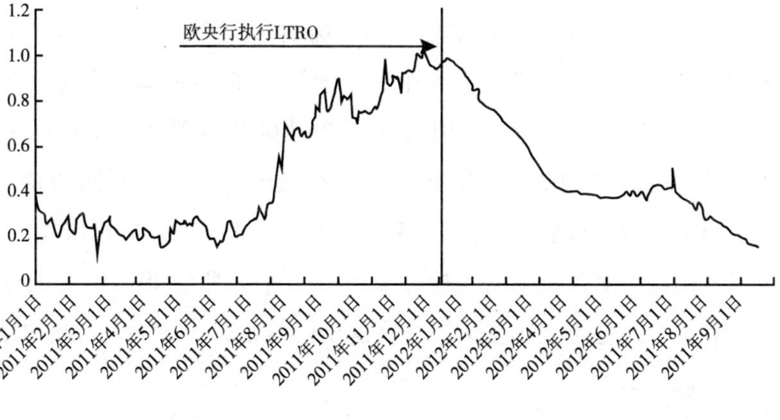

图 3　欧元区银行业三个月同业拆借利率与隔夜利率掉期息差

资料来源：彭博数据库。

欧洲央行通过 LTRO 注入的 1 万亿欧元三年期欧元贷款，等于 131% 的 2012 年欧洲银行到期债券的规模，或者 72% 的 2012 年和 2013 年欧洲银行到期债券的规模，相当于欧洲银行直到 2014 年可能的债券损失都已经提前获得了融资。这将有效降低银行业在去杠杆化过程中由于资产损失而出现流动性危机的概率。

此后，尽管 2012 年欧债危机变数频生，但是，代表欧洲银行间流动性紧张程度的指标 Euribor-OIS 利差却一直逐渐下降，截至 9 月末已降至 0.167 的低位，并没有出现如 2011 年 7 月间持续大幅扩大的情况。这说明两轮非常规货币政策（LTRO）效果显著，主权债务危机向银行间市场传导的链条被削弱，对于提振市场信心起到了关键作用。

（四）重债国资本大量外逃，欧元区出现资本流出

关于希腊可能退出欧元区的猜测在 5 月达到最高峰，当月希腊银行业零售和企业存款环比下降 5.3%，创历史新高。西班牙银行业存款在 4、5 月分别下降 1.9%、0.5%。这主要是缘于市场对西班牙银行重组和救助进程的不确定性的担忧。由于私人部门对希腊和西班牙银行缺乏信任，因此，资本大量外逃。货币当局必须为资本外逃提供资金，否则希腊和西班牙银行即将陷入破产的境地。Target2 账户余额[①]显示，欧元区顺差国的央行扮演了融资者的角色，它们悄然借出大量资金。其中，德意志联邦银行是最大的资金提供者，也是存款外逃的主要目的地。2012 年前 8 个月，债权国在 Target2 的余额中增加超过 6698 亿欧元的资产，而重债五国则增加了超过 6830 亿欧元的负债（见图 4）。

在欧债危机的不同阶段，欧元区的资本流出表现出了不同的特征：2010 年 4 月至 2011 年 6 月是第一阶段，希腊、爱尔兰、葡萄牙等国爆发债务危机，资本大量从边缘国家流向德法等核心国；2011 年 7 月至 2012 年 6 月是第二阶段，意大利、西班牙爆发债务问题。在这个阶段中，一方面，市场对欧元信心

① Target2 是泛欧实时全额自动清算系统（the Trans-European Automated Real-time Gross settlement Express Transfer System）的简称。这是欧元区各国央行之间的一个交易结算机制，用于为欧洲各国央行提供实时清算服务。在欧债危机期间，Targer2 余额变动为正可以近似代表私人资本流入；Target2 余额为负则近似代表私人资本流出。

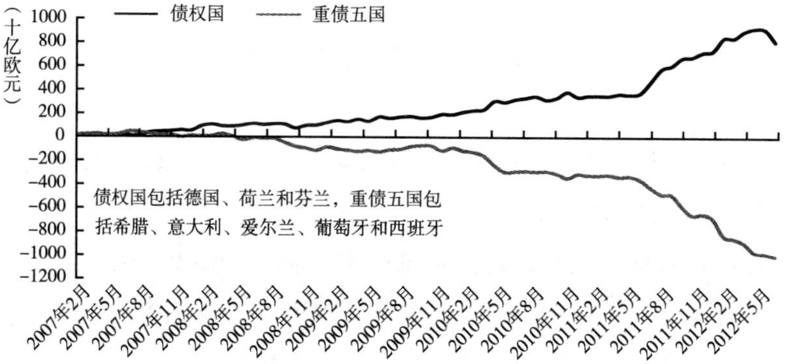

图 4　Target2 余额变化

资料来源：Euro Bank，National Central Bank。

动摇，一部分资本流出；另一方面，欧元区的海外资产开始回流。二者相抵后，仍然有一小部分净资本流出，欧元出现小幅贬值。从 2012 年 6 月开始，由于欧债危机久拖不决，西班牙经济形势急剧恶化，市场开始对欧元掀起新一轮质疑的高潮，根据图 4，债权国在 6 月和 7 月的资本流入减少，而债务国的资本流出却仍然在增加，这意味着资本不再是在欧元区内部流动，而是大量流出欧元区。与此同时，欧元贬值幅度明显加大，在 7 月内对美元贬值幅度接近 3%（见图 5）。欧债危机已经从国债市场蔓延至外汇市场。

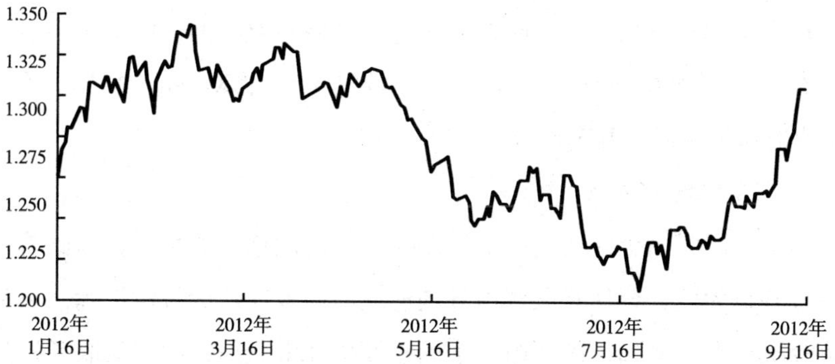

图 5　欧元兑美元汇率

资料来源：ECB。

二　欧元区的纾困政策与制度建设

欧债危机的根源之一在于制度设计的缺陷。一个以欧元和欧央行为基石的货币联盟，却不存在财政联盟和银行业联盟，不存在统一的经济治理机制，也不存在有效的结构性经济政策协调机制。这些固有的制度缺陷削弱了投资者对欧元区的信心，促进了危机的传染和扩张。因此，能否完善制度缺陷是欧元区走出危机的关键。在2012年6月峰会期间，欧洲理事会主席范龙佩做了“朝着真实的经济与货币联盟迈进”的报告，与欧洲央行、欧盟委员会、欧元集团①等一道勾勒出了未来欧元区的“四个基石”：一体化的金融体系、一体化的预算体系、一体化的经济政策体系、强化民主立法和问责机制。上述机构将共同对这一目标提出一个包含了具体措施和期限的路线图，包括当前条约下可以推进的领域，以及需要哪些条约的修订。在此基础上，欧元区在银行业联盟、财政联盟取得了重要进展，欧债危机整体正在走向有序治理阶段，欧元区正逐步从货币一体化向财政一体化过渡。

（一）欧元区建立财政联盟的理论基础

一般而言，区域内国家若想成立共同货币区或货币同盟，理论上应符合一定的经济金融标准或条件，以降低或避免区域内不对称冲击的影响。财政政策在一个共同货币区中所应扮演的角色，最早出现在 Kenen（1969）的分析。Kenen 的论点包含以下两个部分。

1. 不对称的经济冲击

共同货币区为两个或两个以上的国家共同使用单一的货币，因此若各国的财政政策各自为政，容易对区域内各国造成不同程度的经常性干扰，不利于区域经济金融稳定。例如，区域内一个国家发生经济衰退，因而采取了扩张性的财政政策，其政策效果若外溢至景气过热的国家，会产生通货膨胀的问题，而

① 欧元集团是欧元区财长们的月度例会机制，旨在为欧元区成员间的经济政策协调提供一个平台。欧元集团主席的主要任务就是主持召开每月一次的欧元区财长会。

若景气过热的国家同时实施紧缩性的财政政策，也会进一步对经济衰退的国家产生负面的影响，形成恶性循环。简而言之，若区域内各国的财政政策，各自为政，就有如不对称的冲击，必然影响共同货币区的稳定。

2. 区域风险共担机制

成立货币区并不代表区域内不会发生重大的经济金融问题，如果区域内各国缺乏超国家的财政移转机制，从经济情况较佳的国家中，转移必要的资源至需要援助的会员国，以共同承担区域经济风险，则由于受困国本已失去货币政策与汇率政策的自主权，若本身财政情况也有问题，将难以从困境中脱身，而其负面效果也会外溢至其他成员，对整个共同货币区将产生不利的影响。

上述两点说明共同货币区必须建立有效的财政政策协调机制以及跨国的财政移转机制，以便在事前防制或事后援助，更理想的状况是实行财政政策的统一或单一化，以有效化解潜在的危机。

（二）签订财政契约，推进财政联盟

2012 年欧元区在财政一体化方面取得了重要进展。2012 年 1 月 30 日，欧盟成员国领导人在欧盟峰会上宣布，除英国和捷克以外的欧盟 25 国通过了旨在加强财政纪律的“财政契约”草案（见表 1）。此后，25 个成员国在 3 月的春季峰会上正式签署草案，随后启动批准程序，一旦得到 17 个欧元区成员国中的 12 国批准便可付诸实施。财政条约的基本特征如下：①政府同意接受有关政府赤字和政府债务的规则的约束；②财政契约的要求写入各国宪法；③若违反财政契约，欧洲法院可实施制裁；④运用过度赤字程序和财政制裁矫正财政失衡。

表 1　财政契约、欧盟基本法规、稳定与增长条约的比较

政策工具	财政规则	监督措施
欧盟基本法规	名义赤字占 GDP 比重低于 3%	适当金额的罚金
稳定与增长公约	国家设定的中期目标：结构性赤字上限为 GDP1%，属于预防性工具	GDP 的 0.2% 的计息存款
财政契约	结构性赤字需低于 GDP0.5%；引入了两项矫正性工具：过度赤字程序与过度失衡程序，加入了自动矫正机制	将 GDP0.2% 的计息存款转为 GDP0.2% 的罚金，欧洲法院将有权对结构性赤字超过 GDP0.5% 的国家进行惩罚，最高惩罚金额不超过该国 GDP 的 0.1%

财政契约强化了“欧盟稳定与增长公约（SGP）”的执行力。SGP 规定，成员国的预算平衡应等于国家的结构性赤字，财政赤字的上限为1%，公共债务不能超过 GDP 的60%。但是这只是一个预防性工具（Preventive Arm）。财政契约则引入了两项矫正性工具：过度赤字程序（Excessice Deficit Procedure，EDP）与过度失衡程序（Excessive Imbalance Procedure）。这意味财政契约的监督不仅适用于政府赤字与债务，也适用于其他总体经济失衡。一旦有国家严重背离财政目标或其修正时间表出现变化，矫正机制将自动启动。在偏离既定规则的情况下，缔约国有义务实施国家自动矫正机制。财政契约机制将以欧盟订立的共同原则为基础。共同原则将规范矫正机制的性质、规模与时限，以及在欧元区层面负责监控落实规则。

财政契约为欧元区加强监督与协调经济政策奠定了基石。在财政纪律方面，财政契约与欧盟稳定与增长公约相比是更为强而有力的政策工具，并将会通过纠正机制促使欧盟国家进行必要的结构性改革。尽管财政契约本身并没有明确规定缔约国何时实现预算平衡与削减债务以符合财政条约之要求，但毫无疑问，财政契约规则将对欧元区各国财政政策有直接影响，同时欧盟最高司法机构欧洲法院将会承担监控规则付诸实行的责任。

但是，财政联盟也带来了副作用。为了让成员国尽快达到财政目标，欧元区财政整顿的力度过快过猛，导致重债国陷入了衰退泥潭无法自救。这是因为财政整顿在减少支出的同时也降低了经济增长速度。一方面，财政整顿会增强投资者对一国国债的偿还能力的信心；但是另一方面，经济增长速度的下降又会引发投资者对经济前景的担忧。由于在经济衰退期间财政乘数往往大于1，所以二者合起来的效果最终会让一国整体债务比率上升而非下降。例如，目前意大利政府国债/GDP 等于120%，财政乘数等于1.5（即政府紧缩一单位会引起 GDP 减少1.5个单位），那么实行紧缩财政政策后，债务总量每减少1%，GDP 总量会下降120%×1.5%，最终，国债/GDP 反而会上升到120.98%。也就是说，财政整顿在减少支出的同时也降低了整体经济规模。在这种情况下，财政整顿本身会增加而不是降低政府债券的风险。这也是西班牙不断要求降低财政赤字标准的主要依据：在衰退最严重的国家执行严苛的财政紧缩，无疑是对降至冰点的宏观经济再泼了一盆凉水。

当前欧元区在一定程度上已经陷入流动性陷阱，而且失业率也达到了高峰。这不仅会让财政乘数显著上升，还会产生自我实现的恶性循环：失业的居民会降低对未来的预期收入和就业概率，从而降低当期需求，进一步增加失业率，恶化经济增长，降低减赤效果。在零利率和不出现通货紧缩的情况下，当期的减赤措施会对长期的潜在产出产生持续影响。

（三）建立银行业联盟，推进金融一体化

在2012年6月末的欧盟峰会上，各国就银行联盟达成以下共识：如果建立单一银行监管机制，将由欧洲中央银行统一实行监督；在可能的情况下，欧洲稳定机制（ESM）可以直接向银行提供救助资金。银行联盟有望打破主权债务风险与银行风险之间的负向反馈机制，从而避免欧洲债务危机与银行危机的彼此扩散。

9月，欧盟委员会拟定了欧洲银行业联合监管体系的蓝图。欧洲银行业联盟的建立将分为三步走：首先，赋予欧洲央行对欧元区所有银行的监管权，欧元区以外的欧盟国家的银行可以自主选择是否加入这一监管体系；其次，由银行自己出资设立一个基金以应对可能出现的银行破产清算；最后，建立一个健全的存款保险机制，在银行破产或重组时保护欧元区储户利益。欧盟委员会建议增加欧洲央行在欧元区单一银行监管中的权力。根据建议草案，欧洲央行将对欧元区6000多家银行拥有“第一监管权”。监管对象不仅仅是那些大的、具有系统重要性的银行，连欧元区最小的银行也在监管之列。该提案已正式提交欧洲议会审议，并预期在12月中旬举行的欧盟峰会上获得通过。如果一切顺利，此监管法将于2013年1月1日正式实施，统一银行业监管机构也将同时启动。

在稳定金融市场的基础上，欧元区会加强对银行业的集中监管，建立银行清算机制，切断银行业与主权债务之间的传染链条，保护公共财政健康。

（四）正式成立ESM，建立金融防火墙

2012年7月11日，欧元区各国财长正式签署成立ESM（欧洲稳定机制）的协议，为请求救助的欧元区成员国提供金融援助，同时附加严格条件如宏观

经济调整计划，切断主权债务危机的传染风险，保持成员国的金融市场流动性和经济稳定。EFSF（欧洲金融稳定基金）在2013年7月前可能与ESM并行，但是在7月以后，EFSF合并至ESM。ESM资本总额将定在7000亿欧元规模，其中不能用于放贷的资本缓冲预计为2000亿欧元，所以最终的贷款能力为5000亿欧元。在资金来源方面，6200亿欧元为欧元区成员国政府同意“通知即付”的资本，800亿欧元是成员国政府直接注入的资本，预计从2012年10月8日后开始注资，第四季度将注资320亿欧元，使ESM贷款能力达到2100亿欧元；在2013年7月将再次注资320亿欧元，贷款能力进一步提升至4200亿欧元。2014年上半年完成最后160亿欧元的注资，ESM贷款能力达到5000亿欧元。除了成员国注资以外，ESM可以在一级市场以银团贷款交易和拍卖方式发行欧元计价的1~30年期限的ESM债券和货币市场工具以及非欧元计价的本票等融资工具，也可以以二级市场出售的方式进行额外募资，或在担保融资交易中增加抵押，从而增大自身的融资能力。

2012年9月12日德国宪法法院裁决ESM合法，这将会成为欧元区财政整合的新起点。ESM的设立需要各成员国批准《欧洲财政契约》。该契约给各国设置了严格的财政纪律，并附带相应的惩罚机制；通过该契约，欧盟可以进一步强化针对欧元区各国的财政监管职能，推进欧洲经济财政一体化进程。

尽管ESM的成立增强了欧元区对重债国的救助能力，但是随着西班牙、意大利等国相继陷入债务困局，ESM资金不足的局限性迅速凸显。西班牙和意大利的GDP占整个欧元区的30%，国债余额总额达到2.8万亿欧元，即使把欧洲金融稳定基金（EFSF）和欧洲金融稳定（ESM）的资金全部加起来也不够纾困，是两个“大到不能救”的国家。因此，救援方案只能依靠欧洲中央银行入市干预。

（五）欧央行实施非常规货币政策，稳定金融市场

欧央行是欧元区恢复市场信心的火箭筒。欧央行在欧债危机中一直保持着非常克制的态度，但是一旦欧元的存续面临真正的威胁，欧央行将会毫不犹豫地购入更多资产来平息危机。欧债危机目前面临着多重均衡——悲观主义或乐观主义的自我实现结果。与银行业挤兑自我实现的过程类似，政府国债市场也

存在流动性向偿付性危机转化的可能性。由于政府负债的流动性比它们的资产流动性要高得多，因此，如果投资者认为政府具有清偿力，那么政府就可以按无风险利率借款；如果投资者开始产生怀疑，并要求更高利率，那么高利率很可能逐步导致政府违约。债务水平越高，从具有清偿力到违约之间的距离就越短，具有清偿能力的利率与可能违约的利率之间的差距就越小。

一旦市场对欧元区的质疑达到阈值边缘，欧央行就需要实施有效货币政策暂时稳定金融市场，为欧元区的制度建设和结构性改革争取宝贵的时间。2012年欧央行分别宣布了两种非常规货币政策，分别是LTRO（三年期长期再融资计划），以及即将实施的OMT（直接货币交易计划）。

2011年12月和2012年2月29日，欧洲央行接连启动第二轮三年期长期再融资操作（LTRO），向欧元区银行提供了1.02万亿欧元的1%低息贷款，极大地降低了银行的流动性风险和主权债务融资成本，避免了严重的信贷紧缩。但是由于借助银行向国债市场注入资金受限于银行资产需求，因此，当西班牙形势再度急剧恶化，欧央行需要直接进入国债市场才能稳定市场信心。

2012年9月6日，欧央行行长德拉吉宣布启动“直接货币交易计划”。在新的购债框架下，欧洲央行将给欧元区各成员国政府提供继续推行改革的激励，但这要以各政府能够达到其改革计划目标为前提。一方面，央行要求西班牙等重债国推行债权国家要求的严格的财政缩减以及改革计划；另一方面，央行会相机抉择进入国债市场干预，帮助相关国家降低融资成本。这一购债计划为重债国政府争取到了更多时间来应对债务危机。

根据欧央行公布的购债方案，整个救援分为三个步骤。

第一，严格限定购债的先决条件。成员国必须能够进入国际债券市场，满足EFSF/ESM在一级市场的购债条件，在得到EFSF/ESM援助后，欧央行才会启动OMT购债计划，债券购买主要集中于1~3年的短期债券。这暗示欧央行不会购买葡萄牙、爱尔兰、希腊等没有进入国际债券市场国家的国债，近期主要会购买西班牙和意大利债券。

第二，欧央行放弃债券优先权，且债券购买不设上限。欧央行会完全冲销OMT计划所购买的国债，并且每周公布一次OMT计划的持仓总量及市值，每月公布一次OMT持仓的平均期限及国别分布。在此过程中，欧洲央行通过

OMT 计划购买债券没有数量限制，且享有与其他债权人同等的索偿地位，这打消了投资者投资国债时偿付权靠后的顾虑，有利于引导私人投资者进入重债国国债市场。

第三，欧央行会根据救援国执行条件的具体程度，相机抉择货币政策力度。欧央行理事会将从货币政策和条件是否被遵守的角度考虑 OMT 的时限。一旦觉得目的已达到或条件没有被遵守，欧央行理事会有权终止 OMT。在对受援国进行彻底评估后，欧央行理事会有权决定 OMT 的启动、延续和暂停。在这个过程中，IMF 也将参与设定针对具体国别的 OMT 购债条件并监控计划的实施。

在短期内，欧央行 OMT 政策消除了投资者对欧元和西班牙国债的恐慌情绪。鉴于其承诺无限量购买欧元区国债，且欧央行购入的债券没有优先级地位，预计西班牙和意大利的国债收益率会迅速下降到可承受范围。这有利于稳定重债国金融环境，降低结构性改革难度，为欧元区争取到宝贵的时间。

长期风险将由整个欧元区共同承担。欧央行直接进入债务国国债市场购买国债，是一种隐性的赤字货币化，实际上是提前实施了欧元区的财政风险分担机制，让整个欧元区国家共同承担国债风险。债权国的国债将会和重债国国债绑定在一起，投资者会提高债权国国债的风险溢价；而且，当救援机制开始由欧央行主导时，债务国的道德风险会显著上升，财政整顿有可能陷入停滞，而一旦央行离场，投资者会重新开始对重债国国债市场的投机冲击，从而提高债权国风险分担的成本。

总体而言，欧元区财政体系和金融领域的一体化进展，为欧元区走向完全融合奠定了制度基础。欧央行进入主权债务市场纾困有利于稳定市场信心，维护欧元区国债市场的稳定，恢复投资者对欧元的信心。

三　欧元区政策评估

2012 年欧元区一系列的制度建设为欧元区走向深度一体化铺平了道路，但是，要实现这些政治目标还需要考虑债权国组建财政联盟的成本。欧元区自建立以来一直饱受经济学家质疑：在主权不同的国家间实施统一货币，将会产生巨大的不对称性冲击（De Grauwe，2012）。这种不对称性冲击广泛存在于国债市场、劳动力市场和金融市场，并在欧元区内部引发了巨大的宏观经济失衡。要彻底解决欧元区内部的不对称性冲击，需要形成一个完全的政治和经济联盟。然而，一旦成立政治和经济联盟，债权国就需要共同负担欧元区边缘国家的私人和公共债务。在这种情况下，欧元区内部失衡程度越低，债务国竞争力越强，债权国未来需要承担的成本就越小，实现财政金融一体化的概率就会越大。因此，根据欧元区宏观经济失衡的发展状况，我们可以评估当前政策的可行性。

（一）经常账户失衡

根据欧盟公布的最新数据（见图6），欧债五国经常账户赤字显著下降，其改善程度与速度均超出大多数经济学家的预料。其中，爱尔兰的经常账户已经基本达到平衡，甚至略有盈余，意大利、西班牙也已经进入3%的临界点。总体而言，赤字国对外部资金的依赖程度有所下降。值得注意的是：如果赤字国经常账户的改善是由于劳动力市场的改革降低了劳动力成本，导致国际竞争力上升，那么这种改善状况将会稳健而可持续；如果经常账户改善只是由于紧缩政策暂时降低了国内需求，那么一旦经济恢复正常，经常账户将会出现一定程度的反弹。因此，对于债权国而言，债务国国际竞争力的提高将是债务共担的长期基础。

（二）劳动力市场改革与国际竞争力调整

为了衡量欧元区重债国劳动力市场改革的程度，我们采用各国2011年至2012年第二季度劳动力成本增长比率作为参考指标。如图7所示，德国从2011年至2012年第二季度的劳动力成本增加了5.4%，西班牙、意大利和葡萄牙分别增长了3.2%、3.1%和1.6%，希腊甚至下降了6.8%，均小于德国增长率。这代表国内的财政紧缩和结构性改革的确降低了重债国劳动力成本，有利于经济长期的可持续增长，对改善欧元区宏观经济失衡有重要意义。然而，尽管劳动力市场的改革取得了重要成果，在图8中，我们却发现劳动力市场的改革并没有相应地提高重债国的国际竞争力。

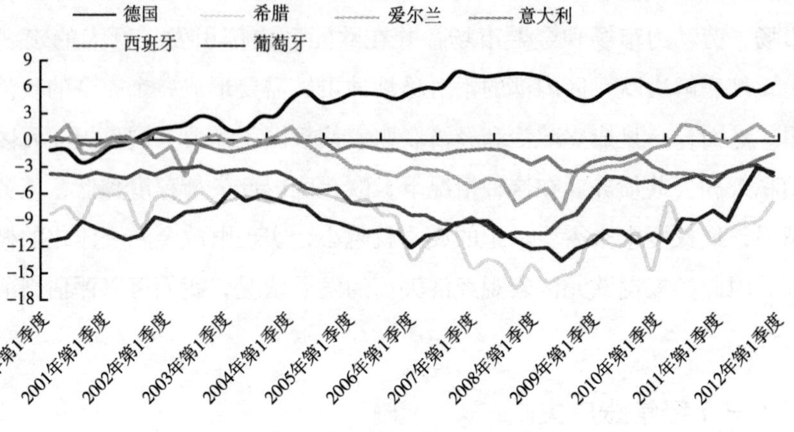

图6 欧元区各国经常账户余额变化

资料来源：EU。

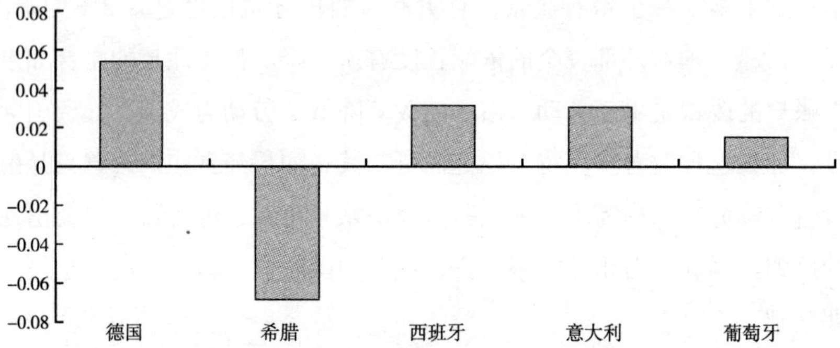

图7 2011年至2012年欧元区国家劳动力成本增长比率

资料来源：Eurostat，爱尔兰的数据缺失。

本文采用欧元区各国的实际有效汇率来度量各国国际竞争力的变化①。尽管欧元区国家采用统一的货币，但是由于通货膨胀率不同，各国实际有效汇率并不相等。因此，重债国相对德国实际有效汇率的变动可以表示国际竞争力的变化。本文采用国际清算银行提供的实际有效汇率指数，上升代表升值，国际竞争

① 劳动力成本的变化只有传导到商品价格上，才能真正提高一国商品的国际竞争力，因此，我们采用一国与贸易伙伴之间的实际加权有效汇率作为国际竞争力的指标。

力降低，下降代表贬值，国际竞争力提高。在图 8 中，德国从 2011 年 1 月至 2012 年 8 月，实际有效汇率下降了 4.5%，除希腊下降幅度达 5.8%外，爱尔兰、意大利、葡萄牙和西班牙仅分别下降了 4.4%、1.3%、0.7% 和 3.3%。尽管重债国国际竞争力有所提高，但与实际有效汇率相对较低的德国差距并没有缩小。这意味着在欧元区内部，南北地区国际竞争力的差距仍然在上升。

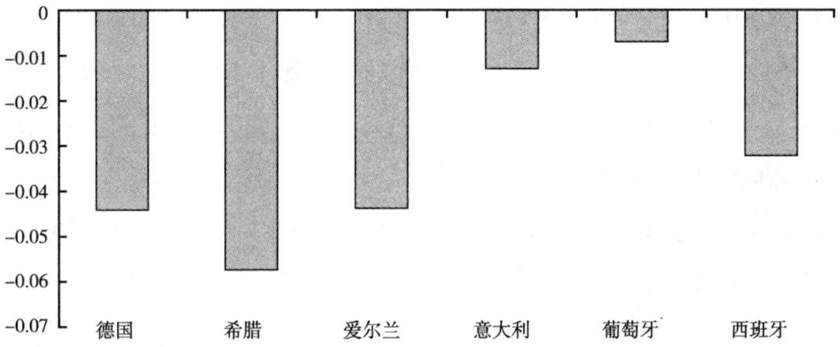

图 8　2011 年 1 月至 2012 年 8 月欧元区国家实际有效汇率变化比率

资料来源：国际清算银行（BIS）。

（三）调整政策的不平衡是欧元区改革政策的主要缺陷

在欧元区推出的一系列改革政策中，欧元区债权国一直强调重债国需要同时执行财政紧缩和结构性改革政策，并以此作为纾困条件。从理论上说，执行严格的财政纪律可以打消企业和消费者对政府财政健康状况的担忧，促进长期内经济健康增长；实行结构性改革则可以降低劳动力成本，促进欧元区重债国重获竞争力，实现可持续增长。从图 6 来看，重债国的外部失衡已显著缓解，爱尔兰的经常账户已经达到平衡，西班牙、意大利和葡萄牙的经常账户相较危机前已大为改善。

然而，欧元区调整政策存在较大的不平衡性：其一，德国等欧元区盈余国没有增加总需求，调整成本完全由重债国承担。欧元区是一个相对封闭的经济体，从失衡走向均衡的过程应该需要逆差国和盈余国同时付出代价。然而，德国在约束重债国财政紧缩的同时，缺乏动力去执行调整计划，提高通货膨胀率，共同承担债务成本。在这种情况下，欧元区各国的通胀率较为平衡，相对价格调整的差异非常有限，重债国内部贬值的调整方式难以实现。其二，忽视了价格黏性的滞后效应，劳动力成本的下降没有及时传导到商品价格，导致重债国实际有效汇率居高不下，竞争力水平依然停滞不前，难以创造新的就业岗位。如果我们将经常账户分解为出口和进口两个部分就可以清楚地发现，当前希腊、西班牙、葡萄牙、意大利经常账户的改善主要是缘于国内需求下降导致进口减少，而非出口增加。截至2012年第一季度，希腊的进口相对2007年高峰时期下降了43%，西班牙下降了23%，意大利下降了12%，葡萄牙下降了16%，相对应的出口上升幅度分别为-18%、3%、0.5%和5%。总体而言，德国主导的政策措施是让重债国通过降低国内需求为代价，维持政府债务的可持续性。但是，由于在欧元区内缺乏政策协调，这种过于严厉的紧缩政策会将外部失衡转移至内部失衡，造成国内失业率迅速攀升，最后激化国内矛盾而难以为继。

四　欧元区宏观经济失衡的调整与欧元区的未来

欧债危机的爆发生动地表明，在缺乏财政一体化的前提下迅速推进货币一体化，非但不会促进成员国经济水平与经济周期的趋同，反而会加剧成员国的分化。因此，欧元区若想彻底摆脱欧债危机困扰，必然需要加快实施财政一体化，将欧洲一体化提升到一个新的水平。财政一体化意味着部分财政权力由成员国向欧盟的转移，欧盟将能更及时地监测成员国的预算情况并建立失衡预防机制。在预算不达标的情况下，欧盟将出台强制性纠正措施。各成员国任意而为的财政政策空间将受到严格限制。

在达成财政联盟之前，欧元区需要继续解决日益严重的宏观经济失衡的问题。在2012年之前，欧盟尚未足够重视宏观经济失衡问题，没有采取针对性措施，也没有利用其非正式协商的方式来引导各国政府协调解决竞争力问题。2012年2月14日，欧盟委员会发布首份年度预警机制报告（Alert Mechanism Report），标志着欧盟宏观经济监督进程迈出第一步。宏观经济监督与财政监督一起，构成了欧盟经济治理的两大支柱。根据欧盟的宏观经济调整框架，预计未来为了解决欧债五国的宏观经济失衡问题、调整欧元区内部竞争力，欧元区可能会从以下三个方面入手。

第一，继续推进劳动力市场改革。比较激进的改革策略是放松劳工保护并减少失业救济。首先，放松劳工保护有利于在经济衰退时降低薪酬，就业和工资就能根据经济景气周期进行灵活调整。在欧元区内，由于货币政策不能用来应对不对称冲击，放松劳工保护可以提高工资弹性，而且改革的速度越快，失业率降低得就越快。其次，减少失业救济有助于刺激失业人员接受工资较低的工作，从而增加就业，拉低平均工资水平，增加劳动密集型产业的竞争力。之所以西班牙能够出现25%的超高失业率，就是因为其原有的劳动法属于保护过度，失业人群宁愿接受失业救济也不接受工资较低的工作。

第二，德国等债权国需要负担一部分改革成本。由于经济竞争力的提高是以牺牲一部分劳动者福利为代价，要达到德国的竞争力水平，欧债五国需要足够的时间做相应调整，结构性改革政策若过快过猛则会遭到国内外经济社会的抵制，在2012年，以法国总统奥朗德为代表，要求松动财政紧缩政策的呼声突起。这得到意大利和希腊等国支持的支持，也得到了国际货币基金组织、世界银行等国际金融机构的响应。这代表欧债五国的紧缩改革政策已经达到极限，迫切需要相应的配套政策。德国可以有两种选择：其一，增加国内投资，提高国内需求及通胀率，增加对欧债五国进口，降低其改革压力；其二，放松财政紧缩目标，推出相应的经济增长政策。前一种选择是以降低德国竞争力为代价，但维持了欧元区的财政纪律；后一种选择则是放松了财政整顿的目标，增加了德国参与到欧元区财政风险分担的成本。究竟德国如何选择取决于欧元区政治博弈的结果。

第三，增加欧元区的外部需求。已有的研究表明（Zsolt Darvas，2012），通过在欧元区内部用贬值法进行调整，重债五国的劳动力成本已大幅下降，缩减了与欧元区内部债权国的区内逆差。然而，这种再平衡的规模和手段已经非常有限；未来需要通过增加整个欧元区的外部需求，进一步调整当前欧元区失衡。在2012年期间，由于欧元实际有效汇率仍然在升值，欧债五国对于欧元区外国家的调整几乎没有发生，甚至在一定程度上有所恶化。未来可以通过欧元一定程度的贬值，来增加欧元区的外部需求，缓解重债五国的调整压力。

第四，需要强调的是欧元区政治干扰因素对结构性改革的影响。政治干扰因素主要来自欧债五国内部，工会反对劳动力市场改革，希望保持较高的工资水平，各国政府必须要应对罢工和示威抗议的压力。政治家需要考虑选举问题，而劳动力市场改革的成本和收益在时间上并不对称，改革的成本（选民的不满）会立即兑现，而收益可能需要在未来一段时间（选举以后）才能体现出来。所以，政治家更倾向于推迟改革，通过扩大财政支出来应对因竞争力不足造成的失业问题，各国政府一般只会在“没有其他选择”的情况下才被迫改革。

尽管欧债五国的内部失衡调整还处于艰难的去杠杆化阶段，但是整个欧元区有充足的时间和弹性推进渐进的一体化进程。主要有如下两个原因：其一，作为主要债权国的德国已经被牢牢绑定在欧元区上（何帆等，2012），德国财政部的研究表明，在欧元崩溃后的第一年，德国经济的衰退将高达约10%，这意味着，欧元崩溃无法接受和无法想象，德国政府会采取任何可行的措施避免这种情况的发生。其二，欧央行拥有巨大的潜在救援能力。全球金融危机开始之后，欧央行的总资产负债表的扩张对比美国联邦储备银行和英格兰银行相对较小。欧元体系目前拥有的资产总计只占GDP的3%，远低于英格兰银行的21%和美联储的17%。如果欧央行进一步购进1万亿欧元的西班牙和意大利主权债券，也只会将欧元体系持有的总债券推高到欧元区GDP的14%。在欧债危机中，欧央行只是有限地购买资产，这并非由于其没有能力或者不愿意采取干预措施，相反却反映了ECB在各国中央银行中无可匹敌的政治权力。在欧央行的OMT（直接货币购买计划）政策框架下，欧央行已经成为事实上的欧元区经济政府，可以监督欧元区领导人采取可信的财政紧缩措施、实施结构性改革。

2012年，财政契约是欧元区推动财政一体化取得的重大进展。欧央行已经稳定了欧元区金融市场，欧元区内部的经济治理改革也在有条不紊地推进。在可预见的未来，一旦全球经济走向复苏，欧元区将会通过财政政策的协调彻底解决欧债危机。需要指出的是，仅追求财政政策的统合或单一化，尚不足以完全解决欧元区不对称冲击的副作用，这是因为各国除了财政政策以外，还有就业政策、工资政策、产业政策等，若未经协调仍然会产生问题。最适货币区理论的学者主张共同货币区应走向政治同盟，以促使各个政策领域协调一致（De Grauwe，2009），届时，如何推进劳动力市场、产业政策的协调将是欧元区进一步走向政治联盟的动力。

参考文献

何帆、邹晓梅、伍桂：《捆住顺差国的锁链：TARGET2 失衡对德国的潜在影响》，中国社科院世经政所世界经济预测与政策模拟实验室讨论稿，2012 年 5 月 29 日。

Paul De Grauwe (2009), The Fragility of the Eurozone's Institutions, *Open Economies Review*, 21 (1), pp. 167 – 174.

Paul De Grauwe, *The Economics of Monetary Union*, ninth Edition, Oxford University Press, 2012.

Kenen Peter, *The Theory of Optimum Currency Areas: An Eclectic View*, University of Chicago Press, 1969.

Zsolt Darvas (2012), *Intra-euro Rebalancing is Inevitable But Insufficient*, Bruegel Policy Contribution 2012/15, August 2012.

European Sovereign Debt Crisis and Future of the Euro Zone

He Fan　Xiao Lisheng

Abstract: In 2012, the Euro zone has experienced the Greek general election turmoil, the Spanish banking crisis and the sovereign debt crisis. After the European Central Bank implemented a series of unconventional monetary policy, the Euro zone financial markets have gradually stabilized, and financial risk-sharing mechanisms are emerging. At the same time, the Euro zone introduced a series of policies to promote institution building in the area, and made significant progress on the Euro zone fiscal union and banking union. In the short term, the debt crisis in Europe is still the major uncertainty. However, in the long term, the European debt crisis resolution mechanism is on the road; after establishing the fiscal union, the Euro area will continue to move toward political integration.

Key Words: European Sovereign Debt Crisis; Euro Zone; Fiscal Union

Y.15

美国“能源独立”趋势和全球影响

徐小杰*

摘　要：

自2005年以来，美国国内油气供应量持续增长，油气自给率和能源自给率持续提升，能源供需关系和进口结构发生了较大变化，“能源独立”趋势和能源安全程度不断提升。本文认为，这一趋势是过去50年来美国能源供需关系、技术进步和能源政策导向等多种因素综合作用的结果，具有明显的战略利益，也存在诸多不确定性和风险，对美国经济复苏和北美地区的能源地位具有不可忽视的影响，并将对未来全球能源供需格局、全球能源关系和全球政治经济形成冲击。这是21世纪初世界经济体系中的一个重大变化，对于今后中国寻找适应本国特点的能源解决方案，走新型工业化发展道路具有重大的启示。

关键词：

能源独立　能源政策　非常规油气资源　能源安全

长期以来，美国能源供应战略的主要目标是：稳定国内供应，增强国外油气供应，通过各种途径和手段，增强对国内外能源资源的掌控能力，确保国家能源安全和国家利益。这一目标反映了20世纪50年代末以来美国能源发展的实际需求，成为此后历届美国政府能源政策的主要内容。①

然而，进入21世纪以后，美国主体能源（即石油、天然气和煤炭）供需增长趋势和供需结构渐显变化，特别是在2005年后，美国国内页岩气和致密

---

* 徐小杰，中国社会科学院世界经济与政治研究所研究员，研究领域为世界能源与跨国油气投资。本文部分数据处理得到了第一财经研究院研究员李东超和硕士生孙林林的协助。

① 参见王波《美国石油政策研究》第二章和第三章，世界知识出版社，2008。

油等非常规油气资源的开发规模不断扩大，国内的石油和天然气供应能力和油气产量逐年提升。而同期，美国能源需求增长缓慢，2007 年以后明显下降，近年来增长乏力。供需关系呈现供应趋升、消费趋降、能源增效明显，能源结构逐渐优化的良好态势。其中，2005 年后能源自给率明显回升，成为二战以来继 1978 年第一个回升期后美国能源经济中的一大亮点。上述变化反映了美国国内能源发展的新现象和新趋势，对北美地区、全球能源供需格局和世界经济具有不可忽视的影响。

一 美国“能源独立”新趋势

（一）事实调查

1. 1950 年以来美国能源供需增长状况

美国既是世界能源供应大国，也是能源消费大国。从图 1 可以看到，美国能源生产在经历了 1950 ~ 1970 年的快速攀升后，到 2005 年基本维持在 70 千万亿 BTU（英制热量单位）上下，此后出现缓慢回升。尽管 1979 ~ 1982 年第二次石油危机时期和 2008 ~ 2009 年金融危机时期消费水平有较大下滑，但是从 1950 年以来美国能源消费量总体趋于增长。目前，能源消费总量已经从 1979 年的 80 千万亿 BTU 上升到 100 千万亿 BTU 上下。[①]但是，在 2009 年后，由于美国经济复苏缓慢，能源消费回升亦乏力。

总体上看，在过去的 40 年里，美国能源消费量明显大于能源产量，能源供需缺口（特别是石油供需缺口）主要依靠进口弥补。因此，每年能源缺口量与进口量呈同一规模和趋势消长（见图 1）。

2. 1950 年以来美国能源消费增长态势

石油、天然气和煤炭在美国能源消费结构中分别占 36%、25% 和 20%，为主体能源。在 1950 年以来的较长时期里，石油与天然气消费增长方向大体

---

① 本文的能源数据来自美国能源信息署（EIA），特别是 2010 年 10 月出版的《2010 年能源年报》（*Annual Energy Outlook 2010*，October 2011），除非另有注释。

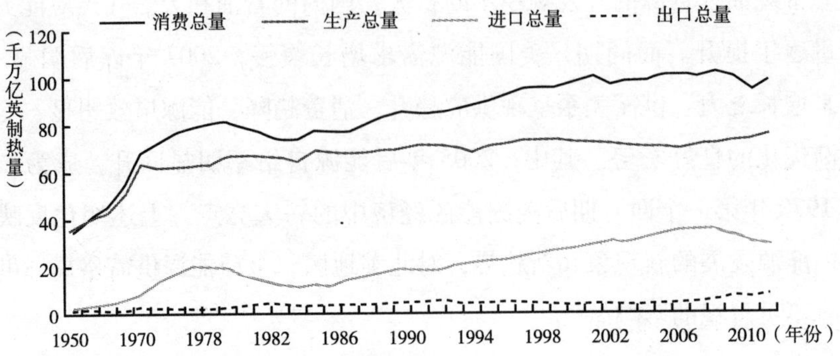

图1　1950～2010年美国能源消费、生产、进口及出口状况

资料来源：U. S. EIA，*Annual Energy Outlook 2010*，October 2011，p. 4。

一致。但是，2006年后石油和天然气消费水平出现了类似20世纪80年代后期的明显错向增长，直至2009年走向正向增长。1986～2008年后煤炭消费持续增长与天然气大体类似，且起伏较小。2008年后煤炭消费一度下滑。核能和可再生能源消费增长相对平缓，在能源消费结构中分别占9%和8%，2001年后可再生能源的持续增长得到了政策的推动，但未见明显的提升之势（见图2）。且在可再生能源中，水电、木材和生物能源较大，风能、废弃物取能、地热能、太阳能的比重较少。

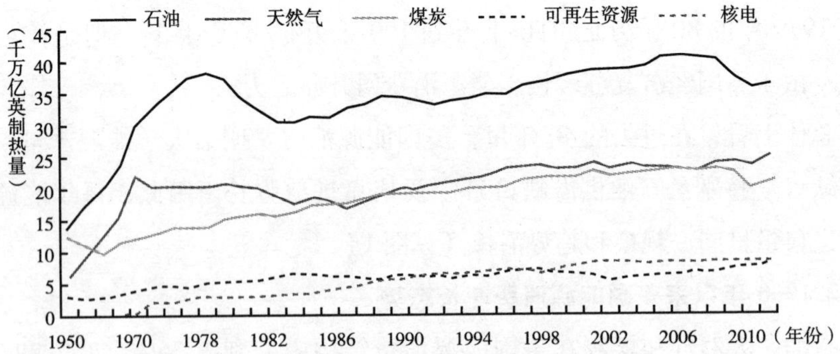

图2　1950～2010年美国能源消费结构

资料来源：U. S. EIA，*Annual Energy Outlook 2010*，October 2011，p. 8。

3. 1950 年以来美国能源生产增长态势

与以上能源消费增长态势相对应，美国的能源生产呈现了不同的结构和态势。从 1950 年以来的大趋势看，美国的煤炭、天然气以及核能产量均呈持续上升态势，与消费量趋势大体相向，且煤炭生产量大于国内消费量，处于供大于求的状态，具有一定的出口能力。天然气产量持续增长，迅速跟随需求增长，供需缺口趋于缩小。然而，美国国内的石油生产于 1970 年达到高峰（1132 万桶/日）后趋于下降，特别是在 1985 年以后连年下降，2005 年石油产量仅为 814 万桶/日，远低于国内石油消费量（2080 万桶/日，见表 1）。① 值得关注的是，美国的天然气生产于 2005 年率先回升，国内石油生产于 2008 年后出现了 27 年来的首次回升，至今继续保持上升的势头（见图 3）。而美国的石油消费水平于 2007 年后趋于下降，使得此后美国国内的石油供需关系从而能源供需关系发生了戏剧性的变化，供需缺口又呈现缩小趋势。

表 1　2000 ~ 2010 年美国石油产量、估计消费量和自给率 *

单位：百万桶/日，%

年份	2000	2001	2002	2003	2004	2005	2006	2007	2008	2009	2010
石油产量	8.81	8.69	8.72	8.55	8.52	8.14	8.16	8.29	8.39	8.98	9.44
石油消费量	19.8	19.6	19.8	20.0	20.8	20.8	20.7	20.7	19.6	18.8	19.2
自给率	44.6	44.2	44.1	42.7	41.0	39.1	39.4	40.1	42.9	47.8	49.3

* 表 1 中的石油产量包括原油、凝析油、乙醇和天然气凝析液等。截至本文发表前，美方未发布 2011 年的数据。

资料来源：根据美国能源信息署 2010 年度能源报告数据编制。

显然，巴拉克·奥巴马于 2008 年当选总统前后并未对上述变化给予足够的关注和研究。因此，2008 ~ 2012 年奥巴马政府的能源政策是：大力发展可再生能源，力争摆脱化石能源，优化能源结构，减少温室气体排放，借此推动绿色发展。确实，2001 年后生物能源产量（如乙醇产量）出现了较为显著的增长，展示了相对于 20 世纪 70 年代中期后的第二波增长势头。然而，至今包

---

① 此处关于 1970 年的产量数据为英国石油公司的历史统计数据，由于统计口径的差异，比美国能源信息署的当量数据略低。

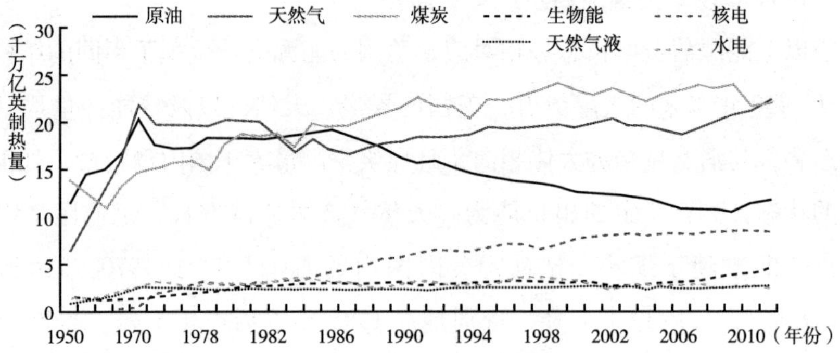

图3　1950～2010 年美国能源生产结构

资料来源：U. S. EIA, *Annual Energy Outlook 2010*, October 2011, p. 6。

括生物能源在内的可再生能源在美国能源生产结构中仅占 8%。奥巴马的能源政策似为可再生能源政策，未充分反映上述美国能源生产的发展态势。

4. "能源独立"趋势分析

在 1955 年前，美国的能源发展完全立足于国内，尚有一定的出口和援助二战盟国的能力。但是，1957 年以后，特别是 1970 年后，美国能源进口量大幅提升，自给率明显下降，到 1978 年能源自给率降至 79%。但是，在此前尼克松《能源独立计划》和福特《能源独立法案》的推动下，国内能源供应能力也出现了明显回升。但是在里根政府放松能源管制的系列政策下，1982 年后能源消费水平持续上升，能源自给率又趋于下滑，2005 年降低至 69%。此后又由于国内供应能力的提升，能源自给率再次回升，2010 年达到 78%（见图 4）。

近几年来，在美国，从政府官员到学者，所谓的"能源独立"主要是指 2005 年后美国能源自给率回升的趋势和现象。[①] 这一"能源独立"趋势主要是由主体能源中的石油和天然气自给率的回升推动的。因为美国的煤炭、水电

① 参见 2008～2011 年奥巴马的公开讲话、2008 年以后美国布鲁金斯学会、剑桥能源研究咨询公司（CERA）和美国参议院能源与自然资源听证会的有关文献，包括 Pietro S. Novola, Rethinking "Energy Independence", Governance Studies, the Brookings Institution, December 30, 2008; Daniel Yergin, America's New Energy Reality, IHS CERA Alert, June 14, 2012。

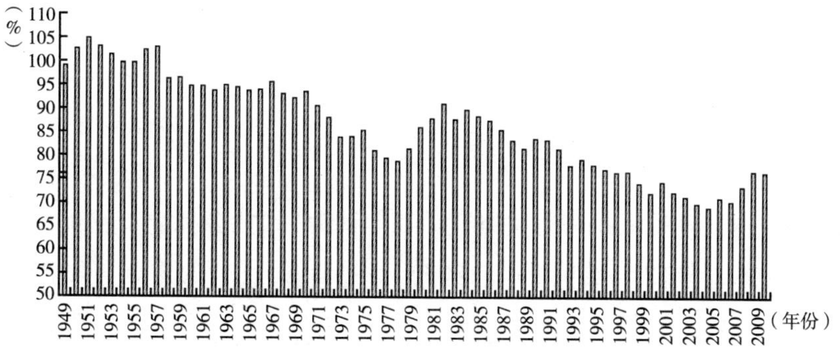

图4　美国一次能源自给率

资料来源：根据美国能源信息署2010年度能源报告数据编制。

和核电完全实现自给。近七年来，能源供需关系中的最大变量是国内石油和天然气供应能力的持续提升。美国国内石油产量于1970年达到历史高峰产量（年产41.23亿桶）后缓慢下降，到2005年降至29.7亿桶谷底后出现回升，2010年升到34.5亿桶（即944万桶/日）。而石油消费量在1950年后开始上涨，到1978年达到53.69亿桶，之后逐年提升，到2005年达到75.9亿桶，2010年下降为70亿桶。因此，美国的石油自给率从1950年的95%大幅降至2005年的39%，然后缓慢回升到2010年的49.3%。与石油相比，美国天然气的供应自给率较高，20世纪90年代维持在90%上下，此后趋于下降，2000年为82.2%，之后小幅回升，到2010年回升到89.7%，2011年上升至94.6%（见表2）。

表2　2000～2011年美国天然气产量、消费量和自给率

单位：亿立方米，%

年份	2000	2001	2002	2003	2004	2005	2006	2007	2008	2009	2010	2011
天然气产量	5371	5493	5300	5348	5205	5054	5181	5394	5644	5775	5973	6440
天然气消费量	6532	6227	6448	6237	6273	6164	6076	6469	6518	6415	6657	6807
自给率	82.2	88.2	82.2	85.7	83.0	82.0	85.3	83.3	86.6	90.0	89.7	94.6

资料来源：根据美国能源信息署2010年度能源报告数据编制。

确实，由于2005年和2008年以来美国天然气和石油产量的持续增长对能源发展带来了趋势性和结构性的变化，使得美国的能源独立程度提升。然而，人们对于“能源独立”的认识，对于未来美国能源发展趋势与影响仍有不同的认识。①

（二）“能源独立”的性质

综合美国学者的认识和有关研究，我们认为，“能源独立”是国内能源自给率上升（或对外依存度下降）趋势的一种反映，不代表未来美国能源战略的发展方向。依据如下。

（1）60年来，美国能源自给率一直维持在60%～80%之间，即基本立足国内，维持主要能源由国内供应的局面。虽然2005年后油气供应自给程度提升，使短期内能源独立程度提升，但是，由于美国对加拿大、墨西哥、沙特阿拉伯和非洲国家石油进口的刚性依赖，本国能源发展不可能走向完全独立。从历史看，不排除能源自给率出现上下浮动的态势。

（2）从今后美国能源需求增长趋势看，美国能源需求与周边国家（加拿大、墨西哥）、南美国家以及世界其他地区能源供应之间存在日益增强的相互依赖关系。其中，仅目前加拿大与墨西哥两国对美国的石油出口便占23%左右。根据花旗银行全球商品研究部的研究，到2020年美国页岩气、致密油、加拿大油砂以及墨西哥湾和巴西深海开发的趋势，北美地区正构成一个更加牢固的油气供需整体（被称为“新中东”）。② 今后美国对加拿大、巴西和其他个别国家的油气供应依赖仍将强化。

“能源独立”是美国能源安全的基础，但不是今后美国能源政策的战略目标。60年以来，美国对外油气依赖程度不断上升。在1973年第一石油危机后，尼克松政府出台了《能源独立计划》，此后若干届政府直至奥巴马的能源政策均未放弃“能源独立”。但是，这个梦想一直未能如愿。许多旨在实现“能源独立”的措施并未兑现。③

---

① Michael Levi, *Opinion*: *The American Energy Boom*, St. Paul Pioneer Press (Minnesota), July 2012; Edward P. Cross, Energy Independence, Kansas Independent Oil & Gas Association, 2011.

② Edward Morse, Energy 2020, *Citi GPS*: *Global Perspectives and Solutions*, 20 March 2012. 本文对北美及南美地区石油和天然气业务做了深入调研，提出了北美地区成为“新中东”的认识（见表3）。

③ 王波：《美国石油政策研究》，世界知识出版社，2008，第90～124页。

其实，历届美国政府的能源政策各有侧重。尼克松政府的能源政策侧重消费控制，加快国内石油生产，加快阿拉斯加石油管道建设，加快国内核电建设速度，加大能源研发和替代能源的研究等。卡特政府的政策侧重节能、开发和价格管制等措施。里根政府侧重放松管制，减少干预和减税措施，直至1986年“逆向石油危机”后才有所修改。① 此后，美国政府的能源政策侧重石油政策导向、节能、环保与可再生能源开发、石油战略储备建设和海外石油供应保障等方面。2008～2011年奥巴马的能源政策忽视了非常规化石能源的开发潜力，直到2012年1月才在其国情咨文中有所调整。综合起来看，美国能源政策的最终目标是综合发展，提升能源安全，而不是“能源独立”自身。

固然，能源独立与能源安全紧密相关。从传统意义上看，国内能源供应比例高，意味能源安全程度高，否则能源安全程度低。但是，在当今相互依赖和开放与合作的时代，对于具有本国能源供应能力的国家来说，100%的能源自给率并不等于100%的能源安全；对于日本、韩国等本国能源供应能力低的国家，90%以上的对外依存度并不等于相同比例的风险。再从全球市场变化看，美国国内能源生产、投资、贸易以及能源金融衍生产品与国际市场供需和价格变化息息相关，“能源独立”也不能避免外部市场的冲击和风险。因此，对于能源政策制定者来说，确保和适度提高本国能源供应能力是能源安全的重要基础，但不是唯一的保证，更不是战略目标。况且，“能源独立”趋势不是主观意志所能决定的。

二　驱动因素和未来趋势

上述以“能源独立”为特点的美国能源发展趋势是内外系列因素驱动的结果。这些因素也是分析判断未来美国能源发展趋势的基本依据。

（一）驱动因素

根据美国能源体系的特点，目前美国“能源独立”趋势的驱动因素主要

① 与1973年和1979年两次石油危机导致国际油价攀升不同，1986年的石油供需失调导致国际油价下挫至10美元/桶以下形成“逆向”石油危机。

是：①油气资源基础与供应能力的转换关系；②油气需求和市场变化的关系；③能源公司和外部环境（市场和政策）的关系；④上述因素的相互作用。

1. 油气资源基础和供应能力

美国油气工业发展离不开国内油气资源的天然禀赋。长期以来，美国油气生产的基础在于常规油气资源量和探明储量。这里的“常规”油气储量定义为运用常规油气勘探开发技术所能获得的渗透率较高、易采、石油比重（API 度）较轻的油气储量，也是特定市场价格下的经济可采资源（或具有经济价值的资源）。根据美国石油地质学家哈伯特（M. King Hubbert，1903～1989 年）对 20 世纪 60～70 年代美国的科技水平和当时已知的常规石油储量评估和事后验证，美国本土石油产量高峰出现于 1970 年（即 1132 万桶/日），80 年代转入低峰产量平台，随后进入逐年下降的过程，直到 2008 年降为 839 万桶/日。这一产量变化趋势反映了美国常规石油资源勘探开发规律和产量递减规律，即由于常规石油资源枯竭与供应能力的衰减，本国油气田产量逐年递减，开采成本逐年递增，油气田寿命缩短，可利用程度降低。2011 年美国的探明剩余石油储量和剩余天然气储量分别为 37 亿桶和 8.5 万亿立方米，储采比分别仅为 10.8 年和 13 年。①

然而，除了常规油气资源外，美国还蕴藏着极为丰富的非常规油气资源，即运用非常规技术和方法，在较高的价格水平下可以经济开采的低渗、高密和“难采”的油气资源，包括页岩油、致密油、致密气、页岩气、煤层气、深盆气和天然气水合物等。其中，仅从近 10 年迅猛发展的页岩气资源勘探看，预测可采页岩气资源量为 24 万亿～30 万亿立方米，而且地质条件较好，探明程度高，易于经济开发。在过去 10 多年里，由于技术进步和中小石油公司的推广应用，美国的页岩气产量从 2006 年的 240 亿立方米，迅速提升到 2009 年的 900 亿立方米（是年天然气总产量超过俄罗斯），2011 年达到 1700 亿立方米。2006～2011 年页岩气产量年均增长接近 50%，页岩气在天然气产量中的比重由 4.5% 提高至 28%（见图 5）。专家预计，2012 年这一比例可达到 34%。②

① *BP Statistical Review of World Energy*, June 2012, p. 3.

② James Burkhard, Oil and Gas Markets in 2012, A Great Revival amid Economic and Geopolitical Worries, *IHS CERA Special Report*, January 31, 2012, p. 2.

目前，页岩气已经在美国形成开发与利用并重的一整套产业体系，进一步提高了美国天然气自给能力，达到 94.6%。同期，美国石油产量也稳步回升。2011 年的美国原油产量达到 784 万桶/日，比 2008 年增加了近 111 万桶/日，使美国成为当年非欧佩克产油国中石油产量增长最多的国家。[①] 同时，美国在可再生能源方面加大资金、技术和自然资源的投入，增强可再生能源的发展后劲。

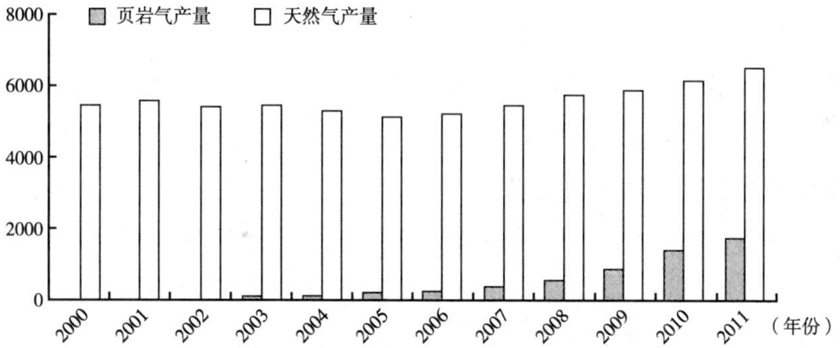

图 5　页岩气产量对美国天然气总产量的贡献

注：此图由笔者根据不同数据制作，可能与实际数据不完全一致。

2. 科技进步

非常规油气产量的上升离不开非常规油气勘探开发领域的技术进步。在美国页岩气开发史中，长时期内由于技术落后，丰富而难采的非常规油气资源无法得到大规模动用。而近 10 多年来，随着国内非常规勘探开发技术的逐步积累、成熟和推广应用，特别是以水平钻井和分段水力压裂为核心的技术体系的形成和推广，使得规模性页岩气开发活动得以实现。2006 年美国页岩气生产井数达到 39500 口，2008 年达到 42000 口。其中，Barnett 地区页岩气生产井 3500 口，井深 600 ~ 1800 米，是诸多页岩气富集区中新技术应用较广的地区，也是页岩气产量持续上升较快的地区，推动了美国的“页岩气革命”。

近年来，美国将页岩气的勘探开发技术运用于致密岩开发，大幅提高了致

① 此处数据取自英国石油公司的统计数据（*BP World Statistical Review of World Energy*, June, 2012, p. 8），主要为原油和凝析油，比美国能源信息署的同年数据低。

密油的产量，为2011年美国石油产量增长作出了重要贡献。预计2012年仍有60万桶/日的增长空间。[1] 正是由于页岩气和致密油等非常规油气开发技术的推广应用，使2005年和2008年后美国天然气和石油产量增长分别出现了新拐点，充分证实了科技进步的巨大推动作用。

3. 需求增长和价格上涨

在美国油气需求增长、稳定和稳中趋降的过程中，上述常规油气供应水平的持续降低为非常规油气开发提供了增长空间。这个需求空间在20世纪90年代被一批具有战略眼光的行业投资者和技术服务商所认识。同时，2003年以后国际石油价格持续上升，经过2008年下半年到2009年初的短暂大幅下降后又较快回升到了100美元/桶以上。这一油价水平为新技术推广，非常规油气资源规模性开发，特别是为页岩气、致密油、油砂和深海资源的大规模经济开发提供了赢利空间。目前，美国国内天然气价格短期处于低位没有冲击石油公司开发页岩气的热情，主要原因是多数石油公司主要依靠石油赢利，或通过天然气液化，提高变现能力。但是从中长期看，美国的天然气价格具有上升的空间和推力，从而将继续推动页岩气资源开发。

4. 能源公司的推动

再从过去20年的油气开发过程看，中小石油公司在非常规油气资源开发中发挥了主要推动者的作用。主要原因是难采、低渗和不经济性这些非常规资源的初始特征使得大型能源公司避而远之，从而为中小能源公司从事这些类型的资源开发留下了较大的区域和潜在利益。随着页岩气开采技术的不断进步和推广、油气需求和赢利空间的扩大，这些中小能源公司逐步具备了开发这些难采资源的技术能力，也使原来难以盈利的项目变为可赢利的项目。不可否认，大批中小能源公司对2011年1700亿立方米页岩气产量作出了重要贡献，但是必须同时指出，非常规资源的持续开发需要更大规模和持续性的投资和规模化运作。因此，今后非常规油气资源的全面发展离不开大型能源公司的参与和引导。2009年美国埃克森公司以410亿美元收购具有巨大非常规资源潜力的

---

① Daniel Yergin 在其 America's New Energy Reality（*IHS CERA Alert*, June 14, 2012, p. 2）一文中指出，致密油将重绘北美石油生产版图。预计2020年致密油产量可达400万桶/日以上，其中，北达科他州的产量已于2012年超过加利福尼亚和阿拉斯加州的产量，仅次于得克萨斯州。

XTO能源公司正是大型能源公司的标志性举措。

5. 能源政策的推动

从历史现象看，美国非常规油气资源开发与政府的能源政策似不相关。自美国“能源独立计划”由尼克松政府提出后，能源独立政策的长期效应不明显，也并不如愿。历史的现象似乎是政策越多，能源缺口越大，石油对外依赖越严重。回顾从尼克松到奥巴马不同政府的能源政策，不难看出不同时期的能源政策在能源供应源拓展、能源需求管理、能源效率以及能源税收等方面都不同程度地改变着美国能源发展的轨迹。有成功，也有失败的案例。[①] 值得提出的是，20世纪80年代里根政府的石油暴利税和鼓励非常规天然气开发政策迫使一批具有长远眼光的独立能源公司（如米切尔能源开发集团）集中在达拉斯—福特沃斯等地区大力开发页岩气资源，于90年代末期取得了初步成功。随后在外部投资的推动下，他们的特有技术和经验在美国油气行业得到了推广。

（二）未来趋势

基于对上述驱动因素的分析，本文认为，在21世纪第二个十年特别是在2015年前后，美国“能源独立”的趋势将继续得到推进。“继续得到推进”的动力来自美国雄厚的资源基础和科学技术应用的进一步扩散，形成更大的规模化开发能力以及重大基础设施的配套建设。根据美国能源信息署的预测，页岩气产量在天然气总产量中的比重将从2010年的23%提高到2015年的30%～40%，到2035年可达到50%左右，形成天然气产量半边天。而在石油领域，花旗银行全球商品研究部预计，美国的石油产量在致密油、深海石油和乙醇产量的推动下，将在2015年前超越俄罗斯，2020年前后超越沙特阿拉伯，达到1500万桶/日左右的历史新高。[②] 我们初步预测，从现在到2015年和2020年，石油产量至少有150万桶/日和500万桶/日的增长空间，假定美国的石油需求量依然维持2011年2000万桶/日上下，2015年美国的石油自给率可上升到

---

① 王波：《美国石油政策研究》，世界知识出版社，2008，第83～125页。

② Citi GPS, *Global Perspectives & Solutions*, *Energy 2020*, 20 March 2012, p. 11.

55%以上，2020年有可能上升至70%，对外依存度相应下降。在这两个预测期内，美国的天然气产量分别有300亿~500亿立方米（主要是页岩气的增长潜力）和800亿~1000亿立方米/年的增长空间，使得2015年美国的天然气完全自给，在2015~2020年间实现规模性的天然气出口。考虑到非化石能源的增长，到2020年前，美国的能源消费结构由化石能源向非化石能源过渡的趋势依然是渐进的，但是，天然气比重的上升表明，能源消费结构的清洁化日益明显。

但是，投资约束、环保制约、技术转让障碍以及社会对非常规资源开发的压力等不确定性因素和风险依然不可忽视。

未来美国能源生产首先需要高油价的支撑和巨大资金投入。特别是非常规油气资源、深海及超深海的勘探、开发与生产。鉴于目前深海勘探开发的单井钻井成本（1亿美元/井）和25万美元的平台日均费用，2012年美国的深海勘探开发投入至少需维持在1000亿美元以上，并保持10%左右的年增长率。[①]因此，2020年前美国石油产量能否达到1500万桶/日有待观察，能否将对外依存度缩减至35%以内，亦拭目以待。

美国非常规油气生产面临的第二类问题是环境保护问题。环保组织质疑页岩气开发中的压裂技术将水和化学剂注入岩层将对地下水和饮用水产生污染，也会污染雨水。因此，目前诸多非常规油气开发项目（包括基础设施）由于环保压力或被质疑、或被耽搁、或被取消，为今后的供应能力建设投下了阴影。

目前，美国的天然气价格处于低位，使得美国的可再生能源和核能在短期内和一定程度上失去了吸引力。不少学者认为目前美国天然气低价是短期现象。从长期看，美国能否形成有利于天然气生产的价格和出口规模有待观察。虽然奥巴马政府大力推进其能源政策，但是可再生能源和核能的发展对“能源独立”的贡献依然有限。虽然乙醇产量增长相对明显，但是可再生能源发展面临的技术创新、持续研发投入、技术转移和国际竞争等一系列问题依然限制着可再生能源的迅速发展，而对项目安全的忧虑和废料处理问题更是核能发

① 笔者根据2011年巴克莱银行对2012年北美上游预算数据和行业经验判断。

展的桎梏和风险。结果使这个全球最大经济体的“能源独立”依然与化石能源相依赖，从而难以减缓化石能源消费产生的温室效应，为今后美国实施综合全面的新能源政策带来诸多不确定性。

最后就技术层面分析，当前美国页岩气开发前景以及今后能否大规模地将页岩气开发技术运用于致密油领域；如何规制超深海油气开发和安全、环保生产；如何继续扩大对加拿大油砂的开发力度和跨国管道建设；如何规划未来的核能发展目标，合理处理项目审批、投资、安全运行等问题；如何应对在亚洲能源需求增长情况下亚洲资本对美国的直接投资；如何推动生物燃料市场推广；等等，均对当前和今后美国政府的能源政策带来新的考验。

三　全球影响

上述美国能源发展趋势无疑夯实了美国能源安全的基础，也给美国的经济增长和就业发展带来了切实的经济利益，对美国、北美地区和全球政治经济发展具有重要的影响。

1. 对美国经济复苏的影响

第一，美国能源工业的持续发展促进了美国就业、家庭收入、政府收入的增长。自2008年金融危机以来，美国经济进入衰退和目前的缓慢复苏阶段，然而，能源行业在西得克萨斯轻质油（WTI）相对低价和天然气价格持续下滑的背景下持续增加了投资、促进了就业，带动了相关行业的发展与利润增长。根据剑桥能源咨询公司（CERA）分析，2010年仅页岩气行业就创造了60万个就业岗位。预计到2015年可增加到87万个就业机会。[①] 花旗银行预计，到2020年页岩气行业可创造110万个就业机会，到2035年，可创造160万个就业机会。继页岩气的规模开发，致密油的繁荣同样推升了美国的就业率，降低了失业率。2011年页岩气开发活跃的北达科他州的失业率仅为3.3%，创造了

① IHS Global Insight, The Economic and Employment Contributions of Shale Gas in the United States 转自 James Burkhard, Oil and Gas Markets in 2012, A Great Revival amid Economic and Geopolitical Worries, *IHS CERA Special Report*, January 31, 2012.

所有州中失业率最低的纪录。[①] 油气行业的这一表现提升了美国的工资和家庭收入。同时，CERA 预计，联邦政府的页岩气税收收入将从 2010 年的 96 亿美元增长到 2015 年的 145 亿美元，到 2035 年，年均税收收入可达到 186 亿美元。[②] 预计在今后 3～5 年，"能源独立"将与美国金融、房地产等领域协同促进，为美国经济复苏与增长带来正效应。

第二，当前美国相对低位的油气价格带动了美国化工制造业等实体经济的复兴。这一点尤其表现在天然气价格上。美国的天然气由 10 年前的 13 美元/百万 BTU 降到 2012 年的 3 美元左右。由于原料相对低廉的成本优势，促使美国的基础化学工业扭转了开工率低下（仅 60%），经济效益全球最差的局面，使目前的化学工业开工率超过 93%，盈利水平超过了中东地区初级能源加工企业，行业竞争力明显提高。预计到 2017 年，美国石化工业新增产能 29%，其中乙烯产能提高 12.4%，可使美国经济获益 1324 亿美元，创造直接就业机会 1.7 万个，间接就业机会 39.5 万个。[③] 目前，欧洲和其他地区化工企业开始重新返回美国，也为美国创造了就业和效益。

第三，美国"能源独立"趋势下油气对外依存度的下降有利于降低贸易赤字。从 2000 年至 2010 年，美国原油贸易赤字从 894 亿美元上升到 2587 亿美元，天然气贸易赤字由 122 亿美元上升到 125 亿美元。根据美国能源信息署分析，假定未来 8～18 年美国原油自给率保持在 2010 年的水平（即 49%），那么 2020 年和 2030 年的原油进口额为 3741 亿美元和 4073 亿美元。[④] 但是，考虑到未来石油进口的下降趋势，同时也考虑到从 2011 年至 2035 年美国的原油进口价格从 80 美元/桶上升至 112 美元/桶，原油进口额将从 2792 亿美元增长到 3546 亿美元。[⑤] 后一种情景下的原油进口额（3546 亿美元）比前一种情

① 此处的分析根据有关文献间接引用。是否可靠或是否由地区流动引发有待调查。根据目前北美油气行业专业人士的短缺状况，未来从宾夕法尼亚到北达科他，一个地区就业的增长可能带来其他地区失业人数的增加。

② 第一财经研究院：《评估美国"能源独立"》，《战略观察》2012 年第 11 期，第 5 页。

③ 第一财经研究院：《评估美国"能源独立"》，《战略观察》2012 年第 11 期，第 5 页。

④ Daniel Yergin, America's New Energy Reality, IHS CERA Alert, June 14, 2012, p. 1.

⑤ 同注②。按照 Daniel Yergin 的数据，美国石油的进口比例已由 2005 年的 60% 下降到了 2012 年的 42%。

景（4073亿美元）减少了527亿美元。剑桥能源咨询公司分析，从目前到2020年，如果石油价格维持在100美元/桶，2005年后每少进口500万桶石油将减少贸易赤字1820亿美元，相当于2011年美国贸易赤字的1/3。[①] 石油进口依赖减少对于扭转美国的贸易赤字意义重大，从而也必然对美元汇率形成有力的支撑。

美国原计划每年投资1000亿美元，从西非、中东、澳大利亚和俄罗斯等国家进口液化天然气（LNG）。[②] 而目前的现实是，天然气产量即将自给有余，可能于2016年实现天然气首度适量出口。美国EIA曾预测，2021年美国将成为天然气净出口国，2035年成为管道天然气的净出口国。从目前多数美国学者的分析看，上述美国油气领域的创新发展对当前美国经济复苏的影响是正面的，只是规模和程度不同而已。[③]

2. 对北美地区和全球石油供应的影响

在北美地区，随着美国页岩气、致密油、加拿大油砂和墨西哥湾深海油气开发的推进，到2020年，美国不仅将发展成为世界最大的天然气生产国和更大的石油生产国，而且可能推动北美地区发展成为世界石油供应的“新中东”。[④] 根据花旗银行全球商品研究部的研究，到2020年北美地区（包括美国、加拿大和墨西哥）的石油产量将由2011年的1500万桶/日提升到2500万桶/日以上（见表3），届时约占全球石油总产量的25%左右（其中美国占15%），仅次于目前中东地区的供应比例。这一情景仍存争议，但是，多数专家认同北美非常规油气开发前景。而这一发展趋势不仅有利于增强美国的能源安全，而且

---

① James Burkhard, Oil and Gas Markets in 2012, A Great Revival amid Economic and Geopolitical Worries, *IHS CERA Special Report*, January 31, 2012, p. 2.

② Daniel Yergin, America's New Energy Reality, *IHS CERA Alert*, June 14, 2012, p. 3.

③ 第一财经研究院：《评估美国“能源独立”》，《战略观察》2012年第11期，第5页。

④ 花旗银行全球商品研究部主任Edward Morse在其牵头完成的《2020年全球能源报告》（Energy 2020, *Citi GPS: Global Perspectives and Solutions*, 20 March 2012, pp. 7 - 11）中认为，2020年北美将成为世界油气供应“新中东”，而美国的石油产量将于2015年超过1000万桶/日。美国PFC能源咨询公司董事长Robin West在2012年3月指出，由于美国页岩气和致密油的稳定增长，到2020年美国石油产量净增400万桶/日，总产量超过沙特阿拉伯（即1000万桶/日），成为世界最大的油气生产国；美国剑桥能源咨询公司董事长Daniel Yergin于2012年9月19日在北京指出，他认同这一趋势，但不认同北美地区成为“新中东”的趋势。

对全球的石油市场具有重大的潜在冲击，有可能大幅改变全球贸易、价格和投资格局。①

表3 "新中东"的产量地位*

单位：百万桶/日

年　份	2011	2015	2020
美国	9	11.6	15.6
加拿大	3.5	4.8	6.7
墨西哥	2.9	3.4	2.9
"新中东"	15.4	19.8	25.2
中东地区	35.83	38	40
世界	83.58	95	100

* 美国、加拿大和墨西哥的石油产量数据来自花旗银行的报告；而其余数据按照国际能源署的文献，假定2020年中东地区保持40%的比例，届时全球的石油总产量大体维持在1亿桶/日。

实际上，上述能源发展趋势已经推动一批批欧美和亚洲能源公司加大对北美地区的能源投资，包括大能源公司加大对北美地区重大能源项目和基础设施项目的投入；一批较大的独立石油公司甚至撤离国际业务，全力投入北美陆上优质非常规资源开发；一批欧洲的石化公司也回归北美地区，重振石化制造业。同时，美国和加拿大、墨西哥、巴西等国家也重新审视北美地区能源供产销运规划和大型基础设施项目的建设（包括从加拿大阿尔伯塔省到美国墨西哥湾的Keystone XL管道建设）以及阿拉斯加天然气管道建设等。这些投资无疑增强了美国和北美地区在全球油气供应中的区域优势。

3. 对全球能源经济和地缘政治的影响

首先，10多年来，美国不断减少对不稳定地区和国家的石油进口比例。1999年美国从波斯湾进口的原油和成品油比例为23%，到2010年降低为15%，同时，从委内瑞拉、利比亚等不稳定国家的石油进口比例也逐步减少。按照美国EIA数据绘制的图6展示了从2005年至2010年美国原油进口结构的变化。这一变化首先意味着今后美国与外部世界的石油依赖关系由区域向重点

① 美国PFC能源咨询公司董事长Robin West在2012年3月预计，美国产量超越沙特阿拉伯和北美能源地位的上升将彻底改变世界能源供应格局，其意义不亚于能源"柏林墙"的倒塌。

国家调整，即由原来与中东、非洲、南美和北美地区的区域依赖关系转向与少数稳定国家的重点依赖，石油进口主要倚重北美邻国（特别是加拿大）、南美

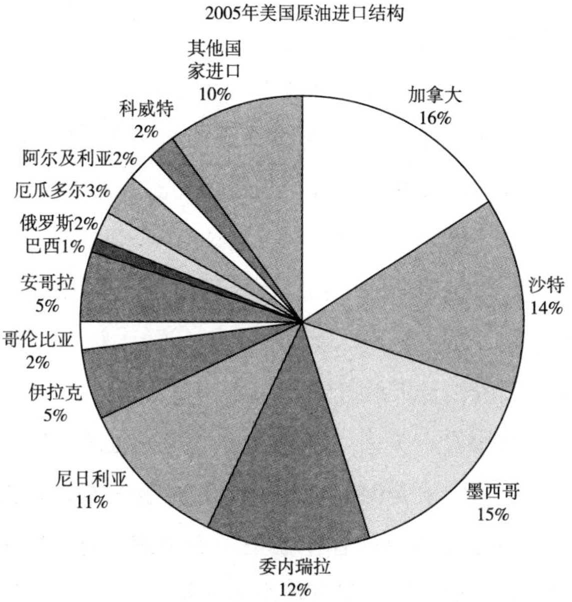

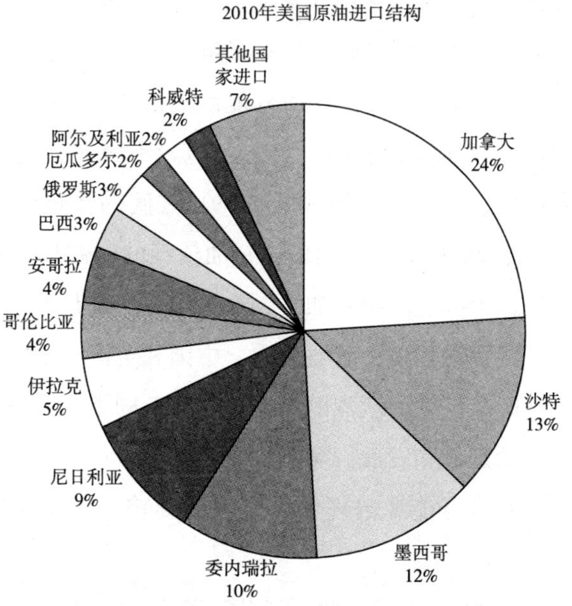

图6　2005年和2010年美国原油进口结构

国家（特别是巴西）以及沙特阿拉伯及尼日利亚等个别中东和非洲国家。这些变化必然促使美国调整对外能源政策，至少在处理中东事务上减少“石油供应的负担”，使其外交政策不“被中东产油国绑架”，从而使得美国的中东政策或欧佩克政策更具灵活性。

其次，美国在其石油产量超越俄罗斯和沙特阿拉伯之后可发挥类似“机动国”的作用，即在未来油气产量增减产方面直接影响国际油价波动的相应影响力。在天然气方面，一些过去设计为进口天然气的设施变为出口设施，美国天然气自给有余将为欧洲液化天然气（LNG）进口留出较大的全球资源空间，从而使后者减少对俄罗斯的依赖程度。而由于美国国内天然气市场供需关系的改变，也促使俄罗斯不得不改变其天然气开发计划。这些趋势直接冲击着全球天然气贸易与投资以及天然气定价模式。

最后，从地区结构看，美国“能源独立”趋势也影响着美国和中国之间的战略合作关系。目前，中美两国之间的能源竞争激烈，合作有限。近10年来，美国公司在中国油气领域的合作愿望趋于减退，而中国进入美国能源领域，特别是清洁能源、页岩气开发和深海等领域遇到了诸多障碍；美国公司希望利用中国的资金而不愿意与中国共享技术和管理经验；中国公司希望引进美国技术而难以向对方提供优质的资产。在未解决这些问题的同时，由于美国外部能源关系的适度收缩和调整，中国对外能源关系的不断扩展，中美双边能源关系和合作领域逐步超越双边范畴，走向多边。中国、美国与第三国（加拿大、伊朗或委内瑞拉、哈萨克斯坦或安哥拉）之间的多边能源竞争和合作关系凸显。[①] 美国在减少对伊朗和委内瑞拉石油依赖的时候也防止后者与中国增加贸易与投资合作。中国在增加对加拿大油气合作特别是资产交易的同时也面临加拿大公司的美国资产和美国利益问题。中国和美国在哈萨克斯坦、安哥拉和巴西、阿根廷等国家则直面激烈的竞争。这些不同类型的三边关系将是新形势下中美能源合作的延伸和发展。美国将利用能源自给率上升的机动性和北美的能源地位，加大对全球能源治理秩序重构的影响，重点体现在资源开发理

① 对这一问题的研究和分析框架来自2012年5月笔者与香港科技大学社会科学学院 David Zweig 教授的交流。

念、良好的治理标准、多边合作规则以及新技术转让保护等方面。在这些方面，中国与美国形成相互影响、相互合作和相互竞争的复杂关系。

4. 对未来能源政策制定的影响

根据以上对美国能源发展趋势战略利益和风险的分析，今后美国在能源战略和政策制定上，既需要继续开发非常规油气资源带来的现实战略利益，又要应对化石能源带来的环境保护压力和系列的气候变化问题；同时继续加速开发可再生能源，不断提升非化石能源的供需比例。在过去几十年里，美国能源政策的措施主要是“开源、节流、调结构，提能力”。如今面对新的政策背景，美国必须在能源战略、能源技术开发和发展方式创新上，利用“页岩气革命”的契机和“能源独立”的趋势，大力推进天然气开发，并以天然气为“过渡能源”，进一步推进能源消费结构的清洁化。同时从技术进步、能源效率和政府管制的角度，推动可再生能源的快速发展，夯实能源安全的基础。这些因素构成了未来美国能源政策的主要内容。这些内容也是中国走新型工业化道路中同样面对的能源政策问题，尽管在发展道路和模式上不存在相同的解决方案。笔者认为，未来十年美国在新的能源战略与政策制定方面的探索将为其他国家提供有益的启示，从而推动各国在全球范围内共同迎接一场新的能源革命。

参考文献

王波：《美国石油政策研究》，世界知识出版社，2008。

第一财经研究院：《美国“能源独立战略”前景评估：遥不可及》，《战略观察》2012年第6期；《评估美国“能源独立”》，《战略观察》2012年第11期。

陈卫东：《美国能源独立之后的世界格局》，《能源》2012年7月12日。

许可新：《美国“能源独立”了，中国怎么办?》，《第一财经日报》2012年2月29日。

Daniel Yergin, America's New Energy Reality, *IHS CERA Alert*, June 14, 2012.

David Zweig, "Resource Diplomacy" Under Hegemony: The Trianglar Nature of Sino – U. S Energy Competition, Draft paper, January 26, 2012, Hong Kong.

Edward Morse, Energy 2020, *Citi GPS: Global Perspectives and Solutions*, 20 March 2012.

James Burkhard, Oil and Gas Markets in 2012, A Great Revival amid Economic and

Geopolitical Michael Levi, Opinion: *The American Energy Boom*, St. Paul Pioneer Press (Minnesota), July 1st, 2012.

Pietro S. Nivola, Rethinking "Energy Independence", *Brookings Governance Studies*, December 30, 2008.

Worries, *IHS CERA Special Report*, January 31, 2012.

The US Energy Development Trend and Its Global Impact

Xu Xiaojie

Abstract: Over years since 2005, so called "energy independence" presents itself as a new reality in the USA. This new reality and its features are collective consequences rooting from US energy supply and demand, technological advancements and energy policy in the past six decades. The author argues that the trend of "energy independence" presents a series of fundamental changes in the US energy sector with clear strategic interests and profound repercussions beyond itself. There are many elements and aspects being subject to further discussion, such as its driving forces, trajectory as well as uncertainties and risks involved. As a big energy user in the world, China has to explore carefully what it can learn instead of copying from America for its overall energy strategic setting in the future.

Key Words: Energy Independence; Energy Policy; Unconventional Hydrocarbon; Energy Security

Y.16
全球产业布局新趋势

宋 泓*

摘 要：

在未来3~5年中，全球产业布局变化的新趋势是：新兴市场经济的份额会持续上升，但是速度放缓；制造业回流发达国家的趋势在加强，然而其规模仍然没有超过产业流出的规模，净回流尚未发生。在服务业中，从发达国家外流的趋势仍在继续，速度有所放慢。中国制造的成本优势有所消减，不过中国作为全球加工和制造中心的地位仍然会维持。在过去几年中，全球金融危机后全球经济的缓慢复苏步伐并没有阻止甚或逆转全球化的进程。不论是制造业的企业，还是服务业的企业，仍然在全球范围内进行生产和经营活动的布局和安排。

关键词：

制造业 服务业 产业转移 制造业回流

一 引论

自2008年全球金融危机爆发以来，发达国家纷纷采取措施促进所谓的“再工业化”，引导制造业从海外到本国的回归。一些国家甚至出现了质疑全球化、反对全球化的浪潮。与此同时，作为传统制造业基地和中心的中国，则经历了快速的工资上涨、土地以及房价上升的过程。中国制造所拥有的竞争优势也在快速消减。一些新兴的发展中国家也迎来了工业化和经济快速发展的新时期。

* 宋泓，中国社会科学院世界经济与政治所研究员。

那么，在这些因素影响下，全球产业布局发生了怎样的变化、未来的走势如何呢？这是本文关注的核心命题。本研究关注过去20年间以及未来3~5年间的全球产业格局变化。本文所指的产业，主要是指制造业和服务业，不包括农业生产的变化。

二　全球产业布局变化的推动力量

全球产业格局的变化是由各国经济发展、尤其是工业化过程推进的早晚以及发展的速度不同而引起的。在全球化背景下，国际之间的产业转移也会对全球产业布局的变化产生重大影响。这不同于传统的封闭条件下的产业发展以及农业现代化的发展。

全球产业布局变化的根本推动力量是企业追求资源配置效率最优化和利润最大化的市场力量，政府在其中也发挥着重要作用。这里可以区分为以下几种情形。

第一种是完全全球化的情形。即各国之间没有要素流动的限制，商品和要素同时自由流动。这时，各个国家组成了一个整体，就像是一个国家内部的不同区域一样。全球产业的布局也按照区位优势的原则来分布。但是，现实的情况不是在一张白纸上画画。现有的产业发展格局以及历史的影响也会加入进来，比如现有的城市以及制造业分工等。因此，区域优势、既定的发展格局以及规模经济等因素将共同决定世界产业格局的形成。

第二种是商品（部分）流动、要素不可以流动下的情形。这是工业革命以来一直到最近时期的现实情形。这时，各个国家是在封闭的条件下相对独立发展，并推进本国的工业化。不同国家工业化过程的早晚、程度上以及发展速度上的差别等是导致世界产业格局大调整、不同国家之间力量对比发生改变的主要力量。

第三种是介于以上两者之间，即商品流动、要素部分流动下的情形。这也是最近时期以及未来相对长一段时期内存在的情形。这时，世界产业格局的变化不仅受到各个国家内部经济发展以及工业化努力的影响，也受到国际之间产业转移的影响。这也是本文所关注的焦点情形。

在这种情形下，除了单个国家内部的工业化努力之外①，全球范围内的生产能力流动也是产业格局变动的主要推动力量之一。那么，全球产业能力的转移是由哪些因素决定的呢？或者换一个角度来讲，企业尤其是跨国公司进行全球产业的布局决策时，哪些因素最重要呢？

众多长期从事跨国公司业务咨询活动的国际咨询公司的调查发现，最重要的因素是当地制造总成本（Total Landed Cost）。它是指在一个地方将原材料和零部件转换成最终可销售产品的总成本。这些成本主要包括：原材料和零部件成本；制造成本（固定和可变成本）；交通和物流成本；库存成本；税收和关税等。其他影响企业决策的重要因素依次是：产品质量、知识产权保护程度、供应链或者运营风险、快速扩张产能所需要的时间、资本投资和固定成本结构、对于当地顾客或当地需求的灵活反应、市场反应时间以及规制体制等。

当然，这些因素在不同产业中重要性是不同的。比如，在产品更新换代快、技术进步迅速的产业中，产能扩张快、上市时间迅速等因素就很重要。比如消费类电子产品产业等。但是，在技术进步和产品更新缓慢，且消费者对于价格非常敏感的产业，比如家具产业中，当地制造总成本的影响就更大了。

同样，随着不同国家和地区当地条件的变化，影响企业全球产能布局的这些因素的组合也会发生新的改变，从而，引起制造业分布的重新调整。

全球制造业在不同地区的移动也需要一定的成本门槛。研究发现（The Hackett Group，2012a），从高成本的发达国家向低成本的发展中国家和地区转移制造业的成本门槛是19%，即发达国家的成本要高于发展中国家的19%时，才会有制造能力的转移。低成本国家之间的转移门槛是18%，而从低成本国家到高成本国家的转移门槛是16%。

值得注意的是，产业转移的门槛只是指现有的制造业生产能力的转移条件，而不是指新增的制造业能力投资条件。全球范围内，影响制造业投资条件的因素是前面我们介绍过的当地制造总成本、产品质量保证、知识产权保护、

① 这通常需要较长时间的努力才能发挥作用。同时，也只有人口众多的大国的工业化才能对全球产业格局的变化产生影响。对于研究短期变化趋势的本文而言，大国长期的工业化努力不是考察的重点。

供应链或者运营风险等因素。

总之，制造业全球布局上的变化，首先是新增投资流向上的变化。这种变化最敏感。其次是到达一定程度之后的现有投资水平的转移。比如就制造业的回流而言，随着成本条件的拉近，在新增投资中，也许有一部分会考虑向发达国家回流。但是，对于已经在发展中国家存在的投资，则门槛条件还要满足。

三　过去20年全球产业格局的变化

在某种程度上讲，过去20年间世界产业格局的变化主要是在中国的推动下进行的：一方面，中国自身的工业化过程进入了一个全新的阶段；另一方面，中国的对外开放也成为全球经济中不可分割的一部分。大量的国际生产能力转移到中国，并促使中国成为全球性制造业基地和中心。也是在中国的影响下，一些和中国竞争的国家，在全球制造业产出中的份额相对下降，而一些和中国经济共同成长的国家则份额共同成长。

从1990年至2011年，新兴市场国家和地区在全球制造业产出中的比例，从24%上升到46%（见表1），提升了22个百分点。其中，中国从2.7%上升到19.9%，提高了17.2个百分点，贡献了新兴市场经济体份额增长的78.18%。尤其值得强调的是，2011年，中国所占比例首次超过了美国。这是一个历史性的变化，不仅标志着一个成为世界第一制造业大国的新兴经济体的崛起，而且也标志着在超过一个世纪的时间里，美国首次失去了全球制造业第一大国的桂冠。

同一时期，其他发展中国家和地区的份额也在增长。其中，巴西在全球制造业产出中所占份额从2.2%上升至2.9%；印度从1.1%上升至2.3%。作为亚洲四小龙的韩国和中国台湾的份额也有所上升。但是，这些国家和地区对于全球制造业格局的改变影响有限。

非常有趣的是，这些国家和地区与中国的经济发展也关系密切。其中，韩国和中国台湾通过产业转移，成为中国加工贸易最主要的投资来源以及零部件供应方，而巴西和印度则成为中国原材料和矿物质的重要进口来源地。

表1　1990～2011年不同国家和地区在世界制造业产出中的比例

单位：%

年　份	1990	2000	2005	2006	2007	2008	2009	2010	2011
新兴市场国家和地区	24.0	27.0	31.1	33.9	36.4	39.7	42.4	43.4	46.0
中国	2.7	7.0	9.8	11.1	12.7	15.2	18.3	17.7	19.9
其他的新兴市场国家和地区	21.3	20.0	21.3	22.8	23.7	24.5	24.1	25.7	26.1
西方世界	76.0	73.0	68.9	66.1	63.6	60.3	57.6	56.6	54.0
美国	21.5	24.1	23.8	22.9	21.2	18.9	19.8	19.2	18.0
日本	16.8	14.0	13.1	11.6	10.3	10.3	10.3	11.0	10.2
其他西方国家	37.7	34.9	32.0	31.6	32.1	31.1	27.5	26.4	25.8

资料来源：参见UNIDO，2004，*Industrial Development Report*，p.183；彼得·马什：《21世纪的新工业革命》，《金融时报》2012年9月4日。

中国制造业的成功在于新中国成立以来持续不断的工业化努力，并在改革开放以后，积极利用国际有利条件，实现了和亚洲四小龙经济的融合。首先，20世纪90年代中国工业通过改组改造以及对外开放获得了快速发展，2001年加入世界贸易组织之后不久，中国工业化就进入新一轮重化工业化阶段，钢铁、机械、化工以及矿产品产业蓬勃发展。其次，从1993年开始，中国就一直是吸引外国直接投资最多的发展中东道国。我们在第二部分指出的，影响企业产能布局的众多因素可以很好地解释这种成功。很长一段时间以来，中国单位小时工人工资水平只是西方国家的2%～3%。同时，质优价廉、供应丰富的劳工队伍；完整配套的产业体系；稳定的政治和经济环境；灵活快速的供货反应，得天独厚的地理位置（身处亚洲最活跃经济圈的中心地带）以及文化上的密切联系等条件，使得中国成为跨国投资的首选目的地之一。尽管其他国家和地区可以在其中某项因素上占有优势，但是，除了个别因素之外，中国在其他所有这些方面提供了一个非常平衡的综合优势。

四　未来3～5年的世界产业格局变化

除了各国本身的工业化努力之外，国际间的产业转移对于世界产业格局短期内的调整和变化影响也很大。本部分的分析将集中在如下几个方面。

（一）全球制造业产业布局的调整：制造业净回流发达国家并没有发生

最近，美国咨询公司海克特集团的研究发现（the Hackett Group，2012a），在 2012～2014 年间，全球制造业布局上将发生较大的调整，样本企业中大约 75% 的产能将受到影响。其中：①23% 的制造业产能将从高成本的发达国家向低成本的发展中国家和地区流动；②24% 的制造业产能将在低成本国家和地区之间流动；③9% 的产能将在高成本国家之间的流动；④引人注目的、从低成本国家和地区向高成本的发达国家的制造业回流将占制造业产能的 19%。该集团研究的样本企业是 2010 年销售收益在 10 亿美元以上的 4700 多家企业。关注的重心主要是北美和欧盟国家。

与前一个时期（2009～2011 年）的类似研究相比，这次制造业调整的范围大大扩大了，受冲击的制造业能力从 57% 上升到 75%。尤其重要的是，向高成本发达国家的转移比例增加最快，增加了 13 个百分点（发达国家之间的转移增加了 3 个百分点；回流增加了 10 个百分点）；而从发达国家向低成本的发展中国家和地区的转移则下降了 3 个百分点。同时，低成本发展中国家和地区之间的产业转移也增加很快，提高了 8 个百分点。

但是，特别值得关注的是，西方国家所期望的制造业净回流并没有如期而至。总体上讲，从发达国家转移出去的制造业能力仍然多于回流的制造业能力（23% 对 19%）。

同样的结果也可以从企业制造业筹供战略的运营周期中得到验证。目前，处在实施阶段中的、将制造能力从发达国家转移到发展中国家和地区的企业有 35%，而将制造能力从低成本发展中国家和地区转移到发达国家的企业只有 20%。

与欧美制造业的回流相反，金融危机中，日元仍然保持强势，同时，受 2011 年大地震、海啸及随后核电站爆炸所引发的停电等因素影响，日本本土制造业遭受重创。虽然，详细的走势有待观察，但是，至少日本制造业没有回流的迹象，而是本土制造业的重建甚或向外进一步转移问题。

综合欧美日国家的情况，我们可以肯定地说，制造业从低成本国家和地区回流发达国家并没有成为一种趋势。

（二）服务业产业布局的调整：继续从发达国家向低成本国家和地区转移

海克特集团最近完成的另一份研究报告则关注全球服务业产业格局的调整趋势（the Hackett Group，2012b）。该研究主要集中在金融、IT、采购和人力资本等企业商务服务活动上的工作外包情况。样本企业的情况同上。研究发现，在过去10多年中，企业商务服务的工作机会不断地从发达国家转移出去。

其中，工作机会的最大流失发生在2008～2009年全球金融危机影响最剧烈的时期。该项研究预测：在未来几年中，这种工作机会的转移速度，至少在绝对数量上在逐渐下降。下降的主要原因在于，自2002年以来，通过多年的不断消减，这类工作的绝对数量在不断减少。因此，同样的劳动生产率改进所带来的工作机会减少的绝对数量也就在不断下降。

服务业工作机会的消减是由三个方面的原因引起的：其一，劳动生产率上的改进：完成同样的工作或者工作量，需要的工作人员数量减少了；其二，工作机会向低成本国家和地区的转移。但是，与此同时，经济增长也会创造出新的工作机会。这样，净工作机会的减少就是这三个方面影响的综合。比如，在2002～2007年间，尽管由于劳动生产率改进以及外包所造成的商务服务工作机会大幅度减少，但是，这一时期强劲的经济增长也创造了不少新的就业机会，这样，整个工作机会的流失也不是太剧烈。相反，在全球金融危机之后，由于经济增长速度放缓，2002以来每年至少15万个商务服务就业岗位向外转移的通常做法就成为发达国家内部的一个争论议题，甚至成为很多人反对全球化的理由。

该研究还显示，在2001年底，北美和欧洲销售额在10亿美元以上的公司雇用了820万商务服务员工。在2002～2016年间，其中的530万个就业岗位将由于劳动生产率上的改进（320万个，或者大约39%）和外包活动（210万个，大约25%）而被消减。同时，由于经济增长所带来的新工作岗位创造（160万个，约20%），总共有370万个就业岗位净损失掉了。这样，在这15年间，商务服务工作机会就净消减了45%！2012～2016年全球企业商务服务工作岗位的流失情况见图1。

进一步从商务功能来分析，可以发现IT部门工作岗位消减的比例最大

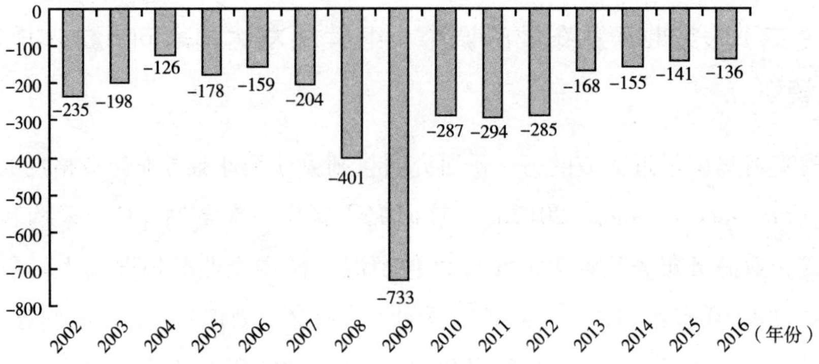

图1　企业商务服务工作的流失（2002～2016年）

资料来源：*Supply Chain Optimization Study*，The Hackett Group，2012a。

（以2001年的工作岗位为基数），数量上的消减也最多。但是，值得注意的是，这里所研究的只是销售额在10亿美元以上的公司的情形。实际上，在这些公司外包内部IT活动的同时，也在公司之外创造了新的IT工作岗位，加上IT行业本身（硬件、软件和通信）的快速增长，新的IT工作岗位也会被创造出来。因此，这里的分析结果应该被谨慎解释。

为什么欧美发达国家商务服务活动的工作岗位不断地被消减和外包呢？这种宏观变化背后的微观依据是什么呢？这有以下两个方面原因。

第一，21世纪初期以来，越来越的公司将公司内部程式化的、交易性商务支持活动进行了整合，建立了各部门甚或不同公司可以共享的公司商务中心（Shared Service Center）。这样，既提高了服务效率，也可以将更多的服务活动外包。最近，不少公司纷纷扩大这类商务中心所提供的服务范围，一些高附加值的、知识密集型的活动也包含其中。同时，这类服务中心也从单一功能性机构向多功能性机构转变，一种新型的全球性的商务服务组织［Global Business Services（GBS）Organizations］开始占据主导。目前有些公司已经将内部交易性商务支持活动的50%以上转交给这类GBS组织来进行，并且，一些知识密集型的商务服务活动也被融合进GBS组织之中。总之，GBS组织的演进和扩展是促使企业内部商务服务活动劳动生产率不断提高的最主要驱动力。

全球性的商务服务（GBS）组织，像他们所服务的公司一样，也在进行全球化，即：在全世界最有效率的地方提供相关商务服务活动。因此，这些 GBS 组织也将他们内部的大量服务性工作转移到低成本的发展中国家和地区进行。正是这些 GBS 组织的兴起推动了商务服务工作岗位的外包蓬勃开展。

第二，几乎所有公司商业运作模式都全球化了。这种发生在企业内部的、范围广泛、内容深入的全球化也是商务服务工作岗位不断减少的重要推动者之一。随着企业产品或者服务线、上市战略和供应链管理越来越全球化，支持这些活动的企业商务服务活动也必须全球化。因此，企业的商务服务中心只在传统的国内市场提供这类服务就变得不合时宜了。比如，如果印度逐渐演变成一个最优的全球应用开发中心地，那么，印度的 IT 组织就从原来的作为欧美公司总部的外部性服务机构演化成了一个全球性的 IT 中心。同样的情形也会发生在采购、金融以及人力资源部门中。这就是为什么这些商务服务性工作持续向低成本国家转移的原因。总之，企业这么做，既是适应全球化业务扩展的需要，更是保持竞争力和提高竞争力的需要。

那么，这些服务业岗位将从发达国家转移到何处去呢？该研究发现，在 2012 ~2016 年间，将会有 75 万个商务服务性岗位转移到低成本国家和地区。其中，印度、东欧地区、中国，其他亚太地区等分别占据 38%、20%、13%、19%，其他的 10% 为其他国家所吸引。74% 的公司将印度作为新的商务服务外包的首选目的地，55% 的公司将中国作为首选目的地。

（三）中国制造：成本优势消减，但竞争优势仍在

前一部分已经指出，在过去 20 年中，全球产业格局变动最重要的因素之一是中国的崛起。通过国内的工业化努力以及积极对外开放，吸引外资，中国已经成为全球加工和制造中心，2011 年更是超越美国成为全球第一大制造大国。

在过去很长一段期间内，对于很多跨国公司而言，在做出在哪里建立供应全球的制造工厂决策的时候，答案似乎非常简单。由于拥有似乎用之不竭的廉价劳动力，巨大而且快速扩张的国内市场，稳定的汇率政策，以及政府为吸引外国直接投资所提供的各种优惠政策，中国是很自然的选择。

但是，现在的情况发生了很大的改变：①在过去 10 多年间，中国工人的

工资和福利水平每年以15%～20%的速度上涨。如果按照这种速度继续增长，中国工人与美国工人工资水平的差距将从目前美国工人工资的55%的水平缩减到2015年的39%（在进行了劳动生产率的调整之后）。②在未来5年中，如果将交通、税赋、供应链风险、工业地产以及其他成本考虑进来，那么，在很多产品上，中国制造成本上的节约将非常有限。③虽然，很多中国的企业也在进行自动化等方面的努力，但是，这些提高劳动生产率的方法尚不足以完全冲减成本上的增加。④由于中国以及亚洲其他国家和地区的人均收入水平快速提高，该地区的消费需求增长很快。这样，跨国公司会越来越多地以中国为基地供应当地市场和亚洲市场。⑤中国制造成本的上升也会导致一部分中国制造转移到低成本的越南、印度尼西亚和墨西哥。

总之，在未来5年中，全球制造业产业布局将会因为中国制造成本的上升而经历一次新的调整。在不同产业中，这种调整的范围和程度是不同的。比如，在劳动力成本占比很小、规模经济影响较小的产业，如汽车零部件、建筑机械等产业中，企业在进行新的投资决策时，需要进行重新调整和考虑他们的区域选择。而在劳动成本占比较高、规模经济影响很大的产业中，中国的竞争优势将会继续保存。在劳动力密集型的、大众化生产产业，如纺织和服装中，很多生产可能会逐渐从中国转移，而流入低成本的其他国家和地区。总体上，这种调整将依赖于这样几个条件：劳动成本所占的比例、交通成本、中国的竞争优势以及不同公司的战略考虑等。

随着时间的推移，这种调整会越来越明显，尤其是当企业们决定在哪里建设新厂、在哪里建设新的生产能力的时候。

值得强调的是，这种调整和变化，并不意味着中国作为全球制造基地和平台作用的消减，也不意味着跨国公司要关闭在中国的生产工厂。随着收入水平的不断快速上升，中国本土市场扩张迅速。作为满足当地市场和周边亚洲国家和地区市场的基地，中国制造的作用甚至还会提升。目前，中国的经济规模为世界第二，为美国的一半左右。5年后，中国的经济规模将达到美国的2/3左右，甚或更高。加上周边国家和地区，亚洲市场的规模将和美国相当。同时，中国仍然是一个供应欧洲市场的最重要制造基地和平台之一。目前，即便是中国的长三角地区，经过劳动生产率调整后的中国工资也只是欧洲国家的1/4左右。5 年后的 2015 年，也仅仅只有 38%。唯有在供应美洲市场的时候，与美国的吸引力相比，中国的优势在相对消减，美国在相对上升。

与其他发展中国家和地区相比，中国制造是否到了向外大规模转移的时候呢？自从改革开放以来，就引进外资和开展对外贸易而言，中国提供了世界上最具有竞争的各种要素组合：近乎无限供应的廉价劳动力（低于每小时 1 美元），大量的工程师和技术人员，稳定的汇率安排，提供廉价土地、完善基础设施以及必要财政补贴的地方政府等等。在加入世界贸易组织的 10 多年中，中国成为很多希望降低成本、提供全球竞争优势的跨国公司从事产业外包的默认选择。在 2000 ~ 2011 年间，中国出口增长了 5 倍多，达到 18900 多亿美元，在世界出口中的比例也从 3.9% 上升到 10.4%。这种发展是在很多产业中进行的，不仅是劳动密集型的产业，还包括重化工业和高技术产业。

虽然中国制造的成本相对上升，但是，其他低成本国家和地区是不能全部吸收掉有可能转移出中国的出口导向型制造生产能力的。原因很简单，因为其他国家没有那么多的劳动力来替代中国制造。中国不仅具有世界上最多的 13.4 亿人口，而具有世界上最高的劳动参与率（84%，Able-bodied Adults）。其中，有 28%、大约 2.15 亿工人受雇于工业部门。这个数量是东南亚和印度工业部门劳动力总量的 1.58 倍。在低成本国家和地区中，中国工人也是世界上最有效率的工人。越南工人的工资只有中国的 1/4，但是，中国工人的劳动生产率要高很多，因此，在综合考虑劳动生产率之后，中国的劳动成本甚至具有优势。尤其重要的是，随着当地劳动市场趋紧，其他低成本国家和地区的劳动工资也在上涨。

另外，其他低成本国家和地区都不具有中国沿海地区工业开发区所具有的一流基础设施、充沛的熟练劳动力供应、完备的产业配套网络以及极高的劳动生产效率。加上各级政府（从中央政府到村级政府）为外资和工业投资所提供的各种优惠，以及一站式为外资服务的工作效率等条件，其他国家很难和中国竞争。

也许，这些国家在一些低附加值的制造业投资上拥有一些竞争力。但是，在高附加值的制造业上，它们仍然缺乏良好的基础设施、充足的熟练工人、充满竞争力的当地产业配套能力、规模化的制造业生产能力、稳定的政治以及知识产权保护环境等。其中，在某些国家中，甚至还面临劳动生产率低下、腐败、治安环境恶劣等方面的限制。

从中国制造业自身产业结构演进的过程来看，也还没有到大规模往外产业迁移的阶段。虽然一些制造业在从沿海地区向中西部地区转移，但是，即便按照上升了的成本条件来看，中国制造的成本也只是接近或者达到其他国家的水平，远远没有超过它们。因此，在未来相对长一段时间内，考虑到产业转移的门槛条件，可能有一些新增的投资会转投其他低成本国家和地区，但是，从中国制造能力的大规模转移尚不会发生。

（四）供应美洲市场：墨西哥制造与美国制造的振兴

但是，就供应美洲市场而言，墨西哥会成为这种变化和调整下的一个潜在受惠者。金融危机期间，油价和原材料价格的飙升使得长距离进行全球产业链配置的传统做法受到一些挑战。加上在经济困难的时候，消费者和企业对于成本节约都很敏感。这使得和美国相邻的墨西哥具有很多优势。比如，从墨西哥运输货物到美国只需要 1～2 天时间，而从中国走海运则至少需要 21 天时间。同时，作为北美自由贸易区的一员，墨西哥的货物可以以零关税税率出口到美国和加拿大。另外，随着中国劳动工资水平的不断提高，中国的劳工成本优势在不断消减：2000 年，中国劳动成本是墨西哥的 1/4，10 年后的 2010 年，已经上升到了 2/3 的水平。到 2015 年的时候，有可能中国工资要接近墨西哥的水平，甚或更高。

墨西哥更开放的经济政策也有利于这种转变。墨西哥与 44 个国家签署了自由贸易协定，数量是中国的两倍还多，相当于巴西的四倍。自由贸易协定使得位于墨西哥的公司能够以零关税条件从多个国家采购零部件和各种资源。同时，这些协定还增强了跨国公司的信心。

但是，墨西哥也并非是跨国公司投资的热土。该国令人担忧的治安环境，有限的配套能力以及落后的基础设施等严重限制着该国替代中国制造的能力。

作为对美出口基地和平台，在中国的成本优势遭受到了很多经济因素的侵蚀时，另外一个角色也逐渐浮出水面，即所谓的美国再工业化以及制造业的振兴。

遭受金融危机的严重冲击之后，居高不下的失业率使得美国劳动力市场越来越具有灵活性，企业也采取了各种措施消减成本。这使得美国制造的相对劣势在下降，相对优势在上升。美国波士顿咨询公司（BCG，2012）的一项分析显示，对于很多输美产品而言，大概在2015年前后，在美国某些地方进行制造像在中国制造一样便宜。比如，未来5年内，在很多产品上，在中国沿海地区的制造业生产总成本只比美国某些地方（南卡罗来纳州，阿拉巴马州和田纳西州）制造成本低10%～15%。

在金融危机期间，美国联邦政府和一些地方政府为了扩大投资，增加就业，纷纷出台了各种优惠政策。比如，2009年12月奥巴马政府出台的重振美国制造业的计划，并选择了六大新兴或者高科技产业作为支持对象。它们是：①可以作为未来经济增长点的产业——高科技的清洁能源产业，比如风能和太阳能产业；②重振传统的制造业——钢铁（电弧炉，electric arc furnace，or EAF mills）和汽车产业（电池和电动汽车）；③技术密集型、高效率的生物工程；④美国领先的产业——宇航产业；⑤新兴产业——纳米技术；⑥超越制造业的产业——智能电网和气候适应房屋建设（Weatherizing Homes）等。2010年9月奥巴马政府还出台了《创造美国就业及结束外移法案》。该法案提出，将为从海外回迁就业职位的企业提供为期24个月的工资税减免，并终止向海外转移工厂和生产企业提供数项补贴，如免税和减税。又比如，在2012年4月，美国参议员、密歇根州民主党人施塔贝诺（Debbie Stabenow）提出《就业回国法案》（Bring Jobs Home Act）。这项法案将通过税收减免帮助企业弥补因迁移生产业务回国而产生的成本，它还禁止为企业因迁移营业机构出国而产生的成本减税。

美国地方政府也提供了相当大的刺激措施以吸引企业进驻。比如，通用电气公司从肯塔基州和路易斯维尔市获得总额3700万美元的资金，联邦政府还提供了248万美元的减税措施；卡特彼勒也从得克萨斯州企业基金那里收到118万美元资金（胡一帆，2012）。正是在这些因素的推动下，一些美国大公司也开始了在美国本土的大投资。比如，通用电气、通用汽车、福特汽车和克莱斯勒汽车以及卡特彼勒等公司。

总之，就供应美洲市场而言，即便是考虑到墨西哥制造的便利条件，也考虑到美国重振制造业的种种条件和优惠政策，尤其是最近美国国内新能源的发现所带来的电力冲击（它将拉低电力以及多种生产所需中间原料的成本），墨西哥制造和美国制造的影响仍然有限，而中国制造仍然是一股举足轻重的重要力量。

五　结论和启示

通过前文的分析和研究，可以得出这样几个结论。

（1）未来3~5年，制造业从发达国家向低成本的国家和地区转移的趋势仍会继续。制造业从低成本国家和地区回流发达国家的情况虽然有所加强，但是尚不足以抵消外流的趋势，净回流仍然没有发生。

（2）伴随着工资水平的快速增长，以及石油和原材料价格的上涨，中国制造的成本优势受到很大削弱。但是，中国制造的成本仍然没有超过其他国家的水平，竞争优势仍在。

（3）就供应北美市场而言，墨西哥制造的优势有所抬升，美国制造的相对劣势也有所减弱，但是，中国制造仍然是一支不可忽视的重要力量。

总之，未来3~5年，相对于发达国家而言，新兴市场经济体产业份额上升的趋势会有所减弱，两大类经济体之间的产业分布格局的调整趋于稳定。中国在全球制造中的份额仍会上升，但是，上升的步伐减缓。

从如上的研究和结论中，也可以得出这样两点启示。

一是虽然最近几年出现了不少质疑全球化的声音，但是，全球金融危机以及全球经济的缓慢复苏步伐并没有阻止甚或逆转全球化的进程。不论是制造业的企业，还是服务业的企业，仍然在全球范围内进行它们生产和经营活动的布局和安排。这是令人欣慰的。

二是虽然在金融危机中，各国政府强势出击，采取各种各样的救助和支持经济的政策和措施，但是，市场经济的基本力量仍然在静悄悄地发挥着强有力的作用。企业在全球范围内，追求资源配置最优化和追求利润最大化的行为并没有改变。

参考文献

彼得·马什:《21世纪的新工业革命》,《金融时报》(中文版)2012年9月4日。

胡一帆:《美国制造业回巢对中国有何影响?》,《华尔街日报》(中文版)2012年8月3日。

BCG, August, 2011, Made in America, Again-Why Manufacturing will Return to the US.

Peter Dick, 2011, *The Global Shift*, The Guilford Press: New York, London.

The Hackett Group, 2012a, *Supply Chain Optimization Study*.

The Hackett Group, 2012b, *Reshoring Global Manufacturing: Myths and Realities.*

UNIDO, 2004, *Industrial Development Report*, P183.

New Trend of Global Industrial Development

Song Hong

Abstract: In the next 3 -5 years, the share of emerging marketing economies in the global manufacturing output will increase gradually, although the pace of growth is not strong. Meanwhile, the reshoring of manufacturing in industrial countries is increasing, but at a smaller scale than the trend of offshoring. So the trend is still a net moving out of industrial capacity from those countries. In service sector, the hollowing out process in industrial countries continues, although the scale is reduced. The cost advantage of Chinese manufacturing is decreasing dramatically, but China will maintain its position as one of the most important manufacturing centers in the world.

Key Words: Manufacturing Sector; Service Sector; the Moving Out Of Industrial Capacity; Reshoring of Manufacturing

Y.17

新兴市场经济体面临短期国际资本流动的易变性分析

张 明 肖立晟*

摘 要：

最近10余年来，国际资本流动的易变性有所增强，且短期国际资本流动的易变性显著高于中长期国际资本流动的易变性。对从2005年至2011年7个代表性新兴市场经济体短期资本流动季度数据的实证研究表明，推动因素与拉动因素在其中均扮演了重要角色。主要的推动因素包括美国利率水平、美国GDP与VIX指数，而主要的拉动因素包括本币兑美元汇率的变动率与本国利率水平。为更好地应对国际资本流动易变性的冲击，新兴市场国家应综合运用宏观经济政策、宏观审慎监管与资本账户管制等一揽子工具；发达国家应努力控制其货币政策负外部性；资本流入国与流出国之间也应该加强政策协调。

关键词：

新兴市场经济体 短期资本流动 易变性

一 国际资本流动的规模与易变性

20世纪80年代以来，国际资本流动出现了三次较大规模的变动。第一次是亚洲金融危机爆发之前的1993~1997年；第二次是本次金融危机爆

* 张明，经济学博士，中国社会科学院世界经济与政治研究所副研究员，研究领域为国际金融与宏观经济；肖立晟，经济学博士，中国社会科学院世界经济与政治研究所助理研究员，研究领域为国际金融。

发之前的2004～2007年；第三次是危机之后的2010～2012年。这三次变动的主要表现是流向新兴市场经济体的国际资本规模均显著超过历史平均水平。

在流向新兴市场经济体的国际资本中，私人资本扮演着主要角色。如图1所示，在1978～2012年期间，新兴市场经济体私人资本净流入年均达到3012亿美元，而同期官方资本净流入年均为231亿美元。私人资本流动远远高于官方资本流动。这一差距，在2001～2012年期间进一步扩大。在这期间，上述两个指标分别为6712亿美元与229亿美元，这意味着过去10余年间，私人资本流动的重要性进一步上升。

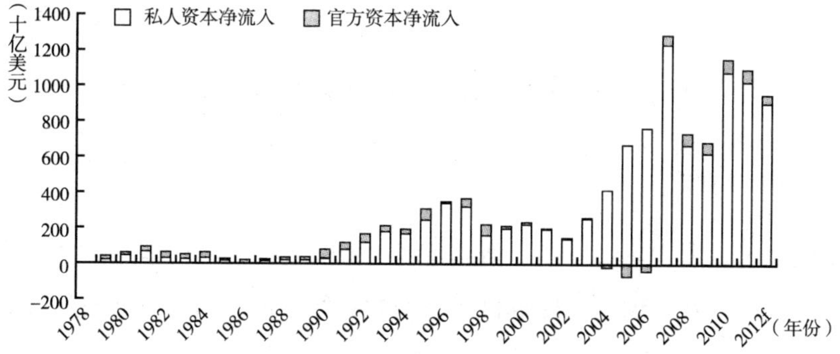

图1　新兴市场经济体面临的国际资本流动

注：（1）IIF数据库中统计的新兴市场经济体样本包括如下30个国家：阿根廷、巴西、保加利亚、智利、中国、哥伦比亚、捷克、厄瓜多尔、埃及、匈牙利、印度、印度尼西亚、韩国、黎巴嫩、马来西亚、墨西哥、摩洛哥、尼日利亚、秘鲁、菲律宾、波兰、罗马尼亚、俄罗斯、沙特阿拉伯、南非、泰国、土耳其、乌克兰、阿联酋、委内瑞拉；（2）关于私人资本流动数据，1978～1994年为旧统计方法，1995～2012年为新统计方法，2012年为预测值。

资料来源：Institute of International Finance（IIF）。

传统上，在流入新兴市场经济体的私人资本中，直接股权投资（即外商直接投资FDI与对外直接投资ODI之差）的规模最大。2001～2012年，新兴市场经济体直接股权投资净流入年均达到2237亿美元。然而，近年来其他私人债权净流入的规模快速上升，在2010～2012年期间与同期直接股权投资净流入规模基本相当。相比之下，同期内新兴市场经济体银行债权净流入与组合股权投资净流入年均分别仅为1137亿美元与68亿美元。银行债权净流入在2004～2009年期间波动很大，其在2007年达到4395亿美元，甚至超过了直接股权投资净流入以及其他私人债券净流入（见图2）。

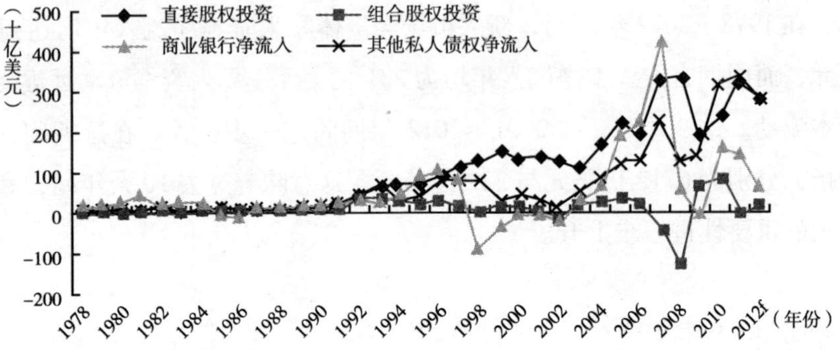

图2　新兴市场经济体面临的私人资本净流入：类型分解

注：每年四部分资本净流入加总，得到用旧统计方法计算的私人资本净流入。
资料来源：IIF。

从图1与图2中不难看出，新兴市场国家面临的国际资本流动具有较强的易变性。例如，在东南亚金融危机爆发期间，新兴市场国家面临的私人资本净流入由1997年的3322亿美元锐减至1998年的1619亿美元，下降了51%。又如，在美国次贷危机爆发期间，上述指标由2007年的12380亿美元锐减至2008年的6705亿美元，下降了46%。

为更准确地比较新兴市场经济体面临各种类型资本流动的易变性，我们计算了不同类型资本流动在不同时期内的变异系数（见表1）。从表1可以得出以下特征性事实。第一，在整个样本期内，官方资本净流入的变异系数高于私人资本净流入，这似乎与私人资本流动的易变性高于官方资本流动的传统印象不相符合。第二，在私人资本净流入中，在2001～2010年期间，组合股权投资净流入的变异系数最高，而在1981～2000年期间，商业银行债权净流入的变异系数最高。除1991～2000年外，直接股权投资净流入的变异系数均低于其他私人债权净流入，但这两者的变异系数又都显著低于组合股权投资与商业银行债权。第三，最近10年来（2001～2010年期间），除直接股权投资与商业银行债权之外，其他各种类型的资本净流入（官方、私人、组合股权投资、其他私人债券）的变异系数均显著提高。其中尤其值得注意的是，组合股权投资的变异系数由1991～2000年的0.71上升至2001～2010年的8.71。

表1　新兴市场经济体面临各种类型资本流动的变异系数

资本流动类型		年度变异系数			
		1981～2010	1981～1990	1991～2000	2001～2010
所有资本净流入		1.07	0.48	0.33	0.61
官方资本净流入		1.30	0.47	0.74	2.72
私人资本净流入	整体	1.14	0.57	0.40	0.60
	直接股权投资	0.96	0.45	0.53	0.38
	组合股权投资	3.56	0.67	0.71	8.71
	商业银行债权	1.90	1.55	2.09	1.26
	其他私人债权	1.17	0.81	0.44	0.74

注：（1）变异系数是指某序列的标准差与均值的比率；（2）分期依据为每10年1期。每个10年均包含一次国际金融危机。1981～1990年期间爆发了拉美债务危机，1991～2000年期间爆发了东南亚金融危机，2001～2010年期间爆发了美国次贷危机。

资料来源：IIF，以及作者的计算。

除绝对规模外，新兴市场经济体面临短期国际资本流动的相对规模也表现出较强的易变性。如图3所示，在巴西、中国、印度、印度尼西亚、韩国、泰国与越南这7个具有代表性的新兴市场经济体中，[①] 除泰国外，其他6个经济体均在2008年经历了短期资本流入额的显著下降甚至逆转。2007年，7个经济体短期资本流入额与GDP比率平均为3.0%，2008年该比率下降至0.0%。其中韩国短期资本流入额与GDP比率更是由2007年的1.1%猛跌至2008年的-4.4%。而在全球金融危机爆发前，越南与印度均面临着巨额资本流入，其短期资本流入额与GDP的比率在2007年分别达到15.8%与7.1%。

国际资本的大规模流入虽然有助于降低流入国的资本成本，推动该国的消费与投资增长，但同时也会带来一系列负面影响。首先，大规模资本流入导致流入国的实际汇率升值与经常账户恶化（Cardarelli，2009）；其次，大规模流

① 这7个新兴市场经济体在2005～2011年期间都曾经面临大规模短期资本流动，且都曾采取过应对短期资本流动的相关措施。在我们目前进行的另一项研究中，我们将更多新兴市场经济体（20～50个）纳入了考察范围。

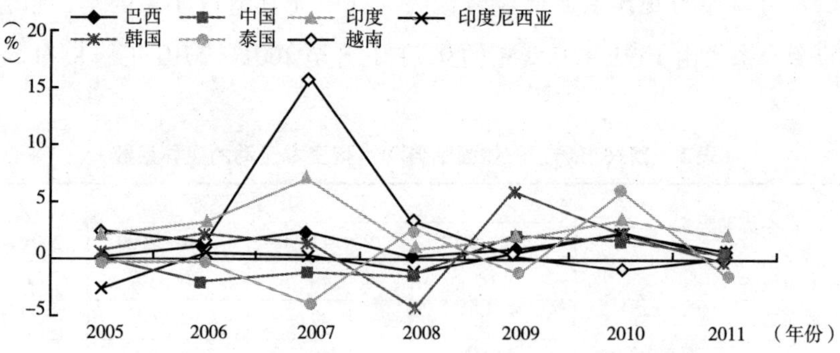

图3　代表性新兴市场经济体面临短期资本流动的相对规模

注：我们用一国金融账户余额减去直接投资余额来估计该国面临的短期资本流动规模。

资料来源：CEIC数据库，以及作者的计算。

入会降低流入国货币政策工具的有效性（例如当一国货币当局通过加息来抑制通货膨胀时，本币利息上升吸引的大规模资本流入会抵消加息的紧缩效应）、削弱流入国的财政纪律，进而推高流入国的资产价格（特别是股票与债券价格）（IMF，2011a）；再次，新兴市场国家所面临的资本流入盛宴通常伴随着经济危机（债务违约、银行危机、通货膨胀与货币崩溃）爆发概率的上升（Reinhart and Reinhart，2008）。由于资本流入会造成本币升值、流动性过剩与资产价格泡沫，而资本流入的突然中止与逆转会刺破资产价格泡沫，造成流动性紧缩与本币贬值，引发货币危机、银行危机、债务危机甚至经济危机。由于各个新兴市场经济体面临的国际资本流动具有较强的同步性，因此，国际资本流动的易变性既是对流入国宏观经济与金融市场稳定的挑战，也是对全球宏观经济与金融市场稳定的挑战。

本文将重点分析近年来国际资本流动的主要驱动因素，从中找到国际资本流动易变性的原因，进而有针对性地提出如何管理国际资本流动的政策建议。本文的结构安排如下：第二部分在梳理文献的基础上总结国际资本流动的主要驱动因素；第三部分通过实证分析来比较各主要因素在影响国际资本流动中的相对重要性；第四部分是结论以及如何更好地管理国际资本流动的政策建议。

二 国际资本流动的主要驱动因素

国际资本流动的主要驱动因素一般分为推动因素（Pushing Factors）与拉动因素（Pulling Factors）两大类。推动因素是指影响国际资本流向特定国家的全球性因素，也可理解为影响国际资本供给层面的因素；拉动因素是指引导国际资本流向特定国家的该国国内因素，也可理解为影响国际资本需求层面的因素。

Chuhan 等（1993）较早地区分了影响国际资本流动的全球性因素与国别性因素。其研究发现，在由美国流向拉美国家与亚洲国家的股权与债权资本流动中，全球性因素（例如美国利率的下降与美国工业产出的下滑）与国别性因素均发挥着重要作用。其中股权性资本流动对全球性因素更为敏感，而债权性资本流动对诸如国家信用评级和债券二级市场交易价格等国别性因素更为敏感。Taylor 和 Sarno（1997）的分析也表明，全球性因素与国别性因素在股权资本向新兴市场经济体的长期流动中发挥着同等重要的作用，但在决定债权资本流动方面，全球性因素要比国别性因素重要得多，例如美国利率在流向新兴市场国家的短期组合投资中发挥着格外重要的作用。Griffin 等（2004）对高频跨国股权资本流动的研究发现，全球股票投资回报率（推动因素）与本国股票投资回报率（拉动因素）在其中均扮演着重要角色。

Fernandez-Arias（1996）对中等收入国家在 1989 年后资本流动的研究发现，上述资本流动主要是由推动因素（特别是国际利率水平的下降）导致的，而拉动因素扮演的角色有限。IMF（2011b）则指出，在 1980 ~ 2010 年期间，无论是在发达国家还是在新兴市场经济体面临的国际资本流动中，拉动因素的作用均显著高于推动因素。然而，推动因素对新兴市场经济体资本流动的贡献，要显著地高于对发达国家资本流动的贡献。而且从 21 世纪 90 年代中后期至今，推动因素对新兴市场经济体资本流动的贡献显著上升。

全球金融危机爆发后，国际资本流动对新兴市场国家的冲击成为学术界和政府当局关注的焦点问题。Milesi-Ferretti 和 Tille（2011）的研究表明，在全球金融危机期间，国际资本流动的主要驱动因素是投资者的风险因子。当投资者普遍对未来前景持悲观预期时，新兴市场国家的资本流入会出现突然中止的现象；当投资者恢复信心后，国际资本流动的流入规模与新兴市场国家的金融一体化以及国内宏观经济状况密切相关。这表明，经济处于危机和正常两种不同状态时，国际资本流动的驱动因素存在较大差异。Fratzscher（2011）的研究也表明，在美国次贷危机爆发前与过程中，推动因素发挥了主导作用，而从2009年起，拉动因素逐渐取代推动因素而发挥主导作用。

为了进一步考察全球金融危机期间国际资本流动的异常波动，Forbes 和 Warnock（2011）将国际资本流动的异常现象分为四类：资本激增（surge）、突然中止、资本外逃（capital flight）和资本收缩（retrenchment）。然而，他们的研究结果表明，全球的推动因素——流动性状况和全球平均利率水平——并不显著，国内经济增长的变化则是资本的突然中止和激增的最主要的决定因素。之所以 Forbes 和 Warnock（2011）、Fratzscher（2011）会出现完全相反的结果，其很大一部分原因是样本选择的差异：Forbes 和 Warnock（2011）选择的是宏观经济统计中的国际资本总流动数据（gross capital flow）；Fratzscher（2011）采用的是微观金融企业层面的资产组合数据（portfolio flow data at daily）。显然，这两类资本流动的风险敏感程度并不完全相同。

在 Forbes 和 Warnock（2011）的基础上，Ghosh 等（2012）采用净资本流动，考察了新兴市场资本流动激增发生的概率和规模的决定因素。他们的研究结果表明，全球推动因素是触发新兴市场资本流动激增的主要原因；一旦出现资本流动激增，国内因素则决定了资本流动的规模。

从上述实证文献的回顾中不难发现，在新兴市场经济体面临的国际资本流动中，究竟是推动因素还是拉动因素发挥着主要作用，目前尚无定论，对不同国家在不同区间内的实证研究，很可能得出不同的结论。Ghosh 等（2012）指出，推动因素是导致国际资本从发达国家流向新兴市场经济体的主要因素，而拉动因素是决定国际资本最终流入哪些特定的新兴市场经济体的主要因素。由于在每一轮大规模的资本流动过程中，并非所有新兴市场经济体都面临着资本流入，这恰好说明，推动因素与拉动因素都在国际资本流动过程中发挥了重要作用。

IMF（2011a）在区分推动因素与拉动因素的基础上，进一步区分了周期性因素与结构性因素。周期性因素与全球经济和国别经济的周期性变动有关，而结构性因素则与全球和国别经济中的制度性因素或中长期因素有关。IMF（2010）指出，全球结构性因素包括发达经济体的人口老龄化、新兴市场经济体与发达经济体在潜在增长率方面的持续差异、全球金融市场的信息技术改进与投资者本国偏好的下降等，而全球周期性因素则包括全球流动性以及国际机构投资者风险偏好的变化等。表2综合了上述两种分类方法，将国际资本流动的驱动因素分为了四大类。

表2　国际资本流动的驱动因素之分类

	周期性因素	结构性因素
拉动因素	商品价格高企 资本流入国利率 资本流入国低通胀	资本流入国资产负债表的改善 资本流入国的高经济增长率 资本流入国的贸易开放度
推动因素	美元低利率 全球范围内高风险偏好 发达经济体紧张的资产负债表	国际资产组合的多元化 发达经济体的低经济增长率

资料来源：IMF（2011a）。

为什么对决定国际资本流动的主要驱动因素进行识别非常重要呢？因为这一结果具有鲜明的政策含义。对资本流入驱动因素的识别，有助于增强资本流动管理的有效性。如果导致资本流入主要是拉动因素，则仅凭资本流入国进行国内政策调整就能有效地降低资本流入；如果导致资本流入主要是推动因素，则对国际资本流动的管理就离不开资本来源国的努力；如果拉动因素与推动因素同时发挥着重要作用，那么资本流入国与来源国就必须加强政策协调以管理资本流动。

三　实证分析

我们的实证分析是要回答如下问题：在2005~2011年期间，巴西、中国、印度、印度尼西亚、韩国、泰国与越南这7个代表性新兴市场经济体短期国际资本流动的主要驱动因素是什么？推动因素与拉动因素分别发挥了什么作用？

我们选择的时间序列为2005年第一季度至2011年第四季度的季度数据。[①] 所有数据均引自CEIC数据库。

我们采用的面板数据回归方程如下：

$$y_{it} = c + v_i + \beta x_{it} + u_{it}$$

其中 y_{it} 为因变量，c 为常数项，v_i 为各个国家对截距的影响（随机或固定效应），x_{it} 为自变量，u_{it} 为误差项。[②] y_{it} 为各国每季度短期资本流动规模占该季度GDP的比率。短期资本流动规模等于各国国际收支表中金融账户（financial account）余额减去直接投资（direct investment）项目余额，即为组合投资（portfolio investment）余额与其他投资（other investment）余额之和。

详细的回归方程如下：

$$y_{it} = c + v_i + \beta_1 gdpgrowth_{it} + \beta_2 i_{it} + \beta_3 e_{it} + \beta_4 cpi_{it} + \beta_5 usgdp_{it} + \beta_6 usi_{it} + \beta_7 lvix_{it} + u_{it}$$

其中主要的自变量包括：

gdpgrowth：各国的季度GDP同比增速。GDP增速可以大致反映各国的综合投资回报率，是一种拉动因素，预期该指标与短期资本流入正相关。

i：各国的基准利率（贴现率）。基准利率反映了各国的无风险投资回报率，这是一种拉动因素，预期该指标与短期资本流入正相关。

e：各国货币兑美元汇率的变动率（本季度与上季度相比）。e上升表示本币兑美元汇率升值（间接标价法），反之亦然。值得注意的是，e并非汇率升值预期（除非国际投资者的汇率变动预期是简单的适应性预期），而是汇率的历史波动率。这是一种拉动因素，但较难判断该指标与短期资本流入的相关关系。

cpi：各国的消费者物价指数增长率。通货膨胀率会对各国市场上的真实投资回报率产生影响，通胀率上升导致各类投资的真实投资回报率下降，这是

---

① 选择这一时间段的原因是，我们能够找到的上述经济体基本上是从2005年之后才有可比的季度数据。

② 之所以没有单独考虑控制时间对截距的影响，是因为多数自变量属于对时间很敏感的时间序列，一旦控制了时间效应，则面板数据回归受到多重共线性影响，难以得到估计结果。

一种拉动因素。预计该指标与短期资本流入负相关。

usgdp：美国季度 GDP 同比增速。我们用美国 GDP 增速来代表全球发达国家经济增速，它反映了新兴市场经济体之外的综合投资回报率。这是一种推动因素。预期该指标与新兴市场经济体面临的短期资本流入负相关。

usi：美国的基准利率（贴现率）。该指标反映新兴市场经济体之外的无风险投资回报率，这是一种推动因素，预期该指标与新兴市场经济体面临的短期资本流入负相关。

lvix：美国标准普尔 500 指数波动率的对数值。该指标反映全球金融市场的动荡程度与避险情绪。指数越高，代表全球金融市场动荡程度越高、全球机构投资者的避险情绪越高。这是一种推动因素，预期该指标与新兴市场经济体面临的短期资本流入负相关。

面板数据回归分析的主要结论如表 3 所示。

表 3　7 个新兴市场经济体的面板回归结果（因变量：短期资本净流入/GDP）

	(1) OLS	(2) RE	(3) FE	(4) SYS_GMM
VARIABLES	cap1	cap1	cap1	cap1
L. cap1				0.0142 (0.20)
e	-0.393 *** (-5.25)	-0.407 *** (-5.59)	-0.404 *** (-5.71)	-0.406 *** (-5.64)
lvix	-0.0276 * (-1.77)	-0.0313 ** (-2.06)	-0.0314 ** (-2.11)	-0.0307 ** (-2.05)
usi	-0.00401 * (-1.82)	-0.00430 ** (-2.01)	-0.00524 ** (-2.54)	-0.00521 ** (-2.54)
i	0.000852 (0.85)	0.00176 (1.33)	0.00696 *** (3.07)	0.00703 *** (2.86)
cpi	-0.000719 (-0.82)	1.52e-05 (0.02)	-0.000283 (-0.22)	-0.000280 (-0.22)
usgdp	-0.00367 * (-1.71)	-0.00413 ** (-1.98)	-0.00443 ** (-2.20)	-0.00436 ** (-2.13)
Constant	0.0834 (1.61)	0.0856 * (1.69)	0.0575 (1.14)	0.0549 (1.07)
Observations	189	189	189	189

续表

	(1) OLS	(2) RE	(3) FE	(4) SYS_GMM
R - squared	0.157		0.258	
Number of id	7	7	7	7
AR2				0.371
SARGAN 检验				0.2135
Hausman 检验			0.0011(选择固定效应模型)	

注：括号内是 t 统计量，* 代表 10% 水平上显著，** 表示 5%，*** 表示 1%。

资料来源：笔者通过 Stata 软件的计量分析结果。

首先，我们不区分数据的横截面特征与时间特征，直接将面板数据作为简单的截面数据（Pooled Data）进行 OLS 回归。回归结果显示，汇率变动率（e）、VIX 指数（lvix）、美国利率（usi）与美国 GDP 增速（usgdp）这四个变量的影响较为显著［第（1）列］。我们发现，美国利率上升导致新兴市场经济体面临的短期资本流入下降，全球金融市场波动加剧导致新兴市场经济体面临的短期资本流入下降，美国 GDP 增速上升导致新兴市场经济体面临的短期资本流入下降，这三个变量的系数均符合我们之前的预期。另外，本币对美元当期升值，导致新兴市场经济体面临的短期资本流入下降，这说明国际投资者对汇率变动的预期并非适应性预期。一种可能的解释是，这 7 个新兴市场经济体中，除中国外，其他经济体的货币汇率波动比较频繁，且升值与贬值均不会持续太长的时间。因此，如果本季度本币对美元升值，那么投资者可能预期下季度本币对美元贬值（从而向均衡水平回归），从而造成了 e 与短期资本流入的负相关关系。

其次，我们进行面板数据回归分析。考虑了随机效应与固定效应的面板数据回归结果分别如表 3 中第（2）列与第（3）列所示。由于豪斯曼检验结果拒绝了随机效应的相关假设，因此本模型适用于固定效应面板数据回归。第（3）列的结果与 OLS 结果第（1）列基本相似，但本国利率变量（i）也变得显著起来：本国利率上升，则新兴市场经济体面临的短期资本流入上升，这也印证了我们之前的预期。

最后，我们使用系统广义矩估计（Generalized Method of Moments，GMM）方法对面板回归结果进行稳健性检验。系统 GMM 方法的回归结果如表 3 第（4）列所示。不难发现，系统 GMM 估计的结果再度印证了 Pool OLS 与固定效应面板回归的结果。第（4）列与第（3）列相比，无论是自变量的显著程度、符号还是自变量的系数都很相近。这说明固定效应面板回归结果（我们的基准模型）具有较强的稳健性。

此外值得一提的是，我们尝试着将 IMF 的全球大宗商品价格指数作为自变量加入此模型，但回归结果并不显著，因此我们没有在表 3 中进行汇报。

综上所述，我们发现，在 2005 ~ 2011 年期间，7 个代表性新兴市场经济体短期资本流动的驱动因素，按重要性排序依次为：本币对美元汇率变动率、VIX 指数、美国利率与美国 GDP 增速（在 Pool OLS、固定效应面板回归与系统 GMM 回归中均很显著）；本国利率（在固定效应面板回归与系统 GMM 回归中均很显著）。而本国 GDP 增速与 CPI 增速在所有回归中均不显著。考虑到美国利率水平、美国 GDP 增速与 VIX 指数属于推动因素（全球性因素），而本币对美元汇率变动率与本国利率水平属于拉动因素（国别性因素），这说明推动因素与拉动因素在 2005 ~ 2011 年代表性新兴市场经济体面临的短期资本流动中均扮演了重要角色。

四　国际资本流动易变性的对策：结论与政策建议

最近 10 多年来，新兴市场国家面临的国际资本流动易变性显著增强。在不同类型的资本流动中，官方资本净流入的易变性高于私人资本净流入，但前者的规模远不及后者。在私人资本流入中，易变性最强的是组合股权投资与银行债权资本净流入，而易变性最弱的是直接股权投资净流入。这说明短期资本流动的易变性要显著高于中长期资本流动。除国际资本流动绝对规模的易变性较强外，各新兴市场经济体所面临的国际资本流动规模与 GDP 的比率也体现出较强的易变性。

短期国际资本的大规模流入流出，给新兴市场国家的宏观经济与金融市场稳定造成了显著冲击。资本流入造成新兴市场国家汇率高估、经常账户恶化、经济过热与资产价格泡沫，而资本流入突然停止或逆转则可能引发新兴市场国家的货币危机、国际收支危机、银行危机甚至经济危机。因此，分析短期国际资本流动易变性的原因，对于各国，尤其是新兴市场国家与有效地管理短期国际资本流动有重要的意义。

在将短期资本流动的驱动因素分为拉动与推动两类因素的基础之上，本文针对巴西、中国、印度、印度尼西亚、韩国、泰国与越南这7个代表性经济体在2005～2011年的季度面板数据进行回归分析。我们发现，拉动因素与推动因素在上述经济体面临的短期资本流动中均扮演着重要角色。其中，拉动因素主要包括本国股票价格指数、本币兑美元汇率变动率，以及本国利率水平等；而推动因素主要包括美国利率水平与VIX指数等。从上述各因素对短期资本流动的影响方向上来看，本国股票价格指数下跌、本币兑美元汇率贬值、本国利率水平上升、美国利率水平下降、VIX指数下降，短期国际资本将流入新兴市场经济体，反之亦然。

基于上述分析，我们对资本流动管理提出如下政策建议。

第一，新兴市场国家可以通过政策调整影响短期资本流动的拉动因素，进而更好地管理国际资本流动。例如，对中国而言，如果能够继续推动人民币汇率形成机制改革，让人民币市场汇率更加趋近于均衡汇率，从而打消市场单边升值预期的话，那么过去的汇率变动就不会持续吸引短期资本流入（考虑到e与短期资本流入的反向关系）。又如，对新兴市场国家政府而言，既要通过各种措施防止国内股票市场的大起大落，也应通过宏观审慎政策来增强本国金融机构应对资产价格动荡与短期资本波动性的能力。再如，为增强货币政策的独立性，新兴市场国家应加强资本账户管制，以避免国内利率变动导致短期国际资本的大进大出，从而影响了货币政策的效果。事实上，就连长期以来一直支持资本账户自由化的IMF也在最近两年来转变了态度，认为宏观经济政策、宏观审慎监管与资本账户管制应该成为新兴市场国家管理短期资本流动的一揽子工具（Ostry等，2011）。

第二，美欧等发达国家有义务管理其货币政策的负外部性。本文的分析表明，包括美国利率水平与VIX指数在内的推动因素，在新兴市场国家的短期资本流动中扮演着重要角色。由于推动因素是新兴市场国家很难控制的，因此，发达国家政府应该实施更负责任的货币政策以维持全球宏观经济与金融市场稳定。例如，全球金融危机爆发之后，为稳定金融市场与提振实体经济，美联储与欧洲央行先是大幅下调基准利率，然后实施了多轮非常规的量化宽松政策（例如美国的三轮 QE 以及欧元区的 SMP、LTRO 与 OMT 操作）。这些政策加剧了全球范围内的流动性过剩，推动短期国际资本由发达国家流向新兴市场国家。而未来一旦本国经济复苏，美欧央行重新加息或回收流动性的操作又可能造成新兴市场国家面临短期资本大规模流出的挑战。如果发达国家不控制自身货币政策的负外部性，进而导致新兴市场国家再度爆发金融危机的话，那么发达国家也可能从中受损。这意味着即使从自身利益出发，发达国家央行也应该实施更负责任的货币政策。

第三，由于推动因素与拉动因素在新兴市场国家面临的短期资本流动中均扮演着重要角色，因此，对短期国际资本进行全面管理，离不开新兴市场国家与发达国家之间进行的政策协调。一方面，对新兴市场国家内部而言，如果个别国家在未经协调的情况下实施资本账户管制等单边措施，可能导致其他国家遭遇更为严重的短期资本流入，这是一种“以邻为壑”的资本流动管制。为避免这一局面，新兴市场国家彼此之间应该加强政策协调。另一方面，新兴市场国家与发达国家之间应该进行更密切的政策协调，以降低具有系统重要性国家国内货币政策的负外部性。短期资本流动管理的跨国协调，可以与国际银行业跨国监管、全球宏观审慎政策等问题，一并纳入 G20 的磋商谈判框架。此外，新兴市场国家作为一个整体，应通过国际金融机构（例如 IMF 与世界银行）和国际多边组织（例如 G20）向发达国家施压，要求发达国家央行在制定执行货币政策的过程中考虑其溢出效应。

参考文献

Cardarelli, Roberto; Elekdag, Selim and Kose, M. Ayhan, “Capital Inflows: Macroeconomic Implications and Policy Responses”, *IMF Working Paper*, WP/09/40, March 2009.

Chuhan, Punam; Claessens, Constantijn A. and Mamingi, Nlandu, “Equity and Bond Flows to Asia and Latin America: the Role of Global and Country Factors", *World Bank Policy Research Working Paper*, No. 1160, July 1993.

Fernandez-Arias, Eduardo, "The New Wave of Private Capital Inflows: Push or Pull", *Journal of Development Economics*, 1996, Vol. 38, No. 2, pp. 389 - 418.

Fratzscher, Marcel, "Capital Flows, Push Versus Pull Factors and the Global Financial Crisis." *NBER Working Paper*, No. 17357, August 2011.

Ghosh, Atish R.; Kim, Jun; Qureshi, Mahvash S. and Zalduendo, Juan, "Surges", *IMF Working Paper*, WP/12/22, January 2012.

Griffin, John M.; Nardari, Federico and Stulz, Rene M. "Are Daily Cross-Border Equity Flows Pushed or Pulled?" *Review of Economics and Statistics*, 2004, Vol. 86, No. 3, pp. 642 - 657.

IMF, "The Fund's Role Regarding Cross-Border Capital Flows", prepared by the Strategy, Policy and Review Department, November 2010.

IMF, "Recent Experiences in Managing Capital Flows - Cross-Cutting Themes and Possible Policy Framework", prepared by the Strategy, Policy and Review Department, February 2011a.

IMF, "International Capital Flows: Reliable or Fickle", *World Economic Outlook*, April 2011b.

Ostry, Jonathan D.; Ghosh, Atish R.; Habermeier, Karl; Laeven, Luc; Chamon, Marcos; Qureshi, Mahvash S. and Kokenyne, Annamaria. "Managing Capital Inflows: What Tool to Use", IMF Staff Discussion Note, SDN/11/06, April 2011.

Reinhart, Carmen M. and Reinhart, Vincent R., "Capital Inflow Bonanzas: An Encompassing View of the Past and Present", *NBER Working Paper*, No. 14321, September 2008.

Taylor, Mark P. and Sarno, Lucio, "Capital Flows to Developing Countries: Long- and Short-Term Determinants", *World Bank Economic Review*, 1997, Vol. 11, No. 3, pp. 451 - 470.

The Causes and Remedies of the Volatile International Capital Flow

Zhang Ming   Xiao Lisheng

Abstract: In the past decade, the volatility of international capital flows has been exacerbating, and the volatility of short-term capital flow has been significantly higher than that of mid or long-term capital flow. The panel data regression on seven emerging market economies between 2005 and 2011 shows that, both pushing factors and pulling factors played important roles in the short-term capital flows. The major pushing factors include US interest rate, US GPD, and VIX index, and the major pulling factors include stock price index, the change of the exchange rate between domestic currency against USD, and the domestic interest rate. To cope with the impacts of volatile international capital flows, several policy measures should be considered. First, the emerging market economies should fully utilize the toolkit which includes macro-economic policies, macro-prudential regulations and the capital account control. Second, the developed countries should control the negative externalities of their domestic monetary policies. Third, the policy coordination between source countries and recipient countries should be strengthened.

Key Words: Emerging Market Economies; Short-Term Capital Flow; Volatility

Y.18

亚太地区经济关系的新进展

李春顶*

摘　要：

2012年亚太地区经济受“欧债危机”的影响，外需下降导致区内经济联系和相互依赖加深。区域一体化的建设和发展是2012年亚太经济关系新变化的集中体现。跨太平洋战略经济伙伴关系协定（TPP）获得较快发展，进行了四轮谈判，在具体协议上取得进展，且墨西哥和加拿大已正式加入谈判。中日韩自由贸易区的发展呈现“一波三折”，领导人会议和经贸部长会议均已决定年内启动正式谈判，但中日和韩日的领土争端将搁置谈判进程，中日韩自贸区预计在未来几年难有发展。区域全面经济伙伴关系协议（RCEP）是东盟在2012年2月提出的区域一体化安排，正式谈判将在2012年底开启。欧亚太平洋合作倡议是俄罗斯在2012年APEC峰会上提出的区域一体化构想，目前处于新提出阶段，尚无进展。就当前的发展前景而言，TPP推进最快，RCEP次之，中日韩FTA位列第三，而欧亚太平洋合作倡议很难实现。

关键词：

TPP　中日韩自贸区　RCEP　欧亚太平洋倡议

2012年的亚太经济总体呈现了危机中缓慢增长和稳步前行的态势，“欧债危机”在重创欧洲经济的同时，也在一定程度上冲击了亚太经济，促使亚太

* 李春顶，经济学博士，中国社会科学院世界经济与政治研究所助理研究员，主要研究方向为国际贸易。

地区内部的经济联系和相互依赖程度有所加强，相互贸易和投资有所增加。2012 年亚太经济关系的新进展主要表现为一系列区域经济一体化组织的形成、建设和发展，加深了亚太经济的一体化程度，改变了亚太经济关系的格局。在亚太经济关系和区域一体化的发展中，跨太平洋战略经济伙伴关系协定（TPP）和中日韩自由贸易区建设是关注的焦点和发展的重点；与此同时，区域全面经济伙伴关系协议（RCEP）、欧亚太平洋合作倡议以及 APEC 的新发展也是亚太经济关系新进展中的重要内容。比较而言，TPP 发展进程最快，预计能够较快地达成协议；RCEP 可行性强，发展前景较好；中日韩 FTA 虽然经济基础好，但由于领土争端，近年内难有大进展；欧亚太平洋合作倡议预计很难实现。

一　TPP 的新发展与前景

1. 基本状况

TPP 的全称是“跨太平洋战略经济伙伴关系协定”（Trans Pacific Strategic Economic Partnership），是一个旨在进一步推动亚太地区经济自由化的多边自由贸易协定（Free Trade Agreement，简称 FTA）。TPP 初始正式成员有 9 个，分别是澳大利亚、文莱、智利、马来西亚、新西兰、秘鲁、新加坡、美国和越南；目前，墨西哥和加拿大已正式加入谈判，日本也已宣布将参加 TPP[①]。虽然这些国家和地区都是亚太经济合作组织（APEC）的成员，但 TPP 和 APEC 没有隶属关系（见图 1）。

在 2002 年墨西哥 APEC 领导人峰会上，智利、新加坡和新西兰的领导人发起成立了太平洋三国更紧密经济伙伴（Closer Economic Partnership）关系的一体化谈判，称为 P3 - CEP。在 2005 年 4 月的第 5 轮谈判中，文莱正式加入，随后的四国一体化被称为 Pacific - 4（P4）（Wikipedia，2012）。Pacific - 4 本来只是经济和人口规模非常小的国家之间的一项并不引人注目

① 宣布参加 TPP 是指该国家正式对外宣布希望加入 TPP，将同 TPP 成员协商加入的事宜，是表达加入的愿望；而正式参加和加入 TPP，是指已经完成与 TPP 现有成员的协商，业已成为 TPP 成员而参加一体化协议的谈判。

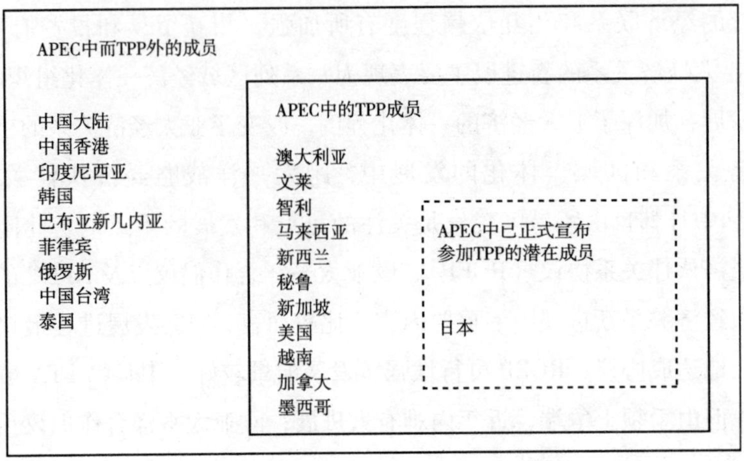

图1　目前的 TPP 成员国家和地区

资料来源：笔者整理。

的贸易协议，但引起了美国的注意。2008 年 9 月，布什总统正式决定参与 P4 谈判，并提出 TPP 的设想与倡议；年底，澳大利亚、秘鲁和越南决定加入。然而，由于美国大选，之后的一年多时间里，TPP 几乎没有任何新的进展。

奥巴马总统执政后，明确提出美国将与有关国家达成一个拥有众多成员，符合 21 世纪贸易发展要求的高标准的一体化协议。奥巴马的高调声明，表明美国不仅参与谈判，还要主导亚太地区自由贸易协议的制定。2010 年，马来西亚加入谈判，谈判国达到 9 个。原先的 P4 无论从形式还是内容都已经不再适合一体化协定的要求，于是，美国主导的“跨太平洋伙伴关系协议（TPP）”应运而生（Li and Whalley, 2012）。图 2 梳理了 TPP 形成的过程。

2010 年 3 月，TPP 的 9 个成员国之间的谈判正式启动，截至目前已经历了 14 轮谈判，发展进程迅速。表 1 列示了各轮谈判的情况。TPP 谈判的过程对外严格保密，只能从公开的 P4 文本和各国官方、美国贸易代表办公室公布的简报资料、部分谈判国在每轮谈判前提交的建议来揣测协议的可能内容（Williams, 2012）。

TPP 的核心议题，将突破传统的自由贸易协定（FTA）模式，力争达成囊

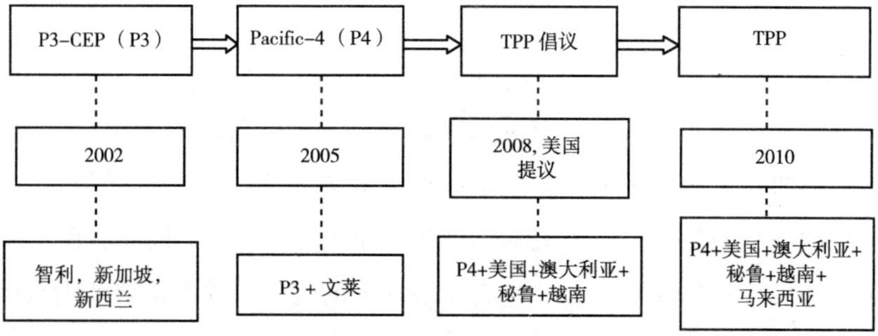

图 2　TPP 形成的过程

资料来源：笔者整理。

括商品和服务的综合性自由贸易协定。TPP 的定位是开放性的高水平自由贸易安排，不仅区域内要全面实现零关税，使区域内成员成为统一大市场；还会涉及各成员国的内政，如成员国的监管、竞争政策、经济立法、基础建设、市场透明、反贪、金融业改革、产品一体化等（余楠，2012）。

表 1　TPP 各轮谈判一览

轮次	时间	地点
第 1 轮	2010 年 3 月 15～18 日	澳大利亚墨尔本
第 2 轮	2010 年 6 月 14～18 日	美国旧金山
第 3 轮	2010 年 10 月 4～9 日	文莱
第 4 轮	2010 年 12 月 6～10 日	新西兰奥克兰
第 5 轮	2011 年 2 月 14～ 18 日	智利圣地亚哥
第 6 轮	2011 年 3 月 24 日～4 月 1 日	新加坡
第 7 轮	2011 年 6 月 20～24 日	越南胡志明市
第 8 轮	2011 年 9 月 6～15 日	美国芝加哥
第 9 轮	2011 年 10 月 19～28 日	秘鲁利马
第 10 轮	2011 年 12 月 5～9 日	马来西亚吉隆坡
第 11 轮	2012 年 3 月 1～9 日	澳大利亚墨尔本
第 12 轮	2012 年 5 月 8～18 日	美国达拉斯
第 13 轮	2012 年 7 月 2～10 日	美国圣地亚哥
第 14 轮	2012 年 9 月 6～15 日	美国弗吉尼亚州利斯堡

资料来源：笔者整理。

2. 最新进展

2012 年的 TPP 谈判，目前共有 4 轮①，分别在澳大利亚墨尔本、美国达拉斯、美国圣地亚哥和美国弗吉尼亚州利斯堡。TPP 的新进展主要有两个方面：一是在具体协定上取得了进步，二是墨西哥和加拿大已被正式邀请参加谈判。日本由于面临国内反对声音和大选，已放弃年内加入 TPP。同时，由于 TPP 的谈判过程和内容对外保密，在一些具体条款上的进展，并不能够清晰具体的获知。表 2 总结了 2012 年 TPP 的最新进展。

表 2　2012 年 TPP 的各轮谈判情况与新进展

时　间	地　点	参与国家	进　展
2012 年 3 月 1 ~ 9 日	澳大利亚 墨尔本	9 国	(1)各方对削减关税、知识产权等 20 多个领域制定具体规则进行了磋商； (2)确认了在年内达成妥协的目标，但在某些领域仍存在分歧； (3)希望日本政府进一步明确参加 TPP 谈判的态度
2012 年 5 月 8 ~ 18 日	美国得克萨斯州达拉斯	9 国	(1)谈判并没有达成具体的妥协方案，年内很难实现妥协目标； (2)日本、加拿大和墨西哥加入 TPP 谈判的讨论仍没有结果
2012 年 7 月 2 ~ 10 日	美国圣地亚哥	9 国	(1)就 TPP 涉及的 20 多章内容进行谈判； (2)美国确定在 7 月 9 日和 10 日与墨西哥和加拿大进行 TPP 谈判； (3)在 9 个成员国通过其国内程序成功批准增补后，墨西哥和加拿大将正式加入 TPP 谈判
2012 年 9 月 6 ~ 15 日	美国弗吉尼亚州利斯堡	11 国	(1)墨西哥和加拿大已被邀请加入谈判，谈判国由 9 国变成了 11 国； (2)谈判中的 29 章内容都在一定程度上达成了进展； (3)美国与日本就加入 TPP 条件的磋商也在紧锣密鼓地进行

资料来源：笔者根据相关资料整理。

① 截稿至 10 月底，TPP 在 2012 年的谈判共进行了 4 轮。

2012年3月1~9日，TPP第11回合谈判在澳大利亚墨尔本举行。来自9个成员国的500多人参加了会议，各方对削减关税和知识产权等20多个领域的规则进行了磋商。谈判确定了在年内达成一致的目标，但在某些领域仍存在分歧。如美国倡议的投资者与东道国争端解决ISDS条款就遭到了澳大利亚和新加坡等国的反对。另外，对日本加入TPP谈判，各成员都希望日本政府进一步明确态度。①

2012年5月8~18日，TPP第12回合谈判在美国得克萨斯州达拉斯举行。但是，谈判并没有达成具体的妥协方案。该轮谈判中，国有企业及知识产权等发达国家与发展中国家之间的分歧难以填补，且取消关税等市场准入领域的谈判也很艰难。另外，对日本、加拿大和墨西哥加入TPP谈判的讨论仍没有结果，将继续磋商。②

2012年7月2~10日，TPP第13回合谈判在美国圣地亚哥举行。9个成员国就TPP涉及的20多章内容进行谈判。谈判特别把重点置于关税、跨境服务、电信、政府采购、竞争政策、合作和能力建设，还涵盖原产地、投资、金融服务和临时入境等。该轮谈判过程中，美国确定了在7月9日和10日与墨西哥和加拿大进行TPP谈判；2012年5月，这两个国家得到了来自全部9个TPP成员国提出参加谈判的邀请。在这9个成员国通过其国内程序成功批准增补后，墨西哥和加拿大才能正式加入TPP谈判。③

2012年9月6~15日，TPP第14回合谈判在美国弗吉尼亚州利斯堡举行。该轮谈判由于墨西哥和加拿大的正式加入而格外引人注目，谈判国也由9国变成了11国。而美国与日本就加入TPP条件的磋商也在紧锣密鼓地进行。同时，谈判涉及的29章内容都在一定程度上取得了进展。④

3. 未来发展前景

总体来看，由于美国的强力推动，TPP预计能够在不远的未来达成协议。

---

① 《TPP 9国第11轮谈判结束，敦促日本明确态度》，人民网，2012年3月12日。

② 《TPP贸易谈判取得新进展》，财政部亚太财经与发展中心网站，2012年5月21日。

③ 《跨太平洋战略经济伙伴协定（TPP）第十三轮谈判结束》，商务部网站，2012年7月13日。

④ 叶兴平：《跨太平洋伙伴关系协议（TPP）即将大功告成》，21CN社区，2012年9月14日。

但由于各成员之间仍然存在矛盾；同时，当前成员的组成主要是美国和一系列经济小国，相互贸易量小、影响力有限，而其他大国如日本的加入还遥遥无期；另外，TPP 在开放标准上的高要求会令不少国家望而却步。所以，TPP 距离形成协议，并发展成具有影响力的区域一体化组织，还有很长的路要走。

（1）当前成员之间的贸易量较小，发展空间不大。TPP 当前的成员中，美国的经济规模最大，其他国家多数属于经济规模上的小国。TPP 合作的主要基础是经济小国希望获得美国开放的市场；但从美国角度，这些小国与美国之间的贸易只占美国进出口贸易总额的很小份额；同时，美国之外的其他 TPP 成员之间的贸易规模也不大。故而，从具体贸易往来的情况看，相互合作的前景并不广阔。

从美国和其他 TPP 成员的相互贸易看，2011 年，美国与澳大利亚贸易占美国对外贸易总额的 1.01%，与文莱贸易占美国贸易总额的 0.006%，与智利贸易占美国贸易总额的 0.68%，与马来西亚贸易占美国贸易总额的 1.09%，与新西兰贸易占美国贸易总额的 0.18%，与秘鲁贸易占美国贸易总额的 0.4%，与新加坡贸易占美国贸易总额的 1.4%，与越南贸易占美国贸易总额的 0.61%，这 8 个国家与美国的贸易总额仅占美国贸易总额的 5.33%（见图 3 和图 4）。

可见，单从经济利益角度，美国与 TPP 其他成员合作的空间较小、基础较弱，如果不能吸收更多的国家加入，则发展的前景和影响力有限。这种反常的现象说明：美国希望借助小国确定规则，然后吸引其他国家进入，从而实现美国主导的意图，减少大国之间谈判妥协的成本。

（2）美国的积极推动在一定程度上保障了 TPP 的发展。TPP 是由美国主导的高标准的地区一体化安排，虽然谈判国之间存在意见分歧，但美国的态度坚定，同时其他谈判国在经济贸易上对美国的依赖较高。这一背景下，TPP 谈判应该能够在不久的将来达成协议。同时，美国的 TPP 战略不会局限于最初的 9 国协定，TPP 必须再往前走一步，把墨西哥、加拿大和日本拉进来，特别是日本；一旦成功，这 12 个国家的经济总量将占全球的 50%[①]以上，相互间

① 根据世界银行 WDI（World Development Indicator）数据计算整理所得。

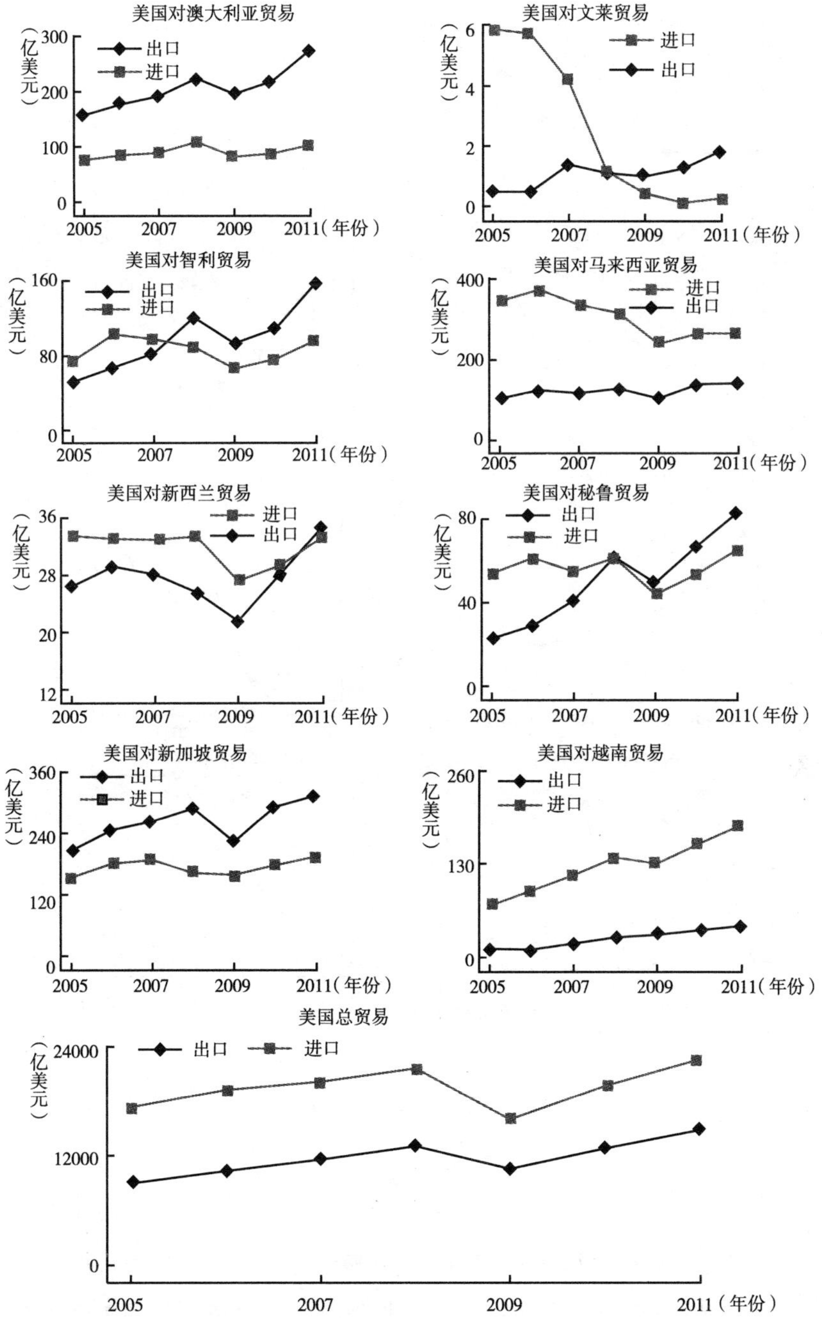

图3　2005～2011 年美国与其他 TPP 成员间贸易

资料来源：UN Comtrade Database。

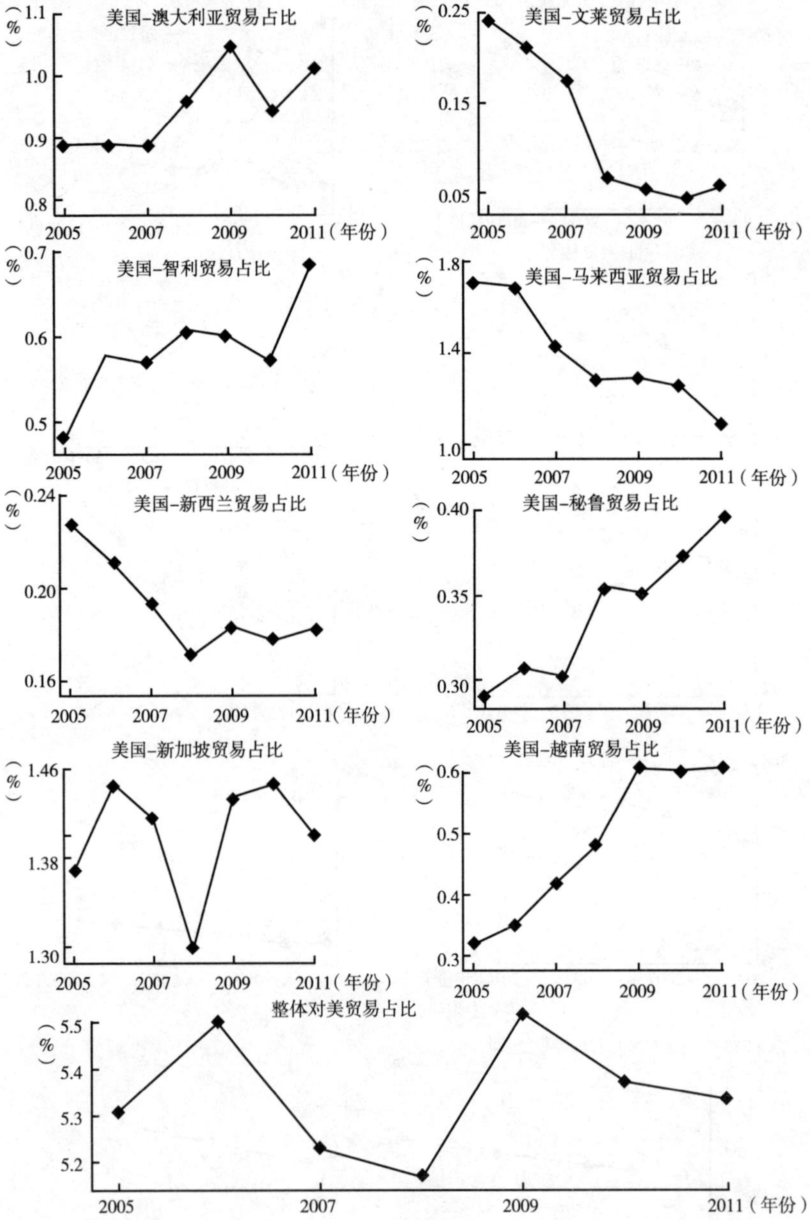

图 4　美国和其他 TPP 成员贸易占美国贸易的比重

注："整体对美贸易占比"是指 TPP 成员中除美国外所有国家的对美贸易总和占美国总贸易额的比重。

资料来源：根据 UN Comtrade 数据库数据计算整理。

贸易也达到世界的50%，仅日本就占美国贸易额的6%。[①] 目前，墨西哥和加拿大已经正式加入谈判；但日本要成为TPP成员需要解决和克服来自其国内和国外的多重矛盾，预计过程不会平坦。

（3）TPP各成员之间的诉求和主张存在差异和矛盾，协调一致并不容易。在TPP谈判中，美国主导谈判进程，决定谈判的议题和具体条件，其他TPP成员实际上主要是在和美国讨价还价。与美国有双边或区域协议的国家较容易完成TPP谈判，而没有双边和区域协议的国家则谈判的难度较大（沈铭辉，2012）。从目前情况看，各个成员国之间还存在利益取向不一致和矛盾，这会增加谈判的难度。

（4）日本是否加入决定TPP的发展空间和影响力。2011年11月12日，日本首相在夏威夷宣布决定参加TPP。但自此之后，日本国内的抗议行动此起彼伏。按照TPP的规则，日本要成为新成员加入TPP，需要分别与每一个现有成员进行谈判并获得一致同意。而日本与包括美国在内的5个国家没有双边贸易协议，加入谈判不会轻松（刘晨阳，2012）。同时，日本加入TPP的前提条件是接受美国设定的高标准，但日本农产品和汽车市场历来封闭，要让日本在这两个领域完全开放市场实属不易。

二　中日韩自贸区的新发展与前景

1. 基本状况

中日韩自由贸易区（简称中日韩自贸区、中日韩FTA）是在三国启动合作机制进程后开启的倡议，于2002年正式提出，其发展历史可追溯到1999年。

1999年11月28日，中国、日本和韩国领导人在菲律宾出席东盟“10+3”会议，期间举行了首次三国领导人非正式会谈，中日韩合作机制由此打开。2000年11月，在新加坡召开的“10+3”会议上，确立了三国领导人之间的对话合作机制。2001年11月的文莱“10+3”会议上，三国就今后定期举行经济、贸易部长会议达成一致（张羽中，2011）。

---

① 根据联合国Comtrade数据库数据计算整理所得。

2002年11月，国务院总理朱镕基在金边出席“10+3”会议期间，主持了中日韩三国首脑非正式会议。会上，正式提出中日韩三国建立自由贸易区的设想，并得到了日韩领导人的认可。随后，三国学术界就三国建立自由贸易区的议题开始进行深入研究（于晓燕，2011）。2003年10月，中日韩三国领导人正式发表了《中日韩推进三方合作联合宣言》。2004年11月通过了《中日韩合作进展报告》和《中日韩三国行动战略》，进一步明确了三方合作的方向和目标。2005、2006年以及随后的2007年，由于日本首相公然参拜靖国神社，三国的领导人会晤陷入停滞。

2008年起，除了在“10+3”框架内举行非正式会议讨论合作议题外，中日韩三国领导人开始单独就三国合作召开会议。当年12月13日，三国领导人首次单独召开会议，并发表了《中日韩合作行动计划》，宣称“三国自贸区联合研究（即三国学术界的研究）将于2008年底完成，进一步的深入研究（即官、产、学综合研究）将于2009年开始”。2009年10月10日，中日韩领导人在北京举行第二次会议，正式提出加快推进由政府、产业、学界共同参加的中日韩自贸区联合研究。2010年5月29日，第三次中日韩领导人会议在韩国济州岛举行，发布了《2020中日韩合作展望》，提出努力在2012年之前完成自贸区建设联合研究。2011年5月22日，第四次中日韩领导人会议在日本举行，三国决定加快自贸区联合研究，争取在年内完成并采取后续步骤（于海洋，2011）。2012年5月13日，第五次中日韩领导人会议在北京举行，三国一致同意年内正式启动自贸区谈判，并签署了中日韩投资协定。[①] 然而，由于中日钓鱼岛领土争端以及韩日竹岛领土争端，三国自贸区谈判预计不会如期在2012年内举行。中日韩自贸区发展的历程见表3。

表3　中日韩自由贸易区构想发展的历史进程

年　份	会　议	进　展
1999	中日韩三国领导人非正式会议（“10+3”框架内）	提出加强相互经贸合作与交流
2000	中日韩三国领导人非正式会议（“10+3”框架内）	确立了三国领导人之间的对话合作机制

① 《中日韩将建自由贸易区》，《新华日报》2012年5月14日。

续表

年　份	会　议	进　展
2001	中日韩三国领导人非正式会议（“10＋3”框架内）	三国就今后定期举行经济、贸易部长会议达成协议
2002	中日韩三国领导人非正式会议（“10＋3”框架内）	中国正式提出中日韩三国建立自由贸易区的设想，并得到了日韩领导人的认可
2003	中日韩三国领导人非正式会议（“10＋3”框架内）	开始三国学术界就中日韩 FTA 进行深入研究；发表了《中日韩推进三方合作联合宣言》
2004	中日韩三国领导人非正式会议（“10＋3”框架内）	通过了《中日韩合作进展报告》和《中日韩三国行动战略》，进一步明确了三方合作的方向和目标
2005	中日韩三国领导人非正式会议（“10＋3”框架内）	由于日本首相参拜靖国神社而中止会谈
2006	中日韩三国领导人非正式会议（“10＋3”框架内）	由于日本首相参拜靖国神社而中止会谈
2007	中日韩三国领导人非正式会议（“10＋3”框架内）	由于日本首相参拜靖国神社而中止会谈
2008	第一次中日韩三国领导人会议（单独召开）	发表《中日韩合作行动计划》，宣称“三国自贸区联合研究将于 2008 年底完成，进一步的深入研究将于 2009 年开始”
2009	第二次中日韩三国领导人会议（单独召开）	正式提出加快推进由政府、产业、学界共同参加的中日韩自贸区联合研究
2010	第三次中日韩三国领导人会议（单独召开）	发布了《2020 中日韩合作展望》，三国就提升伙伴关系、实现共同繁荣达成多项共识；提出努力在 2012 年之前完成自贸区建设联合研究
2011	第四次中日韩三国领导人会议（单独召开）	决定加快自贸区官、产、学深入研究，争取在年内完成并采取后续步骤
2012	第五次中日韩三国领导人会议（单独召开）	三国一致同意年内正式启动自贸区谈判，并签署中日韩投资协定；但由于领土争端，预计很难如期启动

资料来源：笔者整理。

2. 最新进展

2012 年的中日韩自由贸易区建设进程“前喜后忧”，前景不容乐观。虽然如此，其取得的发展也是不容忽视的。首先，第五次中日韩三国领导人会议确定了年内正式启动自由贸易区谈判，这是在多年构想和研究之后的重要发展；其次，第十五次东盟与中日韩经贸部长会议确定11月份启动自由贸易区谈判，并将这一情况通报给了东盟十国，正式确定了谈判的时间表。然而，6月份以来的日本和韩国竹岛领土争端、中国和日本钓鱼岛领土争端导致中日和韩日关系陷入僵局，原定自由贸易区的谈判基本不可能在11月份如期举行。

（1）第五次中日韩领导人会议确定年内正式启动自贸区谈判。2012年5月13日，第五次中日韩领导人会议在人民大会堂举行。中国总理温家宝、韩国总统李明博、日本首相野田佳彦出席会议。三国领导人一致同意年内正式启动中日韩自由贸易区谈判。

在三国领导人会议上，温家宝总理指出，建立中日韩自由贸易区是着眼未来的战略举措，是三国工商界的期盼，三国决定年内启动中日韩自贸区谈判。早日完成谈判并建成自贸区，将有利于发挥三国比较优势，共同开拓市场，促进经济强劲、可持续、平衡增长，激发东北亚经济发展活力。①

（2）第十五次东盟与中日韩经贸部长会议决定11月启动自贸区谈判。2012年8月30日，中国商务部长陈德铭参加了第15次东盟与中日韩经贸部长会议。会议就11月份启动中日韩自由贸易区谈判达成一致，并将这一情况通报给了东盟10国，得到了东盟各国的支持。东盟各国认为，东亚区域经济一体化的路径有多条，而中日韩自由贸易区是其中一条。②

这次经贸部长会议更加具体地确定了中日韩自由贸易区谈判的时间，也在一定程度上推动和加快了谈判的进程，为开启自贸区谈判奠定了基础。

（3）中日和韩日的领土争端将阻碍和搁置谈判的启动。2012年6月以来，日本对中国的钓鱼岛领土不断发起挑衅，幻想通过非法的“国有化”途径侵占钓鱼岛领土。与此同时，日本和韩国的独岛/竹岛之争同样沸沸扬扬、不可调解。无论中日和韩日的领土争端结果如何，目前中日和韩日的外交和

---

① 《中日韩将建自由贸易区》，《新华日报》2012年5月14日。

② 暨佩娟：《中日韩将于11月启动自由贸易区谈判》，《人民日报》2012年8月31日。

政治关系已经陷入僵局，很难在短时间内缓和与平复。

日本在领土问题上的无理诉求，使得本已一片光明的中日韩自贸区谈判进程戛然而止，发展堪忧。中日韩领导人会议以及经贸部长会议确定在年内启动的自由贸易区谈判预计不可能如期推进。

3. 未来发展前景

总体上，中日韩在经济贸易领域的合作基础较好；但由于三国之间存在领土纷争和历史问题，日本在自由贸易区建设上态度模棱两可，自贸区建设还会受到美国的干扰。这些因素决定了中日韩自由贸易区谈判和建设的历程不会平坦和一帆风顺，前景不乐观。同时，目前的中日钓鱼岛领土争端不可能在短期内解决，自贸区构想在近年内预计都不会有所进展。

（1）中日韩在经济贸易领域具有合作空间，自贸区建设基础较好。中日韩三国相互贸易发展迅速，是互为重要的贸易伙伴；三国经济上的联系紧密，相互依赖性强，尤其是日本和韩国对中国贸易的依赖较强。可以说，三国在经济和贸易领域的合作潜力与空间较大，自由贸易区建设具有现实可行性。

从三国之间的相互贸易看。贸易量不断增加，日本和韩国对中国的贸易处于顺差地位，且顺差额在不断增长（见图5）。从三国相互贸易占各自贸易总量的比重看，2011 年中日贸易占中国贸易总额的 9.4%，占日本贸易总额的 20.4%；中韩贸易占中国贸易总额的 6.7%，占韩国贸易总额的 22.8%；韩日贸易占日本贸易的 6.3%，占韩国贸易的 9.8%（见图6）。中国是日本和韩国的第一大贸易伙伴。另外，中国和日本、韩国属于经济发展阶段不同的国家，产业发展具有互补性，贸易拓展的空间较大。可见，三国互为对方的重要贸易伙伴，相互贸易的依赖程度高；单从经济利益角度，自由贸易区建设对中日韩三国都是有利的，具有良好的建设基础。

（2）历史问题和领土争端是自贸区建设的重大障碍。历史问题和领土争端主要表现在中国与日本，以及韩国与日本之间，是影响三国自贸区建设的重要因素之一。在领土纠纷问题上，中日之间主要是钓鱼岛及周围的 3 个小岛，韩日之间主要是独岛（日本称竹岛）及其周围 34 个大小岛屿（张羽中，2011）。

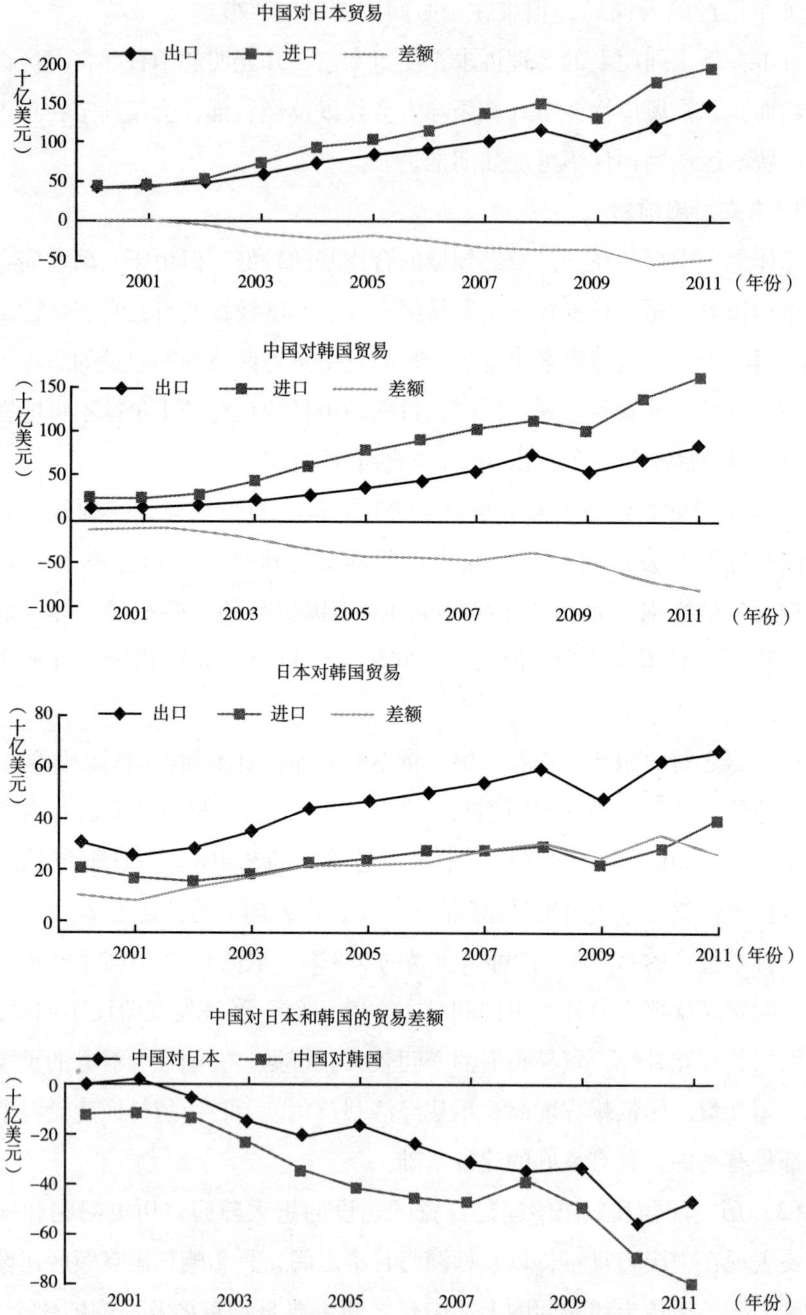

图5　2000～2011年中日韩三国间贸易

资料来源：UN Comtrade Database。

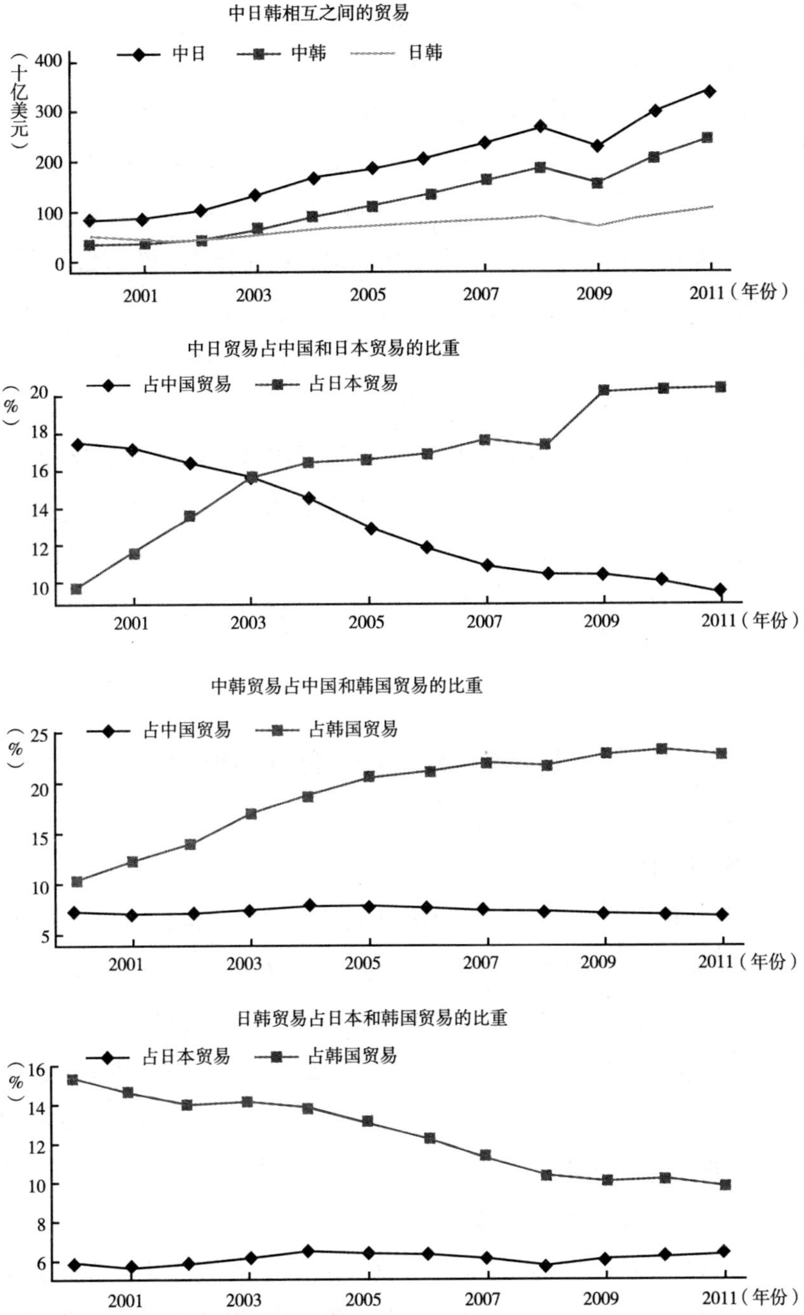

图 6　中日韩相互贸易及占各自贸易的比重

资料来源：UN Comtrade Database。

在历史问题上，主要是日本否认对朝鲜半岛的殖民统治和对华的侵略；编纂歪曲和否定侵略历史的教科书，美化侵略历史为开拓、共荣和解放；祭拜殖民者和战犯，公开否认日本的殖民统治和侵略战争。

（3）日本模棱两可的态度是自贸区建设的不稳定因素。日本模棱两可的态度主要体现在两个方面：一是在加入 TPP 还是中日韩自由贸易区问题上游移不定（于晓燕，2011），一方面希望加入由美国主导的 TPP，另一方面也不愿意放弃中日韩的经贸合作，不希望自己被排除在外而坐等中韩达成双边自由贸易协定。二是日本在中日韩自贸区建设上的态度不够积极。日本的不明朗态度给中日韩自由贸易区建设蒙上了阴影。

（4）三国在主导权问题上的争夺会在一定程度上影响自贸区建设。中、日、韩三国在自由贸易区建设中都希望成为主导力量，希望自贸区按照本国的利益和要求组织与发展，从而使本国成为东北亚地区的主导力量。在主导权问题上的争夺会对自贸区建设的进程和推进形成负面影响，不利于自贸区的发展。

三　其他经济一体化构想和组织

1. 东盟 RCEP 构想

RCEP 的全称是“区域全面经济伙伴关系协议”（Regional Comprehensive Economic Partnership），是由东盟国家提出，并以东盟为主导的区域经济一体化安排，是成员间相互开放市场、实施区域经济一体化的组织形式。RCEP 的主要成员计划包括东盟 10 国和 6 个已经与东盟签署自由贸易协定的国家，即中国、日本、韩国、澳大利亚、新西兰和印度。RCEP 的自由化程度将高于东盟与这 6 个国家已经分别达成的自贸协定。按照东盟的计划，当 RCEP 建成到一定程度后，再商谈美国和俄罗斯的加入。

RCEP 的构想由东盟在 2012 年 2 月 26 日提出，计划在 4 月底完成东盟内部讨论，随后将与中日韩印等 6 个国家进行预备协商。东盟指出，与高水平自由化为目标的 TPP 相比，RCEP 将充分考虑区域内发展较慢的国家，在撤废关税等议题上给予充分的缓和安排。①

2012 年 8 月 30 日，东盟 10 国和东盟的自贸伙伴国澳大利亚、中国、印度、日本、韩国和新西兰的经贸部长出席了联合会议，会后发表了《联合新闻声明》，指出此次会议是启动 RCEP 谈判的关键一步。会议决定 2012 年 11 月启动覆盖这 16 个国家的自由贸易区谈判。目前各成员国的有关准备工作正在紧张进行中。中日韩三国已经达成一致，同意支持成立由东盟主导的自由贸易区。② RCEP 建成后将成为目前世界上最大的自贸区。

2. 俄罗斯“欧亚太平洋”合作倡议

2012 年 9 月 2 日至 9 日召开的亚太经合组织（APEC）系列峰会上，俄罗斯提出建立“欧亚太平洋”区域一体化的合作倡议。这一倡议不仅涉及亚太经济合作组织的大部分国家，而且将白俄罗斯与哈萨克斯坦也包含在内。“欧亚太平洋”倡议旨在经由中俄两国，将亚洲、东亚和欧洲联系起来，涉及的国家数量以及地理范围更加广阔。

“欧亚太平洋”合作倡议目前处于提出阶段，还没有任何实质的进展。从倡议的具体情况看，发展前景不乐观。原因主要有：首先，涉及的国家太多、范围太广，不仅包括了 APEC 的大部分成员国家，还将俄白哈三国也包含在内，这些不同地区和不同发展水平的国家，要建成自由贸易区，是很难实现的。其次，“欧亚太平洋”合作倡议目前还没有任何措施，也没有具体的实施步骤和推进方案，距离达成协议还很遥远。最后，“欧亚太平洋”合作倡议并没有得到多国的支持和响应，预计较难推进。

3. 2012 年 APEC 会议新进展

2012 年的亚太经合组织（Asia Pacific Economic Cooperation，简称 APEC）领导人非正式会议于 9 月 8 日在俄罗斯符拉迪沃思托克召开。这次会议上，建立可靠的供应链、贸易投资自由化和区域经济一体化、加强粮食安全、加强创新增长合作是四大主要议题。③

虽然 2012 年 APEC 会议讨论的主题不少，但没有达成实质性的协议，也

---

① 许宁宁：《欢迎 RECP：东亚经济合作会有新机遇》，《经济观察报》2012 年 9 月 21 日。

② 《东盟与 6 个自贸伙伴国将于 11 月启动自贸区谈判》，人民网，2012 年 8 月 30 日。

③ 《APEC 第二十次领导人非正式会议热词解读》，新华网，2012 年 9 月 8 日。

没有在某一领域或方面获得较大发展。同时，由于 APEC 研讨和协议的非约束性，也决定了其较难在推动一体化的道路上发挥重大作用。

四　总结

2012 年亚太经济已逐步走出全球金融危机的阴影，却又遭遇“欧债危机”的侵袭，外在需求下降的压力促进亚太区内各国在贸易、投资和金融方面的合作意愿进一步加强，区域内的经济联系和相互依赖有所增加。同时，近年来多哈回合与 APEC 合作几乎停滞不前，加上金融危机的影响，区域经济一体化作为一种替代方案，不可抵挡的“风靡全球”。2012 年亚太经济关系新进展则主要表现在一系列区域一体化组织的提出、建设和发展。

2012 年的亚太经济一体化进展显著。TPP 举行了四轮谈判，在具体协定上取得进展，并正式增加墨西哥和加拿大加入谈判。中日韩自贸区已正式确定年内启动谈判，但受到领土争端的侵扰，近几年之内基本不会有较大进展。RCEP 和欧亚太平洋合作倡议是 2012 年新提出的区域一体化构想。RCEP 已经确定 2012 年底启动谈判，并且得到了中国、日本等区域内主要大国的支持。欧亚太平洋合作倡议目前处于新提出阶段，还未有进展。

亚太经济一体化虽然如火如荼地发展，但发展前景并不十分乐观。TPP 由于美国的推动，预计能够在不远的未来达成协议。但各成员之间仍然存在矛盾，且当前成员间相互贸易量小、影响力有限，加上 TPP 在开放标准上的高要求，这些决定了谈判必然难度较大。中日韩在经济贸易领域的合作基础较好；但三国之间存在领土纷争和历史问题，同时日本在自由贸易区建设上态度模棱两可，加上目前的领土争端，预计在短期内中日韩自贸区建设难有进展。RCEP 虽然发展前景较为乐观，但尚未启动，加上东盟本身经济实力较弱，“小马拉大车”的结果不免让人担心难以走得久远。欧亚太平洋倡议刚处于提出阶段，没有实质进展，加上涉及的国家太多、缺乏广泛支持、没有具体的规划，短期内不会有较大的发展。

参考文献

刘晨阳：《日本参与 TPP 的政治经济分析》，《亚太经济》2012 年第 4 期，第 22 ~ 26 页。

沈铭辉：《跨太平洋伙伴关系协议的成本收益分析：中国的视角》，《当代亚太》2012 年第 1 期，第 6 ~ 34 页。

于海洋：《自贸区与政治一体化——中日韩自贸区的战略设计及实施》，《东北亚论坛》2011 年第 6 期，第 35 ~ 41 页。

于晓燕：《中国推进中日韩自由贸易区建设的策略思考》，《南开学报（哲学社会科学版)》2011 年第 4 期，第 19 ~ 25 页。

余楠：《当前国内 TPP 研究评述》，《上海海关学院学报》2012 年第 3 期，第 99 ~ 105 页。

张翀：《中日韩自贸区建设：进程、障碍、前景》，《理论界》2011 年第 12 期，第 36 ~ 37 页。

Li, C. and J. Whalley. "China and the TPP: A Numerical Simulation Assessment of the Effects Involved". NBER Working Paper w18090. 2012.

Williams, B. R. "Trans-Pacific Partnership (TPP) Countries: Comparative Trade and Economic Analysis". CRS Report for Congress, February 8, 2012.

Wikipedia. "Trans-Pacific Strategic Economic Partnership". Website: http://en.wikipedia.org. 2012.

New Developments of Asia-Pacific Economic Relations

Li Chunding

Abstract: Regional integration progress was the main development of Asia-Pacific economic relations in 2012. TPP developed quickly and had four round negotiations in 2012, with Mexico and Canada formally taking part in the negotiation. China-Japan-South Korea FTA negotiation had been decided to be initiated in leaders meeting, but the territory disputes between China and Japan,

South Korea and Japan would delay the negotiation process. Regional Comprehensive Economic Partnership is dominated by ASEAN and will be formally open for negotiation at the end of 2012. Europe-Asia Pacific cooperation proposal is put forward by Russian in the 2012 APEC Summit, which is still in the proposal stage and has no essential progress now.

Key Words: Trans Pacific Strategic Economic Partnership; China-Japan-South Korea FTA; Regional Comprehensive Economic Partnership; Europe-Asia Pacific Proposal

Y.19 大选与经济政策调整

徐秀军*

摘　要：

在2012年的世界经济大事中，选举是最重要的主题之一。据初步统计，2012年全球举行政府换届选举的国家和地区有50余个，约占世界国家和地区总数的1/4，占全球GDP（按购买力平价）比重超过50%。在当前世界经济增长放缓、发达经济体深陷债务危机的背景下，这些国家，尤其是美国、法国和俄罗斯在大选后都对经济政策进行了相应调整。尽管短期内奥巴马政府将继续实施刺激政策促进经济增长，但长期来看，将逐步转变为通过削减开支并上调针对富人的税率来削减政府赤字。法国总统奥朗德对内推出了税制改革、产业结构调整、严格监管金融行业和调整能源结构等多个领域的经济改革计划，对欧政策上提出了对“财政契约”起补充作用的“增长契约”。俄罗斯总统普京当选后确定了优先发展议题并出台了一系列新的措施，全面打造多元“新经济”。这些调整和变化将影响相关国家和世界经济的未来走向。2013年德国大选后欧洲紧缩财政政策以及财政一体化的推行力度也将是影响欧元区经济以及欧洲一体化的重要影响因素。

关键词：

大选　经济政策　经济增长　就业　债务危机

在2012年的世界经济大事中，选举是最重要的主题之一。据初步统计，2012年全球举行政府换届选举的国家和地区有50余个，约占世界国家和地区

---

* 徐秀军，博士，中国社会科学院世界经济与政治研究所。

总数的1/4。2012年各国选举结果将在一定程度上影响到世界经济的未来走势。这主要因为：其一，全球主要大国面临大选和政府换届。在联合国安理会5个常任理事国中，美国、法国和俄罗斯均进行大选，中国也面临政府换届，其他主要国家还包括墨西哥、韩国和埃及等。其二，进行选举国家的经济总体规模庞大。根据国际货币基金组织（IMF）数据，举行选举的国家和地区2011年按购买力平价（PPP）计算的GDP总和超过世界经济总量的50%。① 其三，世界经济复苏放缓加大了选举的不确定性。目前，发达国家深陷债务危机并面临财政紧缩，社会压力加剧；新兴经济体增速总体下滑，复苏乏力。这些都不同程度地影响了选举形势以及候选或当选领导人的政策调整力度。

作为全球最大的经济体，美国在世界经济中占据举足轻重的地位，因而在2012年的大选中，美国大选备受关注。尤其是，大选之后美国经济政策的调整更是受到全世界的关注。鉴于美国当前不容乐观的经济状况，经济议题将是两党关注的焦点，如何调整现有经济政策，重振美国经济，不仅关系到美国经济的未来发展，也将影响世界经济的未来走向。在欧洲，法国大选是最重要的选举。在国家、欧元区以及世界经济三个层面上，法国大选都是重要的变量。目前，法国领导人的更替会对欧元区一体化进程产生何种影响，仍为外界所期待和担忧。在新兴经济体中，俄罗斯因其国土面积世界第一以及世界原材料供应大国身份不可小觑，其大选后的经济调整亦将关乎世界经济复苏进程。

一　美国：传统政策接近极限，调整空间日益趋窄

2012年1月3日，美国共和党艾奥瓦州党团会议正式拉开美国总统大选帷幕。8月28日，美国共和党在佛罗里达州坦帕召开全国代表大会，正式提名米特·罗姆尼（Mitt Romney）② 为总统候选人。11月6日，奥巴马以275票对203票击败罗姆尼，成功连任美国总统。在竞选阶段，尽管两位候选人的竞

① 根据IMF，WEO数据计算。日本也有可能在2012年举行大选，但此处数据未将日本计算在内。

② 米特·罗姆尼（1947～），美国政治家、企业家，马萨诸塞州第70任州长，曾担任贝恩资本风险投资与杠杆收购公司首席执行官以及盐湖城冬奥会组委会主席。

选纲领各异，但在经济议题上，各自提出的政策主张差别并非很大。究其原因，主要是因为：其一，当前美国经济仍面临金融危机遗留下来的诸多问题，例如失业率居高不下、房地产市场不景气、经济增速低于预期等；其二，巨额财政赤字限制了财政手段，宽松的货币政策已接近极限，政策调整空间十分狭窄；其三，外部经济环境也构成美国经济复苏的制约因素，例如欧洲经济增长乏力以及国际油价的剧烈波动等。这些因素不仅增加了未来美国经济的不确定性，也使得未来领导人难以通过大幅度调整政策来重振美国经济。

（一）奥巴马竞选纲领的经济政策取向

2012 年 2 月 13 日，美国总统奥巴马向国会提交了 2013 财年预算案。由于该预算案的出台正处在本届总统即将到任之时，它全面反映了奥巴马政府的经济政策重点，也反映出奥巴马竞选纲领中调控宏观经济的总体思路。结合此后奥巴马在一些公开场合对经济政策的阐述，可以看出其提出的政策主张与现行政策没有根本性的变化。具体来说，奥巴马的竞选经济政策主要包括以下几个方面。

1. 确保经济增长的优先地位

在奥巴马执政期间，由于金融危机的影响，美国经济遭受重创，其后步入艰难的复苏之路。根据美国经济分析局数据，2009 年美国经济增长率一度降至 -3.1%，为 1946 年以来的最低水平；在 2010 年回升到 2.4% 后，2011 年又下降 0.6 个百分点至 1.8%。从季度数据看，2011 年第四季度，经济增长达到此次金融危机后的最高水平，为 4.1%。2012 年第一季度下降 2.1 个百分点至 2.0%，第二季度延续下降趋势，为 1.3%，经济复苏的压力不断加大。[①] 为此，保增长成为奥巴马政府当前经济政策的重中之重，也是奥巴马竞选下一届总统面临的首要问题。

2. 创造就业机会

根据美国劳工部数据，2009 年 5 月至 2011 年 1 月，美国失业率[②]连续 21 个月达到 9%，超过 20 世纪 80 年代失业率连续 19 个月维持在 9% 的历史纪

---

① 按年度计算环比的季度数据，经过季节调整。

② 月度失业率数据经过季节调整。

录，虽然 2011 年 2 月和 3 月失业率一度分别降至 8.9% 和 8.8% 后，但之后再度连续 6 个月超过 9.0%。相比上一年，2012 年就业状况有所改善，其中 8 月失业率为 8.1%①，比此次金融危机后的最高点下降 2 个百分点。尽管如此，实际情况仍不容乐观。事实上，失业率的下降并非源于就业增加强劲，部分原因是因为较多的人选择离开就业市场。8 月美国有 36.8 万个劳动者放弃寻找工作，劳动参与率仅为 63.5%，创下 1981 年 9 月以来的最低水平。即使在这一情况下，若要保持失业率稳定，美国每月至少要增加 12.5 万个就业岗位。面对现实困境，奥巴马竞选承诺推行一个真实的可实现的创造就业计划，到 2016 年底创造 100 万个制造业职位。

3. 提出全面税收调整计划

奥巴马全面税收调整计划的核心是“增收”，主要内容包括提高针对大型金融企业的税收标准、增收银行税，缩减和取消向大型垄断企业的财政补贴，增加富人阶层的税率，逐步取消金融危机期间以及小布什政府制定的减税政策。但对低收入人群体，在一定时期内仍保持适当的税收优惠。根据奥巴马向国会提交的 2013 财年预算案，2013 财年美国预算财政收入占 GDP 的比例将比上一财年提高 2 个百分点，达到 17.8%。不过，奥巴马提出的税收调整将是一个长期的过程，完全落实可能需要 10 年左右的时间。

4. 渐进推动赤字削减

2008 年金融危机爆发以来，为了稳定国内金融市场和刺激经济增长，美国政府推出了多轮大规模财政刺激方案，导致财政状况迅速恶化。美国财政部 2012 年 9 月 13 日公布的数据显示，2012 财年前 11 个月，美国联邦政府财政赤字总额达到 1.16 万亿美元，这表明美国政府财政赤字已连续第四个财年超过万亿美元，居高不下的财政赤字成为当前美国经济面临的一项严峻挑战。在减赤问题上，尽管奥巴马主张大幅削减赤字，但为了不动摇经济复苏的增长基础，不支持通过大规模削减财政支出实现财政平衡，而是将赤字削减作为长期财政目标。在 2013 财年预算案中，2013 财年财政赤字较上年下降 32.1%，但预算支出规模较上年有 0.2% 的微幅增长。

---

① 最新数据显示，2012 年 9 月美国的失业率为 7.8%，但这一数据遭到质疑。

（二）罗姆尼对奥巴马政府经济政策的抨击

罗姆尼的竞选口号为“重建美国希望”。为了重建美国经济增长的坚实基础和赢得选民的支持，罗姆尼提出“自由企业、努力工作和创新”（free enterprise, hard work and innovation）三原则，主张“多就业、少债务、小政府”（more jobs, less debt, smaller government），其上任后四年任期的目标是，GDP 增长率达到4%，增加 1200 万个就业机会，就业岗位充足，住房价格上涨，预算逐渐平衡，重新获得 3A 信用等级。为此，罗姆尼提出一系列经济政策主张，具体来说，可以从两个方面加以阐述。

在国内经济政策上，罗姆尼指出美国经济的停滞不前显示奥巴马政府经济治理的失败。美国经济分析局数据显示，2012 年第二季度美国经济增长率为 1.3%，比预期的 1.7% 低 0.4 个百分点，这表明美国经济未达到人们的期望值。同时，失业率仍居高位，政府债务居高不下，社会不稳定因素增加。为此，罗姆尼将其归结为奥巴马政府在经济治理上的不力以及奥巴马经济治理能力的有限，并直言不讳地指出，奥巴马的连任将使美国经济陷入泥潭，变得更糟。

在对外经济政策上，罗姆尼指责奥巴马政府在对华贸易、汇率等政策上软弱。在对华经贸政策上，罗姆尼认为奥巴马政府让美国遭受损失。罗姆尼指出，奥巴马上台后美国有 58.2 万个制造业岗位流向中国。同时，奥巴马政府寻求与中国政府进行“战略对话”，加强了解和增进共识，但这一措施被罗姆尼视为对中国的屈服。在汇率问题上，由于自 2005 年以来人民币对美元汇率上升了近 1/3，提高了中国的劳动力和制造成本，因此奥巴马政府不认为中国操纵汇率。但罗姆尼认为中国人为压低汇率，致使中国产品在全球市场上拥有价格优势。为此，罗姆尼指责奥巴马政府在汇率问题上对华妥协。

罗姆尼除了强调共和党一贯主张的减轻税负和弱化监管之外，主要政策主张还包括削减政府支出并减少政府项目，确保财政的可持续性；主张“简化税制、降低税率、扩大税基”，以税收促进经济增长；扩大贸易，强化自由贸易规则，制裁中国的不公平贸易行为；提高能源生产，加强人力资本和劳动力的灵活性；下放政府权力，更多地依靠私人部门等。

在2012年9月的《财富》杂志中，罗姆尼将自己重振当前美国经济的计划概括为五个方面：一是积极促进国内能源开发，尤其是化石能源；二是通过新的贸易协定谈判以及在货币和知识产权问题上对中国施压，扩大美国商品的海外市场；三是通过把职业培训计划转移到各州以及争取教师工会的支持，提高工人的劳动力技能；四是赤字削减应采取削减财政支出而不是增加税收的方式；五是重塑监管环境以鼓励和支持小型企业，而不是限制小型企业的发展。此外，罗姆尼提出其一贯坚持的竞选承诺：废除《平价医疗法案》（the Affordable Care Act），重塑医疗体系改革，用可以降低医疗保险费的措施来取代增加医疗保险费的“奥巴马医改”。

在应对财政赤字问题方面，罗姆尼进行了详细阐述。罗姆尼主张给联邦政府支出封顶，使其维持在GDP 20%的水平以下（当前是24%），并致力于实现预算平衡，其具体措施包括：废止奥巴马医改；削减联邦政府对美国铁路公司（Amtrak）、公共广播公司（PBS）、美国艺术基金会和人文基金会的资助；社会保障体系的一部分延伸到州政府，比如医疗补助计划、住房保障和食品救济券等；通过自然减员方式使联邦政府雇员减少10%，降低政府工作人员的工资和福利水平。不减少国防开支，相反增加10万名现役军人，并加大对新技术研发的投入。

（三）美国未来经济政策走向

2012年，美国总统、整个白宫以及三分之一的参议员的改选，势必影响到经济政策的走向，同时也增加了未来经济政策的不确定性。在当前美国国内经济不景气、经济社会问题积重难返以及外部经济增速放缓的大背景下，尽管候选人为实现自己成功竞选而互相抨击对手的经济政策，并提出了一系列重振经济的不同计划和措施，但由于实施政策的空间有限，无论是谁当选，都必须立足于美国经济的现实，实现经济稳定复苏的目标。因此，在美国未来政策的不确定性中仍存在一些确定性的走向。概括起来，主要有以下几个方面。

1. 财政政策适度收紧，财政赤字将逐步收窄

2011年8月，美国总统奥马巴适时签署了提高美国债务上限和削减赤字法案，政府债务上限提高2.1万亿美元至16.4万亿美元。这一法案使美国避开了短期的债务违约问题，将债务危机向后拖延，却并未从根本上解决美国高债务、高赤字顽疾。削减财政赤字因此成为美国未来一段时间内财政政策的主要目标。但在当前，美国在财政赤字削减问题上面临两难选择：一方面，如果不控制赤字将导致债务限额不断上升，最终导致债务危机并使整个国民经济崩溃，财政的可持续性更是无从谈起；另一方面，如果控制赤字，势必增税或削减开支，这些措施在当前经济低迷的背景下，都将可能给经济复苏带来负面影响。这就需要未来财政政策在两者之间寻找一种平衡，既要摒弃扩张性政策从而实现减赤目标，又不能给经济带来较大损伤。因此，未来美国财政政策将适度收紧，不会采取大规模的增税和削减开支计划，至少需要数年时间才能实现财政收支平衡。

2. 货币宽松仍将持续

为了支持美国经济更强劲复苏和帮助政府增加税源以减少债务压力，2012年9月美联储推出第三轮量化宽松政策（QE3），购买对象是抵押贷款支持证券（MBS），每月的购买规模为400亿美元。由于QE3未设置结束期限，而是视就业市场和经济复苏情况而定，因此这一政策将成为未来一段时间内美国货币政策的重要组成部分。同时，美联储继续维持联邦基金利率0%～0.25%的区间不变，预计这一水平至少维持到2015年中期。尽管外界指责美联储的宽松货币政策将产生美元走贬、美国债务稀释、对外输出通胀压力增加等溢出效应，但在目前美国经济未明显改善的情况下，美国将继续维持当前的宽松货币政策，以期为美国经济注入动力，推动楼市复苏和创造就业，并帮助联邦政府减少债务负担。

3. 组合政策推动削减经常项目逆差

根据2012年9月美国商务部数据，2011年美国的经常项目逆差为4659亿美元，高于2010年的4420亿美元。2012年第一季度经常项目逆差为1336亿美元，占GDP比例为3.5%，比前一季度高0.5个百分点。尽管第二季度经常项目逆差为1174亿美元，比前一个季度下降12.1%，占GDP的比例降至3.0%，但仍未根本性扭转经常项目赤字状况。经常项目的不良表现不仅表明美国推行的出口倍增计划的效果欠佳，还预示将出台进一步的配套措施。概括起来，这些措施可能包括三个方面：一是提高国民储蓄率，例如通过缩减政府开支提高公共部门的储蓄水平，通过推行教育和健康储蓄计划等政策提高家庭储蓄水平。二是通过推行出口促进政策增加出口以及贸易保护主义举措限制进口，例如继续执行出口倍增计划，加快推进 TPP 等多边贸易谈判，频繁使用反倾销、反补贴等贸易救济措施，以及推行政府采购、政府补贴等贸易保护政策。三是通过汇率政策提高出口竞争力，例如放任美元贬值，向他国汇率制度施压并推动其货币升值等。

二　法国：经济承诺难以兑现，政策前景尚不明朗

2011 年 10 月，弗朗索瓦·奥朗德（Francois Hollande）[①] 赢得党内初选，成为法国社会党2012 年总统大选候选人。2012 年4 月22 日，奥朗德击败其他八名候选人，在法国大选首轮投票中胜出。5 月 6 日，在第二轮选举中，奥朗德击败萨科齐，当选法国新一任总统，法国经济自此进入奥朗德时代。

（一）奥朗德的主要经济政策

在竞选总统期间和当选后，奥朗德提出了一系列应对欧洲债务危机以及促进国内经济发展的政策主张和承诺，其所推出的政策将成为今后法国、欧洲乃至世界经济的重要影响因素。

1. 对内经济政策：重振国内疲弱经济

由于受国际金融危机和欧债危机的影响，近年法国经济持续低迷。法国国家统计局数据显示，2011 年法国经济增长率只有 1.7%。进入 2012 年，法国经济衰退风险再度加大。在国内经济不景气的背景下，法国民众对萨科齐经济政策的不满情绪高涨，并呼唤进行新的改革。为了迎合选民以及应对国内经济的疲弱局面，奥朗德的竞选纲领大打“改革”牌，推出涉及经济社会等多个领域的经济改革计划。

在经济领域，奥朗德的改革政策主要体现在以下五个方面。

---

① 弗朗索瓦·奥朗德（1954～），出生于法国西北部城市鲁昂，25 岁正式加入法国社会党，34 岁当选国民议会议员，曾于 1997 年至 2008 年间担任法国社会党第一书记。

一是推进税制改革，通过税收调整实现财政平衡。关于财税政策，奥朗德提出了一揽子改革方案，其中包括：①根据企业规模实行不同税率，提高大型企业所得税率、降低中小企业所得税率；②增加高收入阶层税收，对年收入超过45万欧元者收入税的税率为45%，对年收入超过100万欧元者按照75%的最高税率征税，同时还对巨额遗产征收附加遗产税，将继承遗产税减免额度降至每位继承人10万欧元；③提高银行企业所得税至40%；④提高文化图书行业增值税率。通过这些税收调整政策，逐步实现财政平衡。

二是增加就业岗位，保障和改善民生。在未来5年，奥朗德计划在教育领域增加6.1万个就业岗位，在制造业领域增加15万个岗位以解决青年人失业问题。同时，奥朗德承诺采取措施保障和改善民生，其中包括：改善居民住房条件，为保障性住房提供土地，更换60万套住房的取暖设备，将职工退休年龄从现行的62岁降到60岁，提高最低工资标准等。

三是振兴工业，扶持中小企业。奥朗德主张促进实体经济的发展，提出重振工业，承诺为中小企业建立规模不低于60亿欧元的投资基金，同时运用税收政策鼓励和扶持中小企业的发展，对小型企业实行15%的较低税率，对中型企业实行30%的中档税率。

四是严格监管金融行业。奥朗德认为，当前法国金融行业的投机倾向和过度膨胀已影响到实体经济的健康发展，因此必须对金融行业实行严格的监管政策。为此，奥朗德提出一系列改革建议，主要包括禁止重要的国家银行从事投机性交易，商业银行业务和投资银行业务实行“分业经营”，设立国有投资银行，征收金融交易税，将银行企业所得税率提高至40%，降低银行业收费等。

五是调整能源结构，促进可再生能源的开发利用。在能源政策上，奥朗德主张增加能源供应，改善能源结构，保障能源安全，加强环境保护，鼓励可再生能源的开发利用，不断提高可再生能源的使用比例，到2025年将核能使用比例从目前的75%降低到25%，实现经济社会的健康、可持续发展。

2. 对欧经济政策：推动欧洲经济复苏

2012年3月，在德国总理默克尔和时任法国总统萨科齐的主导下，除英国和捷克以外的25个欧盟成员国正式签署欧盟“财政契约”，以加强各成员国的财政纪律。此前，萨科齐一直支持默克尔主张的通过采取紧缩政策和强调财政纪律来应对欧债危机的策略。但由于萨科齐的败选，奥朗德的欧盟政策与萨科齐不同，“默克齐”式的法德亲密合作可能难以延续。

在总统竞选期间，奥朗德多次表示当选后，将重新谈判“财政契约”，要求在其中加入有利于增长与就业的措施，并提议通过发行欧元债券扩大大型工业基础设施项目融资、扩大欧洲投资银行的信贷规模等。奥朗德认为欧盟内部现有的紧缩方案由于缺乏经济刺激措施的配合，将会导致经济活力的减弱，减少国家税收，从而影响削减财政赤字的效果。奥朗德的胜选，在一定程度上反映出法国民众反对紧缩政策、寻求经济增长的呼声。

奥朗德赞成欧盟实施“严厉的财政政策”，支持恢复公共账户平衡，但对于长期实施紧缩政策持反对意见。由于欧盟27个成员国中有25个成员国政府已签署“财政契约”，并已经得到部分成员国立法机构的批准，奥朗德提出的重新谈判“财政契约”难以实现。为此，奥朗德提出一份对“财政契约”起补充作用的“增长契约”，旨在强调“为企业发展提供足够信贷支持”、“促进工业科研项目”以及“支持能源、航空、汽车工业”等产业的发展。

奥朗德的政策建议未能得到默克尔的积极支持，默克尔认为这些提议是对德国一贯主张的加强财政纪律提出挑战，并可能引发其他已签署契约的欧盟国家放弃紧缩财政政策。此外，奥朗德的欧洲经济政策对默克尔在应对欧债危机中的领导作用构成威胁，从而影响到法德关系的未来发展以及欧债危机的最终解决。

（二）奥朗德经济政策简评

奥朗德的当选，可谓是受命于危难之际，面临十分严峻的挑战。在国内层面，奥朗德将担负重振法国经济的重任；在欧洲层面，奥朗德将致力于帮助欧元区摆脱债务危机、推动欧洲经济增长。从理论上讲，奥朗德推行的经济政策都将有利于这些问题的解决，但由于受到内外困境相互制约的影响，其政策承诺难以落到实处并达到预期目标。

目前，奥朗德上台后才四个月，但法国经济又一次处于衰退的边缘。根据2012年6月法国全国统计与经济研究所公布的经济预测结果，2012年法国的经济增长率仅为0.4%。2012年9月，奥朗德表示，2012年法国的经济增长率可能为零。而按照财政预算法案的规定，2012 年法国经济增长率将达到 0.7%，奥朗德也曾承诺2012 年法国经济将实现 0.5% 的增长。不太乐观的经济形势让奥朗德竞选时的经济承诺不堪一击。除此之外，奥朗德推出的诸多经济政策的推行也面临着巨大压力。

1. 削减赤字、巩固财政压力加大

2012 年 9 月，奥朗德政府将 2013 年法国经济增长预期从 1.2% 下调到了 0.8%，并以此为基础拟定 2013 年的财政预算案。如果法国努力达到欧盟规定的预算赤字占国 GDP 比例为 3% 的目标，2013 年将可能成为 30 年来紧缩力度最大的一年。为了达到预定减赤目标，2013 年法国政府的紧缩额度将超过 300 亿欧元，其中 2/3 来自税收的增加，1/3 将通过削减政府开支来实现。在如此大规模的紧缩政策下，想要实现重振经济的目标几乎不可能实现。

2. 税收政策效果将低于预期

为了配合财政紧缩政策，奥朗德的税收政策调整主要是增加税收，并将加税的对象首先确定为高收入阶层和大型企业，其中大型企业所得税税率提高到 75%。提高大型企业所得税税率，并主张向富人多征税，这些政策总体来看有利于实现社会公平。但早在奥朗德上台前，许多富人担心修改后的税收政策给其带来的不利影响，纷纷将财富转移海外或由子女继承，以逃避税收，从而影响了预期的税收目标。同时企业税改由于缺乏相应的过渡机制和豁免措施，很可能带来越来越多的负面影响。例如，提高大型企业的所得税加重了大型企业的负担，可能导致大企业的外迁。

3. 就业政策缺乏经济增长支撑和相应的配套资金

法国全国统计和经济研究所 2012 年 9 月公布的数据显示，2012 年第二季度法国本土失业率达到 9.7%，同比增长 0.6 个百分点；法国全境失业率为 10.2%，同比增长 0.7 个百分点，均创 1999 年第四季度以来的新高。由于经济增长前景不容乐观，法国政府难以在短时间内扭转失业率高企的局面。尽管奥朗德希望失业率在一年内能开始下降，并建议增加 8 万个工作岗位，但创造就业需要 20 亿欧元的资金支持。

4. 紧缩与增长并重的欧洲政策难以两全

奥朗德欧洲经济政策的核心是通过刺激经济和促进就业，推动欧盟更快地将应对危机措施从以紧缩为核心向紧缩与增长并重转移。尽管两个目标都非常诱人，但在不修改现行“财政契约”的情况下，考虑欧盟当前复杂的经济形势，难以在紧缩与增长寻找到一种平衡。并且，从“增长契约”本身来讲，由于其内容空泛，缺乏促进增长和就业方面的具体措施，在落实上将大打折扣。此外，在处理欧洲问题上，与德国能否展开密切合作，也是重要的影响因素。尽管奥朗德上台高调重提“增长契约”，但要兑现这一竞选承诺，困难重重。

总之，奥朗德的经济政策体现出其强烈的改革意识，但在当前低迷的国内和国际经济环境下，其所做出的竞选承诺不得不进行调整。从奥朗德上台数月来的法国经济走势来看，尚未显现其经济政策带来的显著效果，相反，一些政策的不断变化与调整却增加了法国未来经济发展的不确定性。

三 俄罗斯：调结构、保增长，着力打造新经济

2011 年 11 月，普京代表统一俄罗斯党正式宣布参加 2012 年总统大选。2012 年 3 月，普京宣布赢得总统选举，得票率为 64.9%。2012 年 5 月，俄罗斯举行总统就职典礼，普京宣誓就职俄罗斯总统。这是普京继 2000 年后第二次以总统身份入主克里姆林宫。在第一任总统期间，普京凭借其“铁腕政策”，推动了俄罗斯在政治、经济和军事等实力方面的不断提升。然而，同 12 年前相比，俄罗斯面临的国内外环境已经历了巨大变化。普京想继续推动俄罗斯的经济发展与繁荣，不可能再走当年的老路。

（一）新普京时代面临的挑战

美国金融危机后，俄罗斯经济遭受重创。国际货币基金组织数据显示，2009 年俄罗斯经济增长率跌到 -7.9%，相比 2000 年普京第一任总统上台时的 GDP 增长率下降了 17.8 个百分点。2011 年俄罗斯经济增速达到 4.3%，但比普京第一任总统时期经济增长率最低的 2002 年还要低 0.4 个百分点。与其他新兴经济体一样，俄罗斯也面临全球经济增长放缓、外部需求不足以及发达经济体持续的宽松货币政策带来全球流动性泛滥等外部风险，经济社会发展面

临诸多挑战。在这些挑战中，以下几个方面表现得尤为突出。

1. 经济下行风险再度加大

2012 年 8 月，俄罗斯联邦国家统计局公布的初步统计数据显示，2012 年上半年俄罗斯 GDP 同比增长 4.4%。其中，工业和农业生产分别同比增长 3.2% 和 2.1%，增长情况不容乐观。同期，俄罗斯经济发展部预计，2012 年全年俄罗斯经济增长率为 3.5%。这一数据将成为金融危机以来俄罗斯的最低增长水平，复苏的可持续性压力明显加大。经济增长放缓不仅是俄罗斯当前面临的现实问题，处理得不好还可能会成为未来较长时间俄罗斯经济走向的主要特征。

2. 受外部经济的影响更加突出

俄罗斯是资源生产和出口大国，由于经济过度依赖原料出口，受外部需求的影响非常显著。金融危机后，国际大宗商品市场波动加剧，直接影响俄罗斯的外贸出口和经济的稳定复苏。联合国贸发组织数据显示，2011 年上半年和下半年末国际原油价格指数同比分别上涨 41.6% 和 14.8%，2012 年上半年国际原油价格指数同比增长却为 -14.2%。其中，2012 年第一季度末原油价格指数达到 417.4，比上一季度末上涨 51 点；第二季度油价格指数跌至 321.5，比上一季度末下降 95.9 点。[①] 2011 年上半年末国际金属与金属矿价格指数同比增长 28.9%，下半年同比增长转为 -14.3%，2012 年延续了这一负增长态势。2012 年上半年末金属与金属矿价格指数同比增长进一步跌至 -17.3%。如此剧烈的波动以及当前原油与矿产价格的下行走势，让经济严重依赖资源出口的俄罗斯经济更加步履维艰。

3. 民族、社会问题更加凸显

俄罗斯国土广袤，民族众多，拥有 170 多个民族，民族利益错综复杂。随着俄罗斯经济的下滑，过去积累的许多民族利益纠纷和内部社会冲突日益显露出来，极端主义犯罪不断上升。同时，政府贪污腐败问题和黑势力猖獗也诱发了民众对政府的不满情绪。如今的俄罗斯社会与 10 年前相比，不再是铁板一块，普京的号召力已大不如前。

---

① 2000 年 = 100。

（二）普京的主要经济政策目标与手段

1. 调整经济结构，大力促进工业和农业发展

俄罗斯当前的经济结构源于苏联时代对能源和重工业的倚重，并且由于受到西方的封锁一直没有融入国际劳动分工体系，而形成了自身独特的、相对落后的技术标准体系。并且，由于过于依赖能源等原材料，俄罗斯经济曾出现大规模的“去工业化”现象，致使产品质量下降，产品越来越单一化，大量工业制成品需要进口。长期下来，俄罗斯资本已经形成了依赖开采原料获利的惰性，不愿进入风险较高的新领域。当前，俄罗斯日用品、高新技术产品需要进口，出口中超过80%是油气、木材、肥料等资源性产品，但出口的原料在国际市场上没有定价权。面对这些现实情况，普京认为，这种长期积累下来的畸形经济结构到了非改不可的时候，因而主张摆脱对资源经济的依赖，大力发展工业，并建立发达的服务业和高效的农业体系。

2. 加强基础设施建设

基础设施是投资和生产的先决条件。俄罗斯幅员辽阔，但建设用地匮乏，其原因在于基础设施建设落后。为改变这种状况，普京提出继续支持一些重大的基础设施项目，例如连接西伯利亚、远东与欧洲部分的交通大通道，建设地区级的道路网络等。普京指出，如果俄罗斯城市的辐射半径扩大1.5～2倍，建设用地即可增加数倍，住宅和工厂建设成本也会因此下降20%～30%，随着基础设施的完善，城市周边的农业和农村也会受益，并大大促进中小企业的发展。

3. 保持经济增长，确保财政平衡

普京强调，宏观经济稳定是吸引长期投资的必要条件，在当前经济下行趋势下，确保增长是当务之急。如果不能维持经济增长，经济创新和结构调整就无法顺利实施，并会导致一系列政治和社会问题，其他改革目标都难以实现。为了保经济增长，普京提出加强军工建设，加大卫生、教育等社会领域的投入，进行大规模基础设施建设等。但落实这些政策，都需要面临资金问题，需要保持财政收支平衡。为此，普京的基本思路是：①通过严格控制建设成本、施工质量和政府采购价格，杜绝政府支出中的腐败现象等方式提高财政支出效率。②建立一个平衡的退休金体系，降低国家对退休金的补贴。③开征不动产税和奢侈品消费税，提高酒精、烟草等行业税收。④防止“一日公司”和离岸公司等私人部门偷逃税款。

4. 全面打造多元“新经济”

竞选期间，普京在公开发表的纲领性文章中提出推动俄罗斯形成具有竞争力的“新经济”。所谓“新经济”，简而言之，就是拥有多元化结构的、高效的创新型经济，其核心内容是建立新的经济增长模式。普京建设“新经济”的主要措施包括：依托大型国有公司和一体化集团，集中管理和重组资源，重新占据技术领先地位；推行非国有化，降低国有经济的比重；充分利用智力资源优势，在高校和科研机构建立创新基地；改善经营环境，吸引私人投资等。“新经济”的要旨是发展创新经济，鼓励企业竞争，建立相应的高效机制，寻找并吸引大量的资金和智力资源。2012 年 8 月，俄罗斯正式成为世界贸易组织（WTO）成员国，这也标志着俄罗斯更加深入地参与全球性竞争。普京认为，竞争是创新的根源，只有竞争才能迫使企业寻找更好的技术方案，更新产品。普京上任伊始即签署总统令，为新政府在吸引投资、发展高新技术等方面布置任务，并希望在其 6 年任期内提升俄罗斯在国家投资和商业环境领域竞争力的全球排名。

（三）普京的经济政策简评

2000 年普京当选第一任总统时，曾引用俄罗斯历史名言，向民众做出“给我 20 年，还你一个奇迹般的俄罗斯”的承诺。2012 年普京再登总统宝座之时，虽未再度重复这句豪言壮语，但其重振大国梦想仍在继续。俄罗斯民众仍寄希望于普京式的强势领导人带领俄罗斯再次走向辉煌。在竞选过程中，普京提出了一系列振兴国家经济、建设经济强国的新施政思想。

回顾普京提出的政策主张，与其第一总统任期和前任总统梅德韦杰夫相比，有较大的变化和调整。归纳起来主要有三个突出特点：一是强调创新。无论是宏观经济结构，还是微观的企业制度，普京都主张对原有模式进行改造和创新，以建立合理、全面、先进的生产与管理体系。二是突出竞争，通过竞争达到资源的合理配置。为鼓励竞争，普京主张加大对私人企业的扶持，同时推进国有企业的私有化，以防过高的国有制经济比重导致竞争萎缩以及投资环境恶化。三是积极推进与世界接轨。普京意识到在全球化时代，俄罗斯“本土市场”作为全球市场的一部分，奉行保护主义已不合时宜，作为 WTO 的新成员，俄罗斯必须学会在全球竞争中生存。为此，普京提出创造良好的国内经济环境，调整对外经济政策，建立与外部世界相协调的经济交往基础。

普京以绝对优势战胜其他候选人，表明其复兴大国地位的竞选纲领和振兴经济的政策思路符合俄罗斯民众的心声并得到多数国民的认可。但当今的俄罗斯，面临着比 12 年更加复杂的国内外形势，对于未来的发展，俄罗斯再次站在了十字路口。这位曾以“铁腕总统”著称的政治强人，再次推出一系列新的改革举措，但是能否实现其预定目标还充满了不确定性。

四　2013 年全球大选形势展望

2012 年全球主要国家的选举给世界经济的未来发展增加了新的不确定性。对美国而言，尽管受制当前美国的国内外环境，大选结束后在短期内对现行经济政策难以做出较大调整，但这次大选后，民众对新政府有了更多期待，解决债务、增长、就业等迫在眉睫的经济问题成为新任总统难以回避的目标，这些都将影响到未来世界经济的主要指标。对欧洲而言，奥朗德的当选对欧洲共同财政政策的推行增加了一些不安定因素，法德之间的默契合作也因法国国内经济政策调整而受到影响。作为新兴经济体的代表，俄罗斯因其在世界经济中地位的不断上升，大选后的经济政策调整也为世界所关注，其政策目标的侧重点向保增长、调结构的转移能否顺利实现，也是影响世界经济总体表现的因素之一。2012 年 12 月 4 日，日本国会众议院竞选活动正式拉开帷幕，12 月 16 日自民党、民主党和维新会等党派的角逐亦将对日本经济、东亚地区稳定以及世界经济的未来走向产生影响。

展望 2013 年，全球举行大选最重要的国家是德国。德国欧元区最大的经济体，意大利也是欧洲重要的经济体。如果说 2012 年大选会影响全球政治经济的未来走向，2013 年大选结果带来的影响则主要集中在欧洲。2012 年法国新总统上台后对欧政策的调整已经使深陷债务危机的欧盟合作呈现出各种分歧。2013年德国大选默克尔若失利，将会使原本举步维艰的欧洲合作充满更多变数，欧元区财政一体化面临的不确定性将大大增加。根据德国《画报》2012年9月28日消息，德国主要反对党社会民主党将提名前财政部长史坦布律克（Peer Steinbrueck）① 为总理候选人，在2013年全国大选中与默克尔展开竞争。相比于默克尔领导的中右翼政府，左倾的社会民主党成员对当前欧洲的财政紧缩政策充满怀疑。2012年10月，德国电视一台（ARD）公布的民调显示，默克尔的支持率为49%，史坦布律克的支持率为38%，目前多数民众对默克尔处理欧元区债务危机的方式表示认同。尽管史坦布律克想要在大选中战胜默克尔相当困难，但在欧债危机没有根本性好转以及恶化可能并未完全排除之前，现在定论胜负还为时尚早。并且，为了赢得竞选，默克尔也必定在部分政策上加以调整以争取更多选民支持。

参考文献

冯绍雷：《普京的治国构想》，《解放日报》2012年3月9日，第5版。

王信：《奥朗德政策主张及其可能影响》，中国金融四十人论坛，2012。

周强武主编：《2011～2012全球与中国经济热点问题研究》，中国财政经济出版社，2012。

Aghion, Philippe (2012), "What to Expect from Francois Hollande", Financial Times, May 14.

Kaca, Elżbieta and Dorota Liszczyk (2012), "François Hollande and French European Policy", PISM Bulletin, No. 48 (381), May 9.

Lieven, Anatol (2012), "The US Elections and Asia", East Asia Forum, September 16.

Welch, William M. (2012), "Obama, Romney Battle over Economic Visions", USA Today, October 4.

Whitford, David with Doris Burke (2012), "Mitt Romney's 5 – point Plan for the Economy", *Fortune*, September 3.

Владимир Путин (2012), "О наших экономических задачах", 30 января.

① 史坦布律克（1947～），曾于2005年至2009年默克尔第一个任期内担任财政部长。

General Elections and Economic Policy Adjustment

Xu Xiujun

Abstract: The general election is one of the most important themes among major world economic events in 2012. According to preliminary statistics, there are more than 50 countries and regions holding the government's general election this year, accounting for about a quarter of the total number of countries and regions in the world, and more than 50% of the global GDP (purchasing power parity). In the context of high debt and sluggish growth, the economic policies will be accordingly adjusted after the elections of these countries, especially the United States, France, and Russia. The Obama Administration will continue to implement stimulus policies to promote economic growth over a short period, but in the long run it will gradually cut the government deficits through spending reduction and tax increase for the rich. French President François Hollande launched various domestic economic reform programs such as tax reforms, industrial restructuring, the strict supervision of the financial industries and the energy structures adjustment, and supported the Stability and Growth Pact as a complement to the Fiscal Compact for the European Union. The president of the Russian Federation Vladimir Putin selected development priorities and put forward a series of new measures to construct a comprehensive "new economy". These adjustments and changes will affect the prospects for economic development of the relevant countries and the whole world. German general election in 2013 will also be one of the important factors of the euro-zone economy and European integration.

Key Words: General Election; Economic Policy; Economic Growth; Employment; Debt crisis

世界经济统计与预测

Statistics of the World Economy

Y.20

2012～2013年世界经济统计资料

曹永福　吴海英*

目　录

（一）世界经济形势回顾与展望

---

* 曹永福，中国社会科学院世界经济与政治研究所助理研究员，主要研究领域为经济周期、美国经济；吴海英，中国社会科学院世界经济与政治研究所副研究员，主要研究领域为计量经济学、国际贸易。

（二）世界通货膨胀、就业形势回顾与展望

（三）世界财政形势回顾与展望

（四）世界金融形势回顾与展望

（五）国际收支形势回顾与展望

（六）国际贸易形势回顾

（七）国际投资与资本流动回顾

（八）全球竞争力和大公司排名

说　明

一　统计体例

1. 本部分所称“国家”为纯地理实体概念，而不是国际法所称的政治实体概念。

2. 统计表数据为年度和季度数据。除非特别说明，2011年（含2011年）以前的年度数据、2012年第二季度以前（含2012年第二季度）的季度数据均为实际统计数据，2012年以后的年度数据（含2012年）为估计值或预测值。未来国际组织和各国统计当局可能会对统计数据做出修正，本部分仅报告写作时能获得的最新数据。

3. 1994～2003意为1994年至2003年的平均值，两年度间的平均值表示法以此类推。“—”表示数据在统计时点无法取得或无实际意义，“0”表示数据远小于其所在表的计量单位。

4. 部分表格受篇幅所限无法列出所有国家和地区，编制时根据研究兴趣有所选择，如表1－4。

二　国际货币基金组织的经济预测

本部分预测数据均来自国际货币基金组织（IMF）2012年10月《世界经济展望》（*World Economic Outlook*），预测的假设以及方法可参见报告原文。

三　国家和地区分类

《世界经济展望》将国家和地区分为先进经济体、新兴市场和发展中国家两大类。为了便于分析和提供更合理的集团数据，这种分类随时间变化亦有所改变，分类标准并非一成不变。

表 A 列出了先进经济体的分类方法。新兴市场和发展中国家是先进经济体之外的 151 个国家和地区，按地区分为中东欧、独联体、亚洲发展中国家、拉丁美洲和加勒比地区、中东和北非、撒哈拉以南。此外，对新兴市场和发展中国家还采用了分析型分组的分类方法，按出口收入来源将这些国家分为燃料出口国和非燃料出口国；按外债状况分为净债权国、净债务国和重债穷国。

表 A　先进经济体细分类别

主要货币区	欧元区（17 国）	亚洲新兴工业经济体	主要先进经济体（G7）	其他先进经济体
美国 欧元区 日本	奥地利、比利时、塞浦路斯、爱沙尼亚、芬兰、法国、德国、希腊、爱尔兰、意大利、卢森堡、马耳他、荷兰、葡萄牙、斯洛伐克共和国、斯洛文尼亚、西班牙	中国香港特区、韩国、新加坡、中国台湾	加拿大、法国、德国、意大利、日本、英国、美国	澳大利亚、捷克共和国、丹麦、中国香港、冰岛、以色列、韩国、新西兰、挪威、圣马力诺、新加坡、瑞典、瑞士、中国台湾

（一）世界经济形势回顾与展望

表 1－1　世界产出简况（1994～2017 年）

单位：%

类　别	1994～2003 年	2009 年	2010 年	2011 年	2012 年	2013 年	2017 年
世界实际 GDP 增长率	3.4	－0.6	5.1	3.8	3.3	3.6	4.6
先进经济体	2.8	－3.5	3.0	1.6	1.3	1.5	2.6
美国	3.3	－3.1	2.4	1.8	2.2	2.1	3.3
欧元区	2.2	－4.4	2.0	1.4	－0.4	0.2	1.7
日本	0.9	－5.5	4.5	－0.8	2.2	1.2	1.1
其他先进经济体①	3.8	－2.1	4.5	2.5	1.5	2.4	3.2
新兴市场和发展中国家	4.4	2.7	7.4	6.2	5.3	5.6	6.2

续表

类　别	1994～2003年	2009年	2010年	2011年	2012年	2013年	2017年
按地区分组							
中东欧	3.4	-3.6	4.6	5.3	2.0	2.6	3.8
独联体②	0.6	-6.4	4.8	4.9	4.0	4.1	4.1
亚洲发展中国家	7.0	7.0	9.5	7.8	6.7	7.2	7.7
拉美与加勒比地区	2.5	-1.5	6.2	4.5	3.2	3.9	4.0
中东欧与北非	4.0	2.6	5.0	3.3	5.3	3.6	4.5
撒哈拉以南	4.0	2.8	5.3	5.1	5.0	5.7	5.8
按出口收入来源分组							
燃料出口国	2.4	-1.5	4.7	4.5	5.3	4.2	4.2
非燃料出口国	5.0	3.7	8.0	6.5	5.3	5.9	6.6
初级产品出口国	4.6	2.1	6.7	5.6	4.6	5.3	5.7
按外债状况分组							
净债务国	3.6	0.8	6.7	5.1	3.6	4.4	5.2
官方融资型	3.4	5.2	5.5	7.2	5.7	6.1	6.2
人均实际GDP增长率							
先进经济体	2.1	-4.1	2.4	1.0	0.7	0.9	2.0
新兴市场和发展中国家	3.1	1.5	6.3	5.2	4.3	4.6	5.2
世界GDP(10亿美元)							
基于市场汇率	31429	57846	63180	69899	71277	74149	92722
基于购买力平价	39240	70154	74684	78970	82762	86836	110405

注：①这里的“其他先进经济体”指除去美国、欧元区国家和日本以外的先进经济体。②包括格鲁吉亚和蒙古，虽然二者不是独联体成员，但由于同独联体国家在地理和经济结构上类似，故在地区分组上将二者归入独联体。③指2005～2009年有债务拖欠或重组经历的国家。

资料来源：IMF，*World Economic Outlook*，2012年10月。

表1-2　GDP不变价增长率回顾与展望：部分国家和地区（2004～2013年）

单位：%

国家和地区	2004年	2005年	2006年	2007年	2008年	2009年	2010年	2011年	2012年	2013年
阿根廷	8.9	9.2	8.5	8.7	6.8	0.9	9.2	8.9	2.6	3.1
澳大利亚	4.1	3.1	2.7	4.7	2.5	1.4	2.5	2.1	3.3	3.0
巴　西	5.7	3.2	4.0	6.1	5.2	-0.3	7.5	2.7	1.5	4.0
加拿大	3.1	3.0	2.8	2.2	0.7	-2.8	3.2	2.4	1.9	2.0
中　国	10.1	11.3	12.7	14.2	9.6	9.2	10.4	9.2	7.8	8.2
埃　及	4.1	4.5	6.8	7.1	7.2	4.7	5.1	1.8	2.0	3.0

续表

国家和地区	2004 年	2005 年	2006 年	2007 年	2008 年	2009 年	2010 年	2011 年	2012 年	2013 年
芬　兰	4.1	2.9	4.4	5.3	0.3	-8.5	3.3	2.7	0.2	1.3
法　国	2.5	1.8	2.5	2.3	-0.1	-3.1	1.7	1.7	0.1	0.4
德　国	0.7	0.8	3.9	3.4	0.8	-5.1	4.0	3.1	0.9	0.9
希　腊	4.4	2.3	5.5	3.0	-0.2	-3.3	-3.5	-6.9	-6.0	-4.0
中国香港	8.5	7.1	7.0	6.4	2.3	-2.6	7.1	5.0	1.8	3.5
冰　岛	7.8	7.2	4.7	6.0	1.3	-6.8	-4.0	3.1	2.9	2.6
印　度	7.6	9.0	9.5	10.0	6.9	5.9	10.1	6.8	4.9	6.0
印度尼西亚	5.0	5.7	5.5	6.3	6.0	4.6	6.2	6.5	6.0	6.3
爱尔兰	4.4	5.9	5.4	5.4	-2.1	-5.5	-0.8	1.4	0.4	1.4
意大利	1.7	0.9	2.2	1.7	-1.2	-5.5	1.8	0.4	-2.3	-0.7
日　本	2.4	1.3	1.7	2.2	-1.0	-5.5	4.5	-0.8	2.2	1.2
韩　国	4.6	4.0	5.2	5.1	2.3	0.3	6.3	3.6	2.7	3.6
马来西亚	6.8	5.0	5.6	6.3	4.8	-1.5	7.2	5.1	4.4	4.7
墨西哥	4.0	3.2	5.1	3.2	1.2	-6.0	5.6	3.9	3.8	3.5
新西兰	4.3	3.1	2.3	2.9	-0.2	-2.4	1.8	1.3	2.2	3.1
尼日利亚	10.6	5.4	6.2	7.0	6.0	7.0	8.0	7.4	7.1	6.7
挪　威	4.0	2.6	2.4	2.7	0.0	-1.6	0.6	1.5	3.1	2.4
菲律宾	6.7	4.8	5.2	6.6	4.2	1.1	7.6	3.9	4.8	4.8
葡萄牙	1.6	0.8	1.4	2.4	0.0	-2.9	1.4	-1.7	-3.0	-1.0
罗马尼亚	8.5	4.2	7.9	6.3	7.3	-6.6	-1.6	2.5	0.9	2.5
俄罗斯	7.2	6.4	8.2	8.5	5.2	-7.8	4.3	4.3	3.7	3.8
沙　特	5.3	5.6	3.2	2.0	4.2	0.1	5.1	7.1	6.0	4.2
新加坡	9.2	7.4	8.8	8.9	1.7	-1.0	14.8	4.9	2.1	2.9
南　非	4.6	5.3	5.6	5.5	3.6	-1.5	2.9	3.1	2.6	3.0
西班牙	3.3	3.6	4.1	3.5	0.9	-3.7	-0.3	0.4	-1.5	-1.3
瑞　典	3.7	3.2	4.5	3.4	-0.8	-5.0	5.9	4.0	1.2	2.2
瑞　士	2.4	2.7	3.8	3.8	2.2	-1.9	3.0	1.9	0.8	1.4
中国台湾	6.2	4.7	5.4	6.0	0.7	-1.8	10.7	4.0	1.3	3.9
泰　国	6.3	4.6	5.1	5.1	2.6	-2.3	7.8	0.1	5.6	6.0
土耳其	9.4	8.4	6.9	4.7	0.7	-4.8	9.2	8.5	3.0	3.5
英　国	2.9	2.8	2.6	3.6	-1.0	-4.0	1.8	0.8	-0.4	1.1
美　国	3.5	3.1	2.7	1.9	-0.3	-3.1	2.4	1.8	2.2	2.1
越　南	7.8	8.4	8.2	8.5	6.3	5.3	6.8	5.9	5.1	5.9

资料来源：IMF，*World Economic Outlook Database*，2012 年 10 月。

表 1 -3　市场汇率计 GDP：部分国家和地区（2005 ~ 2013 年）

单位：亿美元

2011 年位次	国家和地区	2005 年	2006 年	2007 年	2008 年	2009 年	2010 年	2011 年	2012 年	2013 年
1	美　国	126230	133772	140287	142916	139737	144989	150757	156534	161980
2	中　国	22569	27129	34942	45200	49905	59304	72981	82502	90387
3	日　本	45719	43568	43563	48492	50351	54886	58665	59844	59973
4	德　国	27711	29054	33286	36407	33072	33122	36074	33667	33733
5	法　国	21402	22578	25861	28451	26265	25706	27781	25804	25656
6	巴　西	8818	10892	13662	16504	16223	21429	24929	24251	25039
7	英　国	22986	24565	28266	26704	21932	22675	24313	24338	25320
8	意大利	17894	18747	21302	23182	21166	20609	21987	19804	19538
9	俄罗斯	7637	9899	12997	16608	12227	14873	18504	19536	21090
10	印　度	8087	9086	11526	12625	12662	16305	18268	19468	21173
11	加拿大	11338	12786	14241	15027	13376	15770	17390	17701	18391
12	澳大利亚	7321	7779	9457	10539	9922	12444	14869	15421	15981
13	西班牙	11328	12375	14435	16009	14597	13918	14796	13403	13111
14	墨西哥	8485	9518	10353	10940	8829	10355	11540	11629	12102
15	韩　国	8449	9518	10492	9314	8341	10149	11162	11513	12340
16	印度尼西亚	2858	3644	4322	5103	5388	7084	8465	8949	10069
17	荷　兰	6396	6783	7837	8749	7984	7812	8381	7702	7671
18	土耳其	4827	5292	6491	7303	6144	7313	7743	7831	8390
19	瑞　士	3848	4052	4505	5243	5095	5507	6608	6229	6166
20	沙特阿拉伯	3156	3566	3849	4763	3767	4559	5971	6570	6826
21	瑞　典	3739	4036	4683	4915	4112	4693	5447	5203	5339
22	比利时	3780	4003	4603	5098	4746	4725	5146	4768	4757
23	波　兰	3040	3417	4253	5294	4308	4698	5145	4704	4961
24	挪　威	3041	3400	3935	4539	3748	4175	4854	4998	5202
25	伊　朗	2029	2417	3074	3506	3606	4191	4824	4838	5148
26	中国台湾	3648	3763	3931	4002	3776	4302	4664	4661	4693
27	阿根廷	1814	2125	2601	3244	3058	3676	4446	4748	4951
28	奥地利	3055	3253	3756	4161	3846	3800	4184	3915	3938
29	南　非	2470	2612	2858	2742	2842	3635	4087	3909	4022
30	泰　国	1764	2071	2470	2726	2637	3189	3457	3770	4127
31	阿联酋	1806	2220	2579	3145	2597	2839	3420	3619	3749
32	丹　麦	2577	2744	3114	3439	3111	3120	3320	3092	3084
33	哥伦比亚	1466	1607	2106	2353	2316	2849	3276	3654	3874
34	委内瑞拉	1441	1832	2300	3152	3290	2947	3164	3380	3497
35	希　腊	2405	2623	3053	3428	3226	3016	2993	2550	2359
36	马来西亚	1435	1627	1936	2311	2023	2468	2879	3072	3400
37	芬　兰	1961	2081	2465	2732	2400	2372	2635	2472	2522
38	新加坡	1254	1457	1776	1900	1856	2274	2598	2679	2779
39	智　利	1230	1546	1729	1795	1727	2161	2484	2683	2920
40	尼日利亚	1122	1454	1659	2071	1686	2286	2441	2726	2931

资料来源：IMF，*World Economic Outlook Database*，2012 年 10 月。

表 1-4 人均 GDP：部分国家和地区（2011~2013 年）

市场汇率计人均 GDP(美元)					购买力平价计人均 GDP(国际美元)				
2011 年位次	国家和地区	2011 年	2012 年	2013 年	2011 年位次	国家和地区	2011 年	2012 年	2013 年
1	卢森堡	115809	105720	104196	1	卡塔尔	98948	102769	105080
2	卡塔尔	98144	100378	99838	2	卢森堡	80559	80679	80985
3	挪威	97607	99316	102249	3	新加坡	59710	60883	62400
4	瑞士	83073	77840	76598	4	挪威	53396	55264	56694
5	澳大利亚	66371	67983	69582	5	文莱	49536	50526	50927
6	阿联酋	63626	65377	65755	6	中国香港	49417	50709	52721
7	丹麦	59709	55448	55150	7	美国	48328	49802	51056
8	瑞典	57638	54879	55969	8	阿联酋	47729	48992	49429
9	加拿大	50496	50826	52088	9	瑞士	44452	45286	46233
10	荷兰	50216	45942	45635	10	荷兰	42023	42322	42942
11	奥地利	49688	46330	46410	11	科威特	41701	43847	44040
12	新加坡	49271	49936	50899	12	奥地利	41556	42477	43322
13	芬兰	48783	45545	46238	13	澳大利亚	40847	42354	43661
14	美国	48328	49802	51056	14	爱尔兰	40838	41739	43298
15	爱尔兰	48289	44781	45394	15	瑞典	40705	41750	42973
16	比利时	46989	43175	42730	16	加拿大	40519	41507	42303
17	日本	45870	46896	47096	17	德国	38077	39059	39997
18	德国	44111	41168	41332	18	冰岛	38060	39380	40523
19	法国	44007	40690	40272	19	比利时	37781	38089	38414
20	科威特	43723	46142	45050	20	中国台湾	37716	38486	40146
21	冰岛	43088	41151	41098	22	英国	36522	36728	37384
22	英国	38811	38591	39884	24	法国	35068	35520	35961
24	意大利	36267	32522	31952	25	日本	34748	36179	37193
25	新西兰	35973	37401	38598	27	韩国	31220	32431	33898
26	中国香港	34259	35961	37828	28	西班牙	30478	30412	30253
30	希腊	26735	22757	21038	29	意大利	30464	30116	30170
34	韩国	22424	23021	24562	37	希腊	26258	25062	24361
35	葡萄牙	22359	19768	19366	41	沙特阿拉伯	24411	25722	26564
37	沙特阿拉伯	21196	22823	23199	42	葡萄牙	23363	22991	23029
40	中国台湾	20083	19888	19847	51	阿根廷	17660	18205	18800
53	俄罗斯	12993	13765	14911	55	俄罗斯	16736	17698	18683
54	巴西	12789	12340	12643	57	马来西亚	16240	16942	17675
59	阿根廷	10959	11573	11932	64	墨西哥	14653	15300	15881
63	墨西哥	10146	10123	10431	65	土耳其	14393	15029	15574
90	中国	5417	6094	6644	76	巴西	11769	12038	12584
110	印度尼西亚	3512	3660	4061	80	南非	10970	11302	11660
122	埃及	2932	3109	3298	93	中国	8387	9146	9983
124	菲律宾	2345	2462	2594	121	印度尼西亚	4666	4958	5267
136	尼日利亚	1522	1654	1731	126	菲律宾	4080	4264	4440
137	印度	1514	1592	1709	128	印度	3663	3851	4082
141	越南	1374	1523	1660	130	越南	3359	3545	3759
183	刚果	217	237	251	183	刚果	349	368	392

注：各国购买力平价（PPP）数据参见 IMF，*World Economic Outlook Database*。IMF 并不直接计算 PPP 数据，而是根据世界银行、OECD、Penn World Tables 等国际组织的原始资料进行计算。

资料来源：IMF，*World Economic Outlook Database*，2012 年 10 月。

（二）世界通货膨胀、失业形势回顾与展望

表2-1　通货膨胀率* 回顾与展望：部分国家和地区（2005～2013年）

单位：%

国家和地区	2005年	2006年	2007年	2008年	2009年	2010年	2011年	2012年	2013年
澳大利亚	2.7	3.5	2.3	4.4	1.8	2.8	3.4	2.0	2.6
奥地利	2.1	1.7	2.2	3.2	0.4	1.7	3.6	2.3	1.9
加拿大	2.2	2.0	2.1	2.4	0.3	1.8	2.9	1.8	2.0
芬兰	0.8	1.3	1.6	3.9	1.6	1.7	3.3	2.9	2.3
丹麦	1.8	1.9	1.7	3.4	1.3	2.3	2.8	2.6	2.0
法国	1.8	1.7	1.5	2.8	0.1	1.5	2.1	1.9	1.0
德国	1.9	1.8	2.3	2.8	0.2	1.2	2.5	2.2	1.9
希腊	3.5	3.2	2.9	4.2	1.2	4.7	3.3	0.9	-1.1
意大利	2.2	2.2	2.0	3.5	0.8	1.6	2.9	3.0	1.8
日本	-0.3	0.2	0.1	1.4	-1.3	-0.7	-0.3	0.0	-0.2
瑞士	1.2	1.1	0.7	2.4	-0.5	0.7	0.2	-0.5	0.5
英国	2.0	2.3	2.3	3.6	2.1	3.3	4.5	2.7	1.9
美国	3.4	3.2	2.9	3.8	-0.3	1.6	3.1	2.0	1.8
新西兰	3.0	3.4	2.4	4.0	2.1	2.3	4.0	1.9	2.4
中国香港	0.9	2.0	2.0	4.3	0.6	2.3	5.3	3.8	3.0
韩国	2.8	2.2	2.5	4.7	2.8	2.9	4.0	2.2	2.7
新加坡	0.5	1.0	2.1	6.6	0.6	2.8	5.2	4.5	4.3
中国台湾	2.3	0.6	1.8	3.5	-0.9	1.0	1.4	2.5	2.0
阿根廷	9.6	10.9	8.8	8.6	6.3	10.5	9.8	9.9	9.7
巴西	6.9	4.2	3.6	5.7	4.9	5.0	6.6	5.2	4.9
智利	3.1	3.4	4.4	8.7	1.5	1.4	3.3	3.1	3.0
中国	1.8	1.5	4.8	5.9	-0.7	3.3	5.4	3.0	3.0
捷克	1.8	2.5	2.9	6.3	1.0	1.5	1.9	3.4	2.1
埃及	8.8	4.2	11.0	11.7	16.2	11.7	11.1	8.7	10.7
印度	4.0	6.3	6.4	8.3	10.9	12.0	8.9	10.3	9.6
印度尼西亚	10.5	13.1	6.7	9.8	4.8	5.1	5.4	4.4	5.1
马来西亚	3.0	3.6	2.0	5.4	0.6	1.7	3.2	2.0	2.4
墨西哥	4.0	3.6	4.0	5.1	5.3	4.2	3.4	4.0	3.5
尼日利亚	17.9	8.2	5.4	11.6	12.5	13.7	10.8	11.4	9.5
菲律宾	6.6	5.5	2.9	8.2	4.2	3.8	4.7	3.5	4.5
俄罗斯	12.7	9.7	9.0	14.1	11.7	6.9	8.4	5.1	6.6
沙特	0.6	2.3	4.1	9.9	5.1	5.4	5.0	4.9	4.6
南非	3.4	4.7	7.1	11.5	7.1	4.3	5.0	5.6	5.2
土耳其	8.2	9.6	8.8	10.4	6.3	8.6	6.5	8.7	6.5
越南	8.4	7.5	8.3	23.1	6.7	9.2	18.7	8.1	6.2

* 以消费者物价衡量的通货膨胀率。

资料来源：IMF，*World Economic Outlook Database*，2012年10月。

表 2-2 失业率：先进经济体（1994~2013 年）

单位：%

国家和地区	1994~2003年	2004~2013年	2007年	2008年	2009年	2010年	2011年	2012年	2013年
先进经济体	6.7	7.0	5.5	5.8	8.0	8.3	7.9	8.0	8.1
美国	5.1	7.0	4.6	5.8	9.3	9.6	9.0	8.2	8.1
欧元区	9.7	9.5	7.6	7.7	9.6	10.1	10.2	11.2	11.5
德国	8.8	8.0	8.8	7.6	7.7	7.1	6.0	5.2	5.3
法国	10.3	9.3	8.4	7.8	9.5	9.7	9.6	10.1	10.5
意大利	10.3	8.2	6.1	6.8	7.8	8.4	8.4	10.6	11.1
西班牙	17.1	15.8	8.3	11.3	18.0	20.1	21.7	24.9	25.1
荷兰	4.6	4.5	3.6	3.1	3.7	4.5	4.4	5.2	5.7
比利时	8.5	7.9	8.6	7.0	7.9	8.3	7.2	7.4	7.9
奥地利	4.1	4.5	4.4	3.8	4.8	4.4	4.2	4.3	4.5
希腊	10.3	13.4	8.3	7.7	9.4	12.5	17.3	23.8	25.4
葡萄牙	5.6	10.2	8.0	7.6	9.5	10.8	12.7	15.5	16.0
芬兰	11.8	7.8	6.9	6.4	8.2	8.4	7.8	7.6	7.8
爱尔兰	7.9	9.3	4.6	6.3	11.8	13.6	14.4	14.8	14.4
斯洛伐克	15.6	13.5	11.0	9.6	12.1	14.4	13.5	13.7	13.5
斯洛文尼亚	7.0	6.7	4.9	4.4	5.9	7.3	8.2	8.8	9.0
卢森堡	2.9	5.2	4.4	4.4	5.8	6.2	5.7	6.2	6.1
爱沙尼亚	10.5	9.6	4.7	5.5	13.8	17.3	12.5	10.1	9.1
塞浦路斯	3.5	6.6	3.9	3.7	5.4	6.2	7.8	11.7	12.5
马耳他	6.5	6.6	6.5	6.1	6.9	7.0	6.5	6.0	5.8
日本	4.2	4.5	3.8	4.0	5.1	5.0	4.6	4.5	4.4
英国	6.7	6.6	5.4	5.6	7.5	7.9	8.0	8.1	8.1
加拿大	8.4	7.1	6.1	6.2	8.3	8.0	7.5	7.3	7.3
韩国	3.9	3.5	3.3	3.2	3.7	3.7	3.4	3.3	3.3
澳大利亚	7.5	5.0	4.4	4.3	5.6	5.2	5.1	5.2	5.3
中国台湾	3.2	4.5	3.9	4.1	5.9	5.2	4.4	4.5	4.3
瑞典	7.4	7.3	6.1	6.2	8.3	8.4	7.5	7.5	7.7
中国香港	4.6	4.4	4.0	3.5	5.2	4.3	3.4	3.4	3.3
瑞士	3.1	3.2	2.4	2.6	3.7	3.5	2.8	3.4	3.6
新加坡	2.5	2.5	2.1	2.2	3.0	2.2	2.0	2.1	2.1
挪威	4.1	3.4	2.5	2.6	3.2	3.6	3.3	3.1	3.1
以色列	10.3	9.0	9.2	7.7	9.4	8.3	7.1	7.0	7.0
丹麦	5.5	5.2	3.8	3.4	6.1	7.5	6.1	5.6	5.3
新西兰	6.6	5.1	3.7	4.2	6.1	6.5	6.5	6.6	5.7
冰岛	3.1	4.4	1.0	1.6	8.0	8.1	7.4	6.1	5.7
主要发达经济体	6.4	6.9	5.5	5.9	8.0	8.2	7.7	7.5	7.5
亚洲新兴工业经济体	3.7	3.8	3.4	3.4	4.3	4.1	3.6	3.5	3.5

资料来源：IMF，*World Economic Outlook*，2012 年 10 月。

（三）世界财政形势回顾与展望

表3－1　一般政府财政余额占GDP比例：先进经济体（2005～2013年）

单位：%

国家和地区	2005年	2006年	2007年	2008年	2009年	2010年	2011年	2012年	2013年
先进经济体	-2.5	-1.4	-1.1	-3.5	-8.9	-7.8	-6.5	-5.9	-4.9
美国	-3.2	-2.0	-2.7	-6.7	-13.3	-11.2	-10.1	-8.7	-7.3
欧元区	-2.5	-1.3	-0.7	-2.1	-6.4	-6.2	-4.1	-3.3	-2.6
德国	-3.4	-1.6	0.2	-0.1	-3.2	-4.1	-0.8	-0.4	-0.4
法国	-3.0	-2.4	-2.8	-3.3	-7.6	-7.1	-5.2	-4.7	-3.5
意大利	-4.5	-3.4	-1.6	-2.7	-5.4	-4.5	-3.8	-2.7	-1.8
西班牙	1.0	2.0	1.9	-4.2	-11.2	-9.4	-8.9	-7.0	-5.7
荷兰	-0.3	0.5	0.2	0.5	-5.4	-5.1	-4.7	-3.7	-3.2
比利时	-2.6	0.3	-0.1	-1.1	-5.6	-3.9	-3.9	-3.0	-2.3
奥地利	-1.8	-1.7	-1.0	-1.0	-4.1	-4.5	-2.6	-2.9	-2.1
希腊	-5.6	-6.0	-6.8	-9.9	-15.6	-10.5	-9.1	-7.5	-4.7
葡萄牙	-6.5	-3.8	-3.2	-3.7	-10.2	-9.8	-4.2	-5.0	-4.5
芬兰	2.7	4.0	5.3	4.2	-2.7	-2.9	-0.8	-1.4	-0.9
爱尔兰	1.7	2.9	0.1	-7.3	-13.9	-30.9	-12.8	-8.3	-7.5
斯洛伐克	-2.8	-3.2	-1.8	-2.1	-8.0	-7.7	-4.8	-4.8	-2.9
斯洛文尼亚	-1.0	-0.8	0.3	-0.3	-5.5	-5.3	-5.6	-4.6	-4.4
卢森堡	0.0	1.4	3.7	3.0	-0.8	-0.9	-0.6	-2.5	-1.8
日本	-4.8	-3.7	-2.1	-4.1	-10.4	-9.4	-9.8	-10.0	-9.1
英国	-3.4	-2.7	-2.8	-5.1	-10.4	-9.9	-8.5	-8.2	-7.3
加拿大	1.5	1.6	1.4	-0.4	-4.9	-5.6	-4.4	-3.8	-3.0
韩国	0.9	1.1	2.3	1.6	0.0	1.7	1.8	2.0	2.7
澳大利亚	2.4	1.8	1.3	-0.8	-4.1	-4.8	-4.4	-2.8	-1.0
中国台湾	-1.8	-1.6	-1.4	-2.2	-5.2	-4.0	-3.6	-3.7	-3.1
瑞典	1.9	2.2	3.5	2.1	-1.0	-0.1	0.1	-0.2	-0.2
中国香港	1.1	4.3	8.2	0.1	1.6	4.5	4.1	0.7	2.1
瑞士	-0.6	0.9	1.3	1.8	0.5	0.2	0.4	0.5	0.5
新加坡	7.9	7.1	12.0	6.5	-0.7	7.3	7.3	5.2	5.1
捷克	-3.2	-2.4	-0.7	-2.2	-5.8	-4.8	-3.1	-3.2	-3.0
挪威	15.0	18.3	17.3	18.8	10.6	11.2	13.7	13.4	12.5
以色列	-4.8	-2.4	-1.3	-3.4	-6.0	-4.6	-4.0	-3.5	-3.3
丹麦	4.8	4.9	4.6	3.2	-2.7	-2.7	-1.9	-3.9	-2.0
新西兰	4.8	4.0	2.9	0.6	-3.0	-5.2	-5.4	-4.3	-2.7
冰岛	4.9	6.3	5.4	-0.5	-8.6	-6.4	-4.7	-2.8	-1.6
主要先进经济体	-3.4	-2.3	-2.1	-4.5	-10.1	-9.0	-7.8	-7.2	-6.1
亚洲新兴工业经济体	0.9	1.4	3.1	1.1	-1.1	1.4	1.5	1.0	1.7

资料来源：IMF，*World Economic Outlook*，2012年10月。

表3-2 一般政府财政余额占GDP比例：新兴市场和发展中国家（2005～2013年）

单位：%

国家和地区	2005年	2006年	2007年	2008年	2009年	2010年	2011年	2012年	2013年
新兴市场和发展中国家	0.8	1.5	1.2	0.8	-4.1	-2.6	-1.2	-1.4	-1.4
中东欧	-2.0	-1.9	-1.9	-3.0	-6.0	-4.9	-2.2	-2.5	-2.5
独联体①	6.4	6.9	5.5	4.2	-5.1	-2.5	2.0	0.7	0.5
俄罗斯	8.2	8.3	6.8	4.9	-6.3	-3.5	1.6	0.5	0.2
除俄罗斯	0.9	2.6	1.5	2.2	-1.4	0.3	3.2	1.4	1.2
亚洲发展中国家	-2.4	-1.7	-0.8	-2.2	-4.3	-3.0	-2.7	-2.9	-2.6
中国	-1.4	-0.7	0.9	-0.7	-3.1	-1.5	-1.2	-1.3	-1.0
印度	-7.5	-6.4	-4.8	-8.7	-10.0	-9.4	-9.0	-9.5	-9.1
除中国和印度	-0.7	-0.3	-1.5	-1.1	-3.4	-2.3	-2.4	-2.8	-3.0
拉丁美洲与加勒比地区	-1.4	-1.3	-1.2	-0.8	-3.9	-3.0	-2.5	-2.5	-1.9
巴西	-3.4	-3.5	-2.6	-1.3	-3.0	-2.7	-2.6	-2.1	-1.6
墨西哥	-1.4	-1.0	-1.2	-1.1	-4.7	-4.3	-3.4	-2.4	-2.1
中东与北非	12.0	13.3	11.0	13.1	-1.2	1.9	5.7	5.9	4.3
撒哈拉以南	2.6	4.7	1.3	0.8	-5.4	-3.7	-1.5	-2.3	-1.3
除尼日利亚和南非	0.8	6.0	0.9	-0.9	-4.0	-1.5	-0.1	-1.4	-0.9

注：①包括格鲁吉亚和蒙古。虽然二者不是独联体成员，但由于同独联体国家在地理和经济结构上类似，故在地区分组上将二者归入独联体。

资料来源：IMF, *World Economic Outlook*, 2012年10月。

（四）世界金融形势回顾与展望

表4-1 广义货币供应量年增长率：新兴市场和发展中国家（2005～2013年）

单位：%

国家和地区	2005年	2006年	2007年	2008年	2009年	2010年	2011年	2012年	2013年
新兴市场和发展中国家	19.2	21.4	20.7	18.0	16.2	17.0	16.1	15.9	13.7
中东欧	23.3	20.6	16.2	18.5	14.8	13.6	4.3	20.2	10.4
独联体①	36.7	42.4	42.2	17.4	15.6	24.5	22.9	22.1	20.2
俄罗斯	36.3	40.5	41.2	13.5	17.3	24.6	21.1	23.2	20.5
除俄罗斯	37.8	48.6	45.4	30.7	10.1	24.4	28.4	18.6	19.5
亚洲发展中国家	15.7	17.2	17.6	17.0	22.6	17.9	16.2	14.4	12.2
中国	16.3	17.0	16.7	17.8	28.4	18.9	17.3	13.4	10.9
印度	17.3	19.5	23.3	19.9	18.0	18.7	15.9	17.4	17.7
除中国和印度	13.2	16.1	15.3	13.1	12.2	14.4	13.4	15.5	12.0
拉丁美洲与加勒比地区	18.7	19.8	16.3	17.0	9.8	17.2	19.2	17.4	15.5

续表

国家和地区	2005 年	2006 年	2007 年	2008 年	2009 年	2010 年	2011 年	2012 年	2013 年
巴西	19.2	18.6	18.4	18.0	15.8	15.4	18.7	16.1	16.7
墨西哥	14.8	13.0	11.2	16.8	6.1	12.0	15.7	15.3	10.7
中东与北非	19.7	22.2	25.3	18.3	13.0	11.7	13.4	12.5	12.3
撒哈拉以南	16.7	28.8	26.4	28.5	12.3	13.3	15.5	12.9	16.2

注：①包括格鲁吉亚和蒙古。虽然二者不是独联体成员，但由于同独联体国家在地理和经济结构上类似，故在地区分组上将二者归入独联体。

资料来源：IMF，*World Economic Outlook*，2012 年 10 月。

表 4-2 汇率*：部分国家和地区（2004～2012 年、2010 年第二季度～2012 年第二季度）

币 种	2004 年	2005 年	2006 年	2007 年	2008 年	2009 年	2010 年	2011 年	2012 年①
欧 元	1.24	1.25	1.26	1.37	1.47	1.39	1.33	1.39	1.27
人民币	8.28	8.19	7.97	7.61	6.95	6.83	6.77	6.46	—
英 镑	1.83	1.82	1.84	2.00	1.85	1.56	1.55	1.60	1.57
日 元	108.20	110.20	116.30	117.80	103.40	93.60	87.80	79.80	79.30
加拿大元	1.30	1.21	1.13	1.07	1.07	1.14	1.03	0.99	1.00
丹麦克朗	5.99	6.00	5.95	5.44	5.10	5.36	5.62	5.37	5.89
瑞士法郎	1.24	1.25	1.25	1.20	1.08	1.09	1.04	0.89	0.95
韩 元	1145.30	1024.10	954.80	929.30	1102.00	1276.90	1156.10	1108.30	1137.30
澳大利亚元	1.36	1.31	1.33	1.19	1.17	1.26	1.09	0.97	0.97
新台币	33.43	32.18	32.53	32.84	31.53	33.06	31.65	29.47	30.01
港 币	7.79	7.78	7.77	7.80	7.79	7.75	7.77	7.78	7.76
新加坡元	1.69	1.66	1.59	1.51	1.42	1.46	1.36	1.26	1.27
币 种	2010Q2	2010Q3	2010Q4	2011Q1	2011Q2	2011Q3	2011Q4	2012Q1	2012Q2
英 镑	1.49	1.55	1.58	1.60	1.63	1.61	1.57	1.57	1.58
澳大利亚元	1.13	1.11	1.01	1.00	0.94	0.95	0.99	0.95	0.99
人民币	6.82	6.77	6.66	6.58	6.50	6.42	6.34	6.31	6.31
印度卢比	45.63	46.49	44.86	45.27	44.71	45.78	50.92	50.28	54.10
日 元	92.02	85.86	82.59	82.30	81.71	77.82	77.40	79.27	80.18
新加坡元	1.39	1.36	1.30	1.28	1.24	1.23	1.29	1.26	1.26
韩 元	1165.54	1182.62	1132.18	1119.80	1083.25	1085.88	1144.25	1131.48	1152.66

* 汇率单位：欧元和英镑为美元/本币，其他货币汇率单位为本币/美元。季度数据根据月度数据计算。①为预测值。

资料来源：IMF，*World Economic Outlook*，2012 年 10 月；IMF，*International Financial Statistics*，2012 年 8 月。

表 4－3　股票价格指数：全球主要证券交易所（2011 年）

交易所	指数名称	指数					
		最高值	日期①	最低值	日期①	2011 年底值	年变化率②(%)
美　洲							
利马证交所	IGBVL 总指数	23777	02－07	17318	10－04	19473	－16.7
墨西哥证交所	IPC 指数	297	05－01	246	08－08	288	－2.7
纳斯达克证交所	Nasdaq 综合指数	2874	04－29	2336	10－03	2605	－1.8
纽约泛欧证券交易所	综合指数	8671	04－29	6571	10－03	7477	－6.1
圣地亚哥证交所	IGPA 指数	23466	01－05	17707	10－04	20130	－12.4
加拿大 TSX 集团	S&P/TSX 综合指数	14271	04－05	11178	10－04	11955	－11.1
欧洲—非洲—中东							
雅典交易所	雅典综合指数	1747	02－025	642	12－20	680	－51.9
巴塞罗那交易所	全球 100 指数	862	02－17	573	09－12	649	－13.6
意大利证交所	MIB 指数	17867	02－17	11249	09－23	12259	－24.0
布达佩斯交易所	BUX 指数	24451	04－07	14930	09－26	16974	－20.4
塞浦路斯交易所	综合价格指数	1319	02－18	230	12－16	296	－72.0
德意志证交所	CDAX 指数	395	02－05	266	12－09	305	－17.4
伦敦证交所	FTSE 指数	3161	05－03	2558	10－04	2751	－10.2
巴黎证交所	SBF 指数	3034	02－18	2100	09－22	2344	－16.3
亚太地区							
澳大利亚证交所	ASX 普通股票指数	5065	04－11	3928	09－26	4111	－15.2
中国香港证交所	标普大型股票指数	29061	01－19	19639	10－04	22252	－18.8
印度尼西亚证交所	雅加达综合指数	4193	08－01	3269	10－04	3822	3.2
韩国证交所	KOSPI 指数	2229	05－02	1653	09－26	1826	－11.0
印度国家证交所	CNX500 指数	4967	01－03	3544	12－20	3598	－27.2
菲律宾证交所	PSE 综合指数	4551	08－01	3721	09－26	4372	4.1
上海证交所	上证综合指数	3067	04－18	2134	12－28	2199	－21.7
深圳证交所	深证综合指数	1311	03－09	850	12－28	867	－32.9
新加坡证交所	全部股票指数	3280	01－06	2529	10－05	2646	－17.0
中国台湾证交所	TAIEX 指数	9145	01－28	6633	12－19	7072	－21.2
泰国证交所	SET 指数	1144	08－01	855	10－04	1025	－0.7
东京证交所	TOPIX 指数	975	02－21	706	11－24	729	－18.9

注：①日期格式为月—日；②与 2010 年底相比的变化率。

资料来源：World Federation of Exchanges 数据库。

表 4 –4　上市债券市值：全球主要证券交易所（2010 ~2011 年）

单位：亿美元

证券交易所	2011 年				2010 年			
	总计	国内私人部门	国内公共部门	国外部门	总计	国内私人部门	国内公共部门	国外部门
美　洲								
布宜诺斯艾利斯交易所	1060. 2	29. 2	1031. 0	0. 0	1092. 3	28. 0	1064. 3	0. 0
利马证券交易所	175. 2	65. 5	108. 3	1. 4	164. 4	61. 2	101. 9	1. 4
墨西哥证券交易所	714. 2	—	—	—	701. 8	—	—	—
圣地亚哥证券交易所	3059. 2	2986. 9	72. 3	0. 0	3136. 8	3058. 2	78. 6	0. 0
加拿大交易所集团(TSX)	149. 1	0. 0	148. 6	0. 4	176. 0	0. 0	176. 0	0. 0
欧洲—非洲—中东								
雅典证券交易所	3022. 5	17. 5	2991. 9	13. 0	3381. 1	12. 9	3354. 8	13. 4
西班牙证券交易所	19845. 7	11455. 2	8390. 4	0. 0	19196. 0	11405. 8	7790. 3	0. 0
布达佩斯证券交易所	440. 4	48. 5	392. 0	0. 0	542. 8	59. 6	483. 2	0. 0
德意志交易所	266855. 7	21622. 9	28010. 9	217221. 8	260679. 1	23753. 3	28774. 2	208151. 6
埃及交易所	404. 4	20. 2	384. 2	0. 0	373. 5	23. 1	350. 4	0. 0
爱尔兰证券交易所	953. 8	—	953. 8	—	1004. 7	—	1004. 7	—
卢森堡证券交易所	80904. 4	0. 0	51. 9	80852. 5	83620. 3	0. 0	53. 7	83566. 6
瑞士证券交易所	6186. 2	1752. 3	1304. 6	3129. 4	6144. 8	1557. 3	1264. 2	3323. 3
亚太地区								
中国香港证券交易所	758. 2	353. 5	249. 5	155. 2	628. 3	268. 8	217. 7	141. 8
雅加达证交所	960. 1	162. 1	798. 0	0. 0	840. 2	128. 6	711. 7	0. 0
韩国证券交易所	10442. 6	2616. 5	7822. 6	3. 5	9856. 3	2380. 5	7472. 3	3. 5
印度国家证券交易所	7828. 9	519. 5	7308. 4	0. 9	7992. 0	515. 7	7475. 2	1. 1
大阪证券交易所	86852. 4	32. 5	86819. 9	0. 0	78706. 7	43. 2	78663. 5	0. 0
上海证券交易所	9005. 9	1218. 2	7787. 7	0. 0	7207. 8	880. 5	6327. 3	0. 0
深圳证券交易所	161. 1	152. 9	8. 2	0. 0	119. 5	103. 8	15. 7	0. 0
新加坡证券交易所	—	—	—	—	4865. 3	—	—	—
中国台湾证券交易所	1537. 7	0. 0	1537. 7	0. 0	1491. 3	0. 0	1491. 3	0. 0
泰国证券交易所	1539. 6	206. 6	1333. 0	0. 0	1515. 7	232. 8	1282. 8	0. 0
东京证券交易所	86956. 2	136. 3	86819. 9	0. 0	78816. 3	152. 8	78663. 5	0. 0

资料来源：World Federation of Exchanges 数据库。

（五）国际收支形势回顾与展望

表5－1　国际收支平衡表：部分国家和地区（2005～2011年）

单位：亿美元

国　家	2005年	2006年	2007年	2008年	2009年	2010年	2011年
美　国							
经常项目差额	-7457.8	-8006.1	-7103.0	-6771.4	-3765.6	-4709.0	-4734.4
货物贸易差额	-7799.1	-8328.6	-8146.4	-8249.5	-5025.0	-6421.6	-7345.3
服务贸易差额	713.1	796.1	1179.7	1266.1	1212.5	1421.6	1746.1
主要收入差额①	685.9	441.8	1014.8	1470.9	1280.0	1652.3	2210.7
次要收入差额②	-1057.7	-915.5	-1151.1	-1258.9	-1233.1	-1361.4	-1346.0
资本项目差额	131.2	-17.9	3.8	60.1	-1.4	-1.5	-11.6
金融项目差额	6866.2	8067.7	6173.8	7354.2	2980.8	2561.2	4099.6
直接投资差额	764.0	-17.7	-1928.7	-189.9	-1450.2	-1151.3	-1783.8
证券投资差额	5676.1	6330.2	7769.3	8094.0	-98.9	5208.3	1174.0
金融衍生品差额	—	297.1	62.2	-329.5	494.6	137.4	67.8
其他投资差额	426.0	1458.2	270.9	-220.5	4035.4	-1633.2	4641.7
净误差与遗漏	319.4	-67.7	926.6	-594.5	1307.9	2167.6	806.2
储备资产变动	-141.0	23.9	-1.3	-48.4	-521.8	-18.2	-159.8
日　本							
经常项目差额	1657.8	1710.8	2116.9	1593.6	1470.2	2039.2	1190.6
货物贸易差额	1069.6	951.1	1206.0	552.8	580.9	1085.2	-44.7
服务贸易差额	-370.5	-320.6	-371.0	-379.4	-348.4	-336.6	-384.3
主要收入差额①	1034.4	1187.1	1397.0	1550.7	1361.6	1414.5	1757.9
次要收入差额②	-75.7	-106.9	-115.1	-130.5	-123.9	-123.9	-138.2
资本项目差额	-48.8	-47.6	-40.3	-54.7	-49.9	-49.6	5.0
金融项目差额	-1226.8	-1023.4	-1872.4	-1726.2	-1301.5	-1304.8	824.5
直接投资差额	-422.3	-569.5	-513.1	-1062.7	-627.9	-585.8	-1174.4
证券投资差额	-132.7	1275.2	731.3	-2926.0	-2165.1	-1510.0	1610.5
金融衍生品差额	-65.3	24.5	27.9	247.9	105.5	119.4	170.8
其他投资差额	-606.6	-1753.6	-2118.6	2014.5	1386.0	671.6	217.6
净误差与遗漏	-159.0	-320.0	161.1	496.1	150.4	-246.2	-253.9
储备资产变动	-223.3	-319.8	-365.2	-308.8	-269.2	-438.5	-1766.2

续表

国　家	2005 年	2006 年	2007 年	2008 年	2009 年	2010 年	2011 年
欧　元　区							
经常项目差额	191.8	-3.3	248.6	-1999.4	-260.8	-100.9	-62.6
货物贸易差额	654.2	293.2	757.6	-203.2	473.9	198.2	60.2
服务贸易差额	410.2	460.2	579.3	596.6	497.3	634.2	852.1
主要收入差额①	48.4	245.7	113.2	-976.9	60.7	444.0	424.8
次要收入差额②	-920.9	-1002.3	-1201.6	-1415.9	-1292.8	-1377.1	-1399.7
资本项目差额	142.4	117.4	54.1	142.3	85.8	79.7	147.9
金融项目差额	-713.5	-278.5	-18.8	1737.7	704.9	-10.7	-663.9
直接投资差额	-2594.5	-2141.3	-1241.7	-3438.6	-1418.2	-1477.7	-2086.1
证券投资差额	1455.8	2386.5	1686.9	3693.4	3689.1	2142.3	4329.6
金融衍生差额	-215.9	2.2	-929.0	-1213.2	262.4	245.2	-286.6
其他投资差额	641.2	-525.9	464.9	2696.1	-1828.4	-920.6	-2620.8
净误差与遗漏	150.2	190.1	-226.9	168.0	68.1	33.5	231.1
储备资产变动	229.1	-25.7	-56.9	-48.6	-598.0	-1.6	347.5
中　国							
经常项目差额	1323.8	2318.4	3531.8	4205.7	2432.6	2378.1	2017.1
货物贸易差额	1196.6	1961.0	2908.1	3418.6	2351.8	2455.4	2424.7
服务贸易差额	49.7	128.1	172.2	69.7	-150.5	-225.2	-541.5
主要收入差额①	-161.1	-51.4	80.4	285.8	-85.3	-259.0	-118.7
次要收入差额②	238.7	280.7	371.0	431.6	316.6	406.9	252.6
资本项目差额	41.0	40.2	31.0	30.5	39.4	46.3	54.5
金融项目差额	912.5	452.9	911.3	370.7	1944.9	2822.3	2156.1
直接投资差额	903.8	1001.5	1390.9	1147.9	871.7	1857.5	1704.5
证券投资差额	-47.1	-684.2	164.4	348.5	270.9	240.4	196.4
其他投资差额	55.8	135.5	-644.0	-1125.7	802.4	724.5	255.2
净误差与遗漏	232.5	35.0	132.4	188.6	-411.8	-530.2	-349.7
储备资产变动	-2509.8	-2846.5	-4606.5	-4795.5	-4005.1	-4716.6	-3878.0

注：①主要收入差额对应收益差额；②次要收入差额对应经常转移差额。

资料来源：IMF，*International Financial Statistics*，2012 年 8 月。

表 5-2　经常项目差额及其占 GDP 比例：部分国家和地区（2006～2017 年）

国家和地区	2006 年	2007 年	2008 年	2009 年	2010 年	2011 年	2012 年	2013 年	2017 年
经常项目差额(十亿美元)①									
先进经济体	-426.1	-317.7	-482.1	-71.1	-20.5	-93.3	-165.0	-130.4	-185.1
美国	-800.6	-710.3	-677.1	-381.9	-442.0	-465.9	-486.5	-499.2	-687.9
欧元区	53.7	45.6	-99.8	18.2	48.8	56.6	136.0	151.7	237.4
日本	170.9	212.1	159.9	146.6	204.0	119.3	95.4	137.8	127.6
其他先进经济体②	149.9	134.9	135.0	146.1	168.6	196.8	90.1	79.3	137.7
亚洲新兴工业化国家	99.0	128.3	86.5	123.8	137.2	138.0	121.0	123.3	136.0
新兴市场和发展中国家	639.5	629.6	673.7	291.8	336.2	481.2	361.8	310.1	258.3
中东欧	-89.0	-136.3	-159.9	-49.5	-81.4	-116.6	-90.6	-94.6	-145.9
独联体	96.3	71.5	107.7	41.6	71.9	111.8	110.4	82.5	-31.4
亚洲发展中国家	268.3	399.9	405.8	296.9	233.6	188.2	118.6	149.6	466.9
拉丁美洲	48.7	13.2	-32.2	-21.9	-57.4	-73.7	-97.1	-111.2	-180.7
中东与北非	286.7	270.4	354.8	52.9	182.5	392.1	361.4	329.5	219.6
撒哈拉以南	28.5	10.8	-2.5	-28.3	-13.1	-20.6	-41.0	-45.7	-70.4
经常项目差额占 GDP 比例(%)									
阿根廷	3.4	2.6	1.8	2.5	0.7	-0.1	0.3	-0.1	-1.9
澳大利亚	-5.3	-6.2	-4.4	-4.2	-2.9	-2.3	-4.1	-5.5	-5.6
巴西	1.3	0.1	-1.7	-1.5	-2.2	-2.1	-2.6	-2.8	-3.3
加拿大	1.4	0.8	0.3	-3.0	-3.1	-2.8	-3.4	-3.7	-3.0
中国	8.6	10.1	9.1	5.2	4.0	2.8	2.3	2.5	4.3
法国	-0.6	-1.0	-1.7	-1.3	-1.6	-2.0	-1.7	-1.7	-0.3
德国	6.3	7.5	6.2	5.9	6.0	5.7	5.4	4.7	4.2
印度	-1.0	-0.7	-2.5	-2.0	-3.2	-3.4	-3.8	-3.3	-2.3
印度尼西亚	3.0	2.4	0.0	2.0	0.7	0.2	-2.1	-2.4	-2.9
意大利	-1.5	-1.2	-2.9	-2.1	-3.6	-3.3	-1.5	-1.4	-1.0
日本	3.9	4.9	3.3	2.9	3.7	2.0	1.6	2.3	1.9
韩国	1.5	2.1	0.3	3.9	2.9	2.4	1.9	1.7	0.7
墨西哥	-0.6	-1.1	-1.6	-0.6	-0.4	-1.0	-0.9	-1.1	-1.1
俄罗斯	9.5	5.9	6.2	4.1	4.7	5.3	5.2	3.8	-1.1
沙特	27.8	24.3	27.8	5.6	14.6	26.5	26.1	22.7	12.8
南非	-5.3	-7.0	-7.2	-4.0	-2.8	-3.3	-5.5	-5.8	-5.9
土耳其	-6.1	-5.9	-5.7	-2.2	-6.4	-10.0	-7.5	-7.1	-7.9
英国	-2.9	-2.3	-1.0	-1.3	-2.5	-1.9	-3.3	-2.7	-0.7
美国	-6.0	-5.1	-4.7	-2.7	-3.0	-3.1	-3.1	-3.1	-3.5

注：①因为资料来源不同，本表与表 5-1 并不完全一致。②这里其他先进经济体指不包括美国、欧元区和日本之外的先进经济体。

资料来源：IMF，*World Economic Outlook*，*World Economic Outlook Database*，2012 年 10 月。

（六）国际贸易形势回顾

表 6－1 货物贸易进出口：世界部分国家和地区（2008～2011 年）

单位：亿美元

2011 年位次	国家和地区	货物出口				2011 年位次	国家和地区	货物进口			
		2008 年	2009 年	2010 年	2011 年			2008 年	2009 年	2010 年	2011 年
	世界	161400	125420	152740	182550		世界	165410	127360	154640	184380
1	中国	14307	12016	15778	18984	1	美国	21695	16053	19692	22659
2	美国	12874	10560	12783	14804	2	中国	11326	10059	13951	17435
3	德国	14462	11200	12589	14723	3	德国	11851	9263	10548	12539
4	日本	7814	5807	7698	8226	4	日本	7625	5520	6941	8550
5	荷兰	6379	4979	5743	6610	5	法国	7168	5609	6097	7139
6	法国	6162	4848	5235	5961	6	英国	6334	4828	5615	6378
7	韩国	4220	3635	4664	5552	7	荷兰	5809	4432	5164	5987
8	意大利	5427	4069	4473	5232	8	意大利	5619	4151	4870	5575
9	俄罗斯	4716	3034	4006	5220	9	韩国	4353	3231	4252	5244
10	比利时	4718	3701	4087	4767	10	中国香港	3930	3522	4414	5109
11	英国	4598	3529	4057	4732	11	加拿大	4190	3299	4025	4626
12	中国香港	3702	3294	4007	4556	12	印度	3210	2572	3502	4626
13	加拿大	4565	3166	3879	4524	13	比利时	4663	3534	3933	4614
14	新加坡	3382	2698	3519	4095	14	西班牙	4208	2932	3270	3742
15	沙特	3135	1923	2511	3647	15	新加坡	3198	2458	3108	3658
16	墨西哥	2913	2297	2983	3496	16	墨西哥	3183	2415	3102	3611
17	西班牙	2815	2273	2544	3087	17	俄罗斯	2919	1918	2486	3238
18	中国台湾	2556	2037	2746	3083	18	中国台湾	2404	1744	2512	2814
19	印度	1948	1649	2264	3046	19	澳大利亚	2003	1655	2016	2437
20	阿联酋	2392	1850	2200	2850	20	土耳其	2020	1409	1855	2408
21	澳大利亚	1873	1543	2126	2704	21	巴西	1824	1337	1915	2369
22	巴西	1979	1530	2019	2560	22	泰国	1792	1337	1829	2285
23	瑞士	2008	1725	1954	2344	23	瑞士	1836	1554	1763	2083
24	泰国	1778	1524	1953	2288	24	波兰	2088	1495	1780	2077
25	马来西亚	1995	1574	1986	2270	25	阿联酋	1770	1500	1650	2050
26	印度尼西亚	1396	1196	1581	2006	26	奥地利	1843	1431	1590	1910
27	波兰	1705	1365	1597	1874	27	马来西亚	1569	1238	1646	1877
28	瑞典	1833	1308	1585	1872	28	印尼	1275	938	1353	1769

资料来源：*WTO Statistics Database Online*，2012 年 9 月。

表 6-2　服务贸易进出口：世界部分国家和地区（2008~2011 年）

单位：亿美元

2010 年位次①	国家和地区	服务出口 2008 年	2009 年	2010 年	2011 年	2010 年位次①	国家和地区	服务进口 2008 年	2009 年	2010 年	2011 年
	世界	38467	34207	37649	41688		世界	36366	32412	35567	39530
1	美国	5222	4908	5321	5809	1	美国	3739	3489	3699	3953
2	英国	2814	2413	2466	2737	2	德国	2886	2549	2624	2891
3	德国	2493	2269	2331	2534	3	中国	1580	1581	1922	2365
4	中国	1464	1286	1702	1824	4	英国	1953	1584	1603	1704
5	法国	1642	1431	1444	1666	5	日本	1673	1469	1556	1658
6	日本	1464	1258	1387	1425	6	法国	1402	1291	1314	1435
7	印度	1067	926	1233	1366	7	印度	878	803	1161	1237
8	西班牙	1421	1217	1230	1403	8	意大利	1257	1040	1086	1140
9	荷兰	1230	1114	1156	1335	9	爱尔兰	1107	1044	1071	1143
10	新加坡	990	932	1121	1289	10	荷兰	1113	1075	1055	1182
11	中国香港	922	863	1061	1214	11	新加坡	872	791	963	1138
12	意大利	1136	929	976	1052	12	韩国	954	795	950	982
13	爱尔兰	993	928	973	1094	13	加拿大	876	781	900	998
14	韩国	894	725	863	938	14	西班牙	1049	867	867	932
15	比利时	861	821	852	873	15	比利时	829	757	783	846
16	瑞士	755	743	816	943	16	俄罗斯	736	592	716	879
17	加拿大	667	585	674	745	17	巴西	444	441	597	731
18	卢森堡	675	576	662	725	18	沙特	496	470	510	550
19	瑞典	697	589	657	760	19	中国香港	469	438	509	557
20	丹麦	716	541	592	648	20	丹麦	613	495	505	561
21	奥地利	630	539	539	612	21	澳大利亚	476	407	500	595
22	澳大利亚	445	403	469	509	22	瑞典	534	457	482	556
23	俄罗斯	506	412	445	533	23	泰国	457	363	446	509
24	中国台湾	365	314	401	460	24	挪威	438	363	424	447
25	挪威	446	382	395	419	25	阿联酋	428	368	413	488
26	希腊	498	374	376	382	26	瑞士	352	379	394	469
27	泰国	327	298	341	409	27	中国台湾	341	291	371	413
28	土耳其	348	332	340	378	28	奥地利	426	368	370	421
29	波兰	351	286	327	369	29	卢森堡	388	332	366	410
30	马来西亚	303	287	327	349	30	马来西亚	301	273	320	375

注：①因为部分国家和地区 2011 年服务贸易数据暂时无法得到，所以本表按 2010 年数据排序。

资料来源：*WTO Statistics Database Online*，2012 年 9 月。

表 6-3　原油进出口量：世界部分国家和地区（2009～2011年）*

单位：千桶/天，%

国家和地区	原油进口量				国家和地区	原油出口量			
	2009年	2010年	2011年	2012年占世界比重		2009年	2010年	2011年	2012年占世界比重
北美	10430	10504	9595	21.5	北美	1535	1431	1735	4.5
加拿大	799	770	681	1.5	加拿大	1491	1388	1688	4.3
美国	9631	9734	8914	19.9	美国	44	44	47	0.1
拉丁美洲	2363	2281	2510	5.6	拉丁美洲	4271	4203	4566	11.8
巴西	384	312	318	0.7	哥伦比亚	358	482	399	1.0
智利	199	168	171	0.4	厄瓜多尔	329	340	334	0.9
东欧	1938	1900	1853	4.1	墨西哥	1312	1459	1420	3.7
保加利亚	124	133	123	0.3	委内瑞拉	1608	1562	1553	4.0
捷克	145	161	161	0.4	中东欧	5630	5632	5809	15.0
罗马尼亚	139	171	155	0.3	俄罗斯	5608	5609	5786	14.9
俄罗斯	36	48	39	0.1	西欧	2775	2451	2248	5.8
西欧	10585	10610	10535	23.6	挪威	1773	1605	1423	3.7
比利时	631	662	605	1.4	英国	776	741	563	1.4
法国	1442	1295	1294	2.9	中东	15498	16322	17742	45.7
德国	1979	1883	1827	4.1	伊朗	2406	2583	2537	6.5
希腊	359	411	331	0.7	伊拉克	1906	1890	2166	5.6
意大利	1541	1585	1453	3.3	科威特	1348	1430	1816	4.7
荷兰	973	1033	987	2.2	卡塔尔	647	586	588	1.5
西班牙	1056	1059	1054	2.4	沙特	6268	6644	7218	18.6
瑞典	384	401	380	0.8	叙利亚	250	149	114	0.3
土耳其	287	352	365	0.8	阿联酋	1953	2103	2330	6.0
英国	1060	964	1009	2.3	非洲	6771	6613	5355	13.8
非洲	882	923	906	2.0	安哥拉	1770	1683	1543	4.0
摩洛哥	147	149	152	0.3	刚果	216	180	145	0.4
亚太地区	18079	18821	18831	42.1	加蓬	188	158	127	0.3
中国	4112	4806	5074	11.4	利比亚	1170	1118	300	0.8
日本	3416	3442	3558	8.0	尼日利亚	2160	2464	2377	6.1
印度	3216	3158	3360	7.5	亚太地区	1613	1506	1399	3.6
韩国	2324	2378	2521	5.6	澳大利亚	248	314	272	0.7
中国台湾	958	876	796	1.8	文莱	152	161	170	0.4
新加坡	892	715	716	1.6	中国	104	40	51	0.1
泰国	777	817	794	1.8	印度尼西亚	250	356	301	0.8
澳大利亚	385	431	488	1.1	马来西亚	372	369	260	0.7
印度尼西亚	328	285	254	0.6	越南	202	153	104	0.3
世界	44775	45588	44696	100.0	世界	38093	38158	38854	100.0
OECD	28256	28517	28778	64.4	OPEC	22313	23112	23457	60.4

* 数据包括转口数据，每个地区只列出主要的而非全部国家和地区。

资料来源：OPEC Annual Statistical Bulletin 2011，www.opec.org。

（七）国际投资与资本流动回顾

表 7－1　国际投资头寸表：部分国家和地区（2005～2011 年）

单位：亿美元

国　家	2005 年	2006 年	2007 年	2008 年	2009 年	2010 年	2011 年
美　国							
金融账户总资产	123707	148877	189826	200695	191140	209764	218310
对外直接投资	30609	34077	41360	43533	46317	49849	53802
证券投资	46290	60171	72620	43208	60586	68652	63756
股本证券	33177	43290	52480	27484	39953	46469	41583
债务证券	13113	16881	20141	15724	20633	22183	22173
金融衍生品	11900	12390	25593	61275	34898	36523	47047
其他投资	33028	40040	47480	49742	45301	49854	48345
储备资产	1880	2199	2772	2937	4038	4887	5360
金融账户总负债	143029	170793	207786	233297	214357	234500	258612
外来直接投资	23152	26136	29289	30022	30005	32757	36074
证券投资	73378	88435	103270	94759	104632	118761	125051
股本证券	23040	27919	32317	21324	29177	35456	35979
债务证券	50338	60516	70953	73434	75456	83305	89072
金融衍生品	11321	11792	24879	59678	33634	35419	45784
其他投资	35178	44431	50349	48838	46086	47563	51703
国际投资净头寸	－19322	－21917	－17960	－32602	－23218	－24736	－40303
日　本							
金融账户总资产	42949	46972	53601	57315	60390	69338	75055
对外直接投资	3906	4548	5475	6908	7532	8462	9792
证券投资	21149	23435	25236	23767	28459	33458	33752
股本证券	4086	5104	5735	3947	5940	6785	6658
债务证券	17063	18331	19501	19820	22518	26674	27094
金融衍生品	263	230	390	774	462	526	539
其他投资	9201	9811	12827	15620	13426	15924	18038
储备资产	8430	8948	9674	10246	10512	10967	12934
金融账户总负债	27644	28904	31666	32479	31472	38461	42501
外来直接投资	1049	1129	1377	2139	2124	2300	2422
证券投资	15424	17629	19429	15461	15414	18717	20263
股本证券	11261	12550	12459	7562	8296	9888	8472
债务证券	4164	5079	6970	7899	7118	8829	11791

续表

国　　家	2005 年	2006 年	2007 年	2008 年	2009 年	2010 年	2011 年
金融衍生品	332	302	435	855	566	647	726
其他投资	10838	9844	10424	14024	13368	16797	19091
国际投资净头寸	15305	18068	21936	24836	28918	30877	32554
欧元区							
金融账户总资产	130483	166531	212003	195448	206224	220666	223958
对外直接投资	33221	42046	55480	54194	61750	64103	67785
证券投资	45673	57306	68024	53386	62530	65568	61383
股本证券	20355	25492	28889	15964	21815	25576	22084
债务证券	25318	31814	39135	37422	40715	39993	39299
金融衍生品	2269	2860	5151	8886	7924	16271	19312
其他投资	45544	60028	78237	73774	67360	66828	66849
储备资产	3776	4292	5112	5208	6661	7896	8628
金融账户总负债	138777	179485	229974	217004	227056	237633	239389
外来直接投资	28787	35886	47314	45002	48933	49555	50955
证券投资	59867	78539	96444	83349	97768	99496	99337
股本证券	28258	39971	48609	30629	40083	42106	39829
债务证券	31609	38568	47835	52721	57684	57389	59508
金融衍生品	2522	3134	5575	8896	7921	17086	19706
其他投资	47602	61926	80641	79758	72435	71497	69391
国际投资净头寸	－8294	－12954	－17971	－21556	－20832	－16967	－15431
中　国							
金融账户总资产	12291	16904	24162	29567	34369	41189	47182
对外直接投资	645	906	1160	1857	2458	3172	3642
证券投资	1167	2652	2846	2525	2428	2571	2600
股本证券	—	15	196	214	546	630	619
债务证券	1167	2637	2650	2311	1882	1941	1981
其他投资	2164	2539	4683	5523	4952	6304	8382
储备资产	8315	10808	15473	19662	24532	29142	32558
金融账户总负债	8160	10506	12285	14632	19464	24308	29434
外来直接投资	4715	6144	7037	9155	13148	15696	18042
证券投资	766	1207	1466	1678	1900	2239	2485
股本证券	636	1065	1290	1505	1748	2061	2114
债务证券	130	142	176	172	152	178	371
其他投资	2678	3155	3781	3800	4416	6373	8907
国际投资净头寸	4131	6398	11877	14935	14905	16880	17748

资料来源：CEIC 数据库，*International Financial Statistics*，2012 年 8 月。

表 7－2－1　FDI 流量：世界部分地区（2009～2011 年）

单位：亿美元

地　区	流入量			流出量		
	2009 年	2010 年	2011 年	2009 年	2010 年	2011 年
世界	11978	13090	15244	11751	14514	16944
发达国家	6062	6186	7479	8578	9896	12375
美洲	1649	2215	2683	3086	3430	4459
亚洲	165	43	96	754	648	1174
欧洲	3989	3566	4253	4581	5684	6514
大洋洲	258	362	447	157	134	229
发展中国家	5192	6167	6844	2685	4001	3838
非洲	526	431	427	32	70	35
东部非洲	57	67	86	4	13	13
中部非洲	83	62	28	0	14	14
西北非洲	182	157	77	26	48	18
南部非洲	70	27	74	12	－1	－6
西部非洲	135	118	161	－10	－4	－3
美洲	1494	1874	2170	543	1199	997
加勒比地区	723	702	676	416	727	675
中美洲	208	268	279	94	160	113
南美洲	563	904	1215	33	312	208
亚洲	3152	3841	4232	2109	2730	2805
东亚	1592	2014	2190	1436	1988	1800
南亚	424	317	389	164	136	152
东南亚	474	928	1166	330	442	599
西亚	663	582	487	179	164	254
大洋洲	19	21	16	1	2	1
除中国以外发展中国家	4242	5019	5604	2119	3313	3186
八国集团	3530	4006	4833	6752	7101	9267
二十国集团	6145	7120	8353	7863	8622	10693

资料来源：联合国贸发会数据库，www. unctadstat. unctad. org。

表 7-2-2 FDI 存量：世界部分地区（1990～2011 年）

单位：亿美元

地区	流入存量			流出存量		
	1990 年	2000 年	2011 年	1990 年	2000 年	2011 年
世界	20811	74500	204382	20929	79529	211685
发达国家	15623	56537	130559	19463	70744	170560
美洲	6524	29962	41083	8166	29318	51732
亚洲	143	707	2926	2026	2875	10344
欧洲	8072	24429	80814	8851	37507	104439
大洋洲	883	1438	5736	419	1045	4045
发展中国家	5172	17355	66250	1461	8571	37054
非洲	606	1536	5696	208	447	1263
东部非洲	49	141	571	8	14	73
中部非洲	46	134	538	4	6	69
西北非洲	240	456	2105	18	32	275
南部非洲	130	474	1377	156	330	728
西部非洲	140	331	1104	22	65	118
美洲	1114	5074	20481	576	2053	10059
加勒比地区	81	785	5182	—	—	—
中美洲	285	1200	3725	67	191	1473
南美洲	748	3090	11575	493	960	3578
亚洲	3429	10719	39907	676	6069	25727
东亚	2406	7161	20670	490	5043	17869
南亚	68	298	2709	—	29	1161
东南亚	643	2663	10774	95	846	4957
西亚	312	597	5754	87	151	1739
大洋洲	23	26	166	—	—	—
除中国以外发展中国家	4965	15421	59132	1416	8293	33394
八国集团	11352	43022	79967	15715	57658	115529
二十国集团	13561	50716	112388	16843	60424	130567

资料来源：联合国贸发会数据库，www. unctadstat. unctad. org。

（八）全球竞争力和大公司排名

表 8-1 2012 年全球竞争力指数：部分国家和地区

国家/地区	2012 年竞争力指数		2011 年位次	国家/地区	2012 年竞争力指数		2011 年位次
	位次	分数			位次	分数	
瑞 士	1	5.72	1	波多黎各	31	4.67	35
新加坡	2	5.67	2	阿 曼	32	4.65	32
芬 兰	3	5.55	4	智 利	33	4.65	31
瑞 典	4	5.53	3	爱沙尼亚	34	4.64	33
荷 兰	5	5.50	7	巴 林	35	4.63	37
德 国	6	5.48	6	西班牙	36	4.60	36
美 国	7	5.47	5	科威特	37	4.56	34
英 国	8	5.45	10	泰 国	38	4.52	39
中国香港	9	5.41	11	捷 克	39	4.51	38
日 本	10	5.40	9	巴拿马	40	4.49	49
卡塔尔	11	5.38	14	波 兰	41	4.46	41
丹 麦	12	5.29	8	意大利	42	4.46	43
中国台湾	13	5.28	13	土耳其	43	4.45	59
加拿大	14	5.27	12	巴巴多斯	44	4.42	42
挪 威	15	5.27	16	巴 西	48	4.40	53
奥地利	16	5.22	19	葡萄牙	49	4.40	45
比利时	17	5.21	15	印度尼西亚	50	4.40	46
沙 特	18	5.19	17	南 非	52	4.37	50
韩 国	19	5.12	24	墨西哥	53	4.36	58
澳大利亚	20	5.12	20	印 度	59	4.32	56
法 国	21	5.11	18	菲律宾	65	4.23	75
卢森堡	22	5.09	23	俄罗斯	67	4.20	66
新西兰	23	5.09	25	斯里兰卡	68	4.19	52
阿联酋	24	5.07	27	越 南	75	4.11	65
马来西亚	25	5.06	21	格鲁吉亚	77	4.07	88
以色列	26	5.02	22	罗马尼亚	78	4.07	77
爱尔兰	27	4.91	29	希 腊	96	3.86	90
文 莱	28	4.87	28	肯尼亚	106	3.75	102
中 国	29	4.83	26	埃 及	107	3.73	94
冰 岛	30	4.74	30	布隆迪	144	2.78	140

注：共有 144 个国家和地区参加排名，因篇幅所限本表未全部列出。

资料来源：世界经济论坛（World Economic Forum），*Global Competitiveness Report* 2012－2013。

表 8 – 2　2012 年《财富》全球 50 强公司排名

2012 年排名	2011 年排名	公司名称	总部所在地	营业收入（亿美元）	利润（亿美元）
1	2	荷兰皇家壳牌石油公司	荷　兰	4844. 9	309. 2
2	3	埃克森美孚	美　国	4529. 3	410. 6
3	1	沃尔玛	美　国	4469. 5	157. 0
4	4	英国石油公司	英　国	3864. 6	257. 0
5	5	中国石油化工集团公司	中　国	3752. 1	94. 5
6	6	中国石油天然气集团公司	中　国	3523. 4	163. 2
7	7	国家电网公司	中　国	2591. 4	56. 8
8	10	雪佛龙	美　国	2456. 2	269. 0
9	12	康菲石油公司	美　国	2372. 7	124. 4
10	8	丰田汽车公司	日　本	2353. 6	35. 9
11	11	道达尔公司	法　国	2315. 8	170. 7
12	13	大众公司	德　国	2215. 5	214. 3
13	9	日本邮政控股公司	日　本	2110. 2	59. 4
14	18	嘉能可国际	瑞　士	1861. 5	40. 5
15	35	俄罗斯天然气工业股份公司	俄罗斯	1578. 3	444. 6
16	29	意昂集团	德　国	1570. 6	-30. 9
17	23	埃尼石油公司	意大利	1536. 8	95. 4
18	17	荷兰国际集团	荷　兰	1505. 7	65. 9
19	20	通用汽车公司	美　国	1502. 8	91. 9
20	22	三星电子	韩　国	1489. 4	120. 6
21	24	戴姆勒股份公司	德　国	1481. 4	78. 8
22	16	通用电气公司	美　国	1476. 2	141. 5
23	34	巴西国家石油公司	巴　西	1459. 2	201. 2
24	19	伯克希尔 - 哈撒韦公司	美　国	1436. 9	102. 5
25	14	安盛	法　国	1427. 1	60. 1
26	15	房利美	美　国	1374. 5	-168. 6
27	25	福特汽车公司	美　国	1362. 6	202. 1
28	27	安联保险集团	德　国	1341. 7	35. 4
29	31	日本电报电话公司	日　本	1330. 8	59. 2
30	26	法国巴黎银行	法　国	1274. 6	84. 1
31	28	惠普	美　国	1272. 5	70. 7
32	30	美国电话电报公司	美　国	1267. 2	39. 4
33	38	苏伊士集团	法　国	1260. 8	55. 7
34	49	墨西哥石油公司	墨西哥	1253. 4	-73. 6
35	70	瓦莱罗能源公司	美　国	1251. 0	20. 9

续表

2012 年排名	2011 年排名	公司名称	总部所在地	营业收入（亿美元）	利润（亿美元）
36	66	委内瑞拉国家石油公司	委内瑞拉	1247.5	26.4
37	37	麦克森公司	美　国	1227.3	14.0
38	40	日立	日　本	1224.2	44.0
39	32	家乐福	法　国	1217.3	5.2
40	67	挪威国家石油公司	挪　威	1195.6	140.6
41	58	吉绅控股公司(JX)	日　本	1192.6	21.6
42	48	日产汽车	日　本	1191.7	43.2
43	60	鸿海精密工业股份有限公司	中　国	1175.1	27.8
44	51	西班牙国家银行	西 班 牙	1174.1	74.4
45	83	EXOR 集团	意 大 利	1173.0	7.0
46	21	美国银行	美　国	1150.7	14.5
47	47	西门子	德　国	1133.5	85.6
48	33	意大利忠利保险公司	意 大 利	1126.3	11.9
49	69	卢克石油公司	俄 罗 斯	1114.3	103.6
50	41	威瑞森电信	美　国	1108.8	24.0

注：根据截止到 2012 年 3 月 31 日的财年数据排名。

资料来源：*Fortune* 杂志。

中国皮书网

发布皮书研创资讯，传播皮书精彩内容

引领皮书出版潮流，打造皮书服务平台

栏目设置：

- □ 资讯：皮书动态、皮书观点、皮书数据、 皮书报道、 皮书新书发布会、电子期刊
- □ 标准：皮书评价、皮书研究、皮书规范、皮书专家、编撰团队
- □ 服务：最新皮书、皮书书目、重点推荐、在线购书
- □ 链接：皮书数据库、皮书博客、皮书微博、出版社首页、在线书城
- □ 搜索：资讯、图书、研究动态
- □ 互动：皮书论坛

www.pishu.cn

中国皮书网依托皮书系列“权威、前沿、原创”的优质内容资源，通过文字、图片、音频、视频等多种元素，在皮书研创者、使用者之间搭建了一个成果展示、资源共享的互动平台。

自2005年12月正式上线以来，中国皮书网的IP访问量、PV浏览量与日俱增，受到海内外研究者、公务人员、商务人士以及专业读者的广泛关注。

2008年10月，中国皮书网获得“最具商业价值网站”称号。

2011年全国新闻出版网站年会上，中国皮书网被授予“2011最具商业价值网站”荣誉称号。

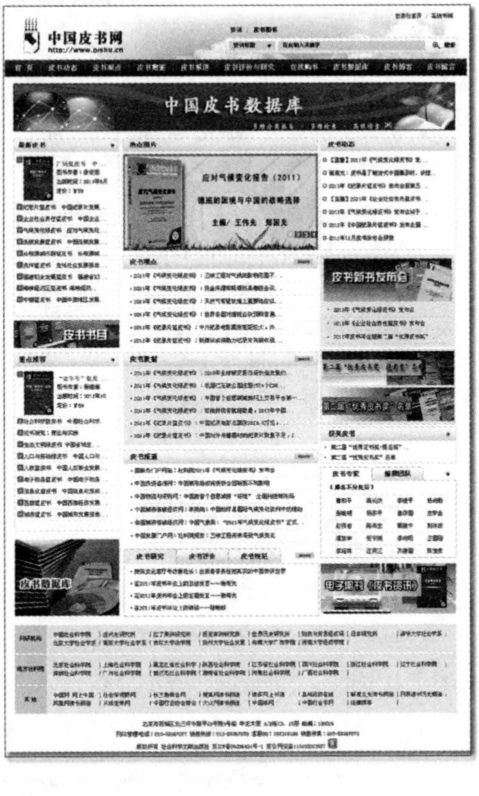

社会科学文献出版社

皮书系列

“皮书”起源于十七、十八世纪的英国，主要指官方或社会组织正式发表的重要文件或报告，多以“白皮书”命名。在中国，“皮书”这一概念被社会广泛接受，并被成功运作、发展成为一种全新的出版形态，则源于中国社会科学院社会科学文献出版社。

皮书是对中国与世界发展状况和热点问题进行年度监测，以专家和学术的视角，针对某一领域或区域现状与发展态势展开分析和预测，具备权威性、前沿性、原创性、实证性、时效性等特点的连续性公开出版物，由一系列权威研究报告组成。皮书系列是社会科学文献出版社编辑出版的蓝皮书、绿皮书、黄皮书等的统称。

皮书系列的作者以中国社会科学院、著名高校、地方社会科学院的研究人员为主，多为国内一流研究机构的权威专家学者，他们的看法和观点代表了学界对中国与世界的现实和未来最高水平的解读与分析。

自 20 世纪 90 年代末推出以经济蓝皮书为开端的皮书系列以来，至今已出版皮书近 800 部，内容涵盖经济、社会、政法、文化传媒、行业、地方发展、国际形势等领域。皮书系列已成为社会科学文献出版社的著名图书品牌和中国社会科学院的知名学术品牌。

皮书系列在数字出版和国际出版方面成就斐然。皮书数据库被评为“2008~2009 年度数字出版知名品牌”；经济蓝皮书、社会蓝皮书等十几种皮书每年还由国外知名学术出版机构出版英文版、俄文版、韩文版和日文版，面向全球发行。

2011 年，皮书系列正式列入“十二五”国家重点出版规划项目；2012 年，部分重点皮书列入中国社会科学院承担的国家哲学社会科学创新工程项目；一年一度的皮书年会升格由中国社会科学院主办。